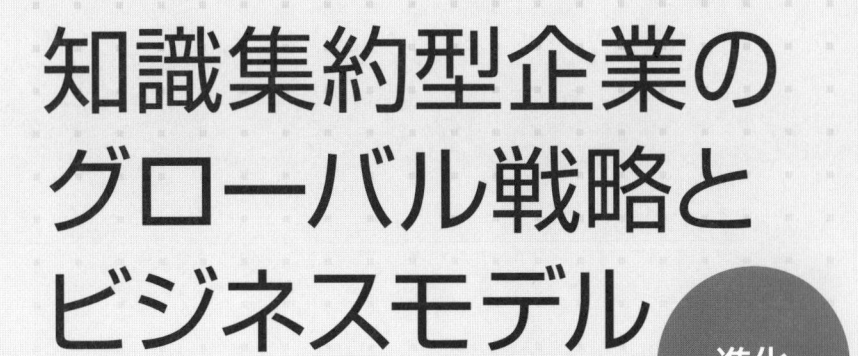

知識集約型企業の
グローバル戦略と
ビジネスモデル

経営コンサルティング・
ファームの

生成　進化　発展

西井　進剛　著

まえがき

　本書は，2010年に上梓した筆者の博士論文（西井, 2010）に加筆修正を加え，これまでの研究成果を総合したものである。本書の目的は，知識集約型企業のグローバル戦略について実証的に考察することにある。具体的には，知識集約型企業の代表的存在の1つである経営コンサルティング・ファーム，特に外資系経営コンサルティング・ファームを研究対象とし，彼らがそのグローバルな活動から，いかにして競争優位を構築しているのかを明らかにすることにある。とりわけ，本書では，ローカル市場としての日本市場における競争優位の構築という点に焦点を合わせた考察を行っている。

　本研究への取り組みは，1998年，筆者が神戸商科大学大学院（現兵庫県立大学）の博士前期課程に進学した頃に遡る。漠然とサービス業に関する研究に関心のあった筆者に，「経営コンサルティング・ファームがどのようにして知識をグローバルに創造，活用しているのかについて研究しませんか」と恩師である安室憲一先生（現大阪商業大学教授）より助言を頂いたのがきっかけであった。当時，大学院修了後に家業を継ぐことを考えていた筆者にとって実務にもつながりそうなテーマであり，何よりも知的好奇心を刺激されたテーマであった。折しも当時は「ナレッジ・マネジメント」の概念が登場し，その普及に大きな役割を果たしていた経営コンサルティング・ファームに対する注目も高まりつつあった。しかし，経営コンサルティング・ファームそのものに関する学術的な先行研究は，ほとんど無く，暗中模索の中で研究を開始した。今から振り返ると，経営コンサルティング産業がグローバルな規模での再編を迎えようとしていた時期であり，経営コンサルティング・ファームの経営もその過渡期にあった。体系的な研究を進めるには難しい時期であったが，未開の研究テーマへの挑戦という点では良いタイミングであったと言える。それから早10年余り，本書のタイトルにもあるように，経営コンサルティング・ファームの発展，進化のリアルタイム，ダ

イナミックの動きと対峙しながら研究を続けてきた。

　本書を生み出すことができたのは，多くの先生方のご指導やご支援の賜である。安室憲一先生には，公私にわたり本当にお世話になった。先生に出会えなければ，筆者が本研究に着手することもなかった。研究者を志すこともなかった。試行錯誤で研究を続けてきた筆者を見守って頂き，その折々で脇道にそれぬよう本質を突いた助言，指導をして頂いた。とても感謝と言う言葉では言い尽くせない。中橋國蔵先生（兵庫県立大学名誉教授）には，研究者の矜持について学ばせて頂いた。中橋先生が不断の研究努力を積み重ねられているお姿をみて奮起させて頂き，本研究を継続することができた。高橋浩夫先生（白鷗大学）には，多国籍企業研究会（現多国籍企業学会）の全国大会において，本研究に関する筆者の初めての学会報告でコメンテーターをお引き受け頂いた。今から考えると非常に未熟な報告内容であったが，高橋先生からの温かいコメントは本当に励ましになった。田端昌平先生（近畿大学），伊田昌弘先生（阪南大学），藤澤武史先生（関西学院大学），大東和武司先生（広島市立大学），星野裕志先生（九州大学），徳田昭雄先生（立命館大学）には，本研究の初期段階から関心を持って頂き，さまざまな助言を頂いてきた。研究を継続することができたのも先生方からのご指導があったからである。古沢昌之先生（大阪商業大学）には，大学院時代，本書でも取り上げている企業への筆者の初めてのインタビュー調査のセッティングを行って頂いた。その後，筆者が単独で調査を行えるようになったのも道を示して頂いた古沢先生のおかげである。

　筆者の勤務する兵庫県立大学の先生方には，さまざまな面でご支援やお力添えを頂いた。當間克雄先生，三崎秀央先生には，大学院時代からご指導頂き本研究の基礎となる方法論や戦略論，ビジネスモデル論について多くを学ばせて頂いた。梅野巨利先生には博士論文執筆に際して的確な助言を頂いた。本書をまとめる際にも梅野先生の助言を活かして修正を加えた箇所が数多くある。原田将先生，立本博文先生（現筑波大学）には，同年代ということもあり，公私にわたりお付き合いをして頂いた。本書をまとめるにあた

り，先生方には勇気づけられた。研究環境の面では，井内善臣先生，鳥邊晋司先生，池田潔先生（現経営学部長），佐竹隆幸先生（現経営研究科長）には格別のご高配を賜った。先生方のご配慮がなければ本書をまとめることもできなかった。また，池田先生，西岡正先生とは，筆者の研究テーマの1つである産業クラスター，中小企業に関する研究において共同研究をさせて頂いている。

安室ゼミ出身の先生方にも大変お世話になった。先輩となる出口竜也先生（和歌山大学），森樹男先生（弘前大学），津田康英先生（奈良県立大学），有村貞則先生（山口大学），山口隆英先生（兵庫県立大学），四宮由紀子先生（近畿大学）には，本書の元となる共著を執筆する際に大変お世話になった。とりわけ，森先生には，安室憲一先生をご紹介して頂き，神戸商科大学大学院への進学の道を開いて頂いた。安室ゼミの後輩にあたる，笠原民子先生（静岡県立大学），崔圭皓先生（大阪商業大学），山内昌斗先生（広島経済大学）は大学院時代ともに研究を行い，それぞれ研究テーマが異なることから現在においても良い知的刺激を与えて頂いている。とりわけ，笠原先生とは知識集約型企業に関する研究で共同研究をさせて頂き，本書では取り扱うことができなかった論点について考察する機会を与えて頂いている。

そして，実務家の方々のご指導，ご支援は何にもまして代え難いものであった。星田剛氏（イオングループ）には，本研究の初期段階からさまざまな助言を頂き，インタビュー調査もお引き受け頂いた。田中滋氏（ヘイコンサルティング グループ元代表取締役会長 現特別顧問）には，筆者の初めてのインタビュー調査でお世話になって以降10年余りにわたり調査にご協力頂いた。ヘイグループに関することはもちろん，田中氏の長年にわたるコンサルタントとしての経験をお話頂いたことで筆者の研究に歴史的な視点を導入することできた。柴田励司氏（元マーサー・ヒューマン・リソース・コンサルティング株式会社代表取締役社長 現株式会社Indigo Blue代表取締役社長）には，インタビュー調査でご協力頂いただけでなく幅広く経営コンサルティング産業についての展望について議論をさせて頂いた。柴田氏との議

論からは本書をまとめるにあたり重要なアイデアを得ることができた。福住俊男氏（元アクセンチュア株式会社パートナー 現株式会社グローバルマネジメント研究所代表取締役社長）には，アンケート調査の設計段階で本当にお世話になった。福住氏のご厚意に甘え，福住氏でのオフィスでの泊まり込みでのロングインタビューもお引き受け頂いた。若林学氏（カタリナ マーケティング ジャパン株式会社代表取締役社長）には，調査へのご協力はもちろんのこと，筆者が研究に行き詰まっていたときにさまざまな助言を頂いた。本書をまとめるにあたって若林氏との議論は本当に助けとなった。

　また，資料整理，文章の校正に関しては，筆者の後輩にあたる城間康文氏（NPO法人商縁プラザ）に大変お世話になった。この他にも，お名前をお出しできないが多くの先生方及び実務家の方々からのご指導，ご支援頂いてきた。この場を借りて深く，深く感謝したい。

　なお，本書における研究に対しては，兵庫県立大学特別教育研究助成金（奨励研究・2004年度），文部科学省・科学研究費補助金［若手研究（B）2005〜2007年度・研究課題番号17730240・知識集約的ビジネスにおける成功するビジネス・モデルの発見と理論化；若手研究（B）2008〜2010年度・研究課題番号20730253・知識集約型ビジネスのグローバル経営の理論化］からの研究助成を受けている。加えて，本書の出版にあたっては，兵庫県立大学の前身にあたる神戸商科大学の同窓会組織である淡水会（後援基金）より出版助成を受けている。これらの助成金のおかげで研究を継続し本書の刊行にまで至ることができた。この場をお借りして厚く御礼申し上げる。

　本研究はまだまだ途上にある。本研究を進める中で，筆者は，わが国における経営コンサルティング産業の発展が「いびつな」現状にあるのではないかと考えるようになった。本来，経営コンサルティング産業の発展は，そのクライアントの発展と鏡像の関係にある。例えば，グローバル製造企業の活躍の背景には，それを支えているグローバル経営コンサルティング・ファームが存在しているというように。しかしながら，現在，グローバルに活動を

展開している大手の経営コンサルティング・ファームのほとんどが米国を母国とするファームで占められている。明らかに，経営コンサルティング産業は，日本の比較劣位産業に位置づけられる。これは，近年，技術偏重主義に対する警鐘として「ものづくり」から「ことづくり」への転換，あるいは「ものづくり」と「ことづくり」の一体化の必要性が広く指摘されるようになっていることともつながる。日本のものづくり産業と経営コンサルティング産業が相即的発展を遂げることで，わが国における知識集約型企業，産業の発展の礎が築かれることになるのではないか。この意味において，知識集約型企業に関する研究は端緒についたばかりであり，本研究もそのプロセスの途上にある。本書が，日本における知識集約型企業，産業の発展に少しでも貢献できればと願っている。

　最後になったが，出版事情が厳しい折にも関わらず，本書の出版をご快諾頂いた株式会社同友館代表取締役社長脇坂康弘氏，筆が遅い筆者に辛抱強くお付き合い頂き誠に手間のかかる編集校正作業へのご尽力を賜った出版部次長佐藤文彦氏には，本当に感謝の念に堪えない。心より御礼を申し上げる次第である。

　私事で恐縮であるが，家業を継がず研究者となることを支援してくれた筆者の両親，大学院進学にあたり親身になってご相談に乗って頂いた高橋茂氏（幸運建設代表），そして筆者の気ままな研究者生活を支えてくれている家族に本書を捧げたい。

2013年4月

西井　進剛

◉目　次◉

序章 ·· 1

1　本研究の問題意識と目的　*1*
　1.1　「知識」への注目　*1*
　1.2　問題意識と研究の目的　*2*
2　リサーチデザインについて　*3*
　2.1　本研究の位置づけ　*3*
　2.2　量的アプローチと質的アプローチの結合　*4*
3　本稿の章構成について　*6*
　3.1　第Ⅰ部（理論編）について　*6*
　3.2　第Ⅱ部（実証編）について　*8*

第1部　理　論　編

第1章　先行研究のレビュー：研究課題の提示 ············ 12

はじめに　*13*
1.1　サービスの特性とグローバル戦略　*13*
　1.1.1　サービスの4つの特性　*13*
　1.1.2　サービス特性とグローバル戦略の関係　*14*
1.2　サービス企業の類型化とグローバル戦略　*16*
　1.2.1　サービス企業の類型化　*16*
　1.2.2　Campbell and Verbeke（1994）：トランスナショナル・ソリューション　*17*
　1.2.3　Välikangas and Lehtinen（1994）：国際マーケティング戦略　*21*

1.2.4　Lovelock and Yip（1996）：グローバル事業戦略　*24*
　　　1.2.5　Davis（2004）：サービス・コンプレックス　*28*
　1.3　研究課題の提示　*33*
　　　1.3.1　先行研究のレビューのまとめ　*33*
　　　1.3.2　グローバル戦略についての懐疑論についての検討　*34*
　　　1.3.3　経営コンサルティング・ファームのグローバル戦略の概念　*38*
　　　1.3.4　研究課題の提示　*40*
　小結　*42*

第2章　経営コンサルティング産業の進化の系譜　……………　*43*

　はじめに　*43*
　2.1　経営コンサルティング産業の発展：第1世代から第3世代　*45*
　　　2.1.1　第1世代：科学的管理法にもとづいたコンサルティング　*45*
　　　2.1.2　第2世代：戦略・組織コンサルティングの登場　*48*
　　　2.1.3　第3世代：情報・通信分野に関するコンサルティング　*52*
　2.2　経営コンサルティング産業の新たな世代の到来　*55*
　　　2.2.1　第4世代の登場の背景　*55*
　　　2.2.2　経営コンサルティング・ビジネスの概念の変容　*63*
　　　2.2.3　第4世代のファームの特徴　*69*
　2.3　経営コンサルティング産業の現状と展望　*72*
　　　2.3.1　プロフェッショナル・サービス産業から知識集約型産業へ　*72*
　　　2.3.2　プロフェッショナル・サービス・ファームから知識集約型企業へ　*74*
　小結　*75*

第3章　経営知識の概念とグローバル化　………………………　*76*

　はじめに　*76*

3.1 「経営知識」の概念：源泉と特性　77
　3.1.1 「経営知識」の特性　77
　3.1.2 経営知識の社会的生産　79
3.2 経営知識と経営コンサルティング・ファームとの関係　81
　3.2.1 経営コンサルティング・ファームの存在理由　81
　3.2.2 経営知識の種類とライフサイクル　83
3.3 経営知識のグローバル化　88
　3.3.1 経営知識の商品化について　88
　3.3.2 経営知識のグローバル化　91
　3.3.3 経営知識と経営コンサルティング・ファームのグローバル化　94
小結　97

第4章　経営コンサルティング・ファームのグローバルな競争優位 … 99

はじめに　99
4.1 一般的な競争優位のタイプの適用困難性　99
　4.1.1 一般的な競争優位に関する議論　99
　4.1.2 プロフェッショナル・サービスの独自性　101
　4.1.3 必要条件としての問題解決能力　106
4.2 経営コンサルティング・ファームの問題解決能力　107
　4.2.1 問題解決能力のタイプの違い　107
　4.2.2 クライアントの期待と問題解決能力のタイプの適合関係　112
　4.2.3 戦略的アイデンティティとしての問題解決能力　112
4.3 経営コンサルティング・ファームのローカルな競争優位　115
　4.3.1 問題解決能力とコンサルティング方法論との関係　115
　4.3.2 ビジネスモデルとの関係　118
4.4 経営コンサルティング・ファームのグローバルな競争優位　119
　4.4.1 「グローバル性」がもたらすもの　119

4.4.2 グローバル戦略の類型化　*122*

小結　*130*

第2部　実証編

第5章　実証的考察の方法論 …………………………………… *134*

はじめに　*134*

5.1　アンケート調査の目的と概要　*135*

5.1.1　アンケート調査の目的　*135*

5.1.2　アンケート調査の対象　*136*

5.1.3　調査票の設計　*137*

5.2　アンケート調査の方法と結果の概要　*137*

5.2.1　調査方法と回収状況　*137*

5.2.2　データセットに内在する問題　*139*

5.3　事例研究の目的と分析フレームワーク　*140*

5.3.1　事例研究の目的　*140*

5.3.2　ビジネスモデル分析　*141*

5.3.3　類型化分析　*151*

5.4　事例研究の方法と対象　*152*

5.4.1　事例研究の方法　*152*

5.4.2　事例研究の対象　*152*

小結　*157*

第6章　量的調査にもとづいた実態把握と論点の検証 …… *159*

はじめに　*159*

6.1　回答企業のプロフィール　*160*

  6.1.1　設立年度　*160*
  6.1.2　経営形態　*160*
  6.1.3　支社数・進出先国　*162*
  6.1.4　クライアントとしての日本企業の位置づけ　*164*
  6.1.5　収益基調とパフォーマンスについての評価　*166*
  6.1.6　成功についての認識　*168*
 6.2　コンサルティング・サービスの特色　*170*
  6.2.1　回答企業のサービス分類　*170*
  6.2.2　コンサルティング・サービスの強み　*172*
  6.2.3　コンサルティング方法論の位置づけ　*174*
 6.3　戦略的課題について　*178*
  6.3.1　戦略的課題の1位　*178*
  6.3.2　戦略的課題の相対的重要度　*180*
  6.3.3　オペレーションの地理的範囲　*180*
  6.3.4　本社・他支社との関係　*182*
 6.4　グローバルな競争優位について　*182*
  6.4.1　グローバルな競争優位の源泉　*182*
 6.5　市場・競争環境についての認識　*187*
 6.6　論点の検証　*188*
  6.6.1　「地域ごとの自律的経営」と「横断的な協働的活動」の同時実現　*189*
  6.6.2　コンサルティング方法論の存在と役割　*190*
  6.6.3　問題解決能力のタイプとコンサルティング方法論との関係　*191*
小結　*195*

第7章　協働メカニズムについての分析 …… *196*

はじめに　*196*
 7.1　グローバルな協働への懐疑的な見解について　*197*

7.1.1 コンサルティング方法論の存在　197
7.1.2 ITの進歩とナレッジ・マネジメントの進化　198
7.2 グローバルな協働メカニズム　199
7.2.1 協働を支える4つの次元　199
7.3 データセットを用いた検証　205
7.3.1 測定項目について　205
7.3.2 協働メカニズムに関する分析　207
7.4 発見事実についての分析　210
7.4.1 因子得点によるクラスター分析　210
7.4.2 競争優位性と協働メカニズムとの間の適合的関係　212
小結　215

第8章　比較事例研究：ヘイ日本法人とマーサー日本法人 … 217

はじめに　217
8.1 ヘイ日本法人のビジネスモデル　219
8.1.1 ヘイグループとヘイ日本法人の沿革　219
8.1.2 ビジネスモデル分析　223
8.2 マーサー日本法人のビジネスモデル　227
8.2.1 マーサーHRCとマーサー日本法人の沿革　227
8.2.2 マーサー日本法人のビジネスモデル分析　232
8.3 ビジネスモデルの比較　238
8.3.1 ビジネスモデルの比較（基礎レベル）　238
8.3.2 ビジネスモデルの比較（専有レベル）　238
8.4 知識集約型企業のビジネスモデルとグローバル戦略　244
8.4.1 知識集約型企業のビジネスモデル　244
8.4.2 グローバル戦略への志向の違い　247
小結　248

第9章 事例研究：CTP日本法人 ……………………………251

はじめに　*251*

9.1　CTPとCTP日本法人の概要　*252*
9.1.1　CTPの沿革　*252*
9.1.2　CTP日本法人の事業概要　*255*

9.2　CTP日本法人のサービスの特徴　*262*
9.2.1　ケンブリッジRAD　*262*

9.3　CTP日本法人の顧客の事例　*265*
9.3.1　NECラミリオンエナジー株式会社　*265*
9.3.2　量産体制に向けた基幹システム構築　*265*
9.3.3　客観的な立場からのパッケージ選択の支援　*269*
9.3.4　プロジェクトの成果　*269*

9.4　事例分析　*270*
9.4.1　グローバル戦略の分析　*270*
9.4.2　インプリケーションについての考察　*275*

小結　*282*

第10章 事例研究：カタリナ日本法人 ……………………………284

はじめに　*284*

10.1　カタリナ マーケティングとカタリナ日本法人の概要　*286*
10.1.1　カタリナ マーケティングの沿革　*286*
10.1.2　カタリナ マーケティングの事業概要　*287*

10.2　カタリナ日本法人のサービス　*288*
10.2.1　カタリナ マーケティングのサービスの特徴　*288*
10.2.2　レジ・クーポン®の特徴　*290*
10.2.3　レジ・クーポン®と他のメディアとの違い　*293*

10.2.4 購買行動分析の特徴　*296*

10.3　カタリナ日本法人の顧客の事例　*297*
10.3.1　サントリー株式会社　*297*
10.3.2　新商品告知のメディア効果と小売業への営業支援　*297*
10.3.3　1500店舗での実例を全ての店舗へ適用　*299*
10.3.4　購買行動分析の成果　*299*

10.4　事例分析　*302*
10.4.1　グローバル戦略の分析　*302*
10.4.2　インプリケーションについて　*308*

小結　*315*

終章 ·································· *317*

1　考察結果の要約　*317*
2　考察結果の総括　*322*
3　インプリケーションについて　*324*
4　本研究の限界と今後の研究課題　*327*

補章❶　主要概念の概念規定 ·································· *329*

はじめに　*329*

1.1　「知識」の概念について　*329*
1.1.1　認識論と知識観　*329*
1.1.2　本稿における「知識」の概念　*330*

1.2　「知識集約型企業」の概念について　*332*
1.2.1　既存産業の知識集約化　*332*
1.2.2　知識集約型企業としての経営コンサルティング・ファーム　*334*

1.3　「経営コンサルティング・ファーム」の概念について　*336*

xvi

  1.3.1　「経営コンサルティング」の定義　*336*
  1.3.2　経営コンサルティング・サービスの特徴　*337*
  1.3.3　経営コンサルティング・ビジネスの要点　*338*
 1.4　「グローバル」の概念について　*341*
  1.4.1　「グローバル」概念の曖昧さ　*341*
  1.4.2　「グローバル」概念の規定　*342*
  1.4.3　概念間の関係について　*344*
 小結　*345*

補章❷　先行研究の分類と本研究の位置づけ …………… *347*

 はじめに　*347*
 2.1　先行研究の抽出方法について　*347*
 2.2　「国際化」に関する先行研究の分類　*349*
  2.2.1　研究カテゴリーの分類　*349*
 2.3　「グローバル化」に関する先行研究の分類　*354*
  2.3.1　研究のカテゴリー　*354*
  2.3.2　「フレームワーク」に関する研究　*354*
 2.4　先行研究における位置づけ　*356*
 小結　*357*

コンサルティング・ファームのグローバル戦略についての実態調査
 （アンケート票）　*359*

参考文献　*377*

索　引　*391*

序章

1 本研究の問題意識と目的

1.1 「知識」への注目

　「知識」が企業経営及び産業にとって重要であるとの議論の嚆矢は，1950年代にまで遡ることができるが（e.g., Drucker, 1959），企業経営に直接的に言及した議論が登場するようになったのは90年代であり経営学におけるブームとも言うべき様相を呈した。Nonaka and Takeuchi（1995）による「組織的知識創造」の議論を筆頭に，Leonard-Barton（1995），Davenport and Prusak（1998）など，今では古典とも言える数多くの研究が発表され，知識を鍵概念とした経営に関する実務的・理論的考察の発展・普及が急速に進展した。「ナレッジ・マネジメント」という概念が登場したのもちょうどこの時期である。

　2000年代に入っても，知識に関する研究は継続的に行われている。しかし，明らかにブームという点では陰りが見えてきた。その理由として，第1に，90年代に提起されたコンセプトの多くが実務面においても，学術面においてもいわば一般的な経営に関する知識，常識として普及，定着していったことが考えられる。例えば，ナレッジ・マネジメントについては，本研究において考察の対象とするまさに経営コンサルティング・ファーム主導により「商品」として提供されるようになった。Nonaka and Takeuchi（1995）による「組織的知識創造」の理論は，経営学のテキストにも記載されるようになった。第2に，研究者及び実務家の関心が変化してきたことが考えられる。90年代半ば以降からインターネットの爆発的な普及が始まり，関連して「ビジネスモデル」という概念に注目が寄せられるようになった。「ビジネスモデル」という概念の特徴は「儲けるための仕組み」（Afuah, 2003）と

いう概念規定に端的に示されているように，「収益化」の実践，実現というところにある。これに対して，ナレッジ・マネジメントを含め90年代に登場した多くの議論は，必ずしも「収益化」ということに焦点を合わせてはいなかった。関連して，90年代の多くの議論では，「知識創造」の議論といっても，実際の議論の中身は製造企業における「ものづくり」「製品開発」の議論にリンクしていたということが指摘できる。ビジネスモデルという概念が注目された背景には，インターネットを基盤にしたこれまでにはない全く新しいビジネス，産業化への期待があり，加えて，既存産業がどのように変貌を遂げていくのかという点が論点としてあげられていた。90年代の議論では，このような「無形性」を持った「知識」を中心としたビジネス，その「収益化」という点にはほとんど注目されてこなかったのである。

1.2　問題意識と研究の目的

このような1990年代から始まった知識に関する議論を本流とすると，いわば傍流として議論が展開されてきたのが，本研究で注目している「知識集約型企業」に関する一連の研究となる。「知識集約型企業」とは，「資本集約型企業」「労働集約型企業」と対比される概念であり，「知識」をサービス提供の原料とし，それに付加価値を加えることで，顧客に対して価値を提供する企業である。具体的には，各種コンサルティング・サービス，会計，法律といった主としてプロフェッショナル・サービスを提供しているビジネスが範疇に含まれる。

従来，これらの知識集約型企業は，サービス業の特殊な分野として周辺的な取り扱いを受けてきた。しかし，近年，特に先進諸国において，知識集約型企業に対する関心は非常に高まってきており，価値創造の主たる担い手，次代を支えるビジネスとしてその産業振興を積極的に支援しようとする動きが出てきている（太下，2009）。しかし，このような実社会における知識集約型企業・産業に対する注目，かつ経済活動におけるその比重の高まりとは裏腹に，実務的，学術的観点からの考察はまだまだ不十分であるのが現状で

ある。加えて知識集約型産業は，グローバル産業としても頭角を現してきている。従来，知識集約型産業，より具体的にはプロフェッショナル・サービス産業は，ドメスティックな産業であるとしてとらえられてきた。その理由は，サービス提供者となる個々人の能力に依存する割合が大きく，その提供形態がクライアントごとのカスタマイズを必要とするなど，非常にローカル性が高いものであるからである。そのため，ローカルにおける強みを発揮することとグローバルな規模で活動を展開する強みを両立することは難しいとされてきた。しかし，1990年代の半ば以降，急速にITが進歩したことにより，従来は問題とされていた複数の支社間による国境横断的な協働，知識移転，知識共有の課題の多くの部分が解消されることとなった。今日では，知識集約型企業においては，最も先進的なナレッジ・マネジメントを導入している成功事例として，度々取り上げられるようになっている（e.g., Davenport and Prusak, 1998; Hansen, Nohria, and Tierney, 1999; 梅本, 2012）。

このような問題意識の下，本研究の目的は，知識集約型企業のグローバル戦略について実証的に考察することにある。具体的には，知識集約型企業の代表的存在の1つである経営コンサルティング・ファーム，特に外資系経営コンサルティング・ファームを研究対象とし，彼らがそのグローバルな活動から，いかにして競争優位を構築しているのかを明らかにすることである（e.g., Govindarajan and Gupta, 2001）。とりわけ，本研究では，ローカル市場として日本市場における競争優位の構築という点に焦点を合わせている。

2 リサーチデザインについて

2.1 本研究の位置づけ

上述のように，従来，知識集約型企業に関する学術的研究は，プロフェッショナル・サービスに関する研究として，周辺的な研究テーマとして取り扱われてきたが，近年，ヨーロッパ圏を中心に，プロフェッショナル・サービスとは異なる概念から，知識集約型企業をとらえる動きが高まってきた。例

えば，本研究で用いている概念である「知識集約型企業（Knowledge-Intensive Firms）」（e.g., Alvesson, 2004）の他，「知識集約型ビジネスサービス（Knowledge-Intensive Business Service）」（e.g., Larsen, 2001），「知識集約型組織（Knowledge-Intensive Organization）」（e.g., Sheehan and Stabell, 2007）があげられる。これらの研究では，伝統的なプロフェッショナル・サービス・ファームの概念の枠を超えて知識集約型企業が発展していることが示されている。

このように，国外では，2000年以降に急速に研究が進展しつつあるのに対して，国内においてはほとんど研究が進んでいないというのが現状である。われわれは，知識集約型企業，とりわけ，経営コンサルティング・ファームに関する一連の研究を行ってきたが，同様のテーマの学術的な研究はいまだほとんど見られない。本研究の意図は，これまでわれわれが行ってきた研究を統合的にまとめようとするところにある。われわれは，この未開のテーマに対し，「ナレッジ・マネジメント」（西井, 2000），「知識移転」（西井, 2001a），「知識創造」（西井, 2001b），「評判効果」（西井, 2002），「グローバル化」（西井, 2004a, 2004b），「競争戦略」（西井, 2005），「ビジネスモデル」（西井, 2006a），「協働メカニズム」（西井, 2006b）と多様なパースペクティブからの考察を行い，知識集約型企業の本質の理解とその理論化に向けて取り組んできた。そして，本研究において，「グローバル戦略」という視点から，これまでの研究成果を統合できるのではないかと考えている。

2.2　量的アプローチと質的アプローチの結合

本研究におけるわれわれの目的，これまでのわれわれの行ってきた研究成果を鑑みて，本研究における調査手法として，量的アプローチと質的アプローチを結合するという方法論を採用した（e.g., Punch, 1998）。そもそも，経営コンサルティング・ファーム及び知識集約型企業のグローバル戦略に関して，理論的及び実証的な考察を行っている先行研究自体が非常に限られている。そのため仮説検証型の研究アプローチ，論理実証主義的アプローチを

採用することが難しい。従って，本研究は，知識集約型企業のグローバル戦略に関する理論構築を志向する研究であると位置づけられる。「どういったグローバル戦略を遂行すれば成果があげられるのか」という因果性，相関関係について解明するというよりも，「どのように」（グローバル戦略が遂行されているのか），「なぜ」（特定のグローバル戦略が選択されるのか）」という問題について考察を巡らすことに重点を置いている（e.g., Yin, 1994）。

そのため，「問題が方法を左右する」という点に関して，本研究においては，質的アプローチが持つ利点の方が大きい。すなわち，「各ケースを取り扱うことで，文脈や過程，生々しい経験，現場での根拠付けなどに敏感であろうとし，調査者は研究されている対象そのものに，できるだけ近づこうと試みるのである。複雑性を十分に正しく解きほぐせるように，深層まで達する全体的な理解を目指すのである。」しかし，これまでの研究成果から「方法が問題を左右する」ことがわかっている。すなわち，質的アプローチを採用しようにも，研究対象である外資系経営コンサルティング・ファームに関して公開されている情報が少なく，かつインタビュー調査を実施することも難しい状況にあったのである（Punch, 1998, 邦訳, p.334）。

そこで，質的アプローチと量的アプローチを結合するメリットとして，本研究においては，「トライアンギュレーション（三角測量）の論理」「量的調査による質的調査の促進」「構造と過程」「質的調査による変数間関係の解釈」（Punch, 1998, 邦訳, p.334）という点に重点を置いている。「トライアンギュレーション（三角測量）の論理」とは，1つの種類の研究から得られた知見は，別の種類の研究からもたらされる知見をつきあわせることによって，チェックすることができることを意味する。質的調査の結果に量的調査をつきあわせる，量的調査の結果に質的調査の結果をつきあわせてチェックすることで，知見の妥当性を高めることができる。「量的調査による質的調査の促進」とは，質的調査における主題を選ぶために，量的調査が貢献すると言うことを意味している。本研究においては，量的調査を実施することで，質的調査を実施するための糸口をつかむことができた。「構造と過程」

とは，量的調査と質的調査のそれぞれ利点を活かすということである。量的調査が効果的になるのは，社会生活の「構造的」側面をとらえるときであり，「過程」の諸相を扱うならば，質的調査の方が優れたアプローチとなる。本研究では，量的調査における利点を鑑みつつも質的調査の利点を意識した研究を志向している。同様に，「質的調査による変数間関係の解釈」にも重点を置いている。量的調査の場合，変数間の関係を確定することは比較的容易であるが，その関係の原因を探求することまでは難しい。一方，質的調査では，変数間関係の背後に存在する諸要素を説明することに秀でている。

3 本稿の章構成について

3.1 第Ⅰ部（理論編）について

　本論は，大きく2部，10編の章（序章，終章。補章を除く）から構成されており，各章間の関係は，図表序-1の通りである。第Ⅰ部（理論編）は，4つの章から構成されており，主として経営コンサルティング・ファームのグローバル戦略に関する理論的な考察を展開していく。

　第1章では，サービス企業のグローバル戦略に関する先行研究をレビューし，以降の章において，経営コンサルティング・ファームのグローバル戦略を考察していく上での研究課題について提示する。サービスの特性とグローバル戦略との関係，サービス企業の類型化とグローバル戦略との関係について議論している主要な先行研究をレビューし，プロフェッショナル・サービス・ファームのグローバル戦略に関する懐疑的な見解についての検討を行う。その上で，各章において研究課題とすべき論点についての確認，提示を行う。

　第2章では，経営コンサルティング産業の進化の系譜をたどり，経営コンサルティング産業の現状を理解すること，その過程において，どのような要因が経営コンサルティング産業の国際化，グローバル化を推進してきたのかという点について考察する。経営コンサルティング産業を4つの世代に分け

図表序-1 本稿における章構成（関係図）

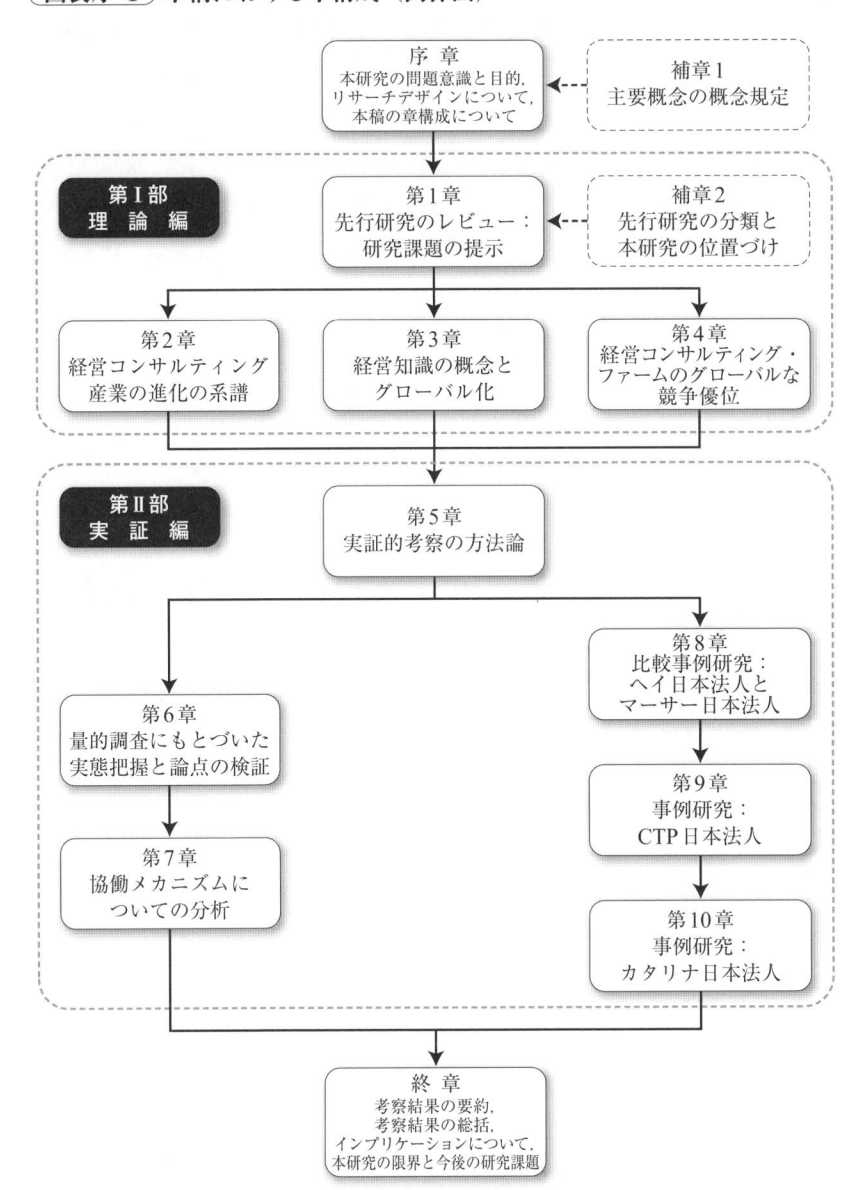

```
                    ┌─────────────────┐      ┌─────────────────┐
                    │     序　章      │      │     補章1       │
                    │ 本研究の問題意識と目的,│◄----│ 主要概念の概念規定 │
                    │ リサーチデザインについて,│      └─────────────────┘
                    │ 本稿の章構成について │
                    └─────────────────┘
┌──────────────────────────────────────────────────────────────────────┐
│ ┌──────┐        ┌─────────────────┐      ┌─────────────────┐         │
│ │第Ⅰ部  │        │    第1章        │      │    補章2        │         │
│ │理論編 │        │ 先行研究のレビュー：│◄----│ 先行研究の分類と │         │
│ └──────┘        │ 研究課題の提示   │      │ 本研究の位置づけ │         │
│                 └─────────────────┘      └─────────────────┘         │
│        ┌────────────┬──────────────┬──────────────┐                  │
│   ┌──────────┐ ┌──────────┐ ┌──────────────┐                        │
│   │  第2章   │ │  第3章   │ │   第4章      │                        │
│   │経営コンサルティング│ │経営知識の概念と│ │経営コンサルティング・│                  │
│   │産業の進化の系譜│ │グローバル化  │ │ファームのグローバルな│                  │
│   │          │ │          │ │競争優位      │                        │
│   └──────────┘ └──────────┘ └──────────────┘                        │
└──────────────────────────────────────────────────────────────────────┘

┌──────────────────────────────────────────────────────────────────────┐
│ ┌──────┐        ┌─────────────────┐                                  │
│ │第Ⅱ部  │        │    第5章        │                                  │
│ │実証編 │        │ 実証的考察の方法論│                                  │
│ └──────┘        └─────────────────┘                                  │
│                                           ┌─────────────────┐       │
│                                           │    第8章        │       │
│                                           │ 比較事例研究：  │       │
│                                           │ ヘイ日本法人と  │       │
│                                           │ マーサー日本法人│       │
│                                           └─────────────────┘       │
│   ┌──────────────┐                        ┌─────────────────┐       │
│   │   第6章      │                        │    第9章        │       │
│   │量的調査にもとづいた│                    │ 事例研究：      │       │
│   │実態把握と論点の検証│                    │ CTP日本法人     │       │
│   └──────────────┘                        └─────────────────┘       │
│   ┌──────────────┐                        ┌─────────────────┐       │
│   │   第7章      │                        │    第10章       │       │
│   │協働メカニズムに│                        │ 事例研究：      │       │
│   │ついての分析   │                        │ カタリナ日本法人│       │
│   └──────────────┘                        └─────────────────┘       │
└──────────────────────────────────────────────────────────────────────┘

                    ┌─────────────────┐
                    │     終　章      │
                    │ 考察結果の要約, │
                    │ 考察結果の総括, │
                    │ インプリケーションについて,│
                    │ 本研究の限界と今後の研究課題│
                    └─────────────────┘
```

てとらえ，第1～第3世代が形成された背景，国際化の特徴，代表的ファームについて考察し，新たな世代（第4世代）の到来について論じる。コンサルティング産業の現状，及び今後の発展の方向性について考察を加える。

第3章では，経営コンサルティング・ファームのグローバル戦略について精緻な考察を行うための文脈を形成すること，すなわち，「経営知識（経営に関する知識を総称する概念）」が社会的に生産される構造，更に国境を越えて国際化，グローバル化していくという構造に関して考察する。経営知識の概念，その源泉や特性について考察を加え，経営知識と経営コンサルティング・ファームとの関係，経営知識のグローバル化と経営コンサルティング・ファームのグローバル化との関係の構造的な把握を試みる。

第4章では，経営コンサルティング・ファームのグローバルな競争優位とは何かということについて考察し，以降の章，とりわけ事例研究の方法論及び分析フレームワークとして用いることとなる経営コンサルティング・ファームのグローバル戦略の類型化を提示する。経営コンサルティング・ファームの競争優位の概念として「問題解決能力」という概念を提示し，この概念をベースにローカル・ファームとグローバル・ファームの競争優位の違いについて考察し，グローバル戦略の類型化を行うためのフレームワークを提示する。

3.2　第Ⅱ部（実証編）について

第Ⅱ部（実証編）は，6つの章から構成されており，大きくは，量的調査と質的調査の成果にもとづいた考察に分けられる。それぞれの調査手法の利点を活かして，複眼的な視点から実証的な考察を展開していく。

第Ⅱ部の最初の章となる第5章では，実証的考察の方法論について説明する。量的調査に関しては，われわれが実施したアンケート調査の目的と概要，アンケート調査の方法と結果の概要について説明する。質的調査に関しては，事例研究の目的，事例分析のためにわれわれが採用した分析フレームワーク，事例研究の方法としてインタビュー調査の手法，事例研究の対象の

選定基準について考察する。

　第6章では，アンケート調査の主として記述統計量にもとづき，日本における外資系経営コンサルティング・ファームの経営実態を把握し，先行研究で指摘されていた幾つかの論点，「地域ごとの自律的経営」と「横断的な協働的活動」の同時実現，コンサルティング方法論の存在と役割，問題解決能力のタイプとコンサルティング方法論との関係について検証を加える。

　第7章では，経営コンサルティング・ファームのグローバルな協働を支えているメカニズムに焦点を合わせ，その構造を明らかにするための考察を行う。加えて，発見事実に対する分析を行うことで，次章以降の事例研究，今後の研究における有益な洞察を得ることを狙いとする。

　第8章～第10章では事例研究を行う。第8章では，ヘイ日本法人とマーサー日本法人の比較事例研究を通して，経営コンサルティング・ファームのグローバル戦略のあり方を決める要因として「ビジネスモデル」に注目し，「ビジネスモデル」と「グローバル戦略」との関係について考察する。また，発展的考察として，知識集約型企業のビジネスモデルやグローバル戦略についての洞察を得ることを企図している。

　第9章では，単一事例であるCTP日本法人を対象に，選択されたグローバル戦略の特徴，要件，長所，短所といった点について説明し，かつ知識集約型企業のグローバル戦略についての一般化可能性について探求する。

　第10章では，カタリナ日本法人を対象に，第9章と同様の手続きと狙いにもとづいて分析を行うが，それぞれの事例研究の狙いや期待しているインプリケーションが異なっている。第9章では，ビジネスモデルの安定性の問題，ビジネスモデルの併存の難しさ，日本発のグローバル・ファームの誕生可能性について考察を行い，第10章では，ビジネスモデルの発展可能性，グローバル戦略の発展可能性について考察を行う。

　最後に終章では，各章における考察結果の要約を行った上で，全章にわたる考察結果を総合して得られる本研究の成果について考察を行う。そして，本研究の限界と今後の研究課題について記述し，今後の日本における知識集

約型企業，産業の発展に関する展望について考察を行う。

　以上の本論に加え，補章1では議論を円滑に行うために，本研究における考察の要諦をなす幾つかの主要概念について概念規定を行っている。補章2ではサービス企業の「国際化」「グローバル化」に関する先行研究において，問題意識や研究目的，どのようなトピックが扱われてきたのかという点について分類し，本研究がどのような俯瞰的位置づけにあるのかという点について確認している。補章1，2は，序章，第1章の内容を補完するものである。

第1部

理論編

第1章

先行研究のレビュー：研究課題の提示

はじめに

　本研究で考察の具体的対象としている大手の経営コンサルティング・ファームは，いずれも積極的な国際展開を行ってきており，その進出国数において数十カ国，拠点数においては百カ所を超える場合も少なくない。多国籍展開を行っているファーム自身も，拠点同士を結んだグローバルなネットワークの存在を背景にしたグローバル企業ならではの知見をクライアントに提供できることを競争優位の源泉として強調している。産業としてみた場合でも，その国際化の起源は草創期である1930年代にまで遡ることができる。

　しかし，こういった事業活動の実態にも関わらず，知識集約型企業のグローバル戦略はもとより，経営コンサルティング・ファームのグローバル戦略に関する先行研究は，ほとんど皆無に等しい。その理由は，第1に，知識集約型企業及び経営コンサルティング・ファームが，サービス企業の中の特定のタイプ，あるいはプロフェッショナル・サービス・ファームの概念に含まれるものとして取り扱われることが多いからである。第2に，サービス企業，プロフェッショナル・サービス・ファームのグローバル戦略に関する先行研究自体がそもそも少ないからである。関連して，第3に，特にプロフェッショナル・サービス・ファームのグローバル戦略に関しては，その実行可能性について懐疑的な見解が多くみられるからである。

　そのため，本研究を進めるに当たっては，サービス企業全般に関する国際化，グローバル化に関する議論を俯瞰的にとらえた上で（補章1参照），知

識集約型企業，経営コンサルティング・ファームのグローバル戦略に関する議論について考察し，なぜ懐疑的な見解がみられるのかという点について検討する必要がある。本章の目的は，サービス企業のグローバル戦略に関する先行研究をレビューし，以降の章において，経営コンサルティング・ファームのグローバル戦略を考察していく上での研究課題について提示することにある。

1.1 サービスの特性とグローバル戦略

1.1.1 サービスの4つの特性

　サービス企業のグローバル戦略に関する先行研究の基本的なアプローチは，サービスの持つ特性に注目し，その特性から導き出されるグローバル戦略のあり方について考察するというものである。

　サービスの特性，すなわち「何がサービスをサービスたらしめるのか（何がサービス業と製造業とを分けるのか）」という点については，以下の4つの性質が基本的特性として認識されている。それは，「無形性（intangibility）」「不可分性（inseparability）」「消滅性（perishability）」「異質性（heterogeneity）」である（e.g., Zeithaml, Parasuraman and Berry, 1985; Edgett and Parkinson, 1993)[1]。

　「無形性」とは，モノと違って，購入しても所有権が購入者に移行しないことを意味する。サービスはプロセスそのもの，もしくは活動そのものであ

---

1) 論者によっては，「不可分性」を「同時性（simultaneity）」（e.g., Looy, Dierdonck and Gemmel, 2003)，「異質性」を「変動性（variability）」（e.g., Kotler, Hayes and Bloom, 2002）と表記している場合もある。本稿では，最も一般的に使用されていると考えられる「不可分性」「異質性」に表記を統一する。各論者が指摘しているサービスの特性については，Zeithaml *et al*. (1985)，Edgett and Parkinson (1993) の論文に詳しい。併せて参照されたし。また，本文中で述べるように，論者によっては，これらの4つの特性だけでなく，派生する特性についても指摘している場合が多い（e.g., Lovelock and Wright, 1999; Lovelock and Wirtz, 2007)。

る。「不可分性」とは，サービス提供プロセスにおいてサービス提供者と顧客とが切り離せないこと，サービス提供者と顧客の両方が同時に存在しなければならないことを意味する。生産と消費が同時に進行し，消費者とサービス提供者が相互作用を与えることによってサービスが生産される。この「無形性」と「不可分性」から「消滅性」と「異質性」が導かれる。サービスは無形性を持つために，モノとは異なり在庫することができない。モノのように，生産した後に在庫し，それを後で販売するということができない。そして，サービス提供プロセスにおいてサービス提供者と顧客が相互作用を与えることから，サービスには違いが生じうる。顧客，サービス提供者，周囲の環境，更には相互作用そのものが違いを生む要因となる。サービス提供プロセスを経るにつれて異質性がいっそう増す（Looy *et al.*, 2003, 邦訳, p.14）。

1.1.2　サービス特性とグローバル戦略の関係

このようなサービスの持つ特性に注目し，サービス企業のグローバル戦略について考察している研究として，Sarathy（1994）があげられる。Sarathyは，サービスの持つ特性として，「無形性」「（生産と消費の）不可分性」「消滅性」「異質性」の4つの基本的特性に加えて，「サービスの創造・提供における消費者の参加」「高固定費構造」「プロセスとしてのサービス」に注目し，計7つの特性から導き出されるサービス企業のグローバル戦略についての課題（図表1-1参照）とその解決策（カスタマー・フォーカス，ポジショニング，サービス・コンセプトとプロセスのデザイン，サービス・デリバリーにおける技術の役割，政府の規制と競争環境，参入する市場の選択，企業文化，コスト問題，文化・環境的差異）について考察している。

例えば，「（生産と消費の）不可分性」からは，「距離が離れていてもサービスを提供できるのか」という課題が考えられ，それに対して，「サービス・デリバリーにおける技術の役割」という観点からの対応が可能となる。サービス提供者が顧客の近くにいなくてもサービス・デリバリーを可能とする技術があるのかないのか，もしあるのであれば，サービスを提供する上で

図表1-1 サービスの特性がグローバル戦略に与える影響

サービスの特性	グローバル化のためのインプリケーション
無形性	・サービスの品質は，主観的にとらえられる。そのため，国をまたぎ，市場や文化が異なると，サービスの品質に対する知覚も変化する。サービスの品質に対する顧客の知覚にどのようにして影響を与えるのか。 ・広告・宣伝は，主として口コミを通して行われる。個々の市場において，影響力のある世論形成者（オピニオン・メーカー）は誰なのか。 ・国際市場に参入する上で，「クライアント追随型」戦略に妥当性はあるのか。複数市場において企業イメージをマネジメントすることが求められる。
（生産と消費の）不可分性	・距離が離れていてもサービスを提供できるのか（技術の役割，電子的なサービス提供手段，例えばATM）。もし，そうでなければ，参入方式はどのようなものにすべきか（例：フランチャイズ，ライセンシング，合弁事業，FDI）。 ・サービスの生産は，どの程度「バック・オフィス」で行うことができるのか。市場をまたいで，バック・オフィスの機能を分担できるのか。
消滅性	・ある市場における過剰生産能力が，他の市場の需要を満たすことに利用できるのか。 ・どのようにして異なった市場におけるサービス需要のパターンを事前に予測するのか（データベースの必要性，季節変動）。 ・サービス需要のモデルは，国をまたいだ場合に類似性があるのか。 ・標準化されたインセンティブが，国をまたいだ需要をマネージするのに利用できるのか。
異質性	・サービス提供者により，サービスの品質には，ばらつきが発生する。国をまたいだ場合に，サービスの品質へのばらつきをどのように軽減するのか。 ・複数の国々において，サービス提供に携わる全ての人材を，同じレベル，質のパフォーマンスを発揮できるように訓練できるのか。 ・個々の市場において，文化の違いが訓練に与える影響はどの程度あるのか。

サービスの創造・提供における消費者の参加	・全ての市場における顧客が，サービスの創造プロセスに等しく参加しようとするのか。 ・何が顧客喪失へとつながるのか（市場をまたぐことによる顧客喪失の度合いの変動）。 ・サービスの品質について，顧客の知覚が文化によって影響を受ける。
高固定費構造	・規模の経済によって，海外市場参入のコストを軽減することができるのか。 ・価格バンドリング戦略が全ての市場で機能するのか。 ・価格の差別化が市場をまたいで実行できるのか。 ・損益分岐点に達するのに必要なボリュームによって市場に優先順位を付ける。 ・顧客ロイヤルティを維持するために市場特殊的な計画を開発する。
プロセスとしてのサービス	・サービス・コンセプトが，文化に起因するものではないのか。 ・海外市場におけるサービス・コンセプトの適用化 対 標準化。 ・サービス・エンカウンターのための標準化された「脚本」が，国をまたいで利用できるのか。

出所：Sarathy（1994, p.116）より，一部表記を修正し，筆者作成。

の価値連鎖の配置とサービス品質の課題に結びつく。IT等の技術を活用することにより，これまではサービス提供者と顧客との間で行われていた相互作用の一部（価値連鎖）をバック・オフィスに移管することができる。これにより，不必要な相互作用を減らすことでサービス品質のばらつきを軽減することができる。Sarathyは，結論として，サービス企業はどうしても現地適応を重視する必要があるが，子会社の過度の分散化を防ぐためにグローバルな統合が必要であるとの見解を示している。

1.2 サービス企業の類型化とグローバル戦略

1.2.1 サービス企業の類型化

　Sarathyの議論は，サービス企業のグローバル戦略に関する先行研究の典

型的なアプローチを象徴しており，その論旨（サービスの特性→サービス企業の特徴→グローバル戦略における対応）も理解しやすいが問題点も浮かび上がらせている。すなわち，サービスの特性だけに焦点を合わせてしまうとサービス企業間の差異性について取り扱うことができないという問題である。ファースト・フード，小売，プロフェッショナル・サービスという異なった性質を持つサービスを提供する企業が，全て同じ「サービス企業」というカテゴリーで一括りにされてしまう。

このような問題点を考慮しているのが，サービスの特性に注目するだけでなく，何らかの分類軸を規定し，サービス企業の類型化を行い，国際化，グローバル化との関係について考察している研究である（e.g., Vandermerwe and Chadwick, 1989; Erramilli, 1990; Erramilli and Rao, 1990; Campbell and Verbeke, 1994; Välikangas and Lehtinen, 1994; Lovelock and Yip, 1996; Gronroos, 1999; Davis, 2004）。

以下，サービス企業のグローバル戦略に関して論じている主要な研究として，Campbell and Verbeke（1994），Välikangas and Lehtinen（1994），Lovelock and Yip（1996），Davis（2004）を取り上げてレビューしたい。

1.2.2 Campbell and Verbeke（1994）：トランスナショナル・ソリューション

最初に取り上げるのは，Campbell and Verbeke（1994）の研究である。彼らは，当時注目を集めていた「トランスナショナル」の議論（Bartlett and Ghoshal, 1989）を土台に，サービスの特性から修正を加えた議論を展開している。彼らは，トランスナショナル企業が達成すべきとされている「規模の経済」「範囲の経済」「現地適応」の3つの競争優位の源泉に対して，サービスの特性（無形性，不可分性，異質性）がどのような影響を与えるのかについて考察し，その結果，規模の経済は，限定された効果（例：マーケティング，ブランディング）しか持ち得ないとし，範囲の経済（イノベーションの集中化）と現地適応（イノベーションの分散化）の2つの競争優位

性について注目している。

　彼らは，製造業とは異なりサービスが生産されるプロセスにおける価値連鎖を分離することが難しいため「イノベーションの集中化」と「高い現地適応性（イノベーションの分散化）」の各々がもたらす競争優位性が二律背反的関係にあると指摘している。加えて，サービス企業にとって重要となる組織能力として「ネットワーキング・ケイパビリティ」の概念を提示している。これは，サービス企業が現地における同型化の圧力に対して柔軟に対応できる能力である。同能力が高ければ，現地顧客から正当性を確保するために，自社の組織間（例：子会社間同士の連携）を含めて，他社との関係（例：サプライヤー等の現地企業との連携）を構築することができる。

　これら2つの競争優位性を軸に取り類型を示したものが図表1-2である。縦軸は，コア・コンピタンスの種類として「イノベーションの集中化」「高い現地適応性」をとり，横軸は，ネットワーキング・ケイパビリティの程度（ネットワーキング柔軟性）を示している。各セルには，CampbellとVerbekeが調査を行ったサービス企業のサンプル9社が分類されている。

　左上セル1には，コア・コンピタンスとしてイノベーションの集中化と高いネットワーキング・ケイパビリティを持つサービス企業が該当する。現地適応性は低く，国境をまたいで複数のセグメントにサービスを提供する企業が含まれる。この組織形態に最も近い企業は，シェラトン・ホテルズである。シェラトンは，3つのホテルのタイプを保有しており，それぞれ異なった顧客を対象にしている。サービスの品質を保つために，ローカルのオペレーションは本社によって厳密にコントロールされている。ただし，サービスは完全に標準化されている訳ではなく，個々のホテルのジェネラル・マネジャーの裁量も認められている。そのため，ローカル企業との連携をとることも可能となっている。

　左下セル2においては，高い現地適応性と同時にローカルの環境に対して効果的に適応できる組織構造を持った企業が該当する。このセルに含まれる企業はいずれもコンサルティング・ファームである。これらの企業は，ロー

図表1-2 サービス多国籍企業に対するネットワーキング柔軟性のインパクト

<table>
<tr><td colspan="2"></td><td colspan="2">ネットワーキング・ケイパビリティ</td></tr>
<tr><td colspan="2"></td><td>高い</td><td>低い</td></tr>
<tr><td rowspan="2">コア・コンピタンスの種類</td><td>イノベーションの集中化</td><td>シェラトン・ホテルズ

①</td><td>アメリカン・エキスプレス
フォーシーズンズ・ホテル
アーサー・アンダーセン
ナショナル・データ・コーポレーション
③</td></tr>
<tr><td>高い現地適応性</td><td>②
マッキンゼー
タワーズペリン
アーンスト・アンド・ヤング</td><td>④
シティコープ</td></tr>
</table>

(注) 表内の企業名は原文の通りである。ただし，現在（2012年時点），幾つかの企業が買収等により社名や事業内容を変更している。
出所：Campbell and Verbeke（1994, p.99）より筆者作成。

カルの顧客に対する適応性が高い。また，複数国から集められた専門家によるプロジェクト・チームを結成し，顧客からの信用度を高めており，ネットワーキング・ケイパビリティが高い。加えて，組織内での知識の共有も図られている。例えば，マッキンゼーでは，全社的に知識を共有するための仕組み作り（例：ブラッセルにあるヨーロッパ全域を対象にした研究施設）が構築されており，個人，ローカル組織が知識をプールしつつもイノベーションを共有することが可能となっている。

右上セル3では，ネットワーキング・ケイパビリティは低く，集中化されたイノベーションから競争優位を得ている企業が該当する。このセルに含まれるのは，アメリカン・エキスプレス，フォーシーズンズ・ホテル，アーサー・アンダーセン，ナショナル・データ・コーポレーションである。これ

らの企業は，グローバル市場であるが幅の狭い市場に焦点を合わせているため，現地適応性の高さはそれほど重要とはならない。例えば，フォーシーズンズ・ホテルでは，商品の多様性が低く1つの市場セグメントだけをターゲットとしている。これらの企業における子会社では，中核的な商品を修正する自由度が制限されており，専門知識は親会社が開発し，その後，他の海外子会社に移転される。アーサー・アンダーセンとアメリカン・エキスプレスの両社では，従業員に対して新しい手法，あるいはイノベーションを教育するための訓練施設を持っている。そこでは，顧客に対して標準化されたアプローチをとるように訓練が行われている。

最後に，右下セル4では，現地適応性は高いがネットワーキング・ケイパビリティが低い企業が該当する。このセルには，シティコープが含まれる。シティコープは，自社を「地理的に組織化された銀行」として考えている。歴史的に，シティコープの経営は，分権化によって特徴づけられ，地理的にも独立していた。これにより，各支店は，ローカル市場のニーズに対応して戦略を開発する高い自律性を保持してきた。しかし，同社では，ネットワーキング・ケイパビリティが低いために問題が発生した。同社では，利益率が低いという理由から米国本社の指示により，英国子会社における英国債の取り扱いを中止した。その結果，英国子会社でのシティコープの信頼性は大きく損なわれてしまった。シティコープ本社は，英国子会社が独自の顧客関係ネットワークを持っているということを理解できなかったのである。

以上の考察から，CampbellとVerbekeは，サービス多国籍企業における「トランスナショナル・ソリューション」として2つの発展段階が必要であることを指摘している。サービス多国籍企業は，まず「イノベーションの集中化」か「高い現地適応性」かのどちらかのコア・コンピタンスを開発し，次にコア・コンピタンスを補完するためのネットワーキング・ケイパビリティを構築するというものである。

彼らの議論は，サービス企業一般を対象にしたものであるが，セル2で取り上げているように，経営コンサルティング・ファームのグローバル戦略を

考察する上で参考になる。ただし，彼らが競争優位の源泉として提示した「ネットワーキング・ケイパビリティ」の概念については，説明に曖昧な点が残り，現地適応性の概念と一部重複すると思われる部分もある。また，彼ら自身も述べていることだが，ネットワーキング・ケイパビリティの程度によって企業の業績にどういった効果があるのかという点については考察の余地が残されている。どのようにしてネットワーキング・ケイパビリティを構築すればよいのかについても議論されていない。

加えて，例示している企業が，先行研究や実態とそぐわないと考えられるものがある。セル3で例示したアーサー・アンダーセンは，ネットワーキング・ケイパビリティは低いとされているが，同社はマッキンゼーと並んで「ワン・ファーム・ファーム」(Maister, 1993) という経営コンサルティング・ファーム全体での協働を重視している事例として取り上げられている。われわれが行ったインタビュー調査においても，拠点間，コンサルタント個人間での国境をまたいだ協働的なネットワーク（ナレッジ・マネジメント・システムの運用も含めて）が上手く機能していたとの回答を得ている[2]。

1.2.3　Välikangas and Lehtinen（1994）：国際マーケティング戦略

第2に先行研究として取り上げるのは，Välikangas and Lehtinen（1994）の研究である。彼らは，サービス企業の国際マーケティング戦略として，以下の3つの戦略について議論している（図表1-3参照）。それは，①標準化戦略，②特化戦略，③カスタム化戦略である（Looy *et al.*, 2003, pp.448-450）。これらの戦略は，それぞれ以下の5つの要素から構成されている。

1. サービスのコンセプト化：サービス・コンセプトを定義すること。これは，「誰に（市場）」「何を（機能）」「どのようにして（技術）」提供する

---

[2] 株式会社アクセンチュア（旧アンダーセン・コンサルティング）のパートナーであった福住俊男氏（現在，株式会社グローバルマネジメント研究所　代表取締役社長）に対する複数回にわたるインタビュー調査による。

図表1-3　国際化戦略の諸要素

	国際化戦略		
	標準化	専門化	カスタム化
1.サービスのコンセプト化	手続き/技術にもとづいたコンセプト策定	サービス機能/専門知識にもとづいたコンセプト策定	消費者ニーズにもとづいたコンセプト策定
2.サービスの差別化	サービス性能の一貫性	サービス性能の独自性	サービス性能の個人化
3.焦点となる市場	広範な市場に焦点	狭い/広範な市場に焦点	狭い市場に焦点
4.サービスの利用可能性	あらゆる顧客が利用可能	選ばれた顧客が利用可能	限定された/特定の顧客が利用可能
5.海外でのオペレーションの方式	生産ユニットのネットワーク（例：ライセンシング，フランチャイズ）	大きなコストを投じて国際的な専門知識のネットワークを構築（例：子会社設立，合弁会社）	パートナーシップによる国際的なサービスネットワークを構築

出所：Välikangas and Lehtinen（1994），Looy *et al.*（2003, 邦訳，p.665）より筆者作成。

のかという事業に関する3つの基本的な要件を決定すること。
2. サービスの差別化：競合他社と自社のサービスを差別化すること。すなわち，競合他社と比較した自社のサービスの特性を明確化すること。
3. 焦点となる市場：（上記1で定義）ターゲット顧客を更に明確化すること。
4. サービスの利用可能性：サービスを広範囲に提供するか，限定的に提供するか。
5. 海外でのオペレーションの方式

　標準化戦略（標準化された包括的なサービス）では，規模の経済が重要となるため，広範な市場にサービスを提供する，もしくは市場を細分化せずに提供することになり，各国の生産ユニット間のネットワークを構築する必要がある。また，迅速な海外進出が求められるため，ライセンシングやフラン

チャイズといったアプローチが採用される。

　専門化戦略（専門化されたサービス）は，競合他社より優れた特定のサービス，専門知識，スキルに注目する戦略である。顧客の要求水準が高かったり特殊な要素が絡んだりする先端市場（例えば，米国のホテル市場，西欧のレストラン市場など）を対象としてサービス・コンセプトを策定する場合には，この戦略が用いられることが多くなる。専門化戦略を採用する企業では，国際的なネットワークを比較的厳しく管理し，国際展開においては子会社を設立する傾向がみられる。企業名，企業イメージを大々的にプロモーションし，海外市場にサービスを周知させ，信頼を築こうと努める。専門知識は通常本社から子会社に伝えられるが，ネットワークの拡大を図るためには各部門間での効果的な知識共有も重要となる。ただし，専門化戦略では，本社は必ずしもネットワークの中心という訳でない。本社はあくまでも各国に分散した拠点ネットワークの一部に過ぎず，そのネットワーク内で個々の拠点が相互作用して学習し合うことが多くみられる。国際展開しているコンサルティング・ファームで多くみられる戦略である。

　カスタム化戦略（カスタム化されたサービス）では，サービス・コンセプトはターゲット顧客のニーズにもとづいて策定され，長期的な関係の構築が促進される。そのため，海外でのサービス網の範囲は限られることもある。すなわち，マルチドメスティック戦略に近くなる。ただし，元は独立していた拠点が緩やかなネットワークを構築して，サービス活動について情報を共有することもある。例えば，ホテルが共通の予約システムを使用する場合が該当する（Looy *et al.*, 2003, 邦訳, p.666）。

　彼らの議論において，経営コンサルティング・ファームのグローバル戦略に相当するのが，専門化戦略とカスタム化戦略である。専門化戦略については，CampbellとVerbekeの議論（セル2に分類）に該当する。進出先国における子会社同士がネットワークを構築し，相互作用して学習し，かつその知識を共有するのである。また，彼ら自身は指摘していないが，カスタム化戦略も一部の経営コンサルティング・ファームには該当すると考えられる。

もっとも，これは経営コンサルティング・ファームの発展に伴う事業規模の拡大による影響も大きいと考えられる（Scott, 2001, pp.18-19）。国際展開の初期においてはカスタム化戦略を採用し，ローカルでの地盤が固まり企業規模が大きくなるにつれて専門化戦略へという移行も考えられる（Aharoni, 1993b; Roberts, 1999）。

1.2.4　Lovelock and Yip（1996）：グローバル事業戦略

　第3に先行研究として取り上げるのは，Lovelock and Yip（1996）の研究である。彼らは，サービス企業のグローバル事業戦略構築に関する一連の戦略的意思決定に影響を与えるプロセスについて考察している。

　彼らの議論は，製造業も含めた企業一般のグローバル戦略の議論（Yip）とサービス企業の議論（Lovelock）とを連結したものとなっている（図表1-4参照）。まず，彼らは，産業のグローバル化推進力に注目している。これは，産業がグローバル産業になるかどうかについての諸要因である。これには，共通する顧客ニーズ，グローバル顧客，グローバル・チャネル，グローバルな規模の経済，有利なロジスティクス，IT（情報技術），政府の政策・規制，移転可能な競争優位といった要因があげられている。

　次に，サービス業の特殊性について考察している。ここでは，サービスの4つの特性から派生するサービスの特徴について，8つの要因を指摘している。これらの要因が組み合わさったとき，当該産業がグローバル産業になるかどうかの潜在性が決定される。この段階で，サービスのタイプによって，その後のグローバル戦略のあり方が決定される。彼らは，サービスの対象が有形か無形か及びサービス生産のプロセスに顧客が関与するかしないか[3]）という観点からサービスを3つのタイプに分類している。それは，①ヒトを対象にするサービス（people-processing），②モノを対象にするサービス（pos-

---

3）　Lovelock and Wirtz（2007）では，趣旨は同様だが，「サービスを提供されるのは誰か/何か」ということで，ヒトかモノのどちらを対象にしているのかという説明に変更されている。情報は無形資産としてのモノという位置づけになっている。

第1章　先行研究のレビュー：研究課題の提示

図表1-4 グローバル戦略のプロセス

```
┌─────────────────────────────────────────┐
│         産業グローバル化推進力              │
│    (Industry Globalization Drivers)      │
│                                          │
│  共通する顧客ニーズ    有利なロジスティクス  │
│  グローバル顧客       IT（情報技術）       │
│  グローバル・チャネル   政府の政策・規制    │
│  グローバルな規模の経済  移転可能な競争優位  │
└─────────────────────────────────────────┘
                  ↓
┌─────────────────────────────────────────┐
│         サービスビジネスの特殊性           │
│  (Special Characteristics of Service Businesses) │
│                                          │
│  成果が客観的ではない   顧客が評価することが難しい │
│  生産における顧客の関与  在庫ができない     │
│  サービス経験の一環としてのヒト  時間的要因の重要性 │
│  品質管理の問題        流通の電子的チャネル │
└─────────────────────────────────────────┘
                  ↓
              ┌───────┐
              │  産業  │
              │グローバル化│
              │ 潜在性 │
              └───────┘
                  ↓
```

サービスのタイプ

ヒトを対象にする　　モノを対象にする　　情報を対象にする
（People-Processing）（Possession-Processing）（Information-Based）

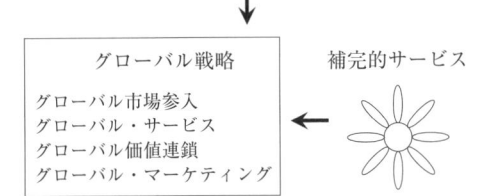

↓

グローバル戦略　　　　　　補完的サービス
　グローバル市場参入　　←
　グローバル・サービス
　グローバル価値連鎖
　グローバル・マーケティング

出所：Lovelock and Yip（1996）より筆者作成。

session-processing），③情報を対象にするサービス（information-processing）である。

①ヒトを対象にするサービスは，顧客本人にとっての直接的な有形の行為を伴う。これらのサービスでは，顧客自身が生産プロセスの一部となることが求められる。そのプロセスは，生産と消費が同時になる傾向がある。例えば，旅客輸送，ヘルスケア，フードサービス，宿泊サービスがそうである。これらのサービスにおいては，顧客は「サービス工場」に入り込む必要があり，サービス・デリバリーの間そこに留まり続ける必要がある。あるいはサービス提供者や設備が顧客の方へ移動しなければならない。いずれの場合でも，サービス企業は，ローカルの拠点を維持しターゲット顧客の近くに必要な人員，建物，設備，乗り物，補給品を備えておく必要がある。

②モノを対象にするサービスは，物理的なモノに対する有形の行為を伴い，顧客のためにモノの価値を改善することを伴う。例えば，貨物輸送，倉庫，設備の取り付け，メンテナンス，自動車修理，クリーニング業，ごみ処理などが含まれる。サービスの生産プロセスにはモノが必要とされるが，顧客自体はそのプロセスに関与する必要はない。この種のサービスでは，サービス生産と消費が分離される傾向があるためである。サービス工場は，固定，あるいは移動可能なものとなるが，サービス提供者が反復的にサービスを提供する場合には，特定の拠点を確保する必要がある。

③情報を対象にするサービスは，情報を収集・操作・翻訳し，それを顧客に対して提供することで価値を創造する。例えば，会計，銀行，コンサルティング，教育，保険，法律，報道といったサービスが含まれる。このようなサービスの生産においては，顧客の関与はしばしば最小限度のものとなる。加えて，情報通信技術の進歩により，この種のサービスの多くは，電子的なチャネルを通じた提供が可能となっている。この場合，ローカルでの拠点は，情報を受け取るためのインフラ（例：電話，コンピュータ，ATMなど）に限定されるかも知れない。

彼らの研究の評価すべき点は，サービス業における価値連鎖のグローバル

な見地からの適正配置の可能性について詳細に検討している点である。サービス生産とサービス・デリバリーをバック・オフィスとフロント・オフィスで切り分けて考えれば，上流・下流の全ての価値連鎖を必ずしもローカルで行う必要はない。場合によっては，バック・オフィスでは規模の経済を追求し，フロント・オフィスではカスタマイズを重視するといった戦略を選択することも可能である。特に，情報を対象にするサービスでは，ITを活用することで，バック・オフィスに機能を集中させ，フロント・オフィスの活動を最小限度に留めることが可能である。

　彼らの研究が発表された時期である1996年を考慮に入れると，ITの進歩を予見し，その可能性について議論を展開している点は先見性があったと言える。特に，その後のインターネットの爆発的普及とインターネット上のWeb技術の進歩は，グーグルのような多くの新しいグローバルなサービス企業を生み出している。

　しかし，幾つかの問題点が指摘できる。まず，彼らが想定している「グローバル戦略」の概念である。彼らは，議論の冒頭で，「国際化」と「グローバル化」は曖昧に用いられており混同されている点について指摘している。単純にグローバルな規模でオペレーションを行っているというだけでは十分ではなく，国や地域をまたいだ時に発生するさまざまな多様性（言語，通貨，文化，法律，政府の規制等）に対応してこそ，グローバル戦略と呼べるものであることを主張している。ところが，彼らの議論におけるグローバル戦略は，そのもたらす競争優位性としてグローバルな「標準化」（グローバル市場参入，グローバル・サービス，グローバル・マーケティング）が想定されている。これは，われわれが考察しようとしているグローバル戦略とは概念的に異なるものである。

　また，彼らは，経営コンサルティング・サービスを「情報を対象にするサービス」として分類しているが，これは現実にそぐわない[4]。確かに，IT

---

4) われわれが指摘した問題点は，Lovelock and Wirtz（2007）において，より適切な

の進歩によりIT関連のコンサルティング・サービスが増えてきたが，やはり顧客との接点であるフロント・オフィスの存在は依然として重要であり，ローカルにおける顧客ニーズへの対応が現地法人のみならずグループ全体の競争優位の構築につながっていると考えられる。加えて，近年の経営コンサルティング・サービスの特徴ともなってきた顧客に対するアドバイス以上の実質的な支援に対するニーズは，フロント・オフィスの重要性を高める要因ともなっている（Subbakrishna, 2005）。

1.2.5　Davis（2004）：サービス・コンプレックス

　第4に先行研究として取り上げるのは，Davis（2004）の研究である。Davisは，サービス企業と製造企業が，国際化する上で直面する問題点について，類似性については認めつつ，それ以上の差異性があることについて以下の7点について指摘している。

1. サービス業は製造業と比べると，より厳しい規制が課せられ，かつその規制が進出先国によって大きく異なる傾向があること。
2. サービス業は製造業と比べると，現地政府にとって外貨獲得の手段になりにくいこと。
3. ほとんどのサービスが輸出できないため，現地国においてサービスが「再創造」される必要があり，現地国での物理的な拠点が必要となること。
4. 現地国における国営国有企業（例：電気，ガス，通信，鉄道，バス，郵便，ヘルスケア，教育，社会サービス）と競合的関係になりやすいこと。

　サービスの分類へと修正がなされている。そこでは，経営コンサルティング・サービスは，「ヒトの心を対象にするサービス」（例：広告・宣伝，芸術やエンターテインメント，テレビ放送，教育，情報サービス，音楽コンサート，心理療法，宗教活動，電話サービス）として分類されている。一方，「情報を対象にするサービス」は，無形資産を対象とするサービスとされ，具体例として，会計サービス，銀行，データ処理，データ転送，保険，法律サービス，プログラミング，調査，投資顧問，ソフトウェア・コンサルティングがあげられている。

5. サービスを提供するためのモデル（ビジネスモデル）の多様性が高く，場合によっては母国とは全く異なるビジネスモデルが要求されること。
6. 多店舗展開やオペレーションの規模の拡大を行ったとしても労働集約性が高く，規模の経済があまり働かないこと。
7. 進出国・地域における文化は，顧客行動やサービスを提供する従業員の行動に影響を与えるため，その違いがサービスにもたらす影響が高いこと。

このような差異性については，サービス企業全般に影響を与える。しかし，より詳細にみれば，サービス企業のタイプによって直面し得る問題やその解決策としての国際戦略のあり方が変わってくる。

この点について，Davisは，Davis（1999）において提起したサービス企業の4類型にもとづいた考察を展開している。この類型は，次の2つの次元にもとづいている。まず，サービス・タスクの種類が「定型的（定型的労働：routine work）かそうでないか（知識労働：knowledge work）」という次元である。次に，「サービス・デリバリーが統合されているか（integrated），そうでないか（分離：decoupled）」という次元である。この2つの次元を組み合わせると，サービス企業を4つのタイプに分けることができる（図表1-5参照）。

①サービス・ファクトリーは，サービス・タスクは定型化されており，サービス・デリバリーでは統合されたプロセスを持つ。このカテゴリーには，ファースト・フード，ガソリンスタンドといったサービス業が含まれる。サービス・ファクトリーの国際展開は，他のタイプと比べると最も容易となる傾向がある。たいていの場合，現地市場においても，サービス内容に小規模の修正しか必要としない。サービス・ファクトリーの多くは単一の基本的で標準化されたサービスを提供する。多くの米国初のファースト・フード（例：マクドナルド，KFC，ピザハット）は，国際展開に成功している。多くの場合，サービスを提供するプロセスを大きく変化させる必要がなく，サービスの内容（例：メニュー）だけ小規模の修正が必要とされる。加え

図表1-5 サービス企業の4つのタイプ

サービス・タスク

	定型化 (Routinized)	知識 (Knowledge)
サービス・デリバリー　統合 (Integrated)	① サービス・ファクトリー (Service Factory)	③ サービス・ショップ (Service Shop)
サービス・デリバリー　分離 (Decoupled)	② サービス・ストア (Service Store)	④ サービス・コンプレックス (Service Complex)

出所：Davis（1999）より筆者作成。

て、サービス・ファクトリーでは、進出国における既存ビジネスとは直接的には競合しないことが多い。なぜなら、多くの場合、サービス・ファクトリーが進出する以前には現地において存在していなかったビジネスである場合が多いからである。多くのサービス・ファクトリーでは、フランチャイズを活用して国際的なオペレーションを行っている。その他には、通信販売、とりわけインターネットを活用したオンライン通信販売業も含まれる。

②サービス・ストアは、サービス・タスクは定型化されており、サービス・デリバリーは分離されている。このカテゴリーには、デパート、ホテル、航空事業、保険事業などが含まれる。一連の異なったサービスが同時に、あるいは別々に提供される。従業員の行動は、標準化されたプロセスにあまり制限されることがない。サービス・ストアは、サービス・ファクトリーと比べると、国際展開において問題が発生しやすい。それは、サービ

ス・ストアに含まれる業種（例：銀行，保険，航空事業）の多くが進出国における規制の影響を受けること，加えて進出国の既存企業としばしば競合的関係となることが避けられないことによる。そのため，現地企業よりも優れたサービスを提供し，そのようなサービスを提供できるビジネスモデルを構築する必要がある。

　③サービス・ショップは，サービス・タスクは知識労働でありサービス・デリバリーは強固に統合されている。特殊技術や技能を必要とし，個々の顧客に対して注文仕立てのサービスを提供する。例えば，自動車の修理，家のリフォーム，身の回りの世話，プロフェッショナル・サービスである。特殊技術を要する仕事の場合，そのスキルは，徒弟関係あるいは職業訓練所を通じて開発される。プロフェッショナル・サービスの場合，専門化された教育と経験を通じて開発され，暗黙知や個人の判断といった要因が重要となる。製造業における「ジョブ・ショップ（注文製作工場）」と同様に，サービス・ショップは，小規模なローカル・ビジネスとなる傾向があり，非貿易産業に位置づけられ，主として現地企業によって提供される。一部，国際展開に成功したサービス・ショップには，高所得者層を対象にした高い利益率を狙ったビジネスがある。例えば，国際的なオークション・ハウスや美術商，エグゼクティブ・サーチ・ファームといった業種が該当する。サービス・ショップは，次に説明するサービス・コンプレックスへと成長することができれば国際展開の可能性が高まる。

　④サービス・コンプレックスは，サービス・タスクは非定型的な知識労働でありサービス・デリバリーは分離されている。サービス・ショップとの類似点は多いが，提供しているサービスの規模や範囲という点で，サービス・ショップとは異なる。サービス・ファクトリー，サービス・ストアにおける事業よりも，より有機的であまり構造化されていない。少数の人間の管理下において仕事が行われるというよりも，むしろ分離されている。例えば，病院，コンサルティング・ファーム，会計事務所，弁護士事務所，投資銀行，広告代理店，ソフトウェア開発，建設会社，エンジニアリング会社が該当す

る。これらの企業は，それぞれ異なった専門知識を持ち，その創造的な論理的思考や知性にもとづいた判断を行う複数の従業員を通じて，顧客に対して付加価値を提供している。サービス・コンプレックスのカテゴリーに含まれるほとんどの企業は，プロフェッショナル・サービス・ファームであり，サービス業における国際展開の先駆者である[5]。伝統的に，サービス・コンプレックスでは，本国内と同様に，海外のオフィスも自律的な経営が行われてきた。ローカル・オフィス単位で，クライアントに対して責任を負い，独自のコンサルティング・モデルや戦略を開発してきた。国境横断的なチームが編成される場合を除き，オフィス間の知識の共有は最小限度に留められてきた。しかし，Davisは，このような状況は変化してきていると考えている。例えば，経営コンサルティング産業では，多国籍クライアントが地域，あるいはグローバルな規模で組織化されるにつれ，多国籍企業の本社や地域マネジャーは，コンサルティング・ファームと本社，あるいは地域レベルでの連動を求めるようになった。そのため，各ローカル・オフィスをグローバル，あるいは地域を基盤にして調整し，国境を横断したプロジェクトの受注に対して備える必要が出てきた。

　この最後のサービス・コンプレックスに関するDavisの考察は，経営コンサルティング・ファームのグローバル戦略について考察する上で大きく参考となる。Davisが指摘していた伝統的な状況は，経営コンサルティング・ファームの国際化の段階としてとらえることができる。一方，状況の変化を受けた現在，経営コンサルティング・ファームを含めサービス・コンプレックスが取り組んでいる経営課題こそ，われわれが考えるグローバル戦略の局面に合致する。この点について，Davisは更なる考察を行っているが，次節におけるグローバル戦略への懐疑的な見解についての考察と合わせて議論を行いたい。

---

[5]　サービス企業の国際化に関する最初期の実証研究であるGaedeke（1973）では，米国における国際展開しているサービス企業としてプロフェッショナル・サービス・ファームを取り上げている。詳しくは，補章2を参照されたし。

1.3 研究課題の提示

1.3.1 先行研究のレビューのまとめ

以上，サービス企業のグローバル戦略に関する主要な先行研究のレビューを行ってきた。細かい論点については論者によって主張の違いはあるものの，概ね議論は収束していると考えられる。

まず，共通している点として，サービス企業と製造企業のグローバル戦略は異なるものであるという認識があげられる。製造企業のグローバル戦略で言及される規模の経済による競争優位性，とりわけコスト面での優位性を考えた場合，サービス企業においてはその効果は限定的なものとなる。最も重要になるのが，現地適応性の高さであろう。

それでは，サービス企業における国際展開は，マルチドメスティック戦略にならざるを得ないのかと言えばそうではない。高い現地適応性を保ちつつもグローバル戦略のメリットを追求することは可能であると考えられる。それは，場合によっては製造業と類似した手法，例えば，標準化戦略や価値連鎖の適正配置，ITの活用等によって達成される。言い換えれば，サービスの持つ特性がもたらすリスクや不確実性を製造業におけるグローバル戦略に引き寄せて解決することも一部では可能である。特に，サービス企業のタイプによる違いを想定した場合，「イノベーションの集中化（Campbell and Verbeke, 1994）」「標準化戦略（Välikangas and Lehtinen, 1994）」「情報を対象にするサービス（Lovelock and Yip, 1996）」「サービス・ファクトリー（Davis, 2004）」では，製造業におけるグローバル戦略に関する考察の多くが適用できるだろう。

一方，よりサービスの特性による影響を受けやすいサービス企業のタイプによっては，高い現地適応性と同時にグローバルな規模での統合が必要となってくる。これは一見すると，「トランスナショナル」の議論と同様であるようにみえるが，サービス企業にとっては単なる理想型ではなく（e.g.,

浅川, 2003),実際に幾つかの企業ではこれを実現していると考えられる。それが,先行研究でも具体例としてあげられていたプロフェッショナル・サービス・ファームであり,本研究の考察対象である経営コンサルティング・ファームである[6]。

1.3.2　グローバル戦略についての懐疑論についての検討

しかし,冒頭で述べたように,プロフェッショナル・サービス・ファーム,経営コンサルティング・ファームにおける先行研究では,グローバル戦略に関する懐疑的な見解が多くみられる (e.g., Maister, 1993; Bäcklund and Werr, 2001; Løwendahl, 2000, 2005; Morgan, Sturdy and Quack, 2006; Boussebaa, 2007)。彼らが問題視しているのは,プロフェッショナル・サービスの特性とそれに由来するガバナンスの問題である。それは,次のMaister (1993, 邦訳, pp.328-330) の主張に集約される[7]。

Maisterは,多くのプロフェッショナル・サービス・ファームが国際展開を行っていることを認めている。しかし,それらの国際的なファームは,シンプルな指示系統を持った非階層的な組織構造となっており,同一のブランドネームで取引を行っている地域組織の集合体にすぎず,本当にネットワーク化されているのかという点については疑問視している。なぜなら「地域ごとの自律的経営」と「横断的な協働的活動」の利益を考えた場合に,何より

---

[6] Ghoshal and Bartlett (1997) の『個を活かす企業 (The Individualized Corporation)』」でも,高い自律性を持ったローカル同士がネットワーキングを行い,企業グループ全体としての競争優位性を発揮している成功事例として,マッキンゼーをとりあげている。同書においては,マッキンゼーで行われているナレッジ・マネジメントも詳細に紹介されている。

[7] 誤解の無いように言えば,Maister (1993) は,懐疑的な見解を示してはいるものの,他の論者とは異なり,グローバルなプロフェッショナル・サービス・ファームの可能性については否定していない。グローバルな協働を達成している「ワン・ファーム・ファーム」としてマッキンゼーやアーサー・アンダーセンをとりあげて考察している。その他,協働するための仕組みづくりとしての報酬制度や会計制度についても考察している。これらの点については,第7章,協働メカニズムについての分析で考察する。

も優先されるのが前者となるからである。それはプロフェッショナル・サービスそのものの特性と関係がある。そもそもプロフェッショナル・サービスは，クライアントが持つ固有のニーズに合致するようにカスタマイズする必要がある。そしてそのニーズは地域性の影響を受けやすい（Bäcklund and Werr, 2001; Boussebaa, 2007）。そのため，地域ごとに独自に自律的な経営を行う方が質の高いプロフェッショナル・サービスを提供するには適していることになる。

　一方，「横断的な協働的活動」の利益とは，国際展開を行っているクライアント特有の問題，すなわちローカル支社単独では対応できないような問題に対してネットワーク化することで対応ができるようになるというものである。しかし，この場合もローカル・クライアントにより良い形で対応できるような専門的なサービスを確立することが先決となる。確かに，国際展開を行っているクライアントはファームにとっては魅力的であり，そのようなクライアントと取引することは利益機会の獲得にもつながる。しかし，そういったクライアントが大量にかつ継続的に仕事を発注するとは限らないし恐らくはそうはならない。従って，結局のところ，ローカルのクライアントを満足させることができるプロフェッショナル・サービスを提供できることが重要であり，そういったローカルでの存在感の強さが国際的な取引を獲得するための必須の要素となる。

　こうして，プロフェッショナル・サービス・ファームでは，地域ごとの自律的経営を基本とし，いずれの地域に対しても標準的な管理手法を強制的に導入するような「中央集権的な」管理を行うことは難しくなる。仮に協働的活動を行うにしても，それは個々に独立し同等の力を持つファーム内での提携を通して初めて実現するものであり，本社による中央集権的な命令によって成立するものではない（Morgan *et al.*, 2006; Boussebaa, 2007）[8]。

---

[8] Morgan *et al.* (2006) は，プロフェッショナル・サービス・ファーム特有のガバナンスの問題から，グローバルな組織統合についての問題点について考察している。Morganらは，本文中で述べるように，グローバル化による「評判効果」については認

このように懐疑論者の主張によれば，プロフェッショナル・サービス・ファームにおける国際展開は，マルチドメスティック戦略にどうしても引き寄せられ，グローバルなプレゼンスを活用したサービスの提供やグローバルな統合という意味での組織間のネットワーキングの実現，すなわち，われわれが考えるグローバル戦略の実行は非常に困難なものとなる[9]。

しかし，懐疑論者の議論では十分に考察されていない点がある。第1に，コンサルティング方法論の存在である。他のプロフェッショナル・サービス・ファームと同様に，経営コンサルティング・ファームにおいても確かにクライアントごとのカスタマイズは必須である。ただし，経営コンサルティ

めている。しかし，多くの経営コンサルティング・ファームが採用しているパートナーシップ制度により，グローバル全体の利益というよりも，むしろローカル・オフィスの自律性や意志決定が優先される状況について詳しく考察している。同様に，Boussebaa (2007) は，グローバルに活動を展開している大手会計事務所（ビッグ・ファイブ）の英国支社を対象にインタビュー調査を行い，ローカル単位での自律性やローカライズが最優先されている現状について考察し，「グローバル・ファームというものは現実と言うよりも，むしろ神話である」とまで主張している。

9) 懐疑論者は，グローバル化によるメリットを全て否定している訳ではなく，グローバル化がもたらす「評判効果（reputation effect）」にもとづいた競争優位性については肯定している (e.g., Aharoni, 1993a, 1993b, 2000a, 2000b; Løwendahl, 2000, 2005; Bäcklund and Werr, 2001; Morgan *et al.*, 2006; Boussebaa, 2007)。例えば，Løwendahl (2005) は，プロフェッショナル・サービス・ファームが対象とする市場，すなわちクライアントの種類がもたらす影響について考察している。それは，①グローバル・クライアント，②グローバルな問題を抱えているローカル・クライアント，③ローカルな問題を抱えているローカル・クライアントである。このうち，①と②のクライアントを対象にする場合には，プロフェッショナル・サービス・ファームがグローバルなプレゼンスを持つ意味は理解しやすいが，問題は③のクライアントであってもグローバルなプレゼンスが意味を持つということである。すなわち，プロフェッショナル・サービス・ファームでは，その規模とグローバル化しているという2つの要因が，提供しているサービスが高品質であることの「御墨付（proxy）」として機能するためである。プロフェッショナル・サービスでは，クライアントが実際のサービス提供を受ける前に，そのサービスの質を判断しなければならない。ただし，クライアントがプロフェッショナル・サービス・ファームを評価できるだけの専門知識を持っているとは限らないし，実際にはそうでない場合の方が多い（情報の非対称性）。そのため，プロフェッショナル・サービス・ファームの規模とグローバルなプレゼンスが，実績と同等の「評判」を形成し，プロフェッショナル・サービスの品質やオペレーションの成功についてのシグナルとして受け止められるのである。

ング・ファームでは，サービスの提供にあたってコンサルティング方法論を活用できる。すなわち，異なったクライアントに対しても同じコンサルティング方法論を活用できる可能性がある。有名かつ実績のあるコンサルティング方法論がある場合には，クライアントの側からそのような手法を用いた問題解決を求めるかも知れない。この場合，グローバルに共有化されたコンサルティング方法論を用いることとクライアントごとのカスタマイズを行うということは矛盾しない。実際に，多くの経営コンサルティング・ファームでは，各ファームを代表するようなコンサルティング方法論を所有している。

第2に，ナレッジ・マネジメントに代表される協働を促進するためのマネジメントの存在である。Løwendahl（2000）は，プロフェッショナル・サービス・ファームのグローバル化，グローバル戦略のもたらす効果については慎重な吟味をすべきであると考えているが[10]，「ナレッジ・マネジメント」の可能性については肯定的に評価している。例えば，グローバルな情報システムを構築することで，個々のコンサルタントの知識を集め，そこから新しい知識を創造し普及させることができる。あるいは，世界各地のコンサルタントのための集中化された研修プログラムを導入することができる。この有名な例がアーサー・アンダーセン，現在はアクセンチュアにおいて引き継がれているシカゴにある企業大学である。同社では，この施設を通してアクセンチュアにおけるコンサルティング方法論の共有化を図っている。

前節において取り上げたDavis（2004）も経営コンサルティング・ファームにおけるナレッジ・マネジメントの発展について言及している。アクセンチュアやアーンスト・アンド・ヤングといったコンサルティング・ファームでは，企業全体をカバーしたデータベースを構築し，過去のプロジェクトの成果（例：システム開発に用いたコード）やコンサルタントの経験が再利用できるようなシステムを構築している。一方，マッキンゼーやブーズアレン

---

10) Løwendahlの論文の原題は，"The Globalization of Professional Business Service Firms-Fad（一時的な流行）or Genuine Source of Competitive Advantage?"であり，そこからもLøwendahlのグローバル戦略に関する慎重な姿勢がうかがわれる。

38

といったファームでは，コンサルタント同士が，お互いの経験や知識を共有するための対面的なネットワークを構築することを支援するような取り組みを行っている。こうしたナレッジ・マネジメントを含んだ協働を促進するための取り組みは，Maisterや他の論者が問題視しているプロフェッショナル・サービス・ファーム間のグローバルな統合を実現するための有益な方策となろう[11]。

1.3.3　経営コンサルティング・ファームのグローバル戦略の概念

　以上の考察結果を踏まえると，経営コンサルティング・ファームのグローバル戦略については，図表1-6のような概念図として示すことができる。

　図上部は，国際化段階にある経営コンサルティング・ファームを示している。この状態は，懐疑論者のみているプロフェッショナル・サービス・ファームの姿であるとも言える。すなわち，いくら国際展開を行っているとは言え，本社と各拠点（図上部の本社－Cの関係）は，社名は共有しているものの基本的には独立した経営（現地適応性や自律性が高い）を行っている。これは，拠点間でも同様であり，各拠点間（図上部のH－Gの関係）は，社名の他，地理的近接性といった最低限度の要因によってのみ緩やかに連携するに留まる。場合によっては，他の拠点とほとんどつながりのない拠点（図上部のF）も存在することだろう。提供するサービスは，本社が開発したもの（本社が開発したコンサルティング方法論を移転する）及びローカル拠点単位で独自に開発したものとなるが，基本的にはクライアントごとのカスタマイズに重点が置かれる。ある拠点でのイノベーション（例：競争力のあるコンサルティング方法論の開発）が他の拠点と共有されることはめったにない。これでは，確かに，表面的には多国籍企業であるかも知れないが，実態としては，マルチドメスティックな経営を行っている地域組織の集合体

---

11) Løwendahl (2000, 2005) やDavis (2004) が指摘しているナレッジ・マネジメント (e.g., Hansen *et al.*, 1999) の問題については，第7章の協働メカニズムに関する考察において詳しく取り扱う。

図表1-6 経営コンサルティング・ファームのグローバル戦略の概念図

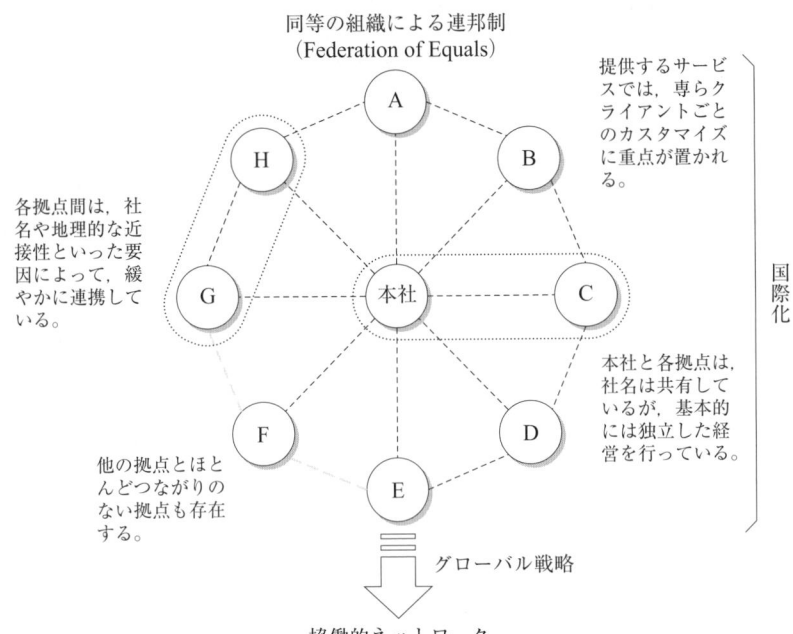

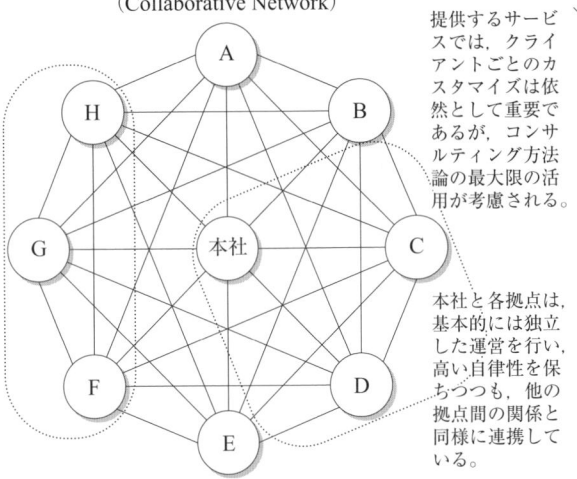

同等の組織による連邦制
(Federation of Equals)

提供するサービスでは，専らクライアントごとのカスタマイズに重点が置かれる。

各拠点間は，社名や地理的な近接性といった要因によって，緩やかに連携している。

本社と各拠点は，社名は共有しているが，基本的には独立した経営を行っている。

他の拠点とほとんどつながりのない拠点も存在する。

国際化

↓ グローバル戦略

協働的ネットワーク
(Collaborative Network)

提供するサービスでは，クライアントごとのカスタマイズは依然として重要であるが，コンサルティング方法論の最大限の活用が考慮される。

各拠点間は，社名や地理的近接性だけでなく，コンサルタントの経験や知識を共有するためのナレッジ・マネジメント，コンサルティング方法論，共同プロジェクトの実施など多様な要因によって連携している。

本社と各拠点は，基本的には独立した運営を行い，高い自律性を保ちつつも，他の拠点間の関係と同様に連携している。

グローバル化

出所：筆者作成。

に過ぎない（Maister, 1993）。ネットワークとしては,「同等の組織による連邦制（Federation of Equals）」（Morgan et al., 2006）であり,伝統的なプロフェッショナル・サービス・ファームの国際展開のパターンとなる。

　一方,図下部は,グローバル化段階にある経営コンサルティング・ファームを表している。ここでは,本社と各拠点（図下部の本社 – C – Dの関係）は,基本的には独立した運営を行い,高い自律性を保ちつつも,他の拠点とも連携している（Campbell and Verveke, 1994）。各拠点間（図下部のF – G – Hの関係）では,社名や地理的近接性だけでなく,コンサルタントの経験や知識を共有するためのナレッジ・マネジメント（Lovelock and Yip, 1996; Välikangas and Lehtinen, 1994; Hansen et al., 1999; Løwendahl, 2000, 2005; Davis, 2004）,コンサルティング方法論,共同プロジェクトの実施など多様な要因によって連携している。提供するサービスは,本社が開発したもの及びローカル拠点で独自に開発したものとなるが,その土台として,グローバルな適用可能性を持った手法,コンサルティング方法論,分析ツール等の共有が図られている。クライアントごとのカスタマイズは依然として重要であるが,コンサルティング方法論の最大限の活用が同時に考慮される。あるローカル拠点で生まれたイノベーションは,本社や他の支社と共有され,全体としての強みを強化するよう働く。この状態はある意味で理想型であり,「ローカル支社の自律性を損なうことなく,その強みに貢献するような形で協働の利益,ネットワーキングの利益が獲得されている状態であり,ローカルの各組織がそれぞれ立地する地域においてプレゼンスを発揮して初めて,グローバルな知識集約型企業総体での強さが生まれている状態」（西井,2004b）である。ネットワークとしては,「協働的ネットワーク（Collaborative Network）」と呼べるだろう。

1.3.4　研究課題の提示

　こうして考えると,経営コンサルティング・ファームのグローバル戦略とは,国際化段階（図上部）にあるファームを,いかにしてグローバル化段階

図表1-7　研究課題の一覧

対応章	研究課題	考察内容
2章	経営コンサルティング産業の現状把握	経営コンサルティング産業の生成・発展，及びファームの国際展開の特徴について考察し，経営コンサルティング産業がプロフェッショナル・サービス産業から進化を遂げている現状について考察する。
3章	「経営知識」のグローバル化	経営知識の概念に注目し，その生産や商品化における経営コンサルティング・ファームとの関係や，国境を越えて普及していく仕組みについて考察する。
4章	経営コンサルティング・ファームの競争優位	経営コンサルティング・ファームの競争優位として問題解決能力について注目し，コンサルティング方法論の開発やグローバル共有の問題について考察する。
5章	実証的考察の方法論	実証的考察にあたって，本研究で実施した調査の概要，事例研究の方法論について考察する。
6章	統計データによる実証的考察	先行研究やこれまでの章において考察してきた論点について統計データを用いて実証的な考察を行う。
7章	協働メカニズムの検証	グローバルな協働を達成するためのメカニズムについて統計データにもとづいた実証的な考察を行う。
8-10章	事例研究	事例研究を行うことで，ローカル拠点におけるグローバル戦略としてコンサルティング方法論の活用について注目し，かつインプリケーションの導出を図る。

出所：筆者作成。

（図下部）へと移行させることができるのか，あるいは既にグローバル化段階にあるファームが他のファームとの差別化をいかにして行うのか，という問題としてとらえることができる。本研究における研究課題とは，まさにこれらの問題を「どうやって達成するのか」という実行に関わる問題として還元できる。そこで，本研究において考察すべき点は，図表1-7のように整理できる。大きく分けて7つの課題に分類することができるが，それぞれが，

以降の章の内容と対応している。

小結

　以上，本章では，サービス企業のグローバル戦略に関する先行研究をレビューし，以降の章において，経営コンサルティング・ファームのグローバル戦略を考察していく上での研究課題の提示を行った。

　考察の結果，本書における経営コンサルティング・ファームのグローバル戦略の理想型として，「ローカル支社の自律性を損なうことなく，その強みに貢献するような形での協働の利益，ネットワーキングの利益が獲得されている状態であり，ローカルの各組織がそれぞれ立地する地域においてプレゼンスを発揮して初めて，グローバルな知識集約型企業総体での強さが生まれている状態」である。

　そして，本研究における課題とは，この理想型の状態をどうすれば達成できるのかという問題であることを確認し，研究課題の一覧（図表1-7参照）と対応する章との関係について提示を行った。以降の章においては，この研究課題について順次考察していくこととなる。

第2章

経営コンサルティング産業の進化の系譜

はじめに

　経営コンサルティング産業の起源は，1880年代後半以降の「科学的管理法」の発展・普及と深い関係がある。初期の頃の経営コンサルタントたちは「能率専門家」であり，工場現場における作業能率，生産能率を向上させるという問題の解決に取り組んでいた（Dobson, 1962, p.19）。それから現在に至る約1世紀余りの間，経営コンサルティング産業の発展は，その推進要因，すなわちコンサルティング・サービスに対するクライアントのニーズの変化を反映し，複数の世代に分けることができる（Kipping, 2001, 2002；西井, 2002, 2006b, 2007）（図表2-1参照）。

　とりわけ，近年においては，新たな世代（第4世代）の到来とも位置づけられる変化を見せている。第4世代においては，ITアウトソーシング事業に代表されるように，クライアントが自らのコア・コンピタンスを強化するため，外部資源を積極的に活用しようとするニーズに応えるためのコンサルティング・サービスが提供されるようになってきた。クライアントとリスクをシェアするために合弁事業を営んだり，成果報酬制度を採り入れたり，あるいは，データ・ウェアハウジング（data warehousing），クラウド・コンピューティング（cloud computing）を活用したりといった従来の世代とは本質的に異なった事業を展開し，ビジネスモデルを構築しようとする経営コンサルティング・ファームが登場してきている（e.g., Kubr, 2002; Subbakrishna, 2005; Carr, 2004, 2008）。

図表2-1 経営コンサルティング産業の進化

世代	推進要因	主要課題	存続期間	発展期	代表的ファーム
第1世代	科学的管理法	作業能率 生産能率	1900s ～1980s	1930s ～1950s	Emerson Beaudx Big Four Maynard
第2世代	組織・戦略	分権化 ポートフォリオ計画	1930s～	1960S ～1980s	Booz Allen McKinsey A.T.Kearney BCG
第3世代	情報・通信	内部・外部調整	1960s～	1990s～	Big Five CSC EDS Cap Gemini
第4世代	アウトソーシング	コア・コンピタンス強化 外部資源の活用	1990s～	2000s～	Accenture IBM Hewlett-Packard TCS

(注)・第3世代と第4世代は，世代間に連続性があるため表中では点線で示している。
　　・TCSとはインドのタタ・グループの一つであるTata Consultancy Servicesの略称。
出所：Kipping（2001, p.29）より一部修正を加えて筆者作成。

　この流れは，経営コンサルティング・ビジネスの存在理由そのものに他ならない。すなわち，クライアントのニーズの変化に応え続けることが経営コンサルティング・ファームに課せられた使命であり，経営コンサルティング産業の進化の方向性を規定していくのである。今後もクライアントのニーズが変化すれば，またそれに応えようとするファームが登場し新たな世代が生まれてくることだろう。

　本章の目的は，経営コンサルティング産業の進化の系譜をたどり，経営コンサルティング産業の現状を理解すること，その過程において，どのような要因が産業の国際化，グローバル化を推進してきたのかという点について考察することにある。加えて，本章における考察は，次章以降における考察の文脈を形成する働きも担っている。

2.1　経営コンサルティング産業の発展：第1世代から第3世代[1]

2.1.1　第1世代：科学的管理法にもとづいたコンサルティング

(1) コンサルティング業の確立

　第1世代は，科学的管理法にもとづいたコンサルティングが実施されるようになり，コンサルティング・サービスが「業」として確立・普及し，産業の礎が構築された世代である。サービスの主要な課題は，作業能率，生産能率といった効率性の向上にあった。

　第1世代が形成されることになった背景には，「能率専門家」としてのコンサルタントたちの活躍があった。この世代を代表する最も有名なコンサルタントがフレデリック・テイラー（Frederick W. Taylor）である。テイラーは，徒弟制の下での修行，工場での職歴，1878年から1889年のミッドベール製鋼所での勤務を経て，産業機械の発明家としての地位を確立し，工場管理者としての幅広い経験を蓄積していた。テイラーを一躍有名にしたのは，ベスレヘム製鉄会社でのコンサルタント（1898年～1901年）としての成果である。金属切削工具の性能の向上に加えて，同社の多くの作業領域に体系的な管理方法を導入しようと努めたことにより，管理者の役割について多くの知見を得た（Nelson, 1992, 邦訳, p.10）。

　1910年には，科学的管理法の存在と効果を世間（全米中）に広く知らしめる「東部鉄道賃率事件」が起きた。この事件は，鉄道会社による労働者の一般的な賃金値上げの承認と共に，「州際商業委員会（The Interstate Commerce Commission）」に輸送賃率の引上げを申請したことから生じた。この賃率引上げ案に反対して荷主側が訴訟を起こした事件である。この事件の

---

1) 第1節～第3節における論述は，主としてKipping（1999, 2001, 2002），梅野（2004）の考察を参考にしている。梅野（2004）は，Kipping（1997, 1999, 2002）にもとづいた考察を行っている。

訴訟過程において荷主側の弁護士は，科学的管理法の原理は，あらゆる部門に実際に適用され得るものであり，鉄道業においても科学的管理法を適用することによって一日あたり100万ドルの節約が可能であるとの意見を述べた。この事件により科学的管理法は一般社会にも広く認知されるようになった（植藤, 1988, pp.108-109）。

1911年には，テイラーによる著名な文献である『科学的管理法（The Principal of Scientific Management）』が刊行される（Taylor, 1911）。テイラーは報酬をもらい科学的管理法を多くの企業に導入させることに成功した。同様に，彼の弟子や協力者たちによっても科学的管理法の普及が推進され，更には独自の方法論まで展開されるようになった[2]。

(2) 代表的事例：ビードー・コンサルタンシー

この第1世代において，成長スピード，規模，国際展開の地理的範囲のいずれからみても最も成功した経営コンサルティング・ファームといえるのが，ビードー・コンサルタンシー（Beaudx Consultancy）であった（梅野, 2004）。ビードーは，フランス系移民であるチャールズ・E・ビードー（Charles Eugene Beaudx）によって，1916年，米国ミシガン州グランドラピッズで設立された。ビードーの米国国内のクライアントの中には，イーストマン・コダック（カメラ・フィルム），グッドリッチ（タイヤ），デュポン（化学），ゼネラル・エレクトリック（電機）といった有名な多国籍企業が名を連ねていた。

1926年，ロンドンに最初の海外支店が設立され，以降，第2次世界大戦

---

2) テイラーの弟子や協力者とは，フランク・B・ギルブレス（Frank Bunker Gilbreth），ヘンリー・L・ガント（Henry Laurence Gantt），ハリントン・エマーソン（Harrington Emerson）らである。中でも，ハリントン・エマーソンは，「成果報酬（payment-by-result）」に関して，独自の方法論を展開し，テイラー以上のコンサルティング事業を展開した。1889年には，コンサルティング・ファームを立ち上げ，以後20年の間に，ニューヨーク，ピッツバーグ，シカゴ，フィラデルフィア，タコマへとオフィスを展開した（Kipping, 2002）。

中の急速な効率性改善の必要性に伴い，1930年代から1940年代にかけてビードーの事業は急速に拡大し，ドイツ，イタリア，フランスへも国際展開を行った。ビードーの国際展開における成功要因は，以下の3点に整理することができる（梅野，2004, pp.640-641）。

第1の成功要因は，その製品コンテンツにあった。全ての人間労働を単一測定単位「B」で標準化したことによって，あらゆる活動との比較が可能になり，労働者賃金の算定が容易になった。算定された標準値は，ビードーのエンジニアの経験を総動員して策定されたものとされ，恣意性が可能な限り排除されたものと受け止められた。加えて，同システムは，単位あたり労働コストの削減目的だけではなく，原価会計をはじめとするその他の経営管理面においても有用であるとして，その柔軟性が評価されていた。第2の成功要因は，米国多国籍企業がビードーの欧州展開で「ブリッジ役」として機能したことであった。例えば，ビードーのロンドン事務所は，グッドリッチの英国工場でのコンサルティング活動後に設立された。更に，グッドリッチは，ビードーのフランス，ドイツ進出に際しても足がかりを与えた。同様に，イーストマン・コダックは欧州の工場でビードーを採用したばかりでなく，コダック英国子会社トップは，ビードーを英国大手食品業者のリオンズ（Lyons）に紹介した。第3の成功要因は，創業者チャールズ・E・ビードー自身の人間関係構築能力にあった。彼は欧州諸国において現地のビジネスエリートたちと親密な交流関係を持ち，各国の有力者や財界の大物たちをそれぞれビードーの現地事務所の役員に据えた。

ビードーに代表される第1世代のコンサルティング・ファームの多くは，1950年以降，効率性の向上という目的を維持しながら，その活動を多角化していった[3]。しかし，1950年代の後半以降は，これらの経営コンサルティ

---

3) ビードー以外に活躍したファームは，英国における「ビッグ・フォー（Big Four）」と呼ばれたファームがある。それぞれ，Urwick Orr and Partners（1934年設立），AIC（Associated Industrial Consultants；1937年設立），PE（Production Engeneering；1934年設立），PA（Personnel Administration；1943年設立）である。いずれもビー

ング・ファームは次第に新たな経営コンサルティング・ファームへと置き換えられるようになった。

2.1.2　第2世代：戦略・組織コンサルティングの登場

（1）組織・戦略コンサルティング・ファームの台頭

　第2世代は，トップマネジメントに対する組織・戦略に関するコンサルティングを提供するコンサルティング・ファームが台頭してきた世代である。サービスの主要な課題は，分権化・ポートフォリオ計画といったクライアント組織の大規模化，多角化，M型組織（事業部制）の導入に対応したものであった。

　1930年代に入ると，経営コンサルティング・サービスがより一般的に利用されるようになった。しかも，第1世代の「能率専門家」としてのコンサルタントではなく，プロフェッショナル・サービスとしての経営コンサルティング・サービスに注目が集まるようになった[4]。Dean（1937）による

　　ドーからのスピンオフか，元ビードー関係者によって設立された（梅野，2004）。英国におけるコンサルティング市場は，1970年代まで，これら4社による寡占状態にあった（Kipping, 1996, 2002）。また，第2次世界大戦後には，労働者の成果を測定し評価するための時間測定法（Methods-Time-Measurement：MTM）が広範に利用されるようになった。同手法の考案者の一人であるハロルド・メイナード（Harold B. Maynard）は，この手法にもとづいたコンサルティング・サービスを提供し，1960年代の終わりには，ヨーロッパ8カ国で330人のコンサルタントを抱える西欧最大の米国系コンサルティング・ファームとなった（Kipping, 2002）。

4）　この背景には，1920年代の後半に再び生産量の増大に重点が置かれ，「能率専門家」としての経営コンサルタントに対するニーズが急増したことにある。その結果，あぶく銭を求める多くの者が，経営コンサルタントとして参入してきた。これらの「にわかコンサルタント」たちに対して，従来から経営コンサルタントとして活躍していた者の中から，規範，あるいはプロフェッショナル・サービスとしての戒律を確立するためのグループが組織された。1929年に，ACME（the Association of Consulting Management Engineers）が組織され，同組織のメンバーは，倫理的な慣例を遵守することを互いに監視し，維持することを誓っていた。組織として各メンバーに対して，少なくとも5年間の成功した信頼のできる業務の記録を保有していることを求めた。また，メンバーは，アサインメントを遂行するのに，完全に適任である場合に限って引き受けることを誓い

と，当時の経営コンサルタントによって提供されるサービスとして，①生産分析，②会計システム，③外部のマーケティング調査，④内部の販売調査，⑤総合的な調整政策の調査，⑥管理職の人事の査定，⑦賃金報酬プランといった種々のサービスがあげられている。このように，1930年代に入ると，工場での科学的管理法の適用に限定されない幅広いサービスの提供が，財務や会計といった分野出身の経営コンサルタントによってなされるようになっていた[5]。

一方，クライアント企業をみると，1920年代から1930年代にかけて，急速な成長，多角化，市場競争によって，ゼネラル・モーターズやデュポンのような米国企業の多くは，独立した事業部門を本社が統括するという分権的組織を管理する体制を構築していった。このような組織構造は，「M型組織（Multi-Divisional Organization）」と呼ばれていた。コンサルタントは，米国におけるM型組織の普及に重要な役割を果たした。加えて，コンサルタントは，経営者に対してオペレーション面での調査や戦略に関してもアドバイスを行うようになった。ここで優位に立ったのは，効率性を追求する技術者としてのコンサルタントではなく，調査受託サービス・心理学・会計学といった広範なバックグラウンドを持つファームであった。

(2) 代表的事例：マッキンゼー・アンド・カンパニー

第2世代の経営コンサルティング・ファームを代表し，以降の経営コンサルティング・ファームのあり方について最も大きな影響を与えたのは，マッ

合った（Fortune, 1944）。
[5] 詳細にみれば，1920年代は，科学的管理法への批判と第1次世界大戦の影響による労働力不足，戦時中の陸軍による「人事活動」からの影響も受け，人事管理の発展も見られた（植藤，1988, p.106）。ホーソン実験の結果を踏まえた人間関係論の登場も手伝い，人的資源の有効利用という分野でコンサルティング・サービスの提供も行われた。例えば，メアリ・パーカー・フォレット（Mary Parker Follet）は，人的資源管理と動機づけのコンサルティング・サービスを提供している（United Nations, 1993; Kubr, 2002）。

キンゼーである。マッキンゼーは、米国内においては、フォード、クライスラーをはじめとする大手企業の分権化に関与したばかりではなく、60年代からは欧州諸国の主要企業へもM型組織を普及させたことで有名である。

　同社の創立者のジェームズ・O・マッキンゼー（James O. McKinsey）は、シカゴ大学で会計学を教えており、多数の本や論文を発表していた。1922年には予算管理に関する有名な本を出版した。そして、1926年、この予算管理の考え方・手法を組織全体の経営管理の手段として提供するコンサルティング・ファームを立ち上げた[6]。それが、今日においても最も名声の高い経営コンサルティング・ファームの1社であるマッキンゼー・アンド・カンパニー（McKinsey & Company）である。同社の調査能力への評価は高く、最初は金融機関を対象としていたが、徐々にUSスチールのような大企業に対してもコンサルティングを行うようになった。しかし、1935年、マッキンゼー自身がクライアントであったシカゴを基盤とした小売業者マーシャル・フィールズ（Marshall Fields）のCEOとなったが、その後2年も経たないうちに肺炎をこじらせて急逝してしまう[7]。

　彼のシカゴとニューヨークの2つのオフィスは二つに分割され、互いに競争しないことで合意した。その後ニューヨーク・オフィスがマッキンゼーという名称を使用する専有権を高額で購入し、シカゴ・オフィスはシニア・パートナーであったカーニー（A. T. Kearney）の名称を使用するようになった。マッキンゼーは、ニューヨーク・オフィスを経営していたマービン・バウワー（Marvin Bower）のもとで、1960年代初頭には200人以上のコンサ

---

[6]　設立当初のマッキンゼーは、会計学を基礎としたマネジメント・エンジニアリングが専門で、会計・財務データを意思決定に生かすためのシステム設計・効率化などを主に手がけていた。スタッフのなかには生産工学を学んだエンジニアが二人いたが、経営学の教育を受けたスタッフは一人もいなかった（Edersheim, 2004, 邦訳, p.24）。

[7]　1935年、一時的にではあるが、会計事務所のスコービル・ウェリントンと合併し、マッキンゼー・ウェリントン・アンド・カンパニーとなっている。1937年10月のジェームズ・O・マッキンゼーの急逝により、当時最大のクライアントであったUSスチールが調査打ち切りを通知している。1939年、マービン・バウワーが3人のパートナーとともに、マッキンゼーを買い取っている（Edersheim, 2004, 邦訳, p.26）。

ルタントを抱える大手の経営コンサルティング・ファームへと成長を遂げていた（梅野, 2004, p.644）。

マッキンゼーの他にも，1950年代後半以降，アーサー・D・リトル（Arthur D. Little），ブーズ・アレン・アンド・ハミルトン（Booz Allen & Hamilton），上述のA.T. カーニーなどが第2世代の代表的な経営コンサルティング・ファームとして大きな活躍を見せ，欧州諸国へも活発に活動範囲を拡張していった。彼らの国際化を促した要因は，第1世代の場合と同様に，米国多国籍企業の「ブリッジ機能」であった。1950年代，60年代の米国多国籍企業の積極的な西欧諸国進出は，第2世代にとっても新市場でのビジネスチャンスの拡大を意味しており，第1世代同様，米国多国籍企業というクライアントへの「追随戦略（client following）」を踏襲した（梅野, 2004, p.644）。

しかし，大戦後の第2世代の国際化には，第1世代の国際化には見られなかった要因も働いていた。それは，欧州多国籍企業自身が米国の経営コンサルティング・ファームを欧州へと呼び寄せたという側面である。マッキンゼーが最初の海外拠点としてロンドンにオフィスを開設するきっかけを作ったのは，英蘭系石油メジャーのシェル（Royal Dutch Shell）であった。マッキンゼーは，ベネズエラでシェル現地子会社のコンサルティングを担当していたが，そのシェルが欧州でも引き続きマッキンゼーにコンサルティング・サービスを提供することを依頼したのである。マッキンゼーは，その後欧州の有名企業をクライアントにしていった。また，第2世代の経営コンサルティング・ファームも，第1世代のビードーと同様に，欧州各国の政財界の大物たちと親密な人間関係を構築するよう努めた。マッキンゼーは，そうした人脈を活用しながら，英国，ドイツにおいてクライアントを拡大していった。1960年代末には，欧州に6つのオフィスを開設し，これらのオフィスでの収入は，マッキンゼー全体の3分の1以上を占めるようになっていた（梅野, 2004, p.645）。

このように，マッキンゼーに代表される第2世代の経営コンサルティン

グ・ファームは，1960年代から1980年代を通じて，積極的に国際展開を行い，その地歩を固めて行った。現在においても，第2世代の経営コンサルティング・ファームの多くが活躍を続けている。しかし，1980年代後半からは，新たな第3世代の経営コンサルティング・ファームが台頭し，経営コンサルティング産業を牽引していくようになる。

2.1.3　第3世代：情報・通信分野に関するコンサルティング

(1) 情報・通信分野に関するコンサルティング・ファームの台頭

第3世代は，情報・通信分野に関するコンサルティングを提供するコンサルティング・ファームが台頭してきた世代である。サービスの主要な課題は，企業内部と外部調整，情報・通信（ICT：Information and Communication Technology）の技術を活用した企業内，企業間にまたがる業務統合のためのシステム構築にあった。

1960年代，大手会計事務所によるMAS（Management Advisory Service：経営助言サービス）と呼ばれる経営情報システムの設計・導入といったシステム・コンサルティングに始まり（Stevens, 1981, 1991），1990年代以降は，ERP（Enterprise Resource Planning：企業資源計画）に代表される基幹業務全般に関わる大規模な情報システムの構築に関するサービスが提供されている。第3世代が形成されることになった背景には，1970年代後半以降の欧米の大規模多角化企業の不振があげられる。これらの企業は，70年代における2度のオイルショックと日本やアジアからの経済的挑戦により急速に競争力を失い，次々と企業買収・解体の標的となった。経営者は，資本市場から寄せられる収益力向上の圧力に対し，企業のリストラクチャリングに着手した。その過程において，IT技術を活用した企業内のみならず企業外部とのネットワーク構築を含んだバリューチェーンの革新や，アウトソーシングの積極的活用に乗り出す動きがあった（梅野, 2004, p.646）。

こうした環境変化の中でクライアントのニーズに上手く対応してきたの

が，英米系の大手会計事務所であった。監査人や会計士は，19世紀以降，リストラクチャリングや倒産の際に，コンサルタント的な業務を行っていた。会計事務所の多くは，第2次世界大戦後，経営助言サービスを提供するためのコンサルティング部門を別に設けるようになった。1970年代後半以降の大規模多角化企業の不振は，大手会計事務所にとっても脅威であった。クライアント企業同士の吸収合併により，監査する大企業の数が減少し，主たる収入の柱であった会計・監査業務の成長が頭打ちとなったのである (Squires, Smith, McDougall and Yeack, 2003, 邦訳, p.85)。そのため，大手会計事務所同士の合併・統合が盛んに行われた。かつては，「ビッグ・エイト (Big 8)」と呼ばれた八大会計事務所は，1990年には「ビッグ・シックス」に，1990年の終わりには，「ビッグ・ファイブ」にまで集約された。

(2) 代表的事例：アーサー・アンダーセン

この第3世代を代表するのが，「ビッグ・ファイブ」のうちの1社であったアーサー・アンダーセン (Arthur Andersen) である。1913年，同社はアーサー・E・アンダーセンとクラーレンス・M・ディレーニィによって米国シカゴにおいて設立された（当時の社名は，アンダーセン・ディレーニィ・アンド・カンパニー）。アーサー・アンダーセンは，会計・監査・税務業務に加えて，初期の頃から経営コンサルティング・サービスを提供し始めた大手会計事務所の1社であった。コンサルティング・サービスとしての調査や業務の顧問サービスは，同社にとってクライアントを獲得する大きな原動力となっていた (Squires *et al.*, 2003, 邦訳, pp.34-35)。

第2次世界大戦後，経営コンサルティング・サービスへの需要が高まる中，同社はいち早くIT関連のコンサルティング・サービスの提供に着手した。1947年のアーサー・E・アンダーセンの死後，当時，同社を率いていたレオナード・スパチェックにより，アンダーセンの社員で機械的なパンチ・カード・システムの専門家であったジョゼフ・S・グリックアウフをペンシルバニア大学で開催されたコンピュータのデモンストレーションに参加させた。

それからすぐに，グリックアウフは，コンピュータを初めてビジネスに応用するチームを率いて，1952年ゼネラル・エレクトリックの給与と資材管理システムのデザインと実施にあたった。グリックアウフと彼のチームは，アーサー・アンダーセンのコンピュータ技術のノウハウを確立し，他の大手会計事務所に対して有利な差をつけた（Squires et al., 2003, 邦訳, p.66）。

国際展開という面では，アンダーセンは，1950年代から1970年代までに，26カ国に87のオフィスを開設し，1万人を要する大手会計事務所に成長した。1955年にメキシコへ，以降ヨーロッパ，南米，アジア，中東，アフリカへと拡張していった（Squires et al., 2003, 邦訳, p.55）。これは，クライアントである米国多国籍企業，その世界中の子会社に対して，首尾一貫したサービスを提供するためであった。また，そのような大規模かつ標準化されたサービス，例えば全社規模での会計システムの導入のようなサービスに注力していた影響も大きい（Stevens, 1981, 1991）。

国際展開にあたっては，創業者であるアーサー・E・アンダーセンの考え方が大きな役割を果たしていた。彼は，「全スタッフが一つの方法で仕事をすれば，効率的で効果的な作業ができ，これによりいつも一貫して高品質のサービスが提供できる」と確信していた（Squires et al., 2003, 邦訳, p.61）。

米国で行われているローカル・オフィスの経営モデルは，継続性維持のために世界中のローカル・オフィスで採用された。そこでは，米国国内と同様，監査手順の方法や専門家養成方式によって，アーサー・アンダーセンの設定した標準に合うよう，海外オフィスも確保された。全ての仕事の細目についての指示があり，それにはアサインメントを受け入れることから，プレゼンテーションを行い，スタッフを選別し，クライアントの企業文化と混ざり合うことまで規定があった。このような共通の方法論は，グローバルな規模でネットワークを構築しようとする同社におけるコンサルティング・サービスの質の一貫性を保つためであった（Squires et al., 2003, 邦訳, p.61）。

アーサー・アンダーセンを含め，他の大手会計事務所も，収益という点では，第2世代の経営コンサルティング・ファームを遥かにしのぐ成功を収め

第2章　経営コンサルティング産業の進化の系譜　55

た。図表2-2は，1991年度と1998年度における経営コンサルティング・ファームの上位20社の概要について示したものである。1991年度の時点では，1位：アンダーセン・コンサルティング（1989年にアーサー・アンダーセンより分離），2位：マッキンゼー，5位：アーンスト・アンド・ヤング，6位：KPMG，7位：デロイト・コンサルティング（デロイトのコンサルティング部門）となっており，既に第2世代の経営コンサルティング・ファームでは，マッキンゼーを除いて上位をビッグ・ファイブが占めていた。1998年度になると，上位1位から5位までをビッグ・ファイブが占め，マッキンゼーは7位に後退している。収益という点では，マッキンゼーが2,500万ドルに対し，1位のアンダーセン・コンサルティングでは，7,129万ドルと3倍近くの差が開いている。従業員数では，およそ10倍もの規模の差となっている。このことは，上述したように，大手会計事務所がシステム構築のような大規模なアサインメントに注力していたことを示している。

　このように，大手会計事務所を中心とする，第3世代の経営コンサルティング・ファームが台頭し，大規模化していき，経営コンサルティング産業の発展を牽引していった。経営コンサルティング産業は，1990年代を通じて，年平均成長率20％超の割合で急成長を遂げてきた（Biswas and Twitchell, 2002, p.8）。このまま大手会計事務所の天下が続くかと思われたが，2000年前後から大手会計事務所の業界再編が始まり，それに呼応して他業種からの参入が始まり，経営コンサルティング産業における新たな世代（第4世代）が登場する。

2.2　経営コンサルティング産業の新たな世代の到来

2.2.1　第4世代の登場の背景

　第4世代は，アウトソーシング・サービスに代表されるように，従来のプロフェッショナル・サービスとしての経営コンサルティング・サービスの枠を超えた事業を展開し，ビジネスモデルを構築している経営コンサルティン

図表2-2 上位20社のプロファイル（1998年度、1991年度）

順位	企業名	1998年度 本社	収益100万ドル	従業員数	海外比率	拠点数	1991年度 順位	収益100万ドル	従業員数	海外比率
1	Andersen Consulting	US	7,129	53,416	50	137	1	2,260	21,668	52
2	PricewaterhouseCoopers	US	6,000	40,800	55	900	–	–	–	–
3	Ernst & Young	US	3,870	16,450	38	185	5	862	6,297	36
4	Delloitte Consulting	US	3,240	19,560	54	–	7	800	5,300	41
5	CSC	US	3,000	20,000	37	–	12	407	3,375	44
5	KPMG	US	3,000	14,094	49	160	6	801	5,880	56
7	McKinsey & Company	US	2,500	5,184	59	73	2	1,050	2,600	60
8	Cap Gemini Group	France	2,261	–	88	151	–	–	–	50
9	Mercer Consulting Group	US	1,543	11,304	40	120	4	894	7,857	35
10	Arthur Andersen	US	1,368	9,196	49	382	–	–	–	–
11	A.T. Kearney	US	1,234	2,880	46	64	23	178	770	47
12	Towers Perrin	US	1,230	8,155	26	78	9	622	3,500	29
13	Booz-Allen & Hamilton	US	1,204	6,540	25	104	10	539	3,100	25
14	IBM Consulting	US	990	5,060	42	–	–	–	–	–
15	American Management Systems	US	913	7,398	20	55	17	285	3,150	9
16	Keane	US	872	10,829	8	53	–	–	–	–
17	Hewitte Associates	US	858	9,700	6	71	13	320	2,100	7
18	Sema Group	France	836	–	99	130	–	–	–	–
19	Logica	US	790	6,383	90	63	–	–	–	–
20	Boston Consulting Group	US	730	1,940	71	46	21	215	662	65

(注) 下線部（ビッグ・ファイブ）による強調は筆者による。

出所：IndustryWeek (2000, p.85), United Nations (1993, p.13) を修正し、筆者作成。

グ・ファームが台頭してきた世代である。サービスの主要な課題は，クライアントのコア・コンピタンスの強化，外部資源の活用をいかに「実質的に支援するのか」という点にある。

　厳密に言えば，これらの特徴は第4世代において唐突に出現したという訳ではない。実際には，第2世代，第3世代が登場し活躍してきた水面下において，その萌芽があった。第2世代のファームが第3世代のファームへと進化することが事実上できなかったのとは異なり，第3世代と第4世代には連続性がある。一部の第3世代のファーム（例：アーサー・アンダーセン，後のアクセンチュア）は，第4世代のファームへと進化していると考えられる。従って，第3世代と第4世代は，同じ世代としてとらえることもできるが，今日の経営コンサルティング産業の現状を理解し，以降の章において，経営コンサルティング・ファームのグローバル戦略について考察するためには，異なる世代としてとらえた方が適切であると考える（図表2-1参照）。以下，新たな世代が登場してきた背景，諸要因について，詳しく考察していきたい。

（1）利益相反問題と部門間の対立

　新たな世代が登場してきた背景には，「利益相反」問題，そして監査部門とコンサルティング部門間の対立に端を発する大手会計事務所のコンサルティング部門の分離・独立があげられる。

　利益相反問題とは，会計・監査業務とコンサルティング業務を同時に提供することにより，会計・監査業務の中立性が失われてしまうという懸念である。この利益相反問題は，1930年代，第2世代の経営コンサルティング・ファームが登場してきた際に既に問題視する動きがあった。先述のマッキンゼーがそうである。マッキンゼーは，今でこそトップマネジメントを対象にした戦略提案に重点を置いているファームとして認知されているが，1926年の設立当初は，会計学を基礎としたマネジメント・エンジニアリングが専門で会計・財務データを意思決定に生かすためのシステム設計・効率化など

を主に手がけていた。この当時の状況に対し懸念を表明したのがマービン・バウワーであった。彼は，1935年，入社して2年という間もない時期に，ジェームズ・O・マッキンゼーに「会計監査とコンサルティングを同一事務所が行えば必ず利益相反をもたらす」との意見を申し入れていた。実際，マッキンゼーは，1937年ジェームズ・O・マッキンゼーが急逝した後マービン・バウワーが同社を率いるようになると会計業務からは手を引いている (Edersheim, 2004, 邦訳, p.12)。

しかし，この利益相反問題の火種は消えることはなかった。むしろ前節において考察したように，第3世代の経営コンサルティング・ファームである大手会計事務所によって，経営コンサルティング・サービスは大々的に行われるようになったのである。その先導的なファームがアーサー・アンダーセンであった。アーサー・アンダーセン（1920年代当時は，アンダーセン・ディレーニィ・アンド・カンパニー）は，会計・監査・税務業務に加えて，最も早くからコンサルティング・サービスを提供し始めたファームの1社であった。コンサルティング・サービスとしての調査や業務の顧問サービスは，同社にとってクライアントを獲得する大きな原動力となっていた。

このアーサー・アンダーセンの行動について，他の会計事務所は懐疑的であった。当時，プライス・ウォーターハウスの会長であったジョージ・メイは「会計士は監査のみをやるべし。他に手を出してはならない」とアーサー・アンダーセンに対して警告していた。しかし，アーサー・E・アンダーセンは，メイの警告を無視し自信を持ってコンサルティング業務を進展させて行った (Squires *et al*., 2003, 邦訳, p.35)。ただし，1950年代の終わりから1960年代の間では，アーサー・アンダーセンにおいてもコンサルティング部門は会社全体の売上の約20％を占めるにすぎなかった。

しかし，1970年代の後半に入ると次第に状況が変わってくる。1978年には，会計事務所の広告の自由化が許可されたため大手会計事務所間の競争は一段と激しさを増した。監査クライアントは，競争入札を使ったり監査費用を下げるために他社をあたってみたりといった行動に出るようになった。こ

のような背景の下，コンサルティング部門を拡大するというのは理にかなったことであった。アーサー・アンダーセンだけではなく，他の大手会計事務所，米国国内の中小規模の会計事務所も含め，全ての会計事務所が監査収入の減少を補填するために監査以外のサービスを拡充しようと努力するようになった（Squires *et al*., 2003, 邦訳, pp.85-87）。

この時問題となったのは，第1に，監査部門とコンサルティング部門間の対立である。そもそも監査業務とコンサルティング業務とは異なったビジネスである。監査業務の目的が公的利益を守るということにあることに対して，コンサルティング業務の目的はあくまでもクライアントの利益の実現に焦点が置かれている。また，監査業務では規則や規定に従うことが非常に重要となるが，コンサルティング業務ではより柔軟な思考が求められる。第2に，SEC（Securities and Exchange Commission：証券取引委員会）を中心とした利益相反問題への関心である。1970年代を通じて，クライアントの税務対策を助けたり経営情報システムを構築したりする同じ会計事務所が，クライアントの財務諸表を監査することの妥当性について，SECや米国議会の委員会は疑念を抱いていた。SECも議会も等しく，コンサルティング業務によって会計士の独立性に妥協が入るのでないかと心配し，両方の業務を提供する会計事務所に特別の注意を払うようになった（Squires *et al*., 2003, 邦訳, pp.87-88）。

1980年代に入ると監査部門とコンサルティング部門間での緊張関係が，アーサー・アンダーセンを含め大手会計事務所において表面化してくる。特にアーサー・アンダーセンではその緊張関係が限界に達していた。最終的に，コンサルティング部門の独自性と方向を監査部門とは離れて再調整するための組織改革が必要との結論に至った。また，そのころ他業種の企業，例えばEDSやIBMがコンサルティング市場においてその競争力を高めてきていた。これらの競合他社に対抗するためにも，コンサルティング部門には自律性，独立性が必要であった。こうして，1989年，他の会計事務所の先陣を切ってコンサルティング部門が監査部門から独立することになり，アン

ダーセン・コンサルティング（Andersen Consulting）が誕生した。同社は会計監査パートナーによる直接管理ではなく独立した企業体となった（Squires *et al.*, 2003, 邦訳, pp.104-109）。更に，後述するように，2000年8月には，アーサー・アンダーセンより完全に決別し，アンダーセン・コンサルティングは「アクセンチュア（Accenture）」という別会社として出発することとなる（Squires *et al.*, 2003, 邦訳, p.136）。

(2) エンロン事件の勃発

このアンダーセン・コンサルティングの分離・独立の動きは，後の会計事務所におけるコンサルティング部門の分離・独立の動きを予見するものであったと言えよう。しかし，何よりも大手会計事務所におけるコンサルティング部門の分離・独立の決定的な契機となったのが，エンロン事件であった。

エンロン事件とは，米国エネルギー卸売企業大手のエンロン社が巨額の粉飾決算を行い経営破たんした事件において，その監査を担当していたアーサー・アンダーセンがその不正会計を見過ごし捜査の妨害を行っていたという事実を受けて，その解体へと発展した事件である。この事件を契機に，大手会計事務所におけるコンサルティング部門の切り離しが一気に加速された。図表2-3は，ビッグ・エイト時代から今日に至るまでの大手会計事務所の再編の流れを示している。これまでの議論を要約もかねて，順を追って説明しよう。

まず，図中左端のグループがビッグ・エイト体制（〜 1988）に含まれていた大手会計事務所である。この時点で，大手会計事務所は，会計業務（監査・税務，場合によっては法務）とコンサルティング業務を提供していた。このうち，デロイト・ハスキンズ・アンド・セルズとトウシュ・ロスが合併し，デロイト・トウシュ・トウマツに，アーサー・ヤングとアーンスト・アンド・ウィニーが合併し，アーンスト・アンド・ヤングとなり，ビッグ・シックス（〜 1997）となった。また，この時期，上述したように，1989年に，アンダーセン・コンサルティングが，アーサー・アンダーセンより分離

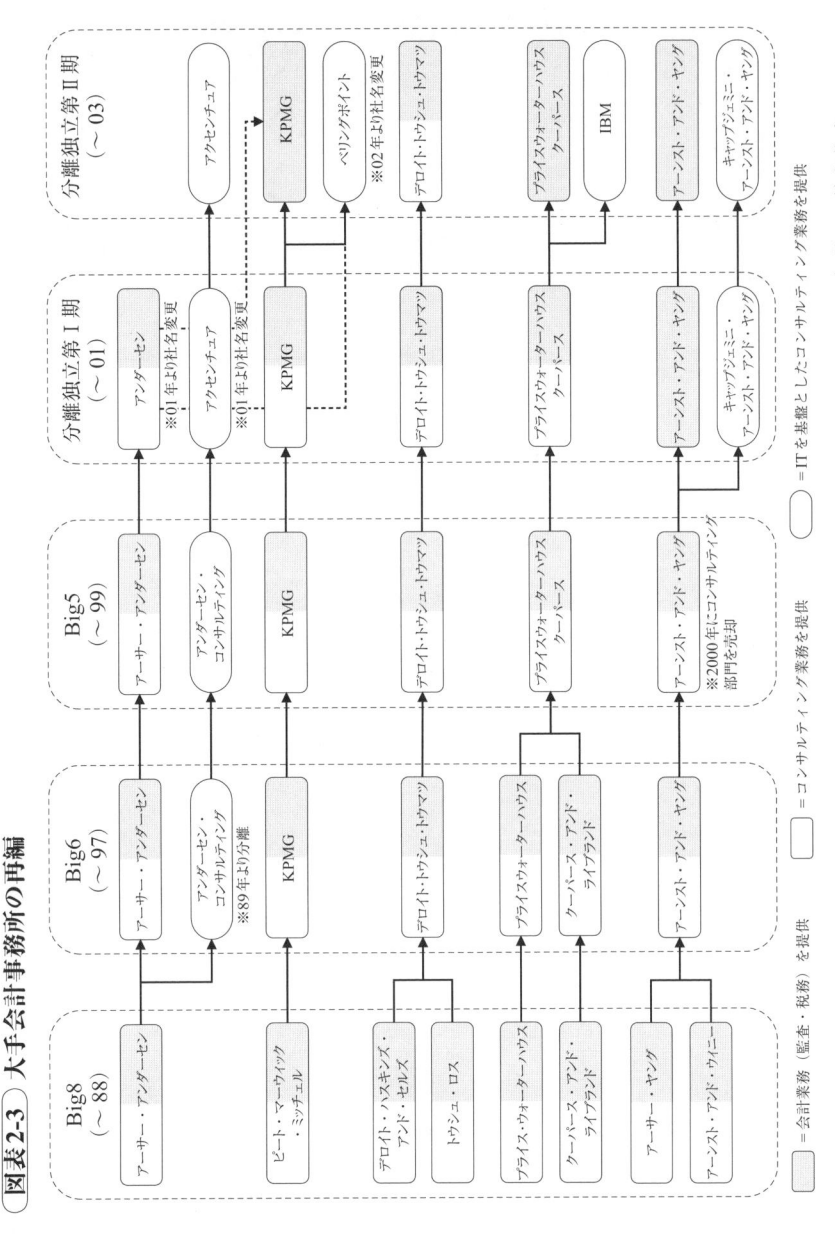

第2章 経営コンサルティング産業の進化の系譜　61

図表2-3　大手会計事務所の再編

Big8 (～88)	Big6 (～97)	Big5 (～99)	分離独立第I期 (～01)	分離独立第II期 (～03)
アーサー・アンダーセン	アーサー・アンダーセン	アーサー・アンダーセン	アンダーセン	アクセンチュア
ピート・マーウィック・ミッチェル	アンダーセン・コンサルティング ※89年より分離	アンダーセン・コンサルティング	アクセンチュア ※01年より社名変更	KPMG
	KPMG	KPMG	KPMG ※01年より社名変更	ベリングポイント ※02年より社名変更
デロイト・ハスキンズ・アンド・セルズ	デロイト・トウシュ・トーマツ	デロイト・トウシュ・トーマツ	デロイト・トウシュ・トーマツ	デロイト・トウシュ・トーマツ
トウシュ・ロス				
プライスウォーターハウス	プライスウォーターハウス	プライスウォーターハウスクーパース ※2000年にコンサルティング部門を売却	プライスウォーターハウスクーパース	プライスウォーターハウスクーパース
クーパース・アンド・ライブランド	クーパース・アンド・ライブランド			IBM
アーサー・ヤング	アーンスト・アンド・ヤング	アーンスト・アンド・ヤング	アーンスト・アンド・ヤング	アーンスト・アンド・ヤング
アーンスト・アンド・ウィニー			キャップジェミニ・アーンスト・アンド・ヤング	キャップジェミニ・アーンスト・アンド・ヤング

凡例：　■＝会計業務（監査・税務）を提供　　□＝コンサルティング業務を提供　　□＝ITを基盤としたコンサルティング業務を提供

出所：Kubr (1996, 2002). 表中の会計事務所，経営コンサルティング・ファームのウェブサイトを参考に，筆者作成。

している。しかし，アーサー・アンダーセンは，引き続き新しいコンサルティング部門を内部に設置することを決めたため，以降もコンサルティング・サービスを提供することになる[8]。次に，プライス・ウォーターハウスとクーパース・アンド・ライブランドが合併しプライスウォーターハウスクーパースとなり，ビッグ・ファイブ体制となった。

そして，分離独立第Ⅰ期（～2001年）がやってくる。利益相反問題に対応するために，アーンスト・アンド・ヤングが，大手会計事務所の中ではいち早くコンサルティング部門の全面的な分離を図る。2000年5月にコンサルティング部門をフランスのIT企業であるキャップ・ジェミニ（Cap Gemini）に110億ドルで売却しキャップ・ジェミニ・アーンスト・アンド・ヤング（Cap Gemini Ernst & Young）となる。

その後，すぐにエンロン事件が勃発し分離独立第Ⅱ期（～2003年）に入る。アーサー・アンダーセンは，上場企業の監査を2002年8月31日をもって停止し，全てのオフィスが閉鎖され，実質上の解体となった。解体されたアンダーセンの受け皿がKPMGであった。KPMG自身も，2000年，コンサルティング部門を分離し，KPMGコンサルティングとして分社化していた。2002年より，KPMGコンサルティングは，ベリングポイント（BearingPoint, Inc.）と社名を変更していたが，同社によってアンダーセンのコンサ

---

8) このことが，アーサー・アンダーセンとアンダーセン・コンサルティングが完全に決別する原因となった。1989年，アンダーセン・コンサルティングの分離後，アーサー・アンダーセンは，資金調達のために新たにコンサルティング部門を設置した。1990年，アーサー・アンダーセンは，コンサルティング・サービスを小企業で売上高が1億7,500万ドル未満のクライアントのみを対象とすることとした。一方，アンダーセン・コンサルティングは，「戦略的サービス，システムの統一化，ITコンサルティングと経営変革サービス」を売上高1億7,500万ドル以上の大企業に提供することに合意した。しかし，まもなく，両社の間でクライアントが重複し，直接的な競合関係に入ってしまう。両社の争いは泥沼化し，1997年，両社は，国際仲裁裁判所にお互いを告訴した。2000年8月に，ようやく決着がつき，その結果，アーサー・アンダーセンは，「アンダーセン」と名称を変え，アンダーセン・コンサルティングは「アクセンチュア（Accenture）」として完全に独立することとなった（Squires *et al.* 2003, 邦訳, pp.132-136）。そのため，結果的には，アクセンチュアはエンロン事件による被害を避けることができた。

ルティング部門が買収された。同様にアンダーセンの会計部門もKPMGによって買収されることとなった。

　プライスウォーターハウスクーパースは，いったんは，2000年にヒューレット・パッカードにコンサルティング部門を売却しようとしたが失敗し2002年にIBMへの売却を行った。また，デロイト・トウシュ・トウマツは図中では変化がみられないが，いったんはコンサルティング部門であるデロイト・コンサルティングを独立させようとしていた。しかし，2003年3月に急遽独立を取りやめたため大手会計事務所では唯一コンサルティング部門を抱えた事務所となった。

　以上の変遷を経て，ビッグ・エイトは最終的にはビッグ・フォーにまで集約された。ほとんどのコンサルティング部門が分離・独立し，キャップ・ジェミニ，IBMといった他業種によって買収された。また，結果として，株式公開企業としての経営コンサルティング・ファームの誕生にもつながったのである。ちなみに，本文中で記述している2003年以降も，業界再編，合従連衡の動きは続いている。2009年にはベリングポイントが連邦倒産法第11章の適用を申請し，それを受け，デロイト・トウシュ・トーマツ，プライスウォーターハウスクーパースによる同社の買収が行われている。その結果，ベリングポイントは，ヨーロッパを拠点に活動するコンサルティング・ファームとして再出発することとなった（日本法人は，プライスウォーターハウスクーパース株式会社となった）。その他，キャップジェミニ・アーンスト・アンド・ヤングも，2004年に，キャップジェミニに名前を戻し，コンサルティング部門は，キャップジェミニ・コンサルティングとして再編されている。

2.2.2　経営コンサルティング・ビジネスの概念の変容

　加えて，新たな世代が台頭してきた背景には，経営コンサルティング・ビジネスに関する概念の変容があげられる。それは，(1) 助言サービスから支援サービスへ，(2)「経営」という概念の拡張，(3) コモディティ化の進

展，(4) アウトソーシング・サービスの発展である[9]。

(1) 助言サービスから支援サービスへ

第1に，コンサルティング・サービスに対するクライアントのニーズが，助言サービスに留まらず支援サービスへと拡張してきたことによる。従来，コンサルティング・サービスとはあくまでも助言サービスであり，助言の実行（可能性）その結果としての助言の成果については基本的には切り離されて考えられてきた（補章1参照）。

その理由としては幾つかの問題が考えられる。1つには，道義的・倫理的な問題である。コンサルティング・サービスに求められる最も重要な要因の1つとして，その「独立性」がある。すなわち，コンサルタントは，いかなる状況においても，偏見のない評価を行い，真実を告げ，クライアントの組織が何をなすべきかについて，それがコンサルタント自身にどのような不利益をもたらすのかといったことについて，思い煩うことなく率直かつ客観的な提案を行うことが求められる。コンサルタントは，「財務」「管理」「政治」「感情」といった諸側面からクライアントに対して一定の距離，「独立性」を保つ必要がある。仮に，助言の事項可能性やその成果が求められる場合，こういった「独立性」が歪められてしまう恐れがある。例えば，実行可能性を重視する余り最善ではない解決策をクライアントに提示するといったことである。あるいは，成果を生み出そうとする余り本質的な問題の解決はさておき成果として明示化しやすい対処療法的な解決策を提示，実行するといった機会主義的な行動も考えられる（Kubr, 2002, 邦訳, pp.9-10）。

その他には，助言を行い（場合によっては，実行に移し）成果へと導くという一連の行動は，決してコンサルタントの働きだけでは達成できないという問題である。すなわち，解決策の創造とは，コンサルタントとクライアントとの共同生産（co-production）に他ならない（Bettencourt, Ostrom,

---

[9] 以下の記述については，Kubr（2002）の見解を主として参考にしている。

Brown and Roundtree, 2002)。そのため，アサインメントの期間が短すぎる，十分な人的資源が投入されない，クライアント側に提供された助言を受け入れる十分な体制が整っていない，などの要因が重なれば，最善の助言，問題の解決策であっても，目に見えて測定可能かつ継続的に維持可能な成果をもたらすという絶対的な保障を得ることはできないのである。

　このような問題を回避するために，コンサルティング・サービスはプロフェッショナル・サービスとして，コンサルティング・ファームはプロフェッショナル・サービス・ファームとして，コンサルティング産業はプロフェッショナル・サービス産業として発展を遂げてきたと考えられる。しかし，昨今のコンサルティング・ビジネスは，助言だけに終わらずクライアントがコンサルタントからの提案を実行する期間中もコンサルタントを活用する傾向が強まってきている。コンサルタントが単なるアドバイザーとしてではなく，それ以上の役割として活用されるケースが増えてきている。コンサルタントが目に見える測定可能な成果を提供するために，クライアントと共に仕事をするアシスタント（支援者）としての役割が求められるようになってきたのである（Kubr, 2002, 邦訳, pp.8-9）。

　この役割の拡大は，解決策及びその実行に関してITが重要な役割を果たすようになってきたこと，場合によっては，「eビジネス」という形でITそのものが解決策と一体化していること，そして後述するように，並行してコンサルティング・サービスがコモディティ化してきたことが大きい。これらの要因によって，コンサルティング・サービスは，支援サービスまで提供することで初めてクライアントに対して価値を創造できるようになったことを意味する。別言すれば，それだけの能力，規模を持った経営コンサルティング・ファームが生まれてきたとも言えるだろう。

(2)「経営」という概念の拡張

　第2に，「経営（management）」という概念が拡張し対応するサービス領域が拡大してきたことによる。そもそも「経営」という概念が意味するとこ

ろは，排他的，絶対的に規定されるものではなく，ビジネス環境の変化，その必要とするところに応じて柔軟に概念が拡張されてきたと考えられる。翻って，経営コンサルティング産業の発展は，実務，学問，両側面における「経営」という概念の発展と相即的な関係にあったと言える。

今日，経営コンサルティング・サービスの対象となるクライアントの問題領域は，複数のプロフェッショナル・サービスの分野を横断するものとなってきている。経営コンサルティング・ビジネスを筆頭に，他のプロフェッショナル・サービス・ビジネスにおいても，自らのビジネスを再考・再定義しサービス領域の拡大・機能強化が行われ，他の経営コンサルティング・ファームやプロフェッショナル・サービス・ファームとの合併や協働，自分たちが境界線を引いた業務領域の見直しが継続的に行われている。その結果，これまでの「経営コンサルティング」という概念が拡張されただけではなく，新しい概念として「ビジネスコンサルティング（business consulting）」という概念も用いられるようになってきている。これは，従来の「経営コンサルティング」よりも，より幅の広い概念として用いられている。サービス領域という点で言えば，(1) で述べたような，助言サービスに留まらない支援サービスを含む幅広い領域を守備範囲としている経営コンサルティング・ファームによって用いられる傾向がある。例えば，後述するような第4世代の代表例であるIBMがそうである（Kubr, 2002, 邦訳, pp.33-35）。

(3) コモディティ化の進展

第3に，近年，プロフェッショナル・サービスのコモディティ化（既製品化）の傾向が強く見られるようになってきたことである（Kubr, 2002, 邦訳, pp.35-36）。全てのクライアントに対してカスタマイズを重視した「注文仕立て（tailor-made）」のサービスを提供するのではなく，既製品に相当するサービスを提供するのである。アドバイスやノウハウは標準化され，クライアントは経営コンサルティング・ファームが取り揃える標準品を選択するという具合である。とりわけ，ITに関連したサービス領域においてその傾向

が強く見られる。

　これらの標準品には，各種診断ツール，経営変革・管理プログラム，教育・自己啓発のパッケージ，生産管理システム，ERP，CRM（Customer Relationship Management：顧客関係管理），eビジネス，ナレッジ・マネジメント・ソフトウェアなどがある。これらの標準品は，経営コンサルティング・ファーム独自の研究開発によって商品化されたもの，実務経験を基に作られたもの，ライセンス契約下で流通・活用されているものとさまざまである。経営コンサルティング・サービスを含めこれらのコモディティ化されたプロフェッショナル・サービスの狙いは，少なくとも優秀で導入が容易という点で「最高」のシステムやコンサルティング方法論をリーズナブルな価格で購入し，しかも適当な期間内での提供と標準的なパフォーマンスの保証を求めるというクライアントのニーズに対応するためである。

　一方で，クライアントは，その製品がもたらす効用，すなわち解決策が，クライアントにとって一意なものではないこと，必要の無い機能が含まれている，競合他社も使用している可能性がある，広く出回っているものであることを容認している。コモディティ化してしまったサービスは，クライアントにとって独自の競争優位性をもたらすことはできないだろう。しかし，クライアントは，同業他社が広く導入している製品を活用しないことによる不利がもたらすリスクの方に重点を置いていると考えられる（Kubr, 2002, 邦訳, pp.35-36; Carr, 2004, 2008）。

　自らの保有する知識をコモディティ化し製品化しようとするプロフェッショナル・サービスの提供者は，その製品に需要があり売れ行きが良ければ，大きなビジネス上の優位性を確保することができる。その理由の1つには，製品化されていれば，多くのクライアントに対して同時並行的に対応が可能になるからである（Kubr, 2002, 邦訳, p.36）。

　第4章において考察するように，クライアントは3つのグループに大きく分けることができる（Maister, 1993）。その1つのグループが，経営コンサルティング・ファームに対して「効率型（Procedure）」の問題解決能力を求

めるグループである。このグループは，数多くのファームが自分たちの課題を解決できることを知っており，最高の専門知識よりも，あるいは最も深い経験よりも，素早いスタート，迅速な処理，安価な費用を求める。こういったクライアントのグループに対して，標準化，製品化されたサービスを提供することは最も理にかなっている。標準化，製品化されたサービスは，それを提供するための方法も標準化される。そのため，経験の浅い下層スタッフを活用することが可能となり，製品の価格（報酬額）も抑えることが可能となる。IT及びeビジネスのコンサルティングの驚異的な成長は，相当なサービスの標準化及び製品化なしではあり得なかったであろう。

(4) アウトソーシング・サービスの発展

第4に，アウトソーシング・サービス（業務委託）の発展があげられる（Kubr, 2002, 邦訳, pp.36-37）。アウトソーシングとは，これまでクライアントが自社の組織内で，自社の持つ経営資源により処理してきた業務を外部のコンサルタントやサービス受託者に委託することである。このアウトソーシング・サービスによって，コンサルティングの領域が拡張されコンサルティング・ビジネスの形態が大きく変化してきている。

アウトソーシング・サービスを後押ししているのもインターネットに代表されるITの進歩である。ソフトウェアやアプリケーションの提供者に簡単にアクセスすることが可能となり，アウトソーシングが可能なビジネス・管理のプロセスや機能の範囲は大きく広がってきている。また，アウトソーシングは，サービス受託者にとっての直接的な需要だけでなく，間接的なサービスの需要も生み出している。例えば，アウトソーシング・サービスの提供者，使用するシステムの選択や評価，アウトソーシングすべき業務の特定やプロセスの事前改革，アウトソーシングに伴う組織・他の改革への支援，アウトソーシング・サービスの管理・調整，数社に分けてアウトソーシングしている場合のサービスの一本化などがあげられる。

第4世代の経営コンサルティング・サービスにとっては，アウトソーシン

グ・サービスは最も伸びているサービスであり，長期的収入の安定に不可欠となっている。これは，第4世代の経営コンサルティング・ファームが特定の業務をクライアントより効率的かつ経済的に遂行できる体制を持っていることやその領域において最新の競争優位性を保持していることの証明とも言える。同時に，新しいビジネスのやり方や知識の管理，すなわち，クライアントが自分たちの中核的なビジネスに特化し，知的資本や金融資産を得意分野に投入することに集中していることの反映でもある。

2.2.3　第4世代のファームの特徴

こうして台頭してきた第4世代の経営コンサルティング・ファームであるが，成り立ちによって幾つかのパターンに分けることができる。

第1に，第3世代の大手会計事務所を母体に第4世代へと進化したパターンである。代表例として，アーサー・アンダーセンから分離したアンダーセン・コンサルティング，現アクセンチュアがあげられる。現在，同社は，世界54カ国，200都市以上に拠点を設置し，従業員数は25万9,000人，売上高はグループ全体で279億USドル（2012年8月期）の規模を誇っている。主たる事業内容としては，経営コンサルティング，テクノロジー・サービス，アウトソーシング・サービスの3つの柱が明記されている。

第2に，ソフトウェア・ベンダー企業がコンサルティング・サービスを提供するようになったパターンである。これには，CSC，EDS（Electronic Data Systems），キャップジェミニ（Cap Gemini）が該当する。EDSは，第2世代の代表的なファームの一つであるA.T.カーニーを1995に買収し経営コンサルティング・サービスの強化に努めた[10]。キャップジェミニは，

---

10) EDSは，1995年にA.T.カーニーを買収するが，2006年には，A.T.カーニーがMBO（マネジメント・バイアウト）によって独立する。その後，2008年5月13日に，HPによって139億ドルによって買収され，HPの事業部として取り込まれることとなった。その結果，本文中で示すように，ITサービス分野では，IBMに次ぐポジションを占めるようになった。詳しくは，各ファームのウェブサイト（EDS: http://www.eds.co.jp/; A.T.カーニー: http://www.atkearney.co.jp/）を参照されたし。

2000年，アーンスト・アンド・ヤングのコンサルティング部門を買収し経営コンサルティング業に本格的に参入するようになった[11]。

　第3に，ハードウェア・メーカーがコンサルティング・サービスを提供するようになったパターンである。HP（Hewlett-Packard）やIBMが該当する。とりわけIBMは第4世代の代表例とも言える。IBMは，1990年代，主力事業であったメインフレーム事業が失速したことにより急速に業績が悪化した。1992年度会計において49億7,000万ドルもの巨額の損失を発表し，単年度の単一企業による損失額としては米国史上でも例を見ないものであった。この損失以降，IBMは事業の主体をハードウェアからソフトウェア，サービスへと転換を進めていく。1993年，ルイス・ガースナーがCEOに就任してからは，その勢いが加速することになる。こういった一連の変革の中で，コンサルティング・サービスの強化に努めていった。1992年には，コンサルタント数が1,500人であったものが，2000年には，50,000人ものコンサルタントを抱えるまでになった。そして，2002年7月，上述したように，プライスウォーターハウス・クーパースのコンサルティング部門（PwC Consulting）を39億ドルで買収し，IBMビジネスコンサルティングサービスとして統合し，今日に至っている。現在，世界最大のITと経営コンサルティングが結合した経営コンサルティング・ファームとして認知されている。

　その他，インド系IT企業も第4世代のファームとしてとらえることができるだろう[12]（図表2-4参照）。インド系IT企業の大手は，TCS（Tata Consultancy Services），インフォシス（Infosys Technologies），ウィプロ（Wipro），コグニザント（Cognizant），サティヤム（Satyam Computer Ser-

---

11）　キャップジェミニは，大手の経営コンサルティング・ファームの中では数少ないフランスを母国とするIT企業であり，その大きな特徴は，合併・買収を繰り返すことで，大規模化していったことにある。
12）　以下，インド系IT企業に関する記述は，日経BP社のITPROのウェブサイト（http://itpro.nikkeibp.co.jp/article/Research/20070927/283102/?ST=kessan）を参考にしている。

図表2-4　2006年ITサービス世界市場における主要インド企業

2006年順位	2001年順位	企業名	市場シェア（2006年）
35	68	Tata Consultancy Services	0.6%
43	125	Infosys Technologies	0.4%
49	130	Wipro	0.3%
73	212	Cognizant	0.2%
79	153	Satyam Computer Services	0.2%
86	160	HCL Technologies	0.2%
インド系企業上位6社のシェア合計			1.9%

出所：ITPROのウェブサイト（http://itpro.nikkeibp.co.jp/article/Research/20070927/283102/?ST=kessan）より筆者作成。元資料は，Gartner（2007年8月）の記事。

vices；現在はマヒンドラサティヤム），HCL（HCL Technologies）の計6社（SWITCH企業）が有名である。2001年のITサービスの世界市場（市場規模5,540億ドル）では，そのシェアは0.5％に過ぎなかったが，2006年（6,720億ドル）には，1.9％を占めている。SWITCH企業は，市場全体に占める規模は，まだまだ小さいものの，2006年の平均成長率は42.4％と，首位であるIBMの成長率4.3％をはるかに上回っている。売上高の増額幅で見ても，SWITCH企業は首位企業をしのぐ勢いを見せている。例えば，2006年におけるTCSの売上高はIBMの18分の1だが，前年比では12億ドルの増収となる。一方，IBMの増額幅は10億ドル弱であった。

　SWITCH企業の市場における順位は着実に上がってきている。2001年は，68位〜212位の間に位置していたが，2006年は35位〜86位に入っている。SWITCH企業の急成長の理由は，高品質かつ低コストのサービスを世界規模で提供していること，顧客企業がオフショア・アウトソーシングに積極的で新興企業であるSWITCH企業に対しても好意的であったことが指摘されている。なお，2006年にITサービス市場における上位企業は，1位IBM（7.2％），2位EDS（3.2％），3位富士通（2.7％），4位アクセンチュア

図表2-5 2006年ITサービス世界市場における上位10社

2006年順位	2001年順位	企業名	市場シェア（2006年）
1	1	IBM	7.2%
2	2	EDS	3.2%
3	3	富士通	2.7%
4	4	Accenture	2.6%
5	–	HP	2.4%
6	5	CSC	2.2%
7	7	Lockheed Martin	1.6%
8	–	Capgemini	1.4%
9	9	ADP	1.4%
10		Northrop Grumman	1.3%
世界上位10社企業のシェアの合計			26.0%

出所：ITPROのウェブサイト（http://itpro.nikkeibp.co.jp/article/Research/20070927/283102/?ST=kessan）より筆者作成。元資料は、Gartner（2007年8月）の記事。

（2.6%），5位HP（2.4%）となっている。HPがEDSを買収したことにより，両社のシェアを合計すると，2位HP（5.6%）となる（図表2-5参照）。また，これらの第4世代のファームは，コンサルティング・サービスを提供するようになる以前から既に国際展開を行っていた企業である。元来の主力事業の持つ性質の違いを考えても，第1から第3世代のファームと同列に論じることは難しいだろう。

2.3　経営コンサルティング産業の現状と展望

2.3.1　プロフェッショナル・サービス産業から知識集約型産業へ

　こうして，第4世代の経営コンサルティング・ファームが台頭し，今日における経営コンサルティング産業の発展を牽引する大きな役割を担うようになった。ただし，このことは，第4世代のファームが経営コンサルティング

第2章　経営コンサルティング産業の進化の系譜　73

産業の覇権を握る，他の世代のファームを駆逐してしまうという問題としてよりも，経営コンサルティング産業の産業構造が変化しつつあるという問題としてとらえる方が適切であろう。すなわち，経営コンサルティング産業の現状とは，プロフェッショナル・サービス産業から知識集約型産業へと産業構造が移行しつつある過渡期にあると考えることができる。

　これまでの経営コンサルティング産業の発展をプロフェッショナル・サービス産業の発展という観点から見ると，第1世代は，生まれて間もない経営コンサルティング・サービスがプロフェッショナル・サービスとして次第に認知されるようになった揺籃期であったと言える。第2世代は，プロフェッショナル・サービスとしての枠組みに準拠したコンサルティング・ビジネスが確立した時期であると言える。経営コンサルティング・ビジネスにおける基本的なビジネスモデルも，この時期に確立されたと言える。第3世代は，会計事務所というプロフェッショナル・サービス・ファームの発展を母体にして発展を遂げてきたが，IT関連のサービスの重要性が増すにつれて，次第にプロフェッショナル・サービスの枠組みには縛られない活動をするファームが登場するようになった。そして，第4世代の登場である。第4世代の経営コンサルティング・ファームが台頭してきたことにより，今日における経営コンサルティング産業は，総体的に見れば，もはやプロフェッショナル・サービス産業の枠組みではとらえきれなくなってきており，より幅の広い概念として知識集約型産業として変化しつつあると言える。

　これは，各世代間，同一世代の中でのファーム間におけるサービスの独自性がわかりにくくなってきたこととも関係している。大手会計事務所がまだコンサルティング部門を内部に抱えていた時代，第3世代の経営コンサルティング・ファームが最も活躍していた1990年代においては，世代，出身母体の違いによって，経営コンサルティング・ファームを幾つかのグループに分けることは比較的容易であった。例えば，第2世代のファームは「戦略系」，第3世代のファームは「(旧)会計系」「IT系(ベンダー系)」といったようにグループ分けすることが可能であり，グループによってコンサルティ

ング・サービスの内容に違いが見られた。しかし，コンサルティング・サービスとITが切り離せない関係となってからは，その境界線が曖昧になってきた。現在，大規模な経営コンサルティング・ファームのほとんどがIT関連のサービスを提供しており一見したところではサービスラインには違いが見られなくなってきた。

2.3.2　プロフェッショナル・サービス・ファームから知識集約型企業へ

　これは，別言すれば「プロフェッショナル・サービス性の希薄化」としてとらえることができる。ただし，あくまでも「希薄化」であり，経営コンサルティング・サービスが持つプロフェッショナル・サービスとしての特性が全て失われてしまった訳ではない。第1世代のファームは今や現存していないが，そのサービスはプラクティスの一部として他の世代の経営コンサルティング・ファームに受け継がれている。第2世代においては，単純に売上高や企業規模という点では，第3世代，第4世代のファームとは比肩出来ないかも知れない。しかし，その名声，影響力という点では，そのプレゼンスは依然として大きく，プロフェッショナル・サービス・ファームとしての特色を色濃く残している。第3世代，第4世代のファームも，表面的にはプロフェッショナル・サービス・ファームとしての側面は，かなり希薄化されてきているが，その成立のパターンからわかるように，その中核にはプロフェッショナル・サービスとしての経営コンサルティング・サービスが持つ特性を保持していると考えられる。

　この点が，次章以降の経営コンサルティング・ファーム，知識集約型企業のグローバル戦略について考察する上で重要となる。すなわち，プロフェッショナル・サービスの持つ特性のどの部分が変化しつつあるのか（変化したのか），どの部分が変化せずに残り続けるのか，それに対応して，グローバル戦略がどのような影響を受けるのかという点である。

小結

　以上，本章では，経営コンサルティング産業の進化の系譜をたどり，経営コンサルティング産業の現状を理解すること，その過程において，どのような要因が産業の国際化，グローバル化を推進してきたのかという点について考察を行ってきた。第1節では，経営コンサルティング産業を3つの世代に区分し，各世代が形成された背景，国際化の特徴，代表的ファームについて考察した。考察の結果，経営コンサルティング産業は，科学的管理法に始まり，プロフェッショナル・サービス産業として発展を遂げてきたことがわかった。第2節では，近年における新たな世代（第4世代）の到来について論じた。その背景には，エンロン事件前後から進んでいた大手会計事務所の再編とコンサルティング部門の分離が大きく影響していた。結果として，他業種からの経営コンサルティング産業への参入が加速化され，株式公開企業としての経営コンサルティング・ファームが誕生することとなったのである。

　この第4世代のファームの特徴が，アウトソーシングに代表されるサービスの提供にある。これが，第3節において考察を行った経営コンサルティング産業の現状及び今後の発展の方向性につながるものであった。すなわち，現在の経営コンサルティング産業，経営コンサルティング・ファームは，プロフェッショナル・サービスという枠組みではもはやとらえきれなくなってきていると考えられる。多国籍コンサルティング・ファームの多くが，グローバル企業へと進化を遂げつつあり，コンサルティング産業のグローバル化が急速に進行しつつある点について指摘した。

　次章では，経営コンサルティング産業，経営コンサルティング・ファームの国際化，グローバル化について，より深い理解を得るために，経営コンサルティング・サービスの本質，すなわち「経営知識」という概念に注目しそのグローバル化の仕組みから経営コンサルティング・ファームのグローバル戦略について考察を行う。

第3章

経営知識の概念とグローバル化

はじめに

　経営コンサルティング産業の発展は，クライアントのニーズの変化を反映し複数の世代に分けることができる。各世代には，その世代を象徴するコンサルティング・サービスが存在してきた。これらの世代を象徴するコンサルティング・サービスは，経営コンサルティング・ファームが国際展開する上で，重要な役割を果たしてきた。

　国際展開の主たる要因は，母国内の多国籍企業であるクライアントのニーズに応えクライアントに追随して国際展開を行うことにある。その際，コンサルティング・ファームの選定に関してクライアントが頼りにするのは，各ファームが有する具体的な商品としての経営コンサルティング・サービスの存在であり，その評判，実績であった。このことは，商品としてのコンサルティング・サービスには，汎用性や適用可能性があることを意味している。これらの特性は，プロフェッショナル・サービス・ファームに関する先行研究において，クライアントごとのカスタマイズやローカライズといった側面に焦点が合わせられるあまり軽視されてきた。

　本研究は，知識集約型企業のプロトタイプとして経営コンサルティング・ファームを対象にし，そのグローバル戦略について考察することを目的とし，企業レベルの戦略行動に焦点を合わせている。ただし，この企業レベルの戦略行動は，「知識集約型企業のグローバル化」という現象の表層に過ぎないかも知れない。その深層には，コンサルティング・サービスを含む広義

の経営に関する諸知識，すなわち「経営知識」[1]が社会的に生産され，価値が付与され，国内，国外へと普及していく仕組み，構造が存在していると考えられる。そして，経営コンサルティング・ファームは，経営知識が創造されるプロセスにおいて欠かすことのできない役割を果たしており，経営コンサルティング産業は，経営知識を取り巻く「知識産業」の重要な構成要素の1つなのである（Kipping and Engwall, 2002）。

本章の目的は，経営コンサルティング・ファームのグローバル戦略について精緻な考察を行うための文脈を形成すること，すなわち，経営知識が社会的に生産される構造，更に国境を越えて国際化，グローバル化していくという構造に関して考察することにある。

3.1 「経営知識」の概念：源泉と特性

3.1.1 「経営知識」の特性

「経営知識」とは，端的に言えば，経営に関する知識を総称する概念である。包括的な経営のあり方や考え方を提示する「経営コンセプト（構想・アイデア）」といった抽象性の高いものから，「経営ノウハウ」「分析ツール」「ベストプラクティス」等，より具体性をもった知識まで含まれる（梅野，2004）。この経営知識の特性は，自然科学における知識に代表されるような普遍性を有してはいるものの，むしろその特殊性（条件適応性），すなわち経営知識の有効性，妥当性に制限があることにある。

このことは，「インターネット」に関連した経営知識の発展について考えれば良く理解できる。インターネットの商用利用は，1980年代後半から開

---

[1] 「経営知識（management knowledge）」という概念は，本章で取り上げたAbrahamson（1996）他，複数の論者によって使用されている。各論者とも経営に関する諸知識（技術等も含む）といった幅広い意味合いで使用している。訳語に関しては，Kipping（2002）が収録されている『一橋ビジネスレビュー』（2002年AUT.50巻2号）誌において，「マネジメント・プロフェッショナルズ」という特集が組まれており，そこで「経営知識」と訳出されているため，本章においても同様の訳語をあてている。

始され、1993年、ウェブサイトを閲覧するためのブラウザとして「モザイク（Mozaic）」が開発されたことで爆発的に普及していく。インターネット関連企業の誕生が相次ぎ、これらの企業は、ドメインの".com"の表記から「ドット・コム企業」と呼ばれ「ニューエコノミー論」を擁護する事例として頻繁にとりあげられていた（e.g., 大前、2000）。

中でも「プライスライン・ドット・コム（Priceline.com）」は「逆オークション制度」によるビジネスモデル特許の取得により注目を集めた。同社は、1998年4月ジェイ・ウォーカー（Jay S. Walker）によって創業され、航空券、新車、ホテル予約、住宅ローン等のオークション・サービスを手がけ、1999年3月には早くもIPOを行った。オークションの対象そのものには新規性はないが、消費者主導型のオークション制度（逆オークション制度）にもとづいたビジネスモデルを構築したことで高い評価を受けた。

しかし、このドット・コム・ブームは長くは続かなかった。1999年、2000年初頭をピークに株価が異常に上昇したが、2000年の春ごろにはブームが終わった。インターネット・バブルの崩壊である。これを受けて、多くのドット・コム企業は倒産に追い込まれる、あるいは他社によって買収され、ヤフー（Yahoo!）、アマゾン・ドットコム（Amazon.com）、イーベイ（eBay Inc.）など一部の企業だけが存続することができた。

「ドット・コム企業」「ニューエコノミー論」「ビジネスモデル特許」は、いずれも当時の最新の経営知識であったと言える。今では、これらの経営知識は、それほど注目されることはなく、一部は誤りであったとさえ認識されているが、当時の多くの経営者にとっては、これらの経営知識に通じていることは必要不可欠なことであったであろう。

インターネットに関連した経営知識は、その後も数多く生み出されており、上述したアマゾン、イーベイといった企業は、「Web 2.0」[2] 企業として、

---

2) 「Web 2.0」とは、インターネット・ビジネス界におけるグルとも言えるオライリー（オライリー・メディア社長）によって、2005年に提起された進化するウェブのあり方を示した概念であり、現在も議論が続けられている（http://vision4work.org/~What%20

今日のインターネット・ビジネスを牽引する企業として引き続き注目を集めている。もちろん，今後，インターネットを含めeビジネスがどのように発展して行くのかについては継続的な考察が必要である。ITの進歩が既存のビジネスを変革し新しいビジネスが創出される要因として大きな役割を果たしていることは確かである。eビジネスに関して，より普遍性の高い経営知識が醸成されてくることだろう。

3.1.2　経営知識の社会的生産

　このように経営知識には「流行性」という特性があり，かつそれが社会的に生産される仕組みが構築されている。Abrahamson（1996）によれば，コンサルティング・ファーム，経営に関するグル（gurus：権威者・第一人者），マス・メディア，コンサルティング・ファーム，ビジネススクールといった「流行の仕掛け人（fashion setters）」によって流行の経営手法が規定されてしまう（図表3-1参照）。マネジャーがこういった流行の経営手法を採用するには理由（社会心理学的・技術経済的フォース）がある。例えば，QCサークルがもてはやされた時代においては，QCサークルを採用しているマネジャーは，ステークホルダーにとってそのマネジャーが有能であり，合理的な経営を行っていると信じる根拠の1つとなるからである。

　Abrahamson and Fombrun（1994）は，このような経営手法の流行が広まるプロセスを，「トリクルダウン・ファッション・プロセス（trickle-down fashion process）」と呼んでいる。まず，高名な組織のマネジャーが，自身よりも下位の評判の組織と自らの組織を差異化するために流行の経営手法を採用する。次に，その下位の評判の組織が，自らの評判を高めようとして同

Is%20Web%202.0.pdf）。梅田（2006）によれば，暫定的な定義として，「ネット上の不特定多数の人々（や企業）を，受動的なサービス享受者ではなく，能動的な表現者と認めて積極的に巻き込んでいくための技術やサービス開発姿勢」と説明されている。Web 2.0企業としては，本文中で例としてとりあげたヤフー，アマゾン，イーベイの他，とりわけ代表的な企業としてグーグル社（Google）が該当する。

図表3-1　経営知識の社会的生産の概念図

経営ファッションの市場

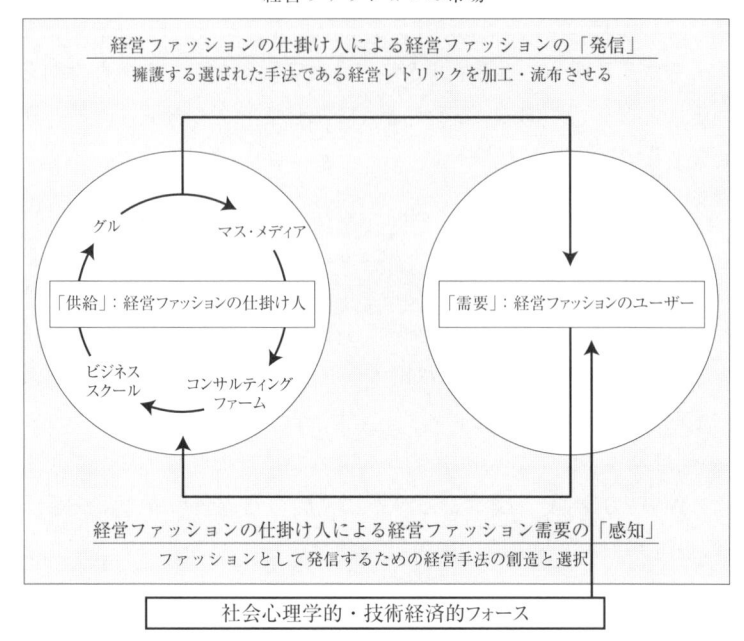

経営ファッションの仕掛け人による経営ファッションの「発信」
擁護する選ばれた手法である経営レトリックを加工・流布させる

「供給」：経営ファッションの仕掛け人
- グル
- マス・メディア
- ビジネススクール
- コンサルティングファーム

「需要」：経営ファッションのユーザー

経営ファッションの仕掛け人による経営ファッション需要の「感知」
ファッションとして発信するための経営手法の創造と選択

社会心理学的・技術経済的フォース

出所：Abrahamson（1996）より筆者作成。

様の経営手法，流行を取り入れる。その結果，両組織は同型化（isomorphism）へと向かう[3]。このことが，また高名な組織のマネジャーへのプレッ

---

[3] このような同型化へと向かう企業の行動については，榊原（1980）によっても考察されている。榊原は，企業の組織形態選択についての社会的状況による影響を考慮に入れ，日米企業の事業部制採用行動を考察している。榊原は，企業がその所属している産業において支配的な規範に反応し，また特定の他企業の行動を模倣することを指摘している。この議論の前提には，Rumelt（1974）の研究がある。榊原も引用しているように，Rumelt（1974, p.149）は，「組織は流行にも従う（structure also follows fashion）」という点を指摘し，「事業部門化は規範として受け入れられるようになってきており，マネジメントは，現実の管理上の圧力よりもむしろ規範的な理論に対応して，製品別事業部制の線に沿って，組織の再編成を行っている」と述べている（Rumelt,

シャーとなり，更に新しい経営手法の採用へと向かわせる。このような一連のサイクルによって次から次へと流行の経営手法が生々流転することとなる。これが単なる流行というだけでなく，有効性，妥当性をもって受け入れられるところに，自然科学における知識とは異なった，経営知識に特有の「パラダイム観」が存在する。すなわち，それぞれの時代において求められる経営知識に応えるように，あるいはその時代をリードしていくように，経営知識が創造されるのである。企業がQCサークルを推進していた時代では，その活動を理論的に擁護するような主張が登場する。経営学説史の流れもそれを裏づけている（Abrahamson, 1996; Mintzberg, Ahlstrand and Lampel, 1998）。

このように，経営知識には「流行性」という特性があり，社会的に生産される仕組みが構築されていると考えることができる。それは，経営知識の有効性，妥当性が時間的に限られているということを意味する。

3.2 経営知識と経営コンサルティング・ファームとの関係

3.2.1 経営コンサルティング・ファームの存在理由

次に，経営知識と経営コンサルティング・ファームとの関係について考察していこう。経営コンサルティング・ファーム，経営コンサルタントは経営知識の源泉の1つとして位置づけることができるが，そもそも企業にとって経営コンサルティング・ファームとはどのような存在なのであろうか。

初期の研究においても，経営コンサルタントは，「知識移転者（transmitter）」としてとらえられている（Hagedorn, 1955）が，今日においては，より一層その役割が拡張されている。Kubr（1996, 2002）によれば，多数のクライアントがコンサルタントに依頼するのは，クライアント特有の問題に対する解答を見つけるためばかりではなく，クライアントがコンサルタント

1974, 邦訳, p.100)。

の保有する専門知識（例えば，環境分析，リストラクチャリング，経営品質管理），及び組織評価，問題と機会の発見，改善案の案出，変革の実施等を行う際に使用する手法（例えば，インタビュー，診断，コミュニケーション，説得，フィードバック，評価などの諸方法論）を学び取るためである (Kubr, 2002, 邦訳, p.19)。

このことは，クライアントと経営コンサルティング・ファームの双方にとって重要な意味合いを持つ。クライアントが経験から学習するのを助けることによって，経営コンサルタントも自らの知識と経験を蓄積することができる。つまり，学習は双方向に行われるのである (Løwendahl, 2005)。

Davenport and Prusak (1998) は，クライアントにとって経営コンサルティング・ファームの活用は，外部知識のレンタルの1つの形態であると指摘している。企業は，経営コンサルティング・ファーム，コンサルタントの評判を1つの指標として彼らを起用し，報酬を払い，彼らの知識を共有し，それを特定の問題に応用する。知識のレンタルは，器具や施設のレンタルとは異なり，ある程度の知識移転を伴う。知識のレンタル期間は，一時的ではあっても，学習によって知識の一部，場合によってはその全てが企業内に残る。クライアントの中には，アサインメントでコンサルタントが獲得した経験や知識を報告書や図表という形式知に置き換えてクライアントに提出することを契約内容に盛り込む場合もある。(Davenport and Prusak, 1998, 邦訳, p.121)。

関連して，Hargadon (1998) は，知識移転を媒介し，新たな知識を創造する経営コンサルティング・ファームのような役割を果たしている企業を「知識仲介者 (knowledge broker)」として注目している。知識仲介者とは，知識をある場所から，他の場所へと仲介することによって，さまざまな市場や技術領域に橋を架け，イノベーションを起こす企業を意味している。知識仲介者は，幅広い産業にアクセスし，産業内に存在している多様な知識を学習する。この知識を新たな問題解決のために連結し，新製品，新しいプロセスという形態でソリューションを生み出しているのである。

経営コンサルティング産業の生成当初，経営コンサルタント，経営コンサルティング・ファームは，「科学的管理法」という最新の経営知識を保有していた。クライアントが彼らに期待していたものは，「能率をいかにして向上させるか」という知識を学習することにあった。時を経るにつれ，科学的管理法という経営知識が広く普及するようになると，クライアントは経営コンサルティング・ファームに更なる役割を期待するようになった。それが多くのコンサルティング活動から生み出された彼らが保有する知見でありノウハウである。これらの知識は，かつて一世を風靡したBCGの「成長－シェアマトリックス」，マッキンゼーによる「M型組織」というようなツールや概念として具体化される。

このように，経営コンサルティング・ファームは，自らが保有する経営知識を他者に伝える「知識移転者」，他者の保有する経営知識を仲介する「知識仲介者」，新しい経営知識を生み出す「知識創造者」としての役割を担っている。これらの機能が経営コンサルティング・ファームの存在理由として考えられる。

3.2.2 経営知識の種類とライフサイクル

このような，経営コンサルティング・ファームの役割を経営知識の種類とそのライフサイクルという観点から考察してみよう。経営知識の源泉として，主として以下の3つのものをあげることができる。第1の源泉が，アカデミックの世界である。第2の源泉が，経営コンサルティング・ファームである。第3の源泉が，実際にビジネスが行われている現場である（Nohria and Eccles, 1998; Newell, Robertson and Swan, 1998; Armbrüster and Kipping, 1999）。

これら3つの源泉から生み出される経営知識は，同じ性質のものではない。アカデミックの世界からは，他の源泉と比べると相対的に理論的志向の高い経営知識が創造される。ある程度の普遍性，抽象性，一般性を持った経営知識である。いわゆる「中範囲の理論」（Merton, 1957）に象徴されるような性

質を持つものとして考えられる。分節化された形式知として表現されることが多い。また,「流行の仕掛け人 (Management Fassion Setters)」(Abrahamson, 1996) として活躍するグル (guru) と呼ばれる一部の有名な学者も含まれる。

その対極として,ビジネスの現場で生み出される経営知識は,より実践的,総じて暗黙知的な性質を持っていると考えられる。ある程度は職務記述書といった形式で現場での経営知識の形式知化が図られるが,全ての経営知識が対象となる訳ではない。逆に,そういった依然として暗黙知として残されている経営知識が個々の企業にとっての持続的競争優位の源泉となっていると考えられる (Argote and Ingram, 2000)。例えば,ゼロックスでは,かつてメンテナンス技術者たちのノウハウをコピー機のエキスパート・システムに組み込もうとして失敗した経験がある。コピー機のメンテナンスに関する知識は,同社の競争優位の源泉である。しかし,エキスパート・システムを導入しただけではトラブルは解決できなかった。なぜなら,エキスパート・システムには,メンテナンス技術者たち同士による現実の会話で交わされるニュアンスや詳細を完全に組み込むことができなかったからである (Hansen et al., 1999)。このように,全てを形式知化しようとする試みは,競争優位の源泉である埋め込まれた知識,知識構造そのものがダメージを受ける恐れもある (Davenport and Prusak, 1998; Hansen et al., 1999)。

アカデミクスとビジネスの場の中間に位置づけられるのが,経営コンサルティング・ファームである。コンサルタントはクライアントと相互作用することによってクライアントの持つ経営知識(形式知・暗黙知)を共有する。その経営知識を今度は異なるクライアント,アサインメントにおいて活用し,新たな経営知識を創造する。そうすることで,知識の伝播に一役買うことになる (Hargadon, 1998)。加えて,アカデミックにおけるグルと同様に,一部のコンサルタントは,「流行の仕掛け人」として活躍している。また,彼らは形式知・暗黙知双方に通じている必要がある。もっとも,それは各経営コンサルティング・ファームの提供しているコンサルティング・サービス

の種類,その性質によっても異なる (Hansen et al., 1999; 西井, 2000)。トップマネジメントを対象に高度に戦略的な経営知識を提供している経営コンサルティング・ファームもあれば,生産管理といった現場でのノウハウの移転を行っている経営コンサルティング・ファームもある (e.g., Pinault, 2000)。更に,前章において考察したように,最近の傾向では,単に報告書としての問題解決策の提示に留まらず,その実行のプロセスまでをも含めたコンサルティング・サービスが求められるようになっている (Czerniazwska, 1999; Kubr, 2002)。

これらの3つの源泉から生み出される経営知識について,Armbrüster and Kipping (1999) は,次のような類型化を行っている。それは,①「一般的経営知識 (general management knowledge)」,②「特殊・機能的経営知識 (specific, function-related knowledge)」,③「手続き的経営知識 (procedural knowledge)」である。

①一般的経営知識とは,啓蒙的な色彩を持つ「経営コンセプト (構想・アイデア)」に関する知識である。「コア・コンピタンス」「ビジネス・リエンジニアリング」「全社的品質管理 (total quality management)」「リーン生産方式」等々があげられる。②特殊・機能的経営知識とは,企業における個々のオペレーションに関する実践的な知識である。IT,製造手順,人的資源管理,財務管理といった企業の現場において日々使用される知識である。③手続き的経営知識とは,組織変革をどのようにして指揮するのか,新しいプロセスをどのようにして実行に移すのか,といった「どのように (how)」に関するノウハウ的な問題に関する知識である。

ArmbrüsterとKippingは,更に,これら3つの種類の経営知識について,それぞれ創造者 (creator),移転者 (transmitter),受容者 (receiver) という3つの役割区分を行っている (図表3-2参照)。

一般的経営知識の創造の中心的な役割を果たしているのが,「グル (gurus)」と呼ばれる世界的に著名な学者及び一部の経営コンサルタントたちで

図表3-2 経営コンサルタントと経営知識の循環

役割区分＼知識の種類	一般的経営知識	特殊・機能的経営知識	手続き的経営知識
創造者 (Creator)	**グル（Gurus）** アカデミクス	実務家	**コンサルタント**
移転者 (Transmitter)	**コンサルタント** 公共圏	コンサルタント	コンサルタント
受容者 (Receiver)	実務家	実務家 グル アカデミクス	実務家 グル アカデミクス

(注) 1. 表中の太字による強調は筆者による。
2. 本文中で指摘するように，「グル（Gurus）」には一部のコンサルタントも含まれる。
3. 表中「公共圏」は，"the public sphere" を訳出したものである。
出所：Armbrüster and Kipping（1999, p.6）より一部修正を加えて筆者作成。

ある[4]。加えて，グルと比べれば知名度は劣るが，経営に関する研究者（アカデミクス）が含まれる。彼らは，上述したように「コア・コンピタンス」，「ビジネス・リエンジニアリング」といった啓蒙的な色彩を持つ新しい経営コンセプトを打ち出す。これらの経営コンセプトは，一部はコンサルタントを通じて[5]，一部は公共圏を通じて，実務家に対して移転される。

---

[4] 例えば，学者では，ハーバード・ビジネススクールのマイケル・ポーター教授（Michael E. Porter），故ピーター・ドラッカー教授（Peter Ferdinand Drucker）があげられる。経営コンサルタントでは，トム・ピーターズ氏（Thomas J. Peters），大前研一氏があげられる。ちなみに，ピーターズ氏，大前氏のいずれも，マッキンゼーにコンサルタントとして在職していた。

[5] 「グル」は，しばしば，コンサルタントとしても活躍しているが，専業である経営コンサルタント，経営コンサルティング・ファームが提供する経営コンサルティング・サービスと比べれば，トップマネジメントに対する啓蒙的なアドバイスといった，より抽象的な色合いが強いと考えられる（Armbrüster and Kipping, 1999）。また，一部のグルは，自ら経営コンサルティング・ファームを設立し，コンサルティング・サービスを提供している場合もある。例えば，マイケル・ポーター教授らハーバード・ビジネススクールの教授陣によって設立された「モニターカンパニー（現モニターグループ）」がある。同社は，1983年，戦略コンサルティングに特化した経営コンサルティング・ファームとして設立された。

図表3-3　経営知識のライフサイクル・循環プロセス

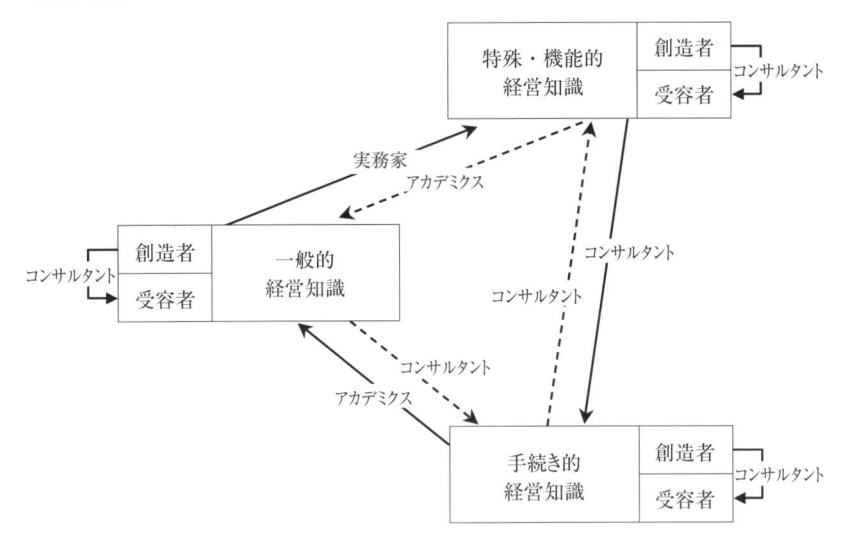

(注) 1. 図中の傍線矢印は，本文中で説明している経営知識のライフサイクルを示している。
　　 2. 循環プロセスとしては，図中の点線矢印の方向も考えられる。
出所：Armbrüster and Kipping（1999, p.7）より一部修正を加えて筆者作成。

　特殊・機能的経営知識は，実際に経営に携わる現場の実務家によって創造される。彼らの実務における経験から生み出されるものであり，より実践的な経営課題の解決を志向する経営知識である。特殊・機能的経営知識は，コンサルタントとのアサインメントを通じて，コンサルタントによって学習される。そして，他のクライアントとのアサインメントを通じて，実務家に移転される。あるいは，グル，アカデミクスが一般的経営知識を生み出す際の源泉となる。

　手続き的経営知識は，アサインメントにおけるコンサルタント自身により創造される。コンサルタントは，一般的経営知識や特殊・機能的経営知識をさまざまな企業において適用し，実際にそれらの知識を実践の場で活用するためのノウハウ，経験を培っていく。それが，手続き的経営知識となり，コ

ンサルティング・サービス，方法論として商品化される。そして，特殊・機能的知識と同様に，実務家，グル，アカデミクスによって利用される。

　これらの3つの種類の経営知識は，経営知識のライフサイクル・循環プロセスとして考えることができる（図表3-3参照）。一般的経営知識は，コンサルタントによって移転され，クライアントとなる実務家によって受容される。次に，一般的経営知識は，実務家によって実践的な特殊・機能的経営知識の原料となる。更に，コンサルタントによって実行プロセスに必要とされるノウハウに関する手続き的経営知識へと転換される。手続き的知識は，再びコンサルタントによって移転され，グルやアカデミクスによって受容される。そして，彼らによって一般的経営知識へと転換される。

　この経営知識の創造・循環プロセスが円滑に機能するためには，経営コンサルティング・ファームの活動が不可欠であると考えられる。経営コンサルティング・ファームは，知識のライフサイクルをコントロールする中心的な役割を担っているのである。

3.3　経営知識のグローバル化

3.3.1　経営知識の商品化について

　このように，経営知識には流行性があり，社会的に生産されるという特徴がある。別言すれば，ある特定の社会的条件，「グル」「公共圏」「コンサルティング・ファーム」「ビジネススクール（アカデミクス）」「実務家」といった主要なプレイヤーが存在し，かつこれらのプレイヤーによって生産される経営知識に対して，価値を認める，価値を付与する社会システム（社会的事実）が機能してこそ，初めて経営知識というものが「商品」として流通するのである。この特定の社会システム，典型的には，特定の「地域」「国」という枠内で生産された経営知識が，その境界線を越えてグローバル化していく仕組みはどのようなものであろうか。

　まず，経営知識がグローバル化するためには，「商品化」のプロセスを経

る必要がある。経営知識の種類は，アカデミックな理論に代表される一般的経営知識，実務家の経験にもとづいた特殊・経験的経営知識，コンサルタントが保有するノウハウ的な手続き的経営知識のように区分することができる。しかし，これらの経営知識は，そのままでは商品として用いることが難しい。例えば，アカデミックな理論の場合には，実際にどうやってその理論を実践するのか，というノウハウ的な知識が十分ではない場合が多いだろう。実務家の経験は，その実務家が属している組織でしか通用しないことも考えられる。コンサルタントが保有するノウハウも，ある特定のコンサルタントが個人的に保有する経験のままであれば，それを他者が利用するのは困難である。従って，経営知識を商品化するためには，実際の使用に適した，売り物になりやすい形態へと変換することが必要となる。ローカル化され，経験にもとづいており，生み出された状況に高度に依存する性質を持つ経営知識を，客観的で普遍的な原理を有するものへと変換しなければならない。具体化され商業的に価値がある形態へと変換しなければならない。

　Suddaby and Greenwood（2001）は，経営コンサルティング・ファーム内における経営知識を商品化するためのプロセスを次の3つのプロセスに分けている。それは，①「コード化（Codification）」，②「抽象化（Abstraction）」，③「翻訳化（Translation）」である。

　①コード化とは，個人の持つ経験を，何かしら蓄積すること，移動すること，再利用することが可能なものへと変換することである。具体的には，「個人が持つ経験を文字として表す」ことであり，それによって経験は，その経験を培った人々から抽出され，さまざまな目的のために再利用することが可能となる。コード化の究極的な目標は，コンサルタントのアサインメントにおける経験を，他のコンサルタントによって有益となるような形態へと変換することにある。これには，しばしば，コンピュータ上のデータベースへの知識の蓄積が伴う。

　②抽象化とは，コード化によって表面化された知識を，より移転可能性がある普遍的な形態へと変換することである。それには，コード化された経験

をジュニア・コンサルタントであっても容易に理解することができ，活用することができるように，比較的単純なテンプレート，あるいはアイコン（象徴的図形）へと合成する必要がある。このプロセスにおいて，一般的に知られるコンサルティング方法論となる（例：BCGの戦略グリッド，マッキンゼーの7Sフレームワーク，モニター・コンサルティング・グループの5要因モデルのテンプレート）。こうして開発されたコンサルティング方法論は，見かけ上であるかも知れないが，客観性や普遍性を備えている。そのため，クライアントにとっては理解されやすく，売り物になりやすい。こうして，コンサルタント間で，多様なクライアント間で，方法論が多重活用されることが可能となる。

③翻訳化とは，コード化され抽象化された経営知識を，多様な異なったコンテクストに対して再度適用することである。これは，ローカルなコンテクストから生まれた経営知識が，「グローバルな空間」へと物理的に移動することを暗示している。その経営知識が生産された元々の文脈から掘り起こされ（disembedded），アイコン的な形態へと抽象化され，異なった文脈に再度埋め込まれ活用される[6]。言い換えれば，ローカルな文脈における経営知識の「再創造」のプロセスとも言える。

これらの商品化の一連のプロセスは，SuddabyとGreenwoodが注目したように，経営コンサルティング・ファーム内において典型的に推進されるものであるが，グル，実務家においても同様のプロセスが機能する場合がある。例えば，グルには，ハーバード・ビジネススクールのマイケル・ポーター教授や，ロンドン・ビジネス・スクールのゲイリー・ハメル教授（Gary

---

[6]　この商品化のプロセスは，経営コンサルティング・ファーム内における組織的知識創造のプロセスとしても理解できる（野中，1990; Nonaka and Takeuchi, 1995）。すなわち，①コード化は，「表出化（Externalization）」，すなわち得られた暗黙知を共有できるように形式知に変換するプロセスと対応している。同様に，②抽象化は，「連結化（Combination）」形式知同士を組み合わせて新たな形式知を創造するプロセス，③翻訳化は，「内面化（Internalization）」利用可能となった形式知をもとに，個人が実践を行い，その知識を体得するプロセスと対応している。

Hamel) が該当するが, これらの教授は, アカデミクスでありかつコンサルタントとしても有名である。実務家という点では,『ワーキング・ナレッジ』[7]の著者の一人であるローレンス・プルサック (Laurence Prusak) は, IBMという企業に属していながら, アカデミクスの世界やコンサルタントとしても活躍している。実際に, 特に米国においては, グルに属される人物は, アカデミクスであり, 実務家であり, コンサルタントである, というように多彩な活躍をしている場合が多い。

3.3.2 経営知識のグローバル化

このように, ①コード化, ②抽象化を経た経営知識は, 特定の社会システムの境界線を越えた移転が可能となり, 移転された先において, ③翻訳化されることとなる。図表3-4は, 経営知識が商品化され, グローバル化したものを列挙したものである。

「ポートフォリオ分析」や「経験曲線」は, 経営学の教科書にも記載されているほど基本的な経営知識, いわば古典となっているが, 元来は, ボストン・コンサルティング・グループによって開発されたものである。「5要因モデル」「価値連鎖分析」も同様である。これらの経営知識は, ハーバード大学のマイケル・ポーター教授の研究成果であるが, 彼が創設したモニターカンパニー (現モニターグループ) にて, 理論的な経営知識に留まらず, より実践的なコンサルティング方法論の形でも提供されている。これらのコンサルティング方法論は, いずれも開発された本国の米国を越えて世界中に普及している[8]。

---

7) 同書は, Davenport and Prusak (1998) によって執筆された書物であり, ナレッジ・マネジメントが大きく注目された1990年代に, ナレッジ・マネジメントに関する実践的な知識・ノウハウを紹介した書物として有名である。共著者であるDavenportも, バブソン・カレッジにて教授職を得ている他, アクセンチュアのフェローとしても活躍している。
8) その他,「コア・コンピタンス」「リエンジニアリング」「プロフィット・ゾーン」など, 今では, いずれも経営学における基本的な知識となっている。また, 日本におい

図表3-4　商品化された経営知識の例

コンサルティング方法論	年	開発者	提供している組織
ポートフォリオ分析（PPM）	1976	ヘンダーソン（Henderson）	ボストン・コンサルティング・グループ
5要因モデル	1980	ポーター（Porter）	モニターカンパニー/ハーバード大学
価値連鎖分析	1985	ポーター（Porter）	モニターカンパニー/ハーバード大学
コア・コンピタンス	1990	ハメル&プラハラド（Hamel and Prahalad）	ハーバード大学/ミシガン大学/ストラテゴス
カスタマー・リテンション	1990	ライクヘルド（Reichheld）	ベイン・アンド・カンパニー
サイクルタイム・リダクション	1990	ストーク（Stalk）	ボストン・コンサルティング・グループ
マス・カスタマイゼーション	1992	パイン（Pine）	ストラテジック・ホライゾンズ/ダイヤモンド・テクノロジー・パートナーズ
リエンジニアリング	1993	ハマー&チャンピー（Hammer and Champy）	CSC
株主価値分析（SVA）経済付加価値（EVA）	1993	スチュワート（Stewart）	スタンスチュワート
バリュー・ミグレーション	1996	スライウォツキー（Slywotsky）	マーサー・マネジメント・コンサルティング
バリュー・ネット	1996	ブランデンバーガー&ネイルバフ（Brandenburger and Nalebuff）	ハーバード大学/エール大学
プロフィット・ゾーン	1998	スライウォツキー&モリソン（Slywotsky and Morrison）	マーサー・マネジメント・コンサルティング

（注）提供している組織の一部は，現在では名称が変わっているものもある。
出所：The Global management Consulting Marketplace: Key Date, Forest & Trends, 2001 ed., Kennedy Information Research Group（Biswas and Twitchell, 2002, p.9）より引用し，一部修正を加えて筆者作成。

ても原著が翻訳されて刊行されている。

近年の例では，『ブルー・オーシャン戦略（Blue Ocean Strategy）』が有名であろう[9]。同書は，フランスのINSEADビジネススクール教授のW・チャン・キムとレネ・モブルニュによって執筆された経営戦略論に関する書物である。同書は，2005年の出版後，瞬く間に反響を呼び，これまでに41言語に翻訳され100カ国以上で刊行されている。日本では，2005年6月にランダムハウス講談社から発行されている。

「ブルー・オーシャン戦略」とは，価格や機能などで血みどろの競争が繰り広げられる既存市場である「レッド・オーシャン」に対して，競争自体を無意味にしてしまう未開拓の新市場である「ブルー・オーシャン」を創造するための戦略を意味する。同書では，同戦略を策定する上で助けとなる「戦略キャンバス」などの実践的な分析ツールや分析にあたってのノウハウが示されている。「ブルー・オーシャン戦略」は，韓国のサムスングループ，マレーシア政府などが実際に採用して成果をあげていることが知られている。日本企業では，任天堂が新型ゲーム機「Wii」の企画・開発に当たって，同戦略を参考にしたことが知られている。

加えて，「ブルー・オーシャン戦略」は，③翻訳化,「再創造」の事例としても興味深い。「ブルー・オーシャン戦略」は，「書物」という形式知という形態をとり，文字通り，言語的な翻訳のプロセスを経ることでグローバルな規模で普及していった。ただし，「書物」という形態をとる以上，同戦略を考案したキム教授とモボルニュ教授の保有している豊富な暗黙知は伝えることができない。しかしながら，多くの日本のコンサルタントは，同書の内容にもとづいたコンサルティング・サービスの提供を図っている。これらのコンサルタントの中には，オリジナルの翻訳書の参考書やワークブックのような書物を執筆している者，中にはコンサルティング・サービスを実施してい

---

[9] 詳しくは，日経ビジネスオンライン（http://business.nikkeibp.co.jp/article/topics/20070425/123630/），ブルーオーシャン戦略を紹介している専用ウェブサイト（http://www.blueoceanstrategy.com/）を参照されたし。

る場合もある[10]。これは，形式知（書物）を日本という異なる文脈において再度埋め込みを図り，暗黙知を補完し，商品として再創造していると解釈できる。

3.3.3 経営知識と経営コンサルティング・ファームのグローバル化

以上の考察をまとめると，経営知識のグローバル化及び経営コンサルティング・ファームのグローバル化は，図表3-5のような概念図として描くことができる。図下部が，経営知識のグローバル化，図上部が経営コンサルティング・ファームのグローバル化を表しており，構造として前者が深層，後者が表層に位置づけられることを意味している。

まず，経営知識のグローバル化から説明しよう（図表下部参照）。上述したように，アカデミクス（グル），実務家，コンサルタントというプレイヤーによってそれぞれ，一般的経営知識，特殊・機能的経営知識，手続き的経営知識が特定の社会システム内（図中の社会システムA）で創造（相互変換）される。経営知識にはライフサイクルがあり，基本的には特定の社会システム内のプレイヤー間を循環しながら生々流転する。

しかし，商品化のプロセスを経て適用可能性を高められた経営知識は，ある部分は暗黙知として，ヒトの移動や接触を通じて，またある部分は形式知として，書物やコンサルティング方法論（経営コンサルティング・ファーム）という形態で別の社会システムへの移転が可能となる（社会システムA→社会システムB，C）。この仕組みは，社会システムB，Cにおいても同

---

10) 例えば，アマゾンによる書物検索では，オリジナルの翻訳書を除いて，15冊ほどの解説書やワークブックが刊行されている（2009年11月時点）。例えば，小島（2007）は，『ブルー・オーシャン戦略実現シート』というワークブック形式の書物を執筆し，ワークブックに従って分析すれば，自社のブルー・オーシャン戦略について分析することができるようになっている。内容はオリジナルよりも簡略化され，よりテンプレート化，ツール化が行われている。実際には，このワークブックだけでブルー・オーシャン戦略を構築することは困難であると思われるが，小島琢也氏本人によるコンサルティング・サービスの提供により補完されていると考えられる。

第3章 経営知識の概念とグローバル化　95

図表3-5 経営知識と経営コンサルティング・ファームのグローバル化

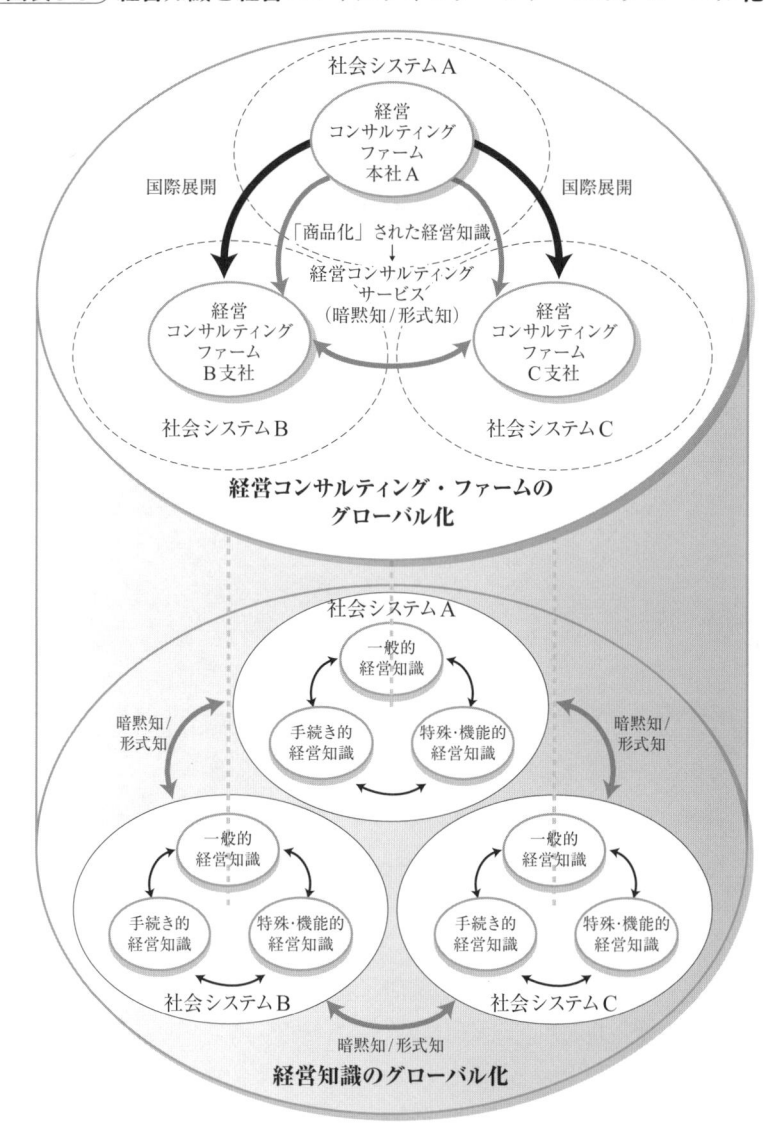

社会システムA

経営コンサルティングファーム本社A

国際展開　　　　　　　　　　国際展開

「商品化」された経営知識
↓
経営コンサルティングサービス
（暗黙知/形式知）

経営コンサルティングファームB支社

経営コンサルティングファームC支社

社会システムB　　　　　社会システムC

経営コンサルティング・ファームのグローバル化

社会システムA

一般的経営知識

手続き的経営知識　　特殊・機能的経営知識

暗黙知/形式知　　　　　　　　　暗黙知/形式知

一般的経営知識　　　　　　　　一般的経営知識

手続き的経営知識　特殊・機能的経営知識　　手続き的経営知識　特殊・機能的経営知識

社会システムB　　　　　社会システムC

暗黙知/形式知

経営知識のグローバル化

出所：筆者作成。

様であり，社会システム間同士（社会システムA，B，C）で経営知識が互いに移転されることも可能である。社会システムの境界線は，典型的には国境，場合によっては地域となるため，結果として経営知識のグローバル化という現象が発生することになる。

　先ほど事例としてとりあげた「ブルー・オーシャン戦略」は，一般的経営知識（部分的に手続き的経営知識を含む）が商品化され，書物（形式知）という形態をとってグローバル化し，かつ移転された社会システム内において再創造され，暗黙知が補完された事例としてとらえることができる。もちろん，どのような経営知識もグローバル化できる訳ではない。商品化プロセスを経て，かつ異なった社会システムにおいても適用可能性があると認められた経営知識だけが，国境を越え，まさに地球規模での伝播が可能となる。

　このように考えると，経営コンサルティング・ファームのグローバル化とは，経営知識のグローバル化という現象を深層とすれば，その表層部分に位置づけることができる（図表上部参照）。

　経営コンサルティング・サービスは，商品化された経営知識の主要な形態であり，コンサルタントというヒトが持つ暗黙知とコンサルティング方法論という形式知から構成されている。ただし，商品化された経営知識は多様な形態を採り得ることを考えれば，1つの形態に過ぎないとも言える。ある社会システム内で実績を積み，評判を獲得した経営コンサルティング・サービスは（図表上部の本社A），そのサービスを提供する経営コンサルティング・ファームの国際化の原動力となる。同じ社会システム内のクライアント（実務家）の要請を受けて，クライアントの国際展開に追随する形で国際展開が推進される（図表上部のB支社）。別の社会システム内のクライアントの要請を受けて，国際展開を行う場合も出てくる（図表上部のC支社）。同様のプロセスが，B支社，C支社においても発生すれば，それぞれの支社を起点とし，別の地域・国への新しい支社の設立にもつながる。同時に，経営コンサルティング・ファームの企業戦略という観点から，別の地域・国への進出も行われる。

こうしたプロセスが繰り返されることで，経営コンサルティング・ファームの国際化が推進されていき，地理的規模という点でのグローバル化が達成される。加えて，本社，支社がそれぞれ，その立地する社会システムの特色を反映した新しい経営知識を創造し，経営コンサルティング・サービスとして商品化し，それらが本社－支社，支社間同士の間で相互に移転され，共有されるようになれば，地理的な意味合いを越えた「グローバル化」が達成されることになる。この「グローバル化」の達成こそ，第1章において考察した本研究における経営コンサルティング・ファームのグローバル戦略の概念となる。

小結

以上，本章においては，経営知識が社会的に生産される構造，更に国境を越えて国際化，グローバル化していくという構造について考察してきた。考察の結果，経営コンサルティング・ファームのグローバル化とは，経営知識のグローバル化という深層構造から相対的にとらえられる表層的現象としてとらえることができた。現実に，これまでも経営知識は，商品化され高度な適用可能性を持った場合（例：コンサルティング方法論）には，その創造の地であるオリジナルの文脈，社会システムの境界線を越え，グローバル化を果たしてきたのである。

従って，第1章において考察したように，プロフェッショナル・サービスの特性であるクライアントごとのカスタマイズやローカライズが必要であるという側面だけに重点を置き，経営コンサルティング・ファームのグローバル化，グローバル戦略は「まやかし」であるとするのは，偏った議論であると言える。別の観点からみれば，このことは，第1章，第2章においても指摘したように，経営コンサルティング・ファームは，プロフェッショナル・サービス・ファームという概念ではもはやとらえきれなくなってきていることを意味している。すなわち，経営コンサルティング・ファームでは，他の

プロフェッショナル・サービスとは異なり,「経営知識」という商品を取り扱っているが故に,プロフェッショナル・サービス・ファームとしての特徴を保ちつつも,その枠組みに制限されない発展性を獲得しているのである。このことこそ,「知識集約型企業」のプロトタイプとして経営コンサルティング・ファームを研究する意義となる。「知識」を販売して「収益化」するという行為は,伝統的にはプロフェッショナル・サービス・ファームのビジネスモデルを踏襲することで成立してきたと言えるが,そこからの進化を遂げているのが経営コンサルティング・ファームであり,プロフェッショナル・サービス・ファームとは異なる概念としての「知識集約型企業」なのである。

　ただし,本文中でも指摘したように,どのような経営知識もグローバル化可能であるという訳ではなく,そこに経営コンサルティング・ファームの競争優位性の違い,それに由来するコンサルティング方法論の活用の仕方の違い,結果として採り得るグローバル戦略の違いが現れてくる。次章においては,これらの課題について考察していく。

第4章 経営コンサルティング・ファームのグローバルな競争優位

はじめに

　前章において，経営知識が社会的に生産される構造，更に国境を越えて国際化，グローバル化していくという構造について考察した。その結果，経営コンサルティング・ファームのグローバル化とは，経営知識のグローバル化という深層構造から相対的にとらえられる表層的現象としてとらえることができるという視点を提示した。ただし，どのような経営知識もグローバル化可能という訳ではなく，そこに経営コンサルティング・ファームの競争優位の違いや結果として採り得るグローバル戦略の違いについて指摘した。

　このような考察結果を踏まえ，本章の目的は，経営コンサルティング・ファームのグローバルな競争優位とは何かということについて考察し，以降の章，とりわけ，事例研究の方法論及び分析フレームワークとして用いることとなる経営コンサルティング・ファームのグローバル戦略の類型化を提示することにある。

4.1　一般的な競争優位のタイプの適用困難性

4.1.1　一般的な競争優位に関する議論

　「競争優位」の概念については，多くの論者によって議論されているが (e.g., Ghemawat, 2001)，一般的な定義としては次のようにとらえることができる。すなわち，「競争優位とは，顧客の獲得をめぐる製品市場における

企業間競争において，自社が競合企業よりも優位に立っている状態」，すなわち「製品市場において，自社製品が顧客によって競合企業の製品よりも選好されて購入されること」である（中橋, 1997, p.115）。

　この競争優位の概念は，戦争における軍隊間の戦いと，市場における企業間の競争との違いからより明らかとなる。軍事戦争では，軍隊間の戦いの基本目的は敵軍を打ち負かすことにある。これに対して，市場における企業間の競争は，基本的には顧客の獲得をめぐる競争である。そこでは，競合企業そのものを攻撃対象とするのではなく，競合企業よりもより良く顧客を満足させて，顧客を獲得することが基本目的となる。従って，戦争での戦いが自分と敵軍との2者間の関係であるのに対して，市場での企業間競争は，顧客（customer）の獲得をめぐって，自社（company）が競合企業（competitor）と競争するという，3C間関係として特徴づけることができる（Ohmae, 1982）。競争優位は，このような3C間関係において，自社の提供する製品が，顧客によって，競合企業のそれとは異なっていると知覚され，しかもより高い価値を持つと評価されるときに達成できる。すなわち，他社製品と差異のある独自な製品を提供することが競争優位の基本となる（中橋, 1997, pp.115-116）。

　従って，競争優位の獲得とは，このような状態を実現することであり，簡単に言えば顧客を獲得することを意味する（中橋, 1997, p.115）。Porter（1980, 1985）によれば，企業は競争相手と比べて無数の長所や短所を持つが，基本的には競争優位のタイプは2つに絞ることができると指摘している。それが低コストと差別化である。そして，この2つの競争優位のタイプが，それを達成するために選ばれる行動の種類（幅）と結びついて，業界で平均以上の業績を達成するための3つの基本戦略が考えられると指摘している。それが，①コスト・リーダーシップ戦略，②差別化戦略，③集中戦略（コスト集中；差別化集中）である。

　①コスト・リーダーシップ戦略とは，戦略ターゲットの幅を広くとり，低コストであることによって競争優位を獲得する戦略である。②差別化戦略と

は，戦略ターゲットの幅を広くとり，差別化によって，すなわち顧客が高く評価する特異な特性を持つ製品を提供することによって競争優位を獲得する戦略である。③集中戦略とは，戦略ターゲットの幅を狭くとる戦略であり，それは，低コストによって競争優位を獲得するコスト集中戦略と，差別化によって競争優位を獲得する差別化集中戦略に分けることができる。

Porterは，企業はこれらの基本戦略のいずれか1つを排他的に選択すべきであると主張している。複数の基本戦略を同時に追求しようとすると，中途半端になり，失敗すると主張している。その理由は，基本戦略のそれぞれは，競争優位を創り出し維持するための基本的には異質な方法であり，それぞれの戦略は相互に矛盾する関係にあるからである[1]。

4.1.2 プロフェッショナル・サービスの独自性

以上の一般的な競争優位に関する議論を，経営コンサルティング・ファームに適用すれば，言葉の上では，製品をコンサルティング・サービス，顧客（customer）をクライアント（client）と置き換えればいい。すなわち，経営コンサルティング・ファームにおける競争優位とは，自社のコンサルティング・サービスが，クライアントによって競合企業のコンサルティング・サービスよりも選好されて購入されている状態である。3C間関係で考えると，自社の提供するコンサルティング・サービスがクライアントによって，競合企業のコンサルティング・サービスとは異なっていると知覚され，しかもより高い価値を持つと評価されている状態であると言える。

それでは，経営コンサルティング・ファームの競争優位のタイプがコスト優位か，差別化優位かとなると，そうとは言い切れない。なぜなら，一般的

---

1) この点については，低コストと差別化との二重の競争優位の問題として今日においても論争が続けられている（Ghemawat, 2001）。Porter自身は，この問題について，二重の競争優位はめずらしく，あるとすれば簡単に模倣できるオペレーション効率の差異にもとづいていると指摘している（Porter, 1996）。本稿では，経営コンサルティング・ファームの競争優位を考察する上で，その出発点としてPorterの議論をとらえているため，二重の競争優位の問題についての直接的な言及は避けたい。

な競争優位に関する議論は,伝統的な製造業におけるビジネスを想定しており,経営コンサルティング・サービスを含め,プロフェッショナル・サービス業に適用するのは困難であることによる(Løwendahl, 2000, 2005)。それは,以下のようにプロフェッショナル・サービス業の独自性を構成する3つの要因,(1)プロフェッショナル・サービスの性質,(2)期待と成果の関係,(3)課金システム,から説明できる。

(1) プロフェッショナル・サービスの性質

プロフェッショナル・サービスは,基本的には個別受注型のサービスであり,クライアントごとのカスタマイズが前提となる(Maister, 1993; Løwendahl, 2005)。このような性質から,まずコスト優位という考え方は適用が困難となる。コスト優位にもとづくコスト・リーダーシップ戦略は,基本的に,顧客が低価格であることを重視するような製品や,鋼材やセメントのように品質水準や規格が標準化されているために価格以外の特性での差別化が難しい製品(コモディティ)について有効な顧客獲得の方法である(中橋, 1997, p.158)。

コスト・リーダーシップを実現するためには,製造を容易にする製品設計,(多種類の製品を作る場合には)部品の共通化,標準化された製品の量産・量販,規模の経済を享受できるような機会や設備の積極的な導入と建設,経験曲線効果による費用削減を実現するための市場シェアの増大,低費用の原材料や労働力の利用,注文高の小さい顧客との取引回避,研究開発やサービスや販売や広告などに関する費用の節減といった,一貫した一連の意思決定と行動を追及する必要がある(中橋, 1997, p.159)。

一方で,プロフェッショナル・サービスのような個別受注の仕事を管理するためには,経営情報の定型化さえ容易なことではない。上述のように,鉱工業や一般消費者を対象とする産業では,標準化された管理・監督の下で,反復して行われる業務や,繰り返し生産される商品を扱っているが,そうした経営手法はプロフェッショナル・サービス・ファームにとっては不適切な

だけでなく，害を及ぼすことさえある（Maister, 1993）。

　次に，差別化優位という考え方も適用が困難である。プロフェッショナル・サービスの提供にあたっては，クライアントごとのカスタマイズが前提となり，基本的には「差別化」を与件として事業活動を展開している。加えて，後述するように，経営コンサルティング・ファームの商品であるコンサルティング・サービスは，クライアントが前もって客観的にその性能を評価することは難しく，かつクライアントとの「共同生産（co-production）」によって商品が創られるという側面も持つ（Bettencourt *et al.*, 2002）。そのため，差別化という点だけでは，クライアントに訴求できるような競争優位のタイプとして適用するのは十分ではない。

(2) 期待と成果の関係

　いわゆる「モノ」としての商品の場合には，「期待」と「成果」について，顧客がある程度の客観的な評価を行うことは可能である。「期待」という点では，顧客は，実際に製品を購入する前に，製品性能という客観的な指標によって，他社製品との比較や，顧客自身が求める基準に照らし合わせた上での評価を客観的に行うことが可能である。「成果」という点では，顧客は，実際に製品を使用することで，その効能についての評価を客観的に行うことが可能である。そして，多くの場合，成果は，インターネットに代表されるメディアを通して即時的にフィードバックされ，潜在顧客にとっては，より信頼性のある製品についての客観的な情報を得る機会が増えていく。このように，「期待」と「成果」とを顧客が客観的に判断することがある程度可能であるが故に，コスト優位，差別化優位という2つのタイプの優位性が成立すると考えられる。

　一方，プロフェッショナル・サービスの場合は，「期待」という点では，サービス一般の無形性，（生産と消費の）同時性という性質により，事前に客観的な評価を行うことは難しい（Aharoni, 2000b）。コンサルティング・サービスの場合は，アサインメントの種類によっては，ソリューションの

パッケージ化等を通じて,成果がある程度事前に評価でき,期待外れという成果にならないような形でのサービスの提供を行うことができる。しかし,先述したように,プロフェッショナル・サービスは個別受注型であり,カスタマイズが基本となる。クライアントが抱える問題は,それぞれのクライアントによって異なる。そのため,パッケージ化されたソリューションをそのまま適用することは難しく,クライアントごとのカスタマイズが重要となる。従って,クライアントは,パッケージ化されたソリューションだけをもって,期待についての客観的な評価を行うことは難しい。加えて,「守秘義務(confidentiality)」による制約がある。すなわち,他のサービス業で行われているように,顧客リストなり実績を具体的に見せたり,既存顧客の声を聞かせたりするといったマーケティング手法をとることも制限される(Kubr, 1996, 2002; 和田, 1995)。

「成果」という点においても,客観的な評価が難しい。第1に,何を成果として測定するのかという問題がある。それには,一般的にプロフェッショナル・サービスの多様化,複雑化,大規模化という背景がある。既に見てきたように,経営コンサルティング・サービスが提供された最初期には,科学的管理法から派生した「能率専門家」としてのコンサルティング・サービスが中心であった。工場や作業現場の生産性と能率,合理的な作業組織,時間と動作の研究,浪費の排除,生産コストの削減などを中心とするものであった(Kubr, 1996, 2002)。従って,このころの経営コンサルティング・サービスにおいては,成果に対する客観的な測定が可能であり,また報酬形態も成果報酬型の形態をとることも可能であったようである(e.g., 猪飼, 1991)。

しかし,経営コンサルティング・サービスが多様化,複雑化するにつれ,コンサルティング領域は,戦略立案,人事制度構築といった成果が必ずしも直接的には測定できないコンサルティング領域へと拡張を遂げていった。更に,現在では,戦略立案からその遂行,関連したITの導入といった複合的な領域にまたがる大規模なプロジェクトが多く見られるようになってきている。これと関連して,第2に,タイムラグの問題がある。すなわち,成果が

サービス提供と同時に現れるものではなく，何年も経過した後に初めて実を結ぶというものが多いからである（Aharoni, 2000b;西井, 2002）。人事制度改革の例が典型的であるが，新しい人事制度を導入し，それがクライアント企業に定着し，機能するようになるには，5年から10年という長期にわたるプロジェクトとなることが予想される。不足の問題発生への対処などを考慮に入れると，より長期間にわたるプロジェクトとなる。

(3) 課金システム

以上の2つの要因により，プロフェッショナル・サービスにおける一般的な課金システムとして「コミッション（commission）」と「フィー（fee）」という形態が主流となっている。

コミッションとは，端的に言えば，「成功報酬」を意味する。業務に成功したらその売上の何パーセントという形で報酬が決定される（都村・高橋, 1999）。この報酬形態を採用している代表的なプロフェッショナル・サービスが，投資銀行やベンチャーキャピタルである。例えば，ベンチャーキャピタルでは対象となるベンチャー企業に対し，その経営を成功に導くために，コンサルティング・ファームと同等の専門知識や，場合によっては人材の提供を行う。しかし，ベンチャーキャピタルにとっては，それらの専門知識，人材を提供するという行為自体は，付加的なサービスであり課金対象ではない。あくまでも目的はベンチャー企業の成功，株式公開を成立させることであり，株式公開後のキャピタルゲインに対する成功報酬が主たる収益の源泉となる。

一方，フィーの場合は，プロフェッショナル・サービスの提供者の専門知識に対して，報酬が支払われることになる。代表的な例は，弁護士，医療サービスがあげられる（Stabell and Fjeldstad, 1998）。医師の場合は，患者に対して，主要な症状について訊ねることによってコンサルテーションを開始する。次に実際の診察を行う。患者の体温を測り，喉の状態を調べ，膝をたたいてみる。これらの標準的な手続きを通して，患者の病気を特定し，そ

れに対する処方箋を提供する。一連の流れは、全て適切な医療の専門知識に準拠することによって行われる。こうして医師は、患者に対して価値を創造する。時には、医師は、患者が全く何も悪いところがないという結果を導き出すこともある。その場合でも、患者は医師に対して報酬を支払う。患者の報酬は、医師が治療に成功したか否かという点では決定されないのである。

　同様に、経営コンサルティング・ファームにおいても、コンサルティング・フィーが報酬形態の基本となっている (Kubr, 1996, 2002; Maister, 1993)。例えば、多くのコンサルティング・ファームでは、コンサルタントごとに、クライアントに課金すべき一時間あたりの金額が決まっている。これを「ビリング・レート (billing rate)」と呼ぶ (和田, 1995)。従って、コミッションとは異なり、プロジェクトに投入された「コンサルタント数×ビリング・レート×実質労働時間」という計算によってフィーが算出される。コンサルタントはクライアントに対して約束した成果に対して責任を負う。しかし、それは決してそのまま成功報酬を意味する訳ではない。コンサルタントの報酬は、あくまでもコンサルタントがクライアントのために費やした時間、コミットメントした時間によって決定される[2]。

4.1.3　必要条件としての問題解決能力

　以上のように、プロフェッショナル・サービスの持つ独自性を考慮した場

---

[2]　第3章で考察したように、最近では、伝統的なプロフェッショナル・サービス・ファームの経営形態としてのパートナーシップ制度から通常の株式会社、株式公開企業へと移行するファームが現れてきている。その原因の1つには、組織の大規模化（成長戦略の重要性）、プロジェクトの大規模化（リスクの増大）に伴い、伝統的なパートナーシップ制度を運用することが困難になってきたことがあげられる。そして、この経営形態の移行に並行して、株主に対しての説明責任を果たす必要性から成果報酬型の課金システムを導入しようとする動きも現れている (e.g., 鴨志田, 2003)。しかし、現在のところ、われわれが研究対象としている外資系の経営コンサルティング・ファームの多くでは、基本的な課金システムのベースとなっているものは、コンサルティング・フィーであり、プロジェクトの性質によって部分的に成果報酬型の課金システムの導入を図っていることがインタビュー調査から明らかとなっている。

第4章 経営コンサルティング・ファームのグローバルな競争優位　107

合に，一般的な競争優位のタイプの議論を経営コンサルティング・サービスにそのまま適用するのは困難となる。

「プロフェッショナル・サービスの性質」を考えると，コスト優位という製造業におけるビジネスを前提とする競争優位のタイプは，個別受注型，カスタマイズが前提となるプロフェッショナル・サービスには適用困難である。差別化優位も差別化が当たり前であり，それだけでは競争優位のタイプとして適用するのは十分ではない。「期待と成果の関係」を考えると，コスト優位，差別化優位共に，期待と成果がある程度客観的に測定できるという前提にもとづいていることがわかる。しかし，プロフェッショナル・サービスの場合には，期待についても成果についても客観的な測定，それにもとづく成果に対する報酬という形態を非常に採用しづらいことがわかる。そのため，「課金システム」という点において，製造業はもちろんのこと，他のサービス業とも異なった形態をとっている。成功報酬という形ではなく，フィーという形でのコミットメントに対しての対価という報酬形態が伝統的に採用されてきたのである。

結局のところ，クライアントは，経営コンサルティング・ファームに対して，「何を求めているのか」という問題に立ち戻って考える必要がある。それは，すなわち，クライアントの問題解決である。従って，経営コンサルティング・ファームにとって，最も基本的かつ必要条件としての競争優位と言えば，クライアントの問題を解決する能力となる。この問題解決能力を必要条件として，更に価値創造をどのような形で行うのかという点が，十分条件となる（都村・高橋，1999）。これらの条件がどのような形で実現されるのかというその方法が，各ファームの個別戦略として考えられる。

4.2 経営コンサルティング・ファームの問題解決能力

4.2.1 問題解決能力のタイプの違い

従って，経営コンサルティング・ファームの競争優位のタイプを考える上

で，必要条件としての問題解決能力をどのように規定すればいいのかが論点となる。以下，幾つか，問題解決能力に関する議論をレビューしたい。

(1) Maister（1993）：サービス提供領域による違い

Maister（1993）は，クライアントが求める利点によって，プロフェッショナル・サービス・ファームの問題解決能力の違いを説明している（Maister, 1993, 邦訳, pp.35-36）。

Maister（1993）によれば，プロフェッショナル・サービスにおいて，クライアントが求める利点は，以下の3つの点に分類される。それは，「専門知識（expertise）」「経験（experience）」「効率性（efficiency）」である。そして，同一の問題領域であっても，それぞれのクライアントによって，これらのどの要素に重点を置くのかは非常に異なっており，その結果大きく3つのクライアント・グループに分けられる（図表4-1参照）。

第1のクライアント・グループは，「頭脳型（Brains）」の問題解決能力を求めるグループである。大規模，複雑，ハイリスク，普通でない問題を抱えているクライアントである。彼らは，最高の専門知識を求めている。最も創造的で才能に満ちた革新的な人材あるいはファームを必要とし，その費用には拘泥しない。この場合，クライアントの業界に関する経験や同様のタイプの問題を取り扱った経歴は有効であるかも知れないが，クライアントが求めるような最前線の専門知識という点に関して言えば，二義的なものとなる。

第2のクライアント・グループは，「経験型（Grey Hair）」の問題解決能力を求めるグループである。自分たちの抱えている問題が，他の会社も直面するようなありふれた問題であると認識しているクライアントである。彼らは，完全にカスタマイズされたサービスの提供をそれほど望んでいる訳ではない。また，問題自体も危機的な問題という訳ではない。このようなクライアントは，特定の個人の知力を求めるというよりも，過去の経験にもとづいて問題を解決してくれるような組織を求めることになる。高い水準での専門知識が依然として必要とされており，かつ効率性も問題とされない訳ではな

図表4-1 サービス提供領域

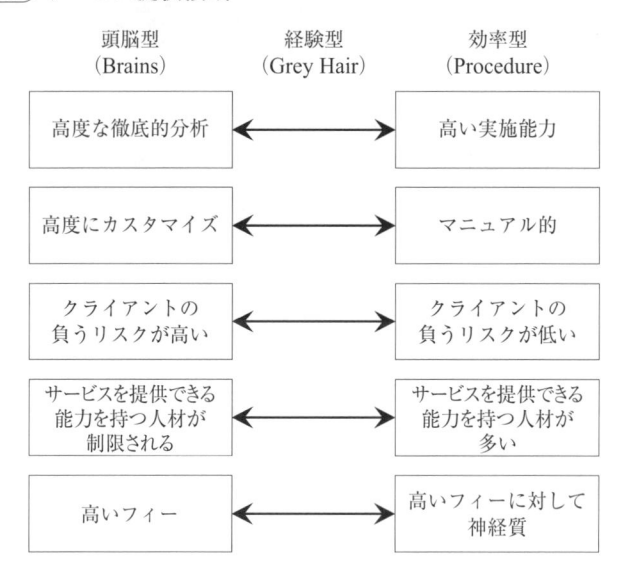

頭脳型 （Brains）	経験型 （Grey Hair）	効率型 （Procedure）
高度な徹底的分析	⇔	高い実施能力
高度にカスタマイズ	⇔	マニュアル的
クライアントの負うリスクが高い	⇔	クライアントの負うリスクが低い
サービスを提供できる能力を持つ人材が制限される	⇔	サービスを提供できる能力を持つ人材が多い
高いフィー	⇔	高いフィーに対して神経質

出所：Maister（1993, p.22）より筆者作成。

いが，クライアントは過去の類似した案件から得られた広範な経験に対してより価値を見出す。

　第3のクライアント・グループは，「手続き型（Procedure）」の問題解決能力を求めるグループである。数多くのファームが自分たちの課題を解決できることを知っているクライアントである。これらのクライアントは，最高の専門知識よりも，あるいは最も深い経験よりも，素早いスタート，迅速な処理，安価な費用を求める。

　そして，これらのクライアントのタイプに従って，どのタイプのクライアントに応えていこうとするのかが，プロフェッショナル・サービス・ファームにとって重要となる。それは，これらのサービス提供領域のどこにファー

ムを位置づけるかによって，新しいプラクティス[3]の開発から人材の募集，利益構造とファームの経営等が大きな影響を受けるからである。Maisterは，これら3つのクライアントのタイプに単一のプラクティス担当グループが同時にサービスを提供することはほとんど不可能であると指摘している。優秀な頭脳を売り物にするグループが効率性を重視するクライアントに選ばれることがないようにしなければならないし，その逆もまた然りである。

(2) 和田 (1995)：「定型」「非定型」による分類

同様の議論として，和田 (1995) は，クライアントの抱える問題の質によって，コンサルティング領域を，定型化されている分野と，非定型化されている分野との大きく2つに分けている (和田, 1995, pp.19-20)[4]。

定型的な分野とは，「目標が，かなり幅が狭く具体的に設定されており，その実現のための必要条件を明確化し，それを組織内で共有化し，そして方策を企画，実行するような仕事」である。これは，Maisterのいう効率型の領域に相当する。これに対し，非定型的な分野とは，「目標自体が大きな変数であるとともに，目標達成のための必要条件，戦略，方策も各種存在し，それらが目標設定にも大きな影響を与えるというような領域」である。これは，Maisterのいう頭脳型の領域に相当する。

そして，これらの領域は，経営コンサルティング・ファームの提供するサービスのあり方にも大きな影響を与える。例えば，ある会社が中期的収益改善の目標を設定したとしよう。次の展開プロセスとしては，以下の3つに代表されるように，さまざまな課題設定が考えられる。

---

3) 「プラクティス (practice)」とは，コンサルティング・ファームのようなプロフェッショナル・サービス・ファームで用いられる業界用語で，単位業務，あるいはサービスを意味する (Maister, 1993, 邦訳, p.36)。
4) 和田 (1995) では，「ストラクチャー」「アンストラクチャー」という用語を用いているが，本稿では，一般的に用いられる用語として，それぞれ「定型」「非定型」という用語を用いることとする。

①間接部門のコスト削減を大幅に図る。このため，どのような計画で，何をどう効率化し，削減していくのか。
②原材料購入段階から，販売，アフターサービスにいたる全活動を見直し，優先順位をつけてコスト削減を図る。このため，横断的なチームを結成し取り組む。
③コスト削減に留まらず，新製品，新技術を通しての顧客への価値の提供，シェアの拡大等の課題を含めて，総合的に収益改善計画を立案する。

　①の場合は，最も単純であり，問題となるのは，具体的な方法論及び実行計画となる。これに対して②の場合は，どの活動プロセスのコスト削減効果が一番大きいのかを見極め，全社的に計画し取り組むべきプロジェクトとなるだろう。その際には，適切な情報通信技術の導入等も視野に取り込む必要がある。③の場合には，コスト戦略はもちろんのこと，商品政策，価格戦略も含めた，事業の基本戦略から出発する必要がある。
　このように，問題領域は一見したところでは同様に見えても，多様な課題設定の仕方が考えられる。結果，そのソリューションは多様に変化する。この課題設定の仕方に大きく影響を与えるのが，各経営コンサルティング・ファームが，定型的，非定型的な課題のどちらを基本的に得意としているのかに左右される。先述した例では，定型的な課題を得意とするコンサルティング・ファームでは，①のようにできるだけ問題の領域を小さく定義しようとする。一方，非定型的な課題を得意とするコンサルティング・ファームでは，③のようにできるだけ問題の根本に立ち戻ろうとする。
　従って，クライアントが抱える問題が，明らかに定型的な課題である場合，それを得意とする経営コンサルティング・ファームが選択される必要がある。そうすることで，費用の面でも，時間の面でも，クライアント企業内部での混乱を避ける意味においても得策となる。一方で，非定型的な課題である場合，定型的な課題を得意とする経営コンサルティング・ファームに依頼をすることは避ける必要がある。その場合，非定型的な課題を解決するた

めの，最も根源的な次元における議論が不十分になる恐れがあり，最良の意思決定ができないというリスクが生じる。

4.2.2 クライアントの期待と問題解決能力のタイプの適合関係

このように，コンサルティング・ファームの競争優位としての必要条件である問題解決能力を考えた場合に，幾つもの能力概念が考えられるが，重要なのは，クライアントの期待と経営コンサルティング・ファームの問題解決能力のタイプとの間の適合関係である（図表4-2参照）。

クライアントの期待と問題解決能力のタイプとが適合している場合（図上部）には，経営コンサルティング・ファームの問題解決能力が発揮でき，クライアントにとっても期待外れとならない成果が望め，成功への可能性が高まる。しかし，同じ経営コンサルティング・ファームであっても，図中部の場合のように，クライアントの期待とコンサルティング・ファームの問題解決能力のタイプが不適合である場合，経営コンサルティング・ファームの問題解決能力が上手く発揮できない恐れがある。

加えて，コンサルティング・サービスの性質上，優れた問題解決策が導かれるか否か，すなわち価値創造の部分において，大きな役割を占めるのが，クライアント側のコミットメントである。いくら経営コンサルティング・ファームの問題解決能力が高くても，クライアント側のコミットメントが十分でない場合には，価値創造が行われない。

このように，クライアントの期待と経営コンサルティング・ファームの問題解決能力が適合しており，更にクライアント側の十分なコミットメントが得られたときに初めて，価値創造プロセスが上手く機能すると考えられる（Tordoir, 1995; Løwendahl, 2005）。

4.2.3 戦略的アイデンティティとしての問題解決能力

それでは，図下部（点線部）のように，クライアントの期待に応えるために，経営コンサルティング・ファームが問題解決能力のタイプを変化させ，

図表4-2　クライアントの期待と問題解決能力との適合関係

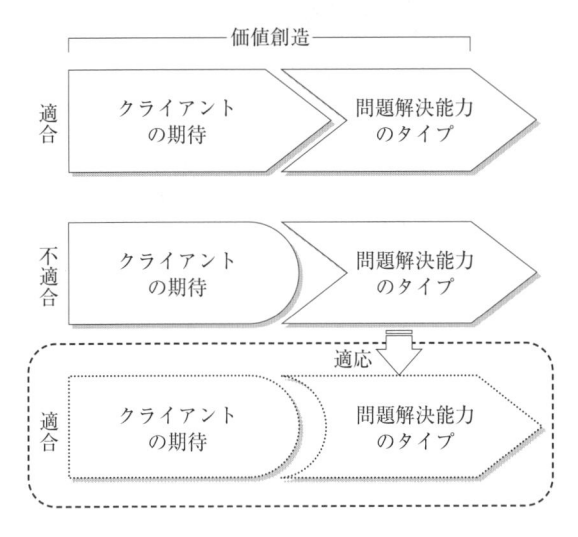

```
                    ──価値創造──
         ┌─────────────────────┐
    適    │ クライアント  問題解決能力 │
    合    │   の期待      のタイプ    │
         └─────────────────────┘

    不   ┌─────────────────────┐
    適   │ クライアント  問題解決能力 │
    合   │   の期待      のタイプ    │
         └─────────────────────┘
                         適応 ↓
         ┌─────────────────────┐
    適   │ クライアント  問題解決能力 │
    合   │   の期待      のタイプ    │
         └─────────────────────┘
```

出所：筆者作成。

上手くクライアントの期待に適応し，適合状態となることは可能であろうか。あるいは，複数の異なったタイプの問題解決能力を保有することは可能であろうか。

　例えば，特定の領域に絞り込んだサービスを提供している経営コンサルティング・ファームの場合，プロジェクトが異なれば，必要とされる問題解決能力には違いが求められる。あるいは，大規模な経営コンサルティング・ファームの多くは，戦略の立案に始まり，戦略を実現するためのITの導入や組織デザインの変革，新しい人事制度の導入など，クライアントの問題解決のための上流から下流に至る全てのプロセスを対象と（または提供できると標榜）している。この場合，プロセスごとに異なる複数の問題解決能力が必要とされる。しかし，本質的な次元において，「問題解決能力を変化させる」あるいは「複数の問題解決能力を保有する」ことは容易ではないだろう。可能であるかも知れないが，瞬時に変化させられるものでも，あるいは

場当たり的に変化させていいものでもない。

　この点について，Lorsch and Tierney（2002）は，「戦略的アイデンティティ（strategic identity）」という概念から説明している（Lorsch and Tierney, 2002, 邦訳, pp.94-100）。プロフェッショナル・サービスは，本質的に口コミのビジネスである。サービスが無形で個人的な性質を持つために，法律事務所であれ，会計事務所であれ，経営コンサルティング・ファームであれ，クライアント候補が，そのサービスの品質やファームとの相性を判断するのは難しい。そのため，彼らは，直接・間接を問わず，そのファームについて「知っている」人を探して，ファームに対する評判を聞こうとする。そうした人々は，それぞれが個人的な体験にもとづいたファームに対する評価を持っている。彼らはファームにとっての擁護者であるかも知れないし，欠点をあげつらう粗探し屋かも知れない。彼らの意見は不完全だったり古かったり偏ったりするかも知れない。しかし，それが彼らの見方であり，そういった見方が全体として，「外的なファームの戦略的アイデンティティ」を形成する。それは，ファームの能力，欠点，特徴，及び個性に関する市場の評価が積み重なったものであり，他の競合他社と比較した場合の競争優位性（例：IPOは得意だが，M&Aは下手である。多国籍企業には強いが，アジアには比較的弱い等）に対する市場の認識を反映している。

　これに対して，「内的な戦略的アイデンティティ」もある。これは，ファームを運営するパートナー達が，ファームの戦略とその実現方法について共有している理解によって形成されている。ファームの競争環境の変化への対応，及び目標を達成するための個人として行動するパートナーの見方を反映している。内的な戦略的アイデンティティは，ファームの遺伝子コードであり，パートナーシップを望ましい戦略目標へと駆り立てる強い信念である。

　この外的・内的の双方の戦略的アイデンティティが一致したとき，素晴らしい結果が得られる。しかし，個人のアイデンティティが一晩で変わることがないように，プロフェッショナル・サービス・ファームのアイデンティティも同様である。戦略的アイデンティティは，進化できるし進化する。し

かし，突然の大きな方向転換はファームをアイデンティティの危機にさらすことになり，その結果最終的にはクライアントとファームを支える優秀なプロフェッショナルの離反を促すことにもなりかねない[5]。

4.3 経営コンサルティング・ファームのローカルな競争優位

4.3.1 問題解決能力とコンサルティング方法論との関係

以上の考察を踏まえて，本節と次節では，経営コンサルティング・ファームの「ローカル」な競争優位と「グローバル」な競争優位について考察していきたい。まず，「ローカル」な競争優位とは，国際展開を行っていないドメスティックな経営コンサルティング・ファーム及び国際化，グローバル化している経営コンサルティング・ファームであっても「国際性」「グローバル性」のもたらす影響がないと仮定した場合の基本的な競争優位である。

ここでポイントになるのは，これまで考察してきた問題解決能力とコンサルティング方法論との関係である。前章において考察したように，ローカル

---

[5] 既述のように，近年では，プラクティスの多様化やプロジェクトの大規模化に伴い，戦略立案だけに留まらず，その遂行や関連する情報通信技術の導入を行うというように，基幹となるコンサルティング・サービスを梃子にして，その周辺のサービスも提供していこうとする「クロス・セリング」と呼ばれるサービス提供を行っている経営コンサルティング・ファームが多く見られるようになった。その結果，一見したところ，従来言われていたような「戦略系」「IT系」「会計系」といった出身母体によるファームの類型化が難しくなってきている。もっと言えば，流行となった経営コンサルティング・サービスは競合他社によって模倣されやすく，結果として同型化に向かう傾向が強い。
従って，どのファームもサービスラインという点では，見分けがつきにくくなってしまう。しかし，Lorsch ana Tierney（2002）は，ベイン・アンド・カンパニー，ボストン・コンサルティング，マッキンゼーの3社は，多くの類似点があるにも関わらず，その戦略的アイデンティティは，外的にも内的にも大きく異なっていると指摘している。われわれもインタビュー調査の結果から，同様の事例を確認している。一見したところ，同じようなサービスを提供しているのだが，サービスに対する基本的な考え方が全く異なっていた。更に言えば，コンサルタントの気質が異なっているのである。また，われわれが伺った話では，あるファームのビジネスモデルの転換に伴い，戦略的アイデンティティが損なわれ，それを受け入れることができなかったコンサルタントが事務所ごと競合他社へと移動してしまった例もあるそうである。

図表4-3　ローカルな競争優位（基本的なビジネスモデル）

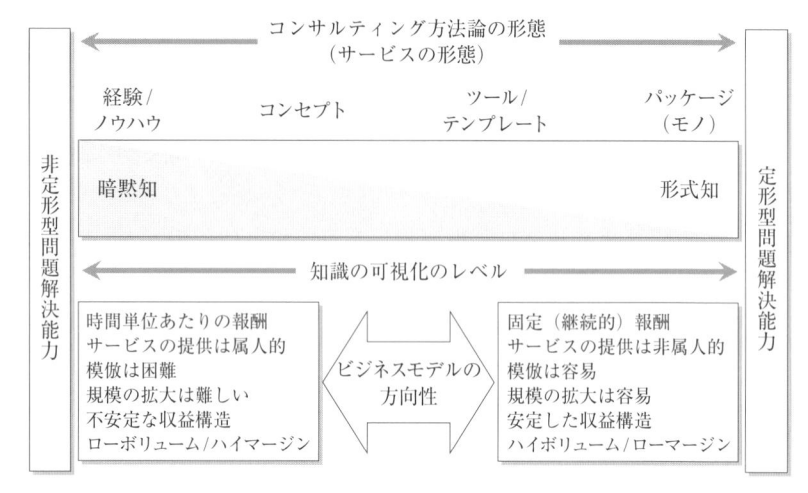

	コンサルティング方法論の形態（サービスの形態）				
非定形型問題解決能力	経験/ノウハウ	コンセプト	ツール/テンプレート	パッケージ（モノ）	定形型問題解決能力
	暗黙知			形式知	
	知識の可視化のレベル				
	時間単位あたりの報酬 サービスの提供は属人的 模倣は困難 規模の拡大は難しい 不安定な収益構造 ローボリューム/ハイマージン	ビジネスモデルの方向性		固定（継続的）報酬 サービスの提供は非属人的 模倣は容易 規模の拡大は容易 安定した収益構造 ハイボリューム/ローマージン	

出所：筆者作成。

と対比させた場合の「グローバルな競争優位」を考察する場合に，コンサルティング方法論の共有化や標準化は一つの鍵になる。加えて，問題解決能力とコンサルティング方法論の関係から全体としての基本的なビジネスモデルのあり方も影響を受けることになる（図表4-3参照）。

　まず，問題解決能力は，上述の議論から，「非定形型」と「定形型」問題解決能力の2つのタイプに大別することができる。「非定形型問題解決能力」を持つ経営コンサルティング・ファームでは，クライアントの課題に対して，できる限り「創造的」な問題解決を行おうとする。過去のアサインメントにおける経験や成果は活用できるが，必ずしもそれに縛られる必要はない。むしろ，目前のクライアントの課題に対して最善・最良の解決策を見つけ出すことが最も重要であり，そのためには，過去の経験や実績とは異なった解決策を提示することもあるだろう。いわゆる「スクラッチビルド」の手法であり，予断を廃して「ゼロ」から出発し，各クライアントのためだけの注文仕立て，一品一様の解決策の提示を試みる。

非定形型問題解決能力では，コンサルタント個人が持つ能力に依存する比重が大きくなる。前章でみた「グル」に位置づけられる「スター・コンサルタント」と呼ばれる一部の有名なカリスマ的なコンサルタントが活躍する場面が広がるだろう。コンサルタント個々人が自らの知恵を振り絞り，特定のクライアントの課題解決に焦点を合わせることになる。そのため，仮にアサインメントに成功したとしても，その成功要因はコンサルタント個人の暗黙知が中心となり，形式知化することが困難になるかも知れない。たとえ，ある程度は形式知化することができたとしても，商品化までには至らないかも知れない。

非定形型問題解決能力を持つファームにとっては，コンサルティング方法論の活用は限定的なものとなる。既存の確立されたコンサルティング方法論があったとしても，課題解決に使用されるとは必ずしも限らない。使用したとしても，特定のクライアントのために大幅なカスタマイズやローカライズを行う。場合によっては，その一回限りのアサインメントで使用するためだけにコンサルティング方法論を新たに開発することも考えられる。こういった点を踏まえて，そもそもコンサルティング方法論自体が，抽象度の高いコンセプト的な形態に留められるかも知れない。ただし，対外的なマーケティング的側面において，特定の独自性のあるコンサルティング方法論を保有していることを強調することは依然として重要となる。

一方，「定形型問題解決能力」を持つ経営コンサルティング・ファームでは，クライアントの課題に対して，できる限り「効率的」な問題解決を行おうとする。過去のアサインメントにおける経験や成果をできる限り活用しようとする。目前のクライアントの課題と過去のクライアントの課題の間に共通項をみつけ，既に実績をあげている解決策を適用することで，速やかな問題解決を図る。その解決策が，クライアントのための最善・最良の解決策であるとは限らないかも知れないが，アサインメントの成功可能性や解決策の実行可能性を高める，リスクを軽減するという意味合いにおいては，クライアントにとってもファームにとっても望ましい結果をもたらす。

定形型問題解決能力では，コンサルタント個人が持つ能力よりも組織としての能力が重要となる。コンサルティングのプロセスは定式化され，特定の手順に則った解決策の提示が求められる。アナロジーで言えば，「工房」のイメージに近く，特定の個人に全てが委ねられるのではなく，組織的な分業によって課題解決に向けた一連のプロセスが進められていく。新しく発見された知見は，形式知化され全社的に共有される。既存の確立した手法の改善に向けたフィードバックが常に検討され，かつ積極的に商品化される。

　定形型問題解決能力を持つファームにとっては，コンサルティング方法論の活用は，ファームの存続をかけるほどに重要なものとなる。そもそも，コンサルタントの雇用・育成という点において，効率的な問題解決を行うことを是とする人材を選抜し，標準化された仕事の進め方や主要なコンサルティング方法論について教育を行わなければならない。コンサルティング・サービスの提供は，コンサルティング方法論を含めた一連のプロトコルに準拠することによって進められる。従って，コンサルティング方法論もかなり具体的な部分まで作り込まれる。極端な場合，入社したばかりの経験の浅いジュニア・コンサルタントであっても，コンサルティング方法論，プロトコルに従うことで即戦力として一定の成果を出すことが可能となる。

4.3.2　ビジネスモデルとの関係

　次に，ビジネスモデルとの関係について考えてみよう。非定形型問題解決能力を持つファームは，コンサルタント個人の能力に依存する割合が高く，コンサルティング方法論の活用も限定的となるため，伝統的なプロフェッショナル・サービス・ファームのビジネスモデルに近くなる。ガバナンスという点では，パートナーシップ制が適していることになる。パートナーシップ制とは，米国においては，「2人以上の者により共有されている営利を目的とした事業遂行のための団体」と定義される（伊藤，2002）。その特徴は，第1に「所有と経営の一致」という点にある。パートナーシップ構成員であるパートナーは，パートナーシップの所有者であると同時に，共同経営者と

してパートナーシップの経営に直接参加することとなる。第2に,「組織に柔軟性がある」という点がある。株式会社が大規模な資本を必要とするビジネスに適した組織形態であるのに対し,パートナーシップ制は,資本よりも,構成員の才能や構成員同士の信頼関係に重点を置いた組織であり,クライアントから厚い信頼を得ることができる優秀なコンサルタントを集めたい場合に適している。課金システムという点では,「時間単位あたりの報酬制度 (fee per unit of time)」が基本となる(補章1参照)。予め設定されているコンサルタントの単価(ビリング・レート)を基準に,コンサルタントの稼働時間をクライアントへ請求する。

一方,定形型問題解決能力を持つファームは,コンサルタント個人というよりも組織全体としての強さが求められる。コンサルティング方法論を活用できるために,作業の分担も可能である。そのため,通常の事業会社に近くなり,必ずしも伝統的なプロフェッショナル・サービス・ファームのビジネスモデルを採用しなければならないという訳ではない。ガバナンスという点でもパートナーシップ制にこだわらずとも良いだろう。逆に言えば,組織の大規模化が必要となるため,純粋なパートナーシップ制を採用することは困難になるかも知れない。課金システムという点でも,「時間単位あたりの報酬制度」が基本とは考えられるが,固定報酬,資本参加など,多様な報酬制度を採用することが可能となる。

4.4 経営コンサルティング・ファームのグローバルな競争優位

4.4.1 「グローバル性」がもたらすもの

ローカル・ファームの競争優位をベースにして考えると,経営コンサルティング・ファームのグローバルな競争優位とは,ローカル・ファームでは獲得できない競争優位ということになる。すなわち,グローバル・ファームにはあるが,ローカル・ファームにはないもの,グローバル・ファームには提供できるが,ローカル・ファームには提供できないものは何かということ

になる。そして、第1章において考察したように、議論の前提として、「ローカル支社の自律性を損なうことなく、その強みに貢献するような形でのグローバルな競争優位が機能する」必要がある。ローカルでの強みなくして、グローバル・ファームの強みというのは、実際上はあり得ないことになる。

それでは、「グローバル性」がローカル・ファームにもたらすものは何かと言えば、間接的な効果と直接的な効果に大別できるだろう。間接的な効果とは、グローバルなプレゼンス自体がもたらす効果である。経営コンサルティング・ファームを含むプロフェッショナル・サービス・ファームでは、クライアントが事前にそのサービスの質について客観的な評価をすることが難しくなる。そのため、地理的な面でグローバルな規模で事業展開していること自体がファームの規模（例：所属するコンサルタント数）と並んで、「評判効果」をもたらし、信頼に足るファームであること、サービスが高品質であることを象徴する「御墨付（proxy）」として機能する。ただし、この効果は、確かにローカル・ファームの強みには貢献するであろうが、やはり「間接的」な効果という位置づけになろう。懐疑論者が指摘しているように、グローバルな規模で展開しているといっても、それがただブランド名だけを共有しているに留まり、地域的な組織の集合体のままであれば、実質的にはローカル・ファームと違いがないことになる。

一方、直接的な効果とは、「グローバルなプレゼンスにもとづいた知見」を提供できるということであり、具体的には幾つかの形態が考えられる。例えば、グローバルなプレゼンスを活かしたチーム編成である。クライアントの抱える問題に対して、最善のアドバイスを提供するために、ローカル・ファームに所属するコンサルタントだけではなく、グローバルな規模で最適な人材を選抜し、チームを編成するのである。あるいは、ローカル・ファームを中心としながらも、他の地域・国にあるファームと協働してアサインメントを遂行するということも考えられる。

これらの方式は、クライアントの抱える問題が、ローカルのコンサルタントでは十分に対処できないような場合には有効である。仮に、クライアント

が日本企業であるとし，中国への進出に絡んだ案件であると想定しよう。この場合，担当するコンサルタントの適性としては，当然中国の事情について通じている必要があるし，中国語を話せることが必須となるかも知れない。ローカル・ファームにおいて，そういった知識や経験，人材が確保できない場合でも，グループ全体としてみたときに担保できればいい。中国に支社がある場合は，そうでない場合と比べれば，クライアントからの信頼性はより一層高まることになるだろう。

グローバルな知識ベースを土台にしたサービスの提供もあげられる。これは，「ベスト・プラクティス」「ベンチ・マーキング」といった考え方に代表される。グローバルに展開していることから得られる知識や経験をベースにして，特定の産業やビジネス，特定の問題に対する最善・最良の解決策を提供しようとするものである。これらの一部は，前章でみたような，「流行の経営手法」として商品化される場合もあるだろうし，「グローバル・スタンダード」「デファクト・スタンダード」のサービスとして提供される場合もあるだろう。

商品化されている場合，典型的には，そのファームを代表するコンサルティング方法論として活用されることになる。第2章で考察したように，そもそもは，ローカル・ファームが国際展開する際に，ファームを代表するようなコンサルティング方法論の存在が鍵となっている場合が多い。そういった特定のコンサルティング方法論が先行して存在し，急速に国際化，グローバル化を可能にする場合もある。それらのコンサルティング方法論が経時的に陳腐化せず，広く普及するようになれば「グローバル・スタンダード」「デファクト・スタンダード」として通用するようになる[6]。もちろん，グ

---

[6] 第2，第3章でとりあげたように，マッキンゼーの「M型組織」「7Sモデル」やBCGの「PPM」といったコンサルティング方法論の存在は，これらのファームの成長や今日における成功を語る上で欠かせない要因の一つである。事例研究でとりあげる，ヘイ・グループにおける「ヘイ・システム」は，元来は米国において提供されていたローカルなコンサルティング方法論であったと言える。しかし，米国内の名だたる企業をクライアントとし，米国を越えて広く普及するようになり，現在では，フォーチュン1,000社の

ローバルに展開していることやグローバル化のプロセスから新しいベスト・プラクティスや方法論が生み出されることもある。その場合は，本社で集中的に開発されるというよりも，各ローカル・オフィスに所属するコンサルタントの知見を総合するプロセスや特定のローカル・ファームにおけるイノベーションがコンサルティング方法論として確立され全社的に共有されるというプロセスを踏むことが指摘されている[7]。

4.4.2　グローバル戦略の類型化

このような「グローバル性」がもたらす効果，とりわけ直接的な効果を享受できることが，ローカル・ファームとグローバル・ファームとの決定的な違いであり，グローバル・ファームとしての理想である。ただし，全てのローカル・ファームがこれらの効果を一様に享受できる訳ではないだろう。コンサルティング方法論の活用という点については，前節で考察したようなローカル・ファームの競争優位のあり方によって大きな影響を受けると考えられる。加えて，本章，及び第1章，第2章で考察したように，プロフェッショナル性の強さ，すなわち，伝統的なプロフェッショナル・サービス・ファームに近いか，そうでないかという点が，コンサルティング方法論の活用を含め，経営コンサルティング・ファーム全体としてのビジネスモデルの

　半数以上をはじめ，世界各地の多様な規模の企業，公共団体，非営利組織でも導入が進められている。人事制度におけるグローバル・スタンダードの一つとなっている。
7)　各ファームによって名称や内容には違いがあるが，一般に「プラクティス」という用語が冠せられる会議（例：プラクティス・ミーティング）や社内コンペのような仕組みである。特定のコンサルティング分野（プラクティス）で経験を積んだコンサルタント同士が，オフィスの境界を越えてつながり合うことで，知見を共有したり，新しい方法論を開発したりする活動一般を指す。各ファームが持ち回りで行う，あるいは特定のプラクティスで突出した成果を上げているファームが主体となって開催するようである（e.g., Maister, 1993; Ghoshal and Bartlett, 1997）。われわれが行った一連のインタビュー調査においても，対象となったファームのほとんどで同様の取り組みが行われていることが確認されている。ただし，その方式は，ファームによって違いがみられる。実際に，フェイス・ツー・フェイスで顔をつきあわせる場を重視するファームもあれば，ある程度は電話だけで済ませたり，ビデオ会議といったITを活用したりする，あるいはその併用など多様である。

第4章　経営コンサルティング・ファームのグローバルな競争優位　123

図表4-4　経営コンサルティング・ファームのグローバル戦略の類型化

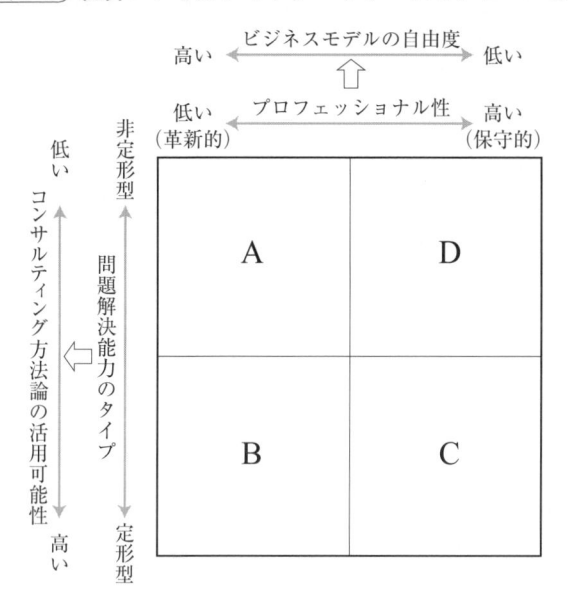

```
                    ビジネスモデルの自由度
            高い    ←――――――――→    低い
                        ⇧
            低い    プロフェッショナル性   高い
           (革新的)                      (保守的)
    低い  ┌─────────────┬─────────────┐
    │     │             │             │
 非  │     │             │             │
 定  │     │      A      │      D      │
 形  │     │             │             │
 型  │     │             │             │
 問  ⇧     ├─────────────┼─────────────┤
 題        │             │             │
 解  コ    │             │             │
 決  ン    │      B      │      C      │
 能  サ    │             │             │
 力  ル    │             │             │
 の  テ    └─────────────┴─────────────┘
 タ  ィ
 イ  ン
 プ  グ
    方
 定  法
 形  論
 型  の
    活
    用
    可
    能
    性
    高い
```

出所：筆者作成。

方向性に大きな影響を与えると考えられる。

　従って，経営コンサルティング・ファームが採り得るグローバル戦略に関して，次のような類型を提示することができる（図表4-4参照）。この図表は，縦軸に，問題解決能力のタイプとして，非定型問題解決能力と定型型問題解決能力をとっている。そして，前節で考察してきたように，問題解決能力のタイプは，コンサルティング方法論の活用可能性に影響を与える。一方，横軸には，プロフェッショナル性の強さの度合いをとっている。これは，ビジネスモデルの自由度に影響を与える。プロフェッショナル性が強ければ，それだけ伝統的なプロフェッショナル・サービス・ファームの形態に近づく（保守的）。逆に，プロフェッショナル性が弱ければ，伝統的なプロフェッショナル・サービス・ファームの規範に縛られず，ビジネスモデルの

自由度が増大することになる（革新的）。第1章，第2章で考察してきたように，端的には，新しい世代ほど伝統的なプロフェッショナル・サービス・ファームから乖離していく傾向が強まることになる。また，仮定として，プロフェッショナル・サービス・ファームの議論（第1章参照）にもとづき，親会社と子会社は，基本的には対等の関係にあると考え，本社もローカル支社も相似形であると考える。

　4つのセルの中で，最も伝統的なプロフェッショナル・サービス・ファームの形態に近くなるのが，セルDである。このセルに位置づけられるファームは，問題解決能力のタイプが非定形型でプロフェッショナル性は高い保守的なファームとなる。コンサルティング方法論の活用は制限され，ビジネスモデルも伝統的なプロフェッショナル・サービス・ファームの形態に近くなる。世代で言えば，第2世代のファームの多くが該当することになる。

　一方，世代という点で考えれば，第3世代，第4世代のファームの多くが，セルBに位置づけられる。問題解決能力のタイプは定型的で，プロフェッショナル性は低く（革新的）なる。コンサルティング方法論を活用できる可能性が高くなり，ビジネスモデルの自由度も増すことになる。

　セルCは，問題解決能力のタイプは定型的で，プロフェッショナル性は高く（保守的）なる。ビジネスモデル自体は伝統的なプロフェッショナル・サービス・ファームに近くなるが，コンサルティング方法論を活用できる度合いは高くなる。最後のセルAは，問題解決能力のタイプは非定形型で，プロフェッショナル性は低く（革新的）なる。セルAは，実質的には，経営コンサルティング・ファームというよりも，ベンチャーキャピタル等の別種のプロフェッショナル・サービス・ファームが該当するだろう。

　これらのセルに，先行研究及びわれわれのこれまでの研究成果を踏まえ，代表的な経営コンサルティング・ファームをプロットすると図表4-5のようになる。図表4-5は，図表4-4を更に細分化したものであり，問題解決能力のタイプ，プロフェッショナル性の強さをそれぞれ3段階に分けてとらえたものであり，合計で9個のセルを得ることができる。

図表4-5　代表的な経営コンサルティング・ファームの位置づけ

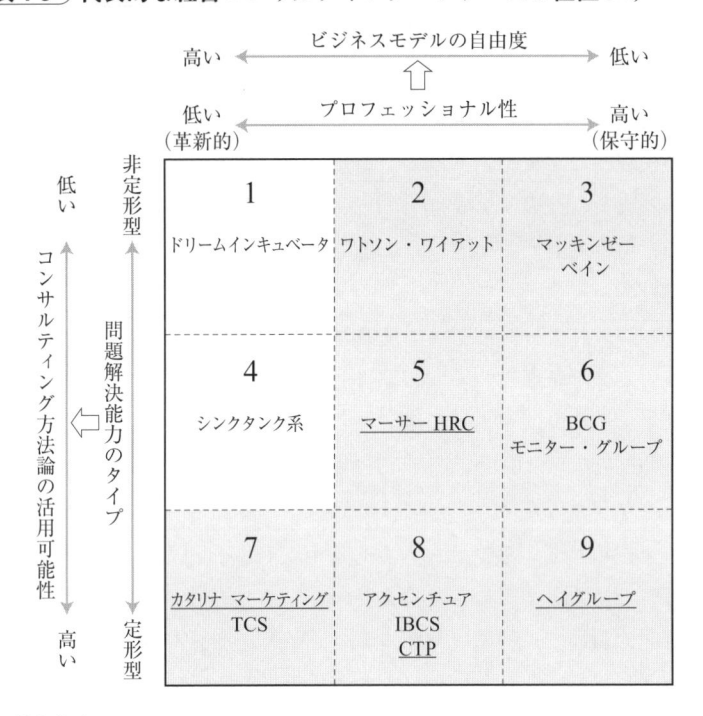

```
                    ビジネスモデルの自由度
              高い  ←――――――――――→  低い
                          ⇧
              低い    プロフェッショナル性    高い
             (革新的)                      (保守的)
    ┌─────────┬─────────────┬─────────────┬─────────────┐
    │ 非       │      1      │      2      │      3      │
 低  │ 定       │ ドリーム    │ ワトソン・  │ マッキンゼー │
 い  │ 形       │ インキュベータ│ ワイアット  │ ベイン      │
    │ 型       ├─────────────┼─────────────┼─────────────┤
 コ  │          │      4      │      5      │      6      │
 ン  │ 問       │ シンクタンク系│ マーサー HRC│ BCG         │
 サ  │ 題       │             │             │ モニター・  │
 ル  │ 解       │             │             │ グループ    │
 テ  │ 決       ├─────────────┼─────────────┼─────────────┤
 ィ  │ 能       │      7      │      8      │      9      │
 ン  │ 力       │ カタリナ    │ アクセンチュア│ ヘイグループ │
 グ  │ の       │ マーケティング│ IBCS        │             │
 方  │ タ       │ TCS         │ CTP         │             │
 法  │ イ       │             │             │             │
 論  │ プ       │             │             │             │
 の  │ 定       │             │             │             │
 活  │ 形       │             │             │             │
 用  │ 型       │             │             │             │
 可  │          │             │             │             │
 能  │          │             │             │             │
 性  │          │             │             │             │
 高  │          │             │             │             │
 い  │          │             │             │             │
    └──────────┴─────────────┴─────────────┴─────────────┘
```

出所：筆者作成。

　図中のセルで塗りつぶしがされているもの（セル2～3, 5～9）には，本研究の対象となる外資系の経営コンサルティング・ファームの中で代表的と思われるファーム名が記載されている。企業名に下線部があるものは，本研究において事例研究の対象としているファームである。

　セル1とセル4に関しては，われわれの知りうる限りにおいて，主な外資系経営コンサルティング・ファームでは該当するものが考えられなかったが，強いてあげるとすれば，セル1には，株式会社ドリームインキュベータ，セル4にはシンクタンク系のファームが該当するだろう。

　ドリームインキュベータとは，2000年6月1日に設立された日本の経営コ

ンサルティング・ファームである。元ボストンコンサルティンググループ日本法人代表の堀紘一氏が代表取締役会長に就いている。一般的な経営コンサルティング・サービスに加えて，インキュベーション事業，ベンチャーキャピタル事業をも併せて提供しているところが特徴的であり，まさに知識集約型企業の代表的な事例であろう。ただし，本研究で主として対象としている外資系の経営コンサルティング・ファームではなく，国際展開という点でも現時点では海外拠点が一つということで，本研究では直接的に取り上げることは留めたい。

セル4のシンクタンク系とは，日本の大手証券会社，メガバンクなどを親会社に持ち，大手企業グループの一員として活動を展開している経営コンサルティング・ファームである。従って，シンクタンク系のファームでは，出自という点では，プロフェッショナル性は低く，通常の事業会社の形態をとっているファームが多い。中には擬似的なパートナーシップ制度（成果報酬制度）を採用しているファームもあるが，セル1と同様に，本研究では直接的な考察の対象とすることは控えたい。

先行研究において，経営コンサルティング・ファームのグローバル戦略の成功事例として良く取り上げられるのが，セル3とセル8となる。

セル3では，グローバルな規模でのシナジー効果を追求しようとするモデルとなる。プロフェッショナル・サービスとしてのコンサルティング業を堅持し，個々のローカル・ファームの強みを土台としながらも，ローカル支社間，コンサルタント間のシナジー効果を発揮することによりクライアントに対して価値を創造しようとする。典型的には，第2世代の戦略系と呼ばれるコンサルティング・ファームが多く該当し，とりわけ第2章でも取り上げたマッキンゼーが適例としてあげられよう。

マッキンゼーは，現在（2009年12月時点），世界52カ国，93拠点，約6,000人のコンサルタントを抱え，年間にして1,600ものコンサルティング・プロジェクトを手がけている。マッキンゼーでは，その創設以来，世界中の全てのオフィスを「ワン・ファーム（One Firm）」，すなわち，一つの組織

として運営している。本社もなければ，オフィスの位置する国や規模の大小による違いもない。全てのオフィスで働くメンバーが同じ理念を共有しながら，同じ価値をクライアントに提供しようとしている。

　これを支えているのが，グローバルに1つの人事制度である。マッキンゼーのコンサルタントは，入社時から継続的に世界共通のプログラムによるトレーニングを受け，世界中のオフィスのコンサルタントが集まる合同トレーニングも頻繁に行われている。評価や昇進の仕組みも世界共通であり，主要な評価ポイントは，「クライアントにどれだけ貢献したか」という点にある。加えて，伝統的なパートナーシップ制にもとづいた組織運営を重視している。日本支社の場合には，パートナーは日本支社の役員としてではなく，マッキンゼー全社のパートナーとして選出されている。マッキンゼーは株式公開をせず，パートナーによって構成されるパートナーコミッティにより運営されている。そのため，全てのクライアントに対して，中立の立場を保ち，客観性を維持することに成功している。

　同社のグローバル・ファームとしての強みの1つが，取り組み課題やクライアントのニーズに応じて，世界中から最適なコンサルタントを集めることによるグローバルなチーム編成である。日本のクライアントを支援する場合でも，その業界における最先端の知見が海外にあれば，海外オフィスのコンサルタントがチームに参加し，豊富な情報や知見を提供する。逆に，日本支社のコンサルタントが国内で培ったさまざまな経験や知識が，海外で必要とされている場合には，海外のチームに参加する。

　セル8では，グローバルな規模でのコンサルティング方法論の共通化・共有化による便益を追求しようとするモデルとなる。その特徴は，クライアントの実質的な変革の支援サービスの提供に力点を置き，コンサルティング方法論の共通化・共有化によってローカル支社を横断した協働体制を実現し，クライアントのグローバルな規模での全体最適化を実現することで，価値を創造しようとするところにある。第3世代の旧会計事務所を母体とするファーム，IT系のファームが該当し，とりわけアクセンチュアがその適例

としてあげられよう。

　第2章で記述したように，アクセンチュアの起源は，アーサー・アンダーセンのコンサルティング部門として，1953年にゼネラル・エレクトリックに対して給与支払いシステムを導入したことに遡ることができる。その後，1989年にアンダーセン・コンサルティングとして独立し，2001年に現社名であるアクセンチュアとなった。現在（2012年8月期），世界54カ国，200カ所以上の拠点，約25万9,000名の従業員を抱える最も有名かつ大規模な多国籍経営コンサルティング・ファームの1社である。

　アクセンチュアは，1953年のコンサルティング・サービスの提供開始以来，一貫して「コンピュータをどのようにビジネスに活用するのか」という視点からコンサルティング・サービスを提供し，会計システムのようなオペレーション・システムのコンサルティングを主軸として，発展を遂げてきた。その中から生まれてきたのが，グローバルな規模でのコンサルティング方法論の共通化・共有化の重視である。アクセンチュアの主たるクライアントは，グローバルな規模での経営統合に関心がある多国籍企業である。そのため，各ローカル支社で提供するサービスレベルを一定水準の高品質に保ち，グローバルなレベルでの変革の足並みを揃える必要がある。

　そこで，開発されたのが「ビジネス・インテグレーション（BI）」と呼ばれる，企業変革のステップを示した独自のコンサルティング方法論である。これは，戦略の立案からその実施，支援までのプロセスをフレームワークとして体系化したものである。プロジェクト実行に際し，この方法論にもとづいた各フェーズ（要件定義，基本設計，詳細設計，開発，テスト，移行，導入）を実行することとしている。これは，いわばアクセンチュアの共通言語であり，世界中のアクセンチュアの社員に行き渡った考え方となっている。アクセンチュアでは，この方法論を確立させていることにより，世界中のどの国，地域における支社でも一貫性のある高水準のサービスを提供することが可能となっている。

　これらセル3，8を象徴するグローバル戦略の事例は，成功事例として取

第4章 経営コンサルティング・ファームのグローバルな競争優位　*129*

り上げられ，また対極的な事例として位置づけられている。しかし，図表4-5において示しているように，これらはグローバル戦略の成功モデルの一部に過ぎず，その他にも幾つものグローバル戦略の成功モデルについて議論することが可能である。とりわけ，本研究においては，通常あまり取り上げられることがないセル5（マーサー・ヒューマン・リソース・コンサルティング），セル9（ヘイコンサルティンググループ），セル8（CTP：ケンブリッジ・テクノロジー・パートナーズ），セル7（カタリナ マーケティング）について注目している。

　詳しくは，第5章における実証的考察の方法論，8章以降の事例研究において説明するが，マーサー日本法人とヘイ日本法人は，比較事例研究の対象として適切であると考えられる。両社は，現在，日本における外資系企業として，いずれも成功事例として位置づけられ，日本における代表的な外資系経営コンサルティング・ファームである。コンサルティング・サービスの対象領域はいずれも人事・組織を主軸にしている。日本における設立年度も同時期であり，ともに30年余りの活動実績がある。一見したところ，共通点が多いように見えるが，実際のところ，両社のグローバル戦略のあり方には大きな違いがある。

　次に，CTP及びCTP日本法人は，先ほど紹介したアクセンチュアと同じセルに所属していると考えられるが，アクセンチュアよりも一層グローバルに適用可能性の高いコンサルティング方法論を活用することで，急速に国際展開を行うことに成功した事例として位置づけられる。加えて，同社の事例は，グローバル戦略に伴う異なるビジネスモデルの統合における問題点について多くのインプリケーションを与えてくれる。

　カタリナ マーケティング及びカタリナ日本法人は，世代で言えば，第4世代に位置づけられ，知識集約型企業の先進事例である。同社は，マーケティング・サービスを提供しているが，その提供手法やビジネスモデルは，従来型の経営コンサルティング・ファームとは一線を画している。同社は，近年大きな注目を集めている「クラウド・コンピューティング」に通じるビ

ジネスモデルを構築しており，今後の知識集約型企業の方向性について考える上でも多くの示唆を得ることができると考えられる。

小結

　以上，本章では，経営コンサルティング・ファームのグローバルな競争優位とは何かということについて考察し，経営コンサルティング・ファームのグローバル戦略の類型化の提示を行った。

　最初に，プロフェッショナル・サービスに適した競争優位の概念として「問題解決能力」という代替的な概念を提示し，問題解決能力のタイプとして，「非定形型問題解決能力」と「定形型問題解決能力」という大きく2つのタイプに分けられることを示した。次に，この問題解決能力のタイプにもとづいて，ローカルな競争優位（基本的なビジネスモデル）がどのように規定されるのかという点について考察した。その上で，「グローバル性」がもたらすものとして，間接的な効果（評判効果）と直接的な効果について考察し，とりわけ後者の直接的な効果を得るためのグローバル戦略を類型化するために，問題解決能力のタイプ（コンサルティング方法論の活用可能性），プロフェッショナル性（ビジネスモデルの自由度）を縦横2軸にとったマトリックスを提示した。更に，そのマトリックスをより詳細に分けることで，グローバル戦略の類型として，9つのセルが理論上は考えられることを提示した。

　以降，第Ⅱ部においては，「実証編」として，本章において提示したグローバル戦略の類型化にもとづいて，実証的考察を行っていく。第5章においては，その方法論についての考察を行い，量的調査としてのアンケート調査の方法や概要について，質的調査としての事例研究の方法論や事例研究の対象，分析フレームワークについて提示する。第6章において，アンケート調査の記述統計による分析を行っていく。第7章では，グローバル戦略を実際に遂行するための仕組みとして「協働メカニズム」について理解，特定化

するために，統計的な分析を行う。第8章～第10章では，合計4社の経営コンサルティング・ファームを対象にした事例研究を展開する。

第2部

実証編

第5章

実証的考察の方法論

はじめに

　第1章から第4章まで，第Ⅰ部として「理論編」ということで，主として，経営コンサルティング・ファームのグローバル戦略に関する理論的な考察を行ってきた。本章以降，第Ⅱ部，第5章から第10章においては，「実証編」として，量的調査，質的調査にもとづいた実証的考察を行っていく。

　本章の目的は，第Ⅱ部の最初の章として，その一連の実証的考察における方法論について説明することにある。本章の内容は，以下の通りである。第1節では，われわれが実施した量的調査であるアンケート調査の目的と概要について説明する。リサーチデザインからみたアンケート調査の目的，アンケート調査の対象選定方法，調査票の設計に関する説明を行う。第2節では，アンケート調査の方法とアンケート調査結果の概要について説明する。調査方法と回収状況について説明し，データセットに内在する問題について考察する。第3節では，事例研究の目的と分析フレームワークについて説明する。事例研究の目的と方法，そして事例分析のためのフレームワークとしてわれわれが採用したビジネスモデル分析，及び第4章にて提示したグローバル戦略の類型化にもとづいた分析フレームワークについて説明する。第4節では，事例研究の方法と対象について説明する。事例研究の方法として行ったインタビュー調査の手法，事例研究の対象の選定基準について説明を行う。最後に小結として，本章の要約を行い，次章以降の展開についての導入を行う。

5.1 アンケート調査の目的と概要

5.1.1 アンケート調査の目的

　アンケート調査の目的は，リサーチデザインの関係から大きく2つに分けられる。第1に，第Ⅰ部で考察してきた論点について，実証的な考察を行うための数量的データを入手することである。知識集約型企業，特に，経営コンサルティング・ファームに関しては，入手できる情報が非常に限られている。守秘義務による制約から顧客情報はもとより，その事業活動の実態に関する情報に関して，基本的には公開されていない[1]。そこで，経営コンサルティング・ファームのグローバル戦略についての実態を把握するためにアンケート調査を計画した。その目的は，「多国籍企業としてとらえることができる経営コンサルティング・ファーム，外資系経営コンサルティング・ファームがローカル市場である日本市場において，どのようにしてグローバル性にもとづく競争優位を構築しているのか」という点に関して洞察を得ることにあった。

　第2に，質的調査につなげるための間接的なデータを入手すること及び調査対象と協力的な関係を構築することである。われわれは，その具体的な研究対象を日本における外資系経営コンサルティング・ファームに焦点を絞っている。しかし，量的調査と同様に，質的調査，事例研究を実施する上で入手できる情報も非常に限られている。入手できる情報の多くは，ジャーナリスティックな観点から経営コンサルティング・ファーム，経営コンサルタントをとらえたものが多い（e.g., Sveiby and Lloyd, 1987; O'shea and Madigan, 1997; Pinault, 2000）。これらの情報は，事例研究における文脈的理解

---

[1] 現在，アンケート調査設計段階の2003年当時と比べると，各社ウェブサイトの充実，株式公開企業の誕生など，より多くの情報を入手できるようになった。しかし，統計手法を用いた分析に利用できるデータ，情報という点では，現在（2013年2月）においても不十分である。

を深めるためには有用である。しかし、既存の文献は、著者が匿名となっている場合も多く、記載内容が事実であるかどうかについての裏づけをとったり、その追跡調査を実施したりすることは困難である。そこで、リサーチデザインの段階から、質的調査につなげるための間接的なデータの入手（探索的発見事実）、アンケート調査回答者へのインタビュー調査への糸口を手に入れることをアンケート調査に期待した。その結果、アンケート調査の回答者、多くの場合は日本法人の代表取締役の方々に補完的なインタビュー調査を実施することができたのである。

5.1.2　アンケート調査の対象

アンケート調査対象の選定にあたっては、『外資系企業総覧2003』（東洋経済新報社）を主として参考とした。同資料には、①主要企業として、原則として資本金5,000万円以上でかつ外資の比率が49％以上の企業（ただし、株式公開企業や主要企業についてはこの基準以外も含める）、②主要企業以外で、基本的に資本金に関係なく外資比率20％以上の企業、が収録されている。同資料において、「コンサルティング業」にカテゴライズされている企業は90社ある。そのうち、法律業務など明らかに本研究において想定しているコンサルティング業務に該当しないと考えられる企業については、対象から除外した。その他、同資料には掲載されていないが、外資系経営コンサルティング・ファームとグループ関係にある企業、「ソフトウェア・ベンダー（以下ベンダーと略記する）」「SI（System Integrator）」「SIPS（Strategic Internet Professional Service）」といった関連業種も対象に加えた。

これらの企業、業種を加えた理由は大きく2つある。第1に漏れの問題である。われわれが準拠した同資料は、代替できる資料が少ないことから、貴重な情報源の1つである。しかし、同資料における業種の区分については、「同資料の編集部の調査・取材の上、編集部で判断されている」とあり、主観性や恣意性の入る余地がある。われわれが確認したところ、日本において一般的に外資系経営コンサルティング・ファームとして認知されている企業

の幾つかがカテゴリーから漏れていることがわかった。

　第2に，業種の線引きの曖昧性である。これまでの考察の中でも，度々言及してきたが，そもそも経営コンサルティング業は，他のプロフェッショナル・サービス業との関連性が高く親和性に富んでいる。クライアントのニーズや社会状況の変化，経営知識の流行，模倣が比較的容易など，提供するサービスの幅，種類には柔軟な対応が求められる。加えて，異業種からの参入の増加である。調査の設計段階（2003年当時）においても，ベンダー企業による戦略系経営コンサルティング・ファームの買収，大手会計事務所のコンサルティング部門の分離・独立等により，コンサルティング業を取り巻く環境は大きく変化していた。そのため，他の業種との境界線が非常に曖昧となり，加えてそうした新規参入者が，一躍大手経営コンサルティング・ファームとして認知されるようになった。

　こうした理由から，最終的には調査対象企業の総数は121社となり，日本において活躍している外資系企業をできるだけカバーすることを試みた。

5.1.3　調査票の設計

　調査票については，先行研究のレビュー及びパイロット調査の成果を参考にして設計を行った。調査票の主な項目及び内容については，図表5-1の通りとなる。調査票の原本自体は，本書末尾の資料を参照されたい。

5.2　アンケート調査の方法と結果の概要

5.2.1　調査方法と回収状況

　調査方法は，郵送調査を採用し，上記の121社を対象に調査票を送付した（図表5-2参照）。調査票の回収は，郵送時に同封した返信用封筒，あるいはファックスによる返信により行った。調査は，2回に分けて実施を行った。第1回目は，2003年9月24日に調査票を発送し，10月10日を回収期限とした。葉書を用いた調査への協力依頼を2回郵送した後，第2回目は，第1回

図表5-1 調査票の項目及び内容

項　　目	内　　容
①フェースシート	企業名,設立年度,企業規模,経営形態,収益基調,業績など
②コンサルティング・サービス	主力サービス分野,サービス提供領域,コンサルティング・サービスの特色など
③マネジメント全般の特徴	行動規範,コントロールシステム,人事制度,マーケットポジションなど
④オペレーションの現状	戦略的課題,オペレーションの範囲,本社・他支社との関係など
⑤グローバルな競争優位	競争優位の源泉,グローバル戦略の施策,協働(コラボレーション)メカニズムなど
⑥日本のコンサルティング市場	市場・競争環境についての認識,将来展望など

図表5-2 調査方法と回収状況

調査対象	日本における外資系コンサルティング・ファーム		
	121	90	『外資系企業総覧2003』よりサンプリング
		31	グループ企業,ベンダー企業,SIPS企業等
調査方法	郵送調査	郵送により調査票を配布し,同封の返信用封筒,あるいはファックスによる返信により調査票を回収した。	
調査時点	第1回	発送 2003年 9月24日　回収 2003年10月10日	
	第2回(再送)	発送 2003年10月29日　回収 2003年11月17日	

発送数	121
有効発送数	121
回答数(回収率)	40 (33.1%)
有効回答数(回収率)	26 (21.5%)

時点にて,回答を頂けなかった企業に対して,再度調査へのご協力をお願いするということで,調査票の再送を行った。その結果,発送数は,121件となり,宛先不明で返送されてきたものはなかった。従って,有効発送数も,121件となった。回答数は40件,回収率は33.1%となった。有効回答数は,回答困難等の理由により14件を除いた26件,有効回収率は,21.5%となっ

た。

　回答困難等の理由とは，①全社的な規定により財務データ等に関しては公表できない，②全社的な規定によりアンケート調査一般に協力できない，③アンケート調査の内容と事業内容とが合致しない，であった。①，②に関しては，アンケート対象企業がプロフェッショナル・サービス・ファームとしての守秘義務による制約を受けていることが大きい。③については，コンサルティング・サービスを提供していることを想定して設計した調査票の項目と回答者の事業内容に乖離点が多いため，回答が難しいという理由であった。

　また，補完的な定性的調査の実施（主に，2004年10月〜2005年3月）により，2003年11月時点ではご回答いただけなかった企業3社より，アンケート調査へのご協力を賜っている。従って，有効回答率は，24％（29社）となっている。ただし，これらの調査票については，調査実施から数年が経過していることもあり，定性的調査に役立てる目的で利用することとした。

5.2.2　データセットに内在する問題

　このようにして得られたデータセットにもとづいて，以下分析を行うのだが，データセットに内在する問題として，次の3点が考えられる。

　第1に，「選択のバイアス」である。上述のように，調査対象企業については，日本における外資系経営コンサルティング・ファームを概ねカバーできるよう試みた。しかし，そもそも，日本における外資系経営コンサルティング・ファームには，「成功している」という点において，当初からある程度のバイアスがかかってしまう。まず，外資系企業一般に言えることであるが，利益責任，採算性については，厳密な管理がなされている。計画通りに黒字を達成できなければ撤退することもままある。とりわけ，経営コンサルティング・ファームのように，コンサルタントという「ヒト」が最も重要な経営資源である場合，設備投資という点でのサンクコストは製造業，他のサービス業と比べると相対的に非常に小規模となる。「利益を出せない」と

なれば，すぐにでも日本市場から撤退することは容易である。従って，日本においてある程度の活動期間を経過している場合には，業績には問題がない経営状態にあると推察できる。加えて，多くの場合，いわゆる「ノルマ」的な課題，利益率についての目標設定をクリアしているケースが多いと考えられる。これは，アンケート調査を設計するために行ったパイロット調査でも確認できている。

第2に，「サンプル数の問題」である。今回のデータセットは，有効回答数26件，有効回収率21.5％という結果となった。回収率については，他の社会科学系の調査と比べてもそれほど低い数値ではないと考えられる。問題は，26件というサンプル数の少なさである。従って，統計的に適切な検証が十分に可能であるとは言い切れない。

第3に，「サンプル自体の偏り」である。結論の先取りになるが，集計結果から，IT関連のコンサルティング・サービスを提供している企業が回答企業に多く含まれていた。これらの企業は，第4章でみてきたように，第3世代，もしくは第4世代の企業群に含まれ，プロフェッショナル・サービスとしての性質がやや希薄，あるいは全く出自が異なる場合も想定される。

ただし，これらの問題点については，リサーチデザインの段階から考慮に入れていた。すなわち，本研究では，可能な限り「トライアンギュレーション（triangulation）」を試みる，単一のプロジェクトで異なる手法やデータタイプが複合的に用いられることによって研究の精度を高める（Punch, 1998, 邦訳, p.259）という観点から量的調査を位置づけている。

5.3 事例研究の目的と分析フレームワーク

5.3.1 事例研究の目的

次に，事例研究の目的と分析手法について説明していきたい。まず，本稿における事例研究の目的は，事例研究一般の目的でもある「その事例について深く理解し，そのままの状況においてその複雑性や文脈を理解することを

目的とする。それはまた，全体的な視点をもち，その事例の全体性と固有性を理解し，重視する目的がある」(Punch, 1998, 邦訳, p.203) に準拠している。本研究の目的に照らし合わせれば，「経営コンサルティング・ファームのグローバル戦略とは何かについて理解すること」であり，「経営コンサルティング・ファームのグローバル戦略のあり方について理解すること」である。とりわけ，量的調査では把握することが難しい，「なぜ（なぜ，特定のグローバル戦略のあり方が選択されるのか）」，「どのように（どのようにして，特定のグローバル戦略の遂行が可能になるのか）」について理解することにある。加えて，事例研究を通して，「知識集約型企業のグローバル戦略への知見や洞察を得ること」にある。

本稿においては，「比較事例研究」[2]と「説明的事例研究」という方法を併用することにした。「比較事例研究」にあたっては，経営コンサルティング・ファームのグローバル戦略のあり方を決める要因として「ビジネスモデル」に注目し，ビジネスモデルとグローバル戦略との関係性について理解を深めることを目的とした。説明的事例研究においては，選択されたグローバル戦略の特徴，要件，長所，短所といった点について説明し，かつ知識集約型企業のグローバル戦略についての一般化可能性について探求することを目的とした。

5.3.2　ビジネスモデル分析

比較事例研究の分析フレームワークとしては，「ビジネスモデル分析」を採用することとした。ビジネスモデルの概念は，論者によって多様な使われ方がなされており，一般的な同意が得られているとは言えない状況にある (Hedman and Kalling, 2003; Morris, Schindehutte and Allen, 2005; Shafer,

---

[2]　比較事例研究とは，「多元的事例研究」とも呼ばれ，「集合的な事例研究手段としての事例研究が，幾つかの事例をカバーし，現象や集団，あるいは一般的な性質についてより理解するために拡張される。」(Punch, 1998, 邦訳, p.204)

Smith and Linder, 2005)[3]。Porter（2000）は，ビジネスモデルという概念の持つ曖昧さについて，「不明確かつ表面的，理論的な背景がない」と厳しく批判している。

　このような批判を生む原因となったのは，ビジネスモデルという概念が登場してきた背景が影響を与えていると考えられる。ビジネスモデルという概念が注目されるようになったのは，ここ10年余りのことであり，「ニューエコノミー」という概念の登場と時期を同じくしている（Morris *et al.*, 2005）。当時，ニューエコノミー論の台頭とともに，1990年代後半に，米国市場を中心にインターネット関連企業が多数設立され，ドットコム企業と呼ばれるIT関連ベンチャーが多く設立された。これらIT関連企業においては，現在の収益よりも将来見込まれる収益に注目が集まった。その結果，これらの企業の収益構造を支えているビジネスのデザインがビジネスモデルとして注目を集めるようになった。ビジネスモデルに関する初期の研究の多くは，このIT関連企業の収益構造に焦点を合わせた狭義のビジネスモデルについて研究であった（e.g., Morris *et al.*, 2005）。

　加えて，これらのIT関連企業の収益構造を支えているビジネスのデザインがビジネスモデル特許（business method patents）として知的所有権の対象とされた。実際には，ビジネスモデル特許の概念とビジネスモデルの概念とは異なったものである（Rivette and Kline, 1999）。ところが，これらの概念が混同され，とりわけ日本においては同一の概念として取り扱われた結果，多くの誤解を生んだものと考えられる。

3）　ただし，現時点（2013年）においては，われわれが先行研究のレビューを行った時期と比べると，はるかにビジネスモデルの概念が一般化され，その構成要素についても共通認識が生まれており，更には，ビジネスモデルそのものよりも，「ビジネスモデルイノベーション」へと関心が移行してきている。例えば，Johnson（2010）による『ホワイトスペース戦略』，Osterwalder and Pigneur（2010）による『ビジネスモデル・ジェネレーション』では，実用的なビジネスモデル分析のためのフレームワークが提示されているだけではなく，ビジネスモデルイノベーションのための手法について考察が展開されている。

このように，ビジネスモデルという概念は，狭義にかつ曖昧な概念として用いられてきたのだが，近年になって，ビジネスモデルの概念の見直しがなされるようになってきた。その背景には，2000年におこった日米インターネットバブルの崩壊がある。この崩壊を契機に，IT関連企業の選択淘汰が進んだ。現在，米国においても日本においても，IT関連企業として生存し続けている企業においては，画餅としてのビジネスモデルではなく，現実に収益を生み出す構造としてのビジネスモデルを確立するようになってきた（湯川, 2004）。そうして，現在では，インターネット関連企業を超えて，広く一般の企業に対してもビジネスモデルという概念が用いられるようになってきたのである（e.g., 國領, 2001; 安室, 2003）。

　現在，ビジネスモデルの概念とは，端的に言えば「利益を稼ぎ出す枠組み」（Afuah, 2003）を意味し，ビジネスモデルの概念としての有用性は，戦略の可視化という点，戦略策定における分析フレームワークとして活用できる点にあることが指摘されるようになってきた（Hedman and Kalling, 2003; Morris et al., 2005; Shafer et al., 2005）。例えば，Afuah（2003）は，ビジネスモデルとは，「所定の産業において，企業が自らの資源を用いて，活動を行い，より優れた顧客価値（ローコスト，あるいは差別化された商品）を創造し，価値を専有するためのポジショニングをとるために，どの（which）活動を，どのように（how），いつ（when）遂行するのかについての一連の枠組みである」と規定している。ビジネスモデルという概念を用いることによって，戦略策定という問題について分析，テスト，評価を事前的に促進することが可能になるのである（Shafer et al., 2005）。

　こうして，ビジネスモデルの概念が広く用いられるようになったことを受けて，近年，これまでに定義されたビジネスモデルの概念を整理し，ビジネスモデルの概念の構成要素について特定化しようとする研究が登場してきた（e.g., Hedman and Kalling, 2003; Morris et al., 2005; Shafer et al., 2005）。われわれは，これらの研究を比較検討し，分析フレームワークとしての有用

性について考察を行った[4]。その結果，われわれは，Morris et al. (2005) の研究を本稿における分析フレームワークとして採用した。その主たる理由は，彼らの研究が最も広範な先行研究のレビューにもとづいていること，実証的考察に耐えうる分析フレームワークを提示していることによる。

　Morris et al. (2005) の問題意識は，アントレプレナーシップにおける理論の開発を促進することにあり，ビジネスモデルの分析単位としての有用性に注目している。そこで，彼らは，ビジネスモデルとは，「ベンチャーの戦略，アーキテクチャー，経済の領域における一連の相互関係にある決定変数が，規定の市場において，持続的競争優位を創造するために，どのように取り扱われるのかについて簡潔に表現したものである」と定義し，ビジネスモデルを分析するための統合的な分析フレームワークを開発した。この分析フレームワークは，3つの分析レベルと6つの構成要素から構成されている（図表5-3参照）。

　まず，3つの分析レベルとは，基礎（foundation），専有（proprietary），規則（rules）であり，基礎，専有，規則レベルに移行するに従って企業の意思決定の特殊性が増大する。

　基礎レベルは，どういったビジネスを行うのか（行わないのか）といった包括的な意思決定を取り扱う。ビジネスモデルの各構成要素の基本的な特徴を決定すること，かつ構成要素間の内的一貫性を形成することが必要とな

[4) われわれが検討した基準は，第1に分析対象としている研究数，第2の構成要素の抽出方法，第3に分析フレームワークとしての有用性である。Hedman and Kalling (2003) は，他の2つの研究よりも執筆時期が若干古いこともあり，分析対象としている研究数が8編と最も少なかったため除外した。Shafer et al. (2005) は，12編の研究を分析対象としていた。構成要素を抽出する際の方法論だけをみると，アフィニティ・ダイアグラムを採用するなど，最も洗練された分析手法を採用していた。しかし，抽出された構成要素の抽象度が高く，実証的考察に耐えうる分析フレームワークという点において不十分であると判断した。Morris et al. (2005) は，分析対象としている研究数が19編と最も多かった。構成要素の抽出に関しては，既存の戦略論のレビューにもとづいた構成要素の補完的考察を十分に行っていた。かつ記述的分析に利用できる統合的フレームワークを提示していた。以上のことから総合して，Morris et al. (2005) の研究を，本稿における分析フレームワークとして採用した次第である。

図表5-3 ビジネスモデルの分析フレームワーク

		分析レベル		
		基礎	専有	規則
ビジネスモデルの構成要素	構成要素1：顧客への提供価値	どういったビジネスを行うのか（行わないのか）といった包括的な意思決定	持続的競争優位の源泉となる独自性のある構成要素を創造する戦略的な意思決定	基礎，専有レベルにおいて決定された構成要素を実際に機能させるための制度化に関する意思決定
	構成要素2：市場要因			
	構成要素3：内部ケイパビリティ			
	構成要素4：競争戦略要因			
	構成要素5：経済要因			
	構成要素6：成長志向			

出所：Morris *et al.*（2005）から筆者作成。

る。基礎レベルでは，企業，ビジネス間のビジネスモデルの一般的な比較や，普遍的なモデルを特定化することが可能となる。

専有レベルは，持続的競争優位の源泉となる独自性のある構成要素を創造する戦略的な意思決定を取り扱う。基礎レベルにおいて決定された各構成要素の基本的な特徴を，競合他社と差異化された独自性のあるものへと特定化することが必要となる。専有レベルでは，基礎レベルとは異なり，独自性のある構成要素，更にそれらの構成要素間の相互作用により，ビジネスモデルを模倣することは非常に困難となる。

規則レベルは，基礎，専有レベルにおいて決定された構成要素を実際に機能させるための制度化に関する意思決定を取り扱う。基礎，専有レベルにおいて決定された構成要素を，実際的な行動指針，業務規定として明示化することが必要となる。規則レベルでは，ビジネスモデルを現実の戦略的行動に反映させるための行動セットが示される。

次に，6つの構成要素とは，顧客への提供価値，市場要因，内部ケイパビリティ，競争戦略要因，経済要因，成長志向である（図表5-4参照）。

構成要素1は，顧客への提供価値（value proposition）に関する要因であり，顧客に対してどのような価値を創造しているのかという問題に関する意

図表5-4　ビジネスモデルの6つの構成要素

構成要素	項　　目
構成要素1： 顧客への提供価値	どのような価値を創造しているのか ・主要な製品/主要なサービス/それらのミックス ・標準化の程度（標準的⇔カスタマイズ） ・製品サービスのライン（狭い⇔広い，浅い⇔深い） ・製品へのアクセス（製品自体/他社製品へのバンドル） ・自社生産/自社によるサービスの提供/アウトソーシング/ライセンシング/再販/付加価値をつけた再販 ・直販/間接的な流通（シングル・チャネル/マルチ・チャネル）
構成要素2： 市場要因	誰のために価値を創造するのか ・市場構造（B to B/B to C/両方） ・市場範囲（地域/全国/国際） ・価値連鎖における顧客の位置づけ（上流のサプライヤー/下流のサプライヤー/政府官公庁/公共団体/卸売業者・問屋/小売業者/サービス・プロバイダー/最終消費者 ・ターゲット（幅の広い一般市場/複数セグメント/ニッチ市場） ・顧客との関係（取引/関係重視）
構成要素3： 内部ケイパビリティ	競争優位の源泉は何か ・生産/オペレーティングシステム ・販売/マーケティング ・情報マネジメント/マイニング/パッケージング ・技術/研究開発/創造的あるいは革新的なケイパビリティ/知的さ ・金融取引/裁定取引 ・サプライチェーンマネジメント ・ネットワーキング/資源のレバレッジ
構成要素4： 競争戦略要因	どのような競争的ポジショニングをとっているのか ・オペレーション上の卓越したイメージ/一貫性/信頼性/スピード ・製品，サービスの品質/選択/外見/入手可能性 ・イノベーション・リーダーシップ ・ローコスト/効率性 ・親密な顧客関係/経験
構成要素5： 経済要因	どうやって利益をあげているのか ・価格付けと収益の源泉（固定/混合/流動） ・事業資産の稼働状況（高い/中程度/低い） ・ボリューム（高い/中程度/低い） ・マージン（高い/中程度/低い）

構成要素6：成長志向	どのような成長を志向しているのか ・自給自足モデル ・収益重視モデル ・成長モデル ・投機モデル

出所：Morris *et al.*（2005）を修正して筆者作成。

思決定である。自社が顧客へ提供している主要な製品・サービスについて，製品・サービスそのものの規定，製品とサービスの構成比率，標準化の程度，製品・サービスのライン，生産方法，流通手段についての一連の意思決定を意味する。

　構成要素2は，市場に関する要因であり，誰のために価値を創造しているのかという問題に関する意思決定である。市場構造，市場範囲，価値連鎖における顧客の位置づけ，ターゲット市場，顧客との関係についての一連の意思決定を意味する。

　構成要素3は，内部ケイパビリティに関する要因であり，競争優位の源泉とは何かという問題に関する意思決定である。生産やオペレーティングシステムの開発，販売・マーケティング方法の確立，技術・研究開発といった自社のコア・コンピタンスを開発，強化し，外的な価値連鎖における自社の位置づけを強固なものとする一方で，内的な価値連鎖のための焦点を定めることについての一連の意思決定を意味する。コア・コンピタンスは，ビジネスモデルの中心的な位置づけを占める。

　構成要素4は，競争戦略に関する要因であり，どのような競争的ポジショニングをとっているのかという問題に関する意思決定である。オペレーション上の卓越したイメージ，製品，サービスの品質，効率性といった業界内での独自性のあるポジショニングについての一連の意思決定を意味する。

　構成要素5は，経済に関する要因であり，どうやって利益をあげているのかという問題に関する意思決定である。事業資産の稼働状況，収益の源泉のあり方，ボリューム，マージンの程度についての一連の意思決定を意味する。経済要因を規定することは，自社が利益をあげるための一貫性のある論

理を提供する。

　構成要素6は，成長志向に関する要因であり，どのような成長を志向しているのかに関する意思決定である。自給自足モデルを志向する場合には，生存し続けることが目標となる。収益重視モデルを志向する場合には，継続的で安定した収益の流れを生み出すことが目標となる。成長モデルを志向する場合には，大規模な初期投資だけでなく，継続的な投資により企業規模の拡大を狙いキャピタルゲインを生み出すことが目標となる。投機モデルを志向する場合には，事業の高い潜在性を示し，事業を売却することが目標となる。

　以上の統合的フレームワークを実際に適用して分析した事例が，図表5-5のサウスウェスト航空のビジネスモデルである。サウスウエスト航空は，成功しているビジネスモデルの事例として頻繁に取り上げられている。サウスウエスト航空のビジネスモデルは，30年間にわたって，同社の成長を支えてきた。そして，現在では，多くの競合他社がサウスウエスト航空のビジネスモデルを全体的あるいは部分的に複製しようとしている。しかし，それらの競合他社のいずれも，サウスウエスト航空に比肩出来るだけの成功を実現させてはいない。

　その理由は，基礎，専有，規則レベルと分析レベルを移行させてビジネスモデルを分析することで理解できる。基礎レベルにおいては，何を企業が行うのかということについて意思決定することに焦点が合わせられている。従って，図表5-4に示した構成要素についての基本的な意思決定の項目について規定することに焦点が合わせられる。基礎レベルにおいては，競合他社は，サウスウエスト航空のビジネスモデルを模倣，複製することは容易に行うことができる。しかし，専有レベルでは，サウスウエスト航空がいかに競合他社と差別化された独自性ある意思決定を行っているのかということが反映されており，競合他社によって，このビジネスモデルを模倣することは非常に難しいことがわかる。サウスウエスト航空のコア・コンピタンスは，独自のオペレーティングシステムにもとづいている。このオペレーティングシステムは，従業員のポリシー，空港とルートの選択，コード・シェアリング

第5章　実証的考察の方法論　149

図表5-5　サウスウエスト航空のビジネスモデル

	基礎レベル	専有レベル	規則レベル
構成要素1：提供価値	販売サービスのみ 標準化されたサービス 狭い・浅いサービスライン サービス自体を販売 内部サービスのデリバリー 直接販売	短距離輸送，低運賃，高頻度，P2Pサービス 楽しさを提供する 飲物/スナックだけを出す 指定席無し/ファーストクラス無し 旅行代理店/仲介業者を利用しない 完全に払戻可能な運賃，前払いなし 購入所要量	片道運賃の最高額が〇〇ドルを超えない 乗客1人当たりの食事のコストを〇〇ドル以下に抑える
構成要素2：市場要因	B2CとB2B（個々の旅行者と法人の旅行部門） 全国 小売 幅広いマーケット 取引的関係	管理された発展（地域航空から30の州における59の空港） 根底にあるオペレーティング・モデルと適合していることにもとづき，都市を注意深く選定する	サービスを提供する都市の選定のための特殊なガイドライン ローカル市場の85％の浸透率
構成要素3：内部ケイパビリティ	生産/オペレーティングシステム	条件に見合った従業員を非常に選択的に雇用する；現場の従業員を非常に重視する ハブ・アンド・スポーク方式のルート・システムで操業を行わない 小さな都市の混雑していない空港，大都市のあまり混雑していない空港へ乗り入れる 革新的な地上業務 ボーイング737を使用 独立した旅客手荷物処理システム 他の航空会社とコード・シェアリングを行わない	少なくとも空港から一日20便 最大の運行距離が〇〇マイル以下 最高の飛行所要時間が〇〇分以下 折り返し準備時間が20分あるいはそれ以下

構成要素4： 競争戦略要因	オペレーションの卓越したイメージ/一貫性/信頼性	到着予定時刻の厳守と低運賃，乗客に楽しい時間を過ごしてもらう（楽しみの精神）ことで，差異化を達成している 愛で構築された航空会社	業界で最高のオンタイム・レコードを達成
構成要素5： 経済要因	固定的収益源，高い事業資産の稼働状況 ハイボリュームローマージン	短距離輸送ルート，頻繁な発着が，低運賃と内部の効率性と一貫して結びつくことによって，業界のトレンドは関係なく年間を通じた収益性をもたらしている	旅客マイル当たりのコストを〇〇ドル以下に維持する
構成要素6： 成長志向	成長モデル	ビジネスモデルと整合性がとれた成長の機会を重視する	管理された成長率

出所：Morris *et al.*（2005, p.731）より筆者作成。

は行わない，独立した旅客手荷物処理システムの採用，航空機の標準化といったことから構成されている。そして，このオペレーティングシステムは，サウスウエスト航空のユニークな顧客への提供価値（短距離輸送，低運賃，時間通りに到着する「楽しい」直行便）を可能にしているのである。しかも，規則レベルにおける数多くの業務規定により，経営陣がビジネスモデルと矛盾する戦略的，戦術的な行動をとってしまう危険性を回避しているのである。最高運賃，折り返し準備時間に関するルールは，経営行動の適切な方向を効果的に画定する。一方で，企業の戦略的意図が従業員のマインドに浸透するのを高めるのである。

　以上が，Morris他のビジネスモデル分析のフレームワークに関する説明となる。ただし，インタビュー調査において，規則レベルにまで踏み込んだ数値データを得ることが難しかったため，本書における分析は，基礎，専有レベルにおける記述的分析に留まっている。

図表5-6 類型化分析のフレームワーク

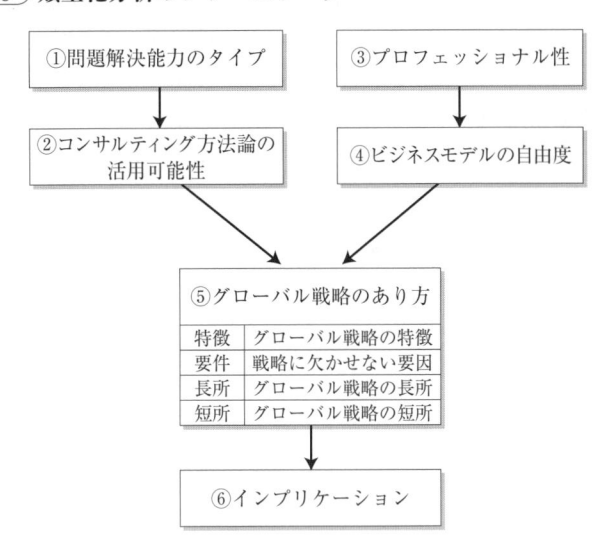

```
①問題解決能力のタイプ          ③プロフェッショナル性
        ↓                            ↓
②コンサルティング方法論の        ④ビジネスモデルの自由度
    活用可能性
        ↓                            ↓
            ⑤グローバル戦略のあり方
            ┌──┬─────────────┐
            │特徴│グローバル戦略の特徴│
            │要件│戦略に欠かせない要因│
            │長所│グローバル戦略の長所│
            │短所│グローバル戦略の短所│
            └──┴─────────────┘
                       ↓
              ⑥インプリケーション
```

出所：筆者作成。

5.3.3　類型化分析

　次に，説明的事例研究の分析フレームワークには，第4章において提示したグローバル戦略の類型化を活用し，その軸にそった分析（類型化分析）を行う（図表5-6参照）。分析は，①問題解決能力のタイプ→②コンサルティング方法論の活用可能性→③プロフェッショナル性→④ビジネスモデルの自由度→⑤グローバル戦略のあり方（特徴/要件/長所/短所）→⑥インプリケーション，という一連の流れに沿って行っていく。

　注意すべきは，「③プロフェッショナル性」の程度（低い⇔高い）であるが，これは，「伝統的なプロフェッショナル・サービス・ファーム」を想定した場合に，どれだけそこから乖離しているかを意味している（革新的⇔保守的）。その判別のポイントは，「出自（そもそも小規模なプロフェッショナル・サービス・ファームとして設立されたのか）」，「ガバナンスの特徴（パー

トナーシップ制を採用しているか)」、「事業形態（株式公開しているか否か)」といったことを総合的に判断することにある。例えば，通常の事業会社として設立，運営され，株式公開している場合には，「プロフェッショナル性」は「低い」ということになる。従って，「プロフェッショナル性」が「低い」ことは，「プロフェッショナル・サービスを提供していない」「プロフェッショナル・サービスの質が低い」いったネガティブな意味を表している訳ではなく，むしろ「革新的」でさえあることを意味する。

また，「ビジネスモデル」の概念に関しては，先ほど説明した「ビジネスモデル分析」において示した概念と同一のものであり，特に断りのない限りは，構成要素（①～⑥）を含んだ概念を意味する。ただし，「経済要因」の構成要素については，「どのようにして収益をあげているのか」という点に注目した下位概念として「課金システム」という概念を別途用いることにする。

5.4 事例研究の方法と対象

5.4.1 事例研究の方法

事例研究に必要な定性的データの収集に関しては，主としてインタビュー調査を採用した。インタビューの方法論は，文献研究，アンケート調査の成果（西井，2004a）を踏まえて，半構造化インタビューとして質問項目を設定した。調査対象は，日本に支社，子会社を設置している外資系経営コンサルティング・ファームである。調査対象の選定にあたっては，上述したように，アンケート調査の回答企業（アンケート調査回答企業への追跡調査として実施；2004年11月～2005年3月）を中心に行った。その結果，18社（延べ26社）に対してインタビュー調査を実施することができた。

5.4.2 事例研究の対象

最終的に，本稿において事例研究の対象として取り上げたのは，次の4社，①株式会社ヘイコンサルティンググループ（ヘイ日本法人），②マーサー・

ヒューマン・リソース・コンサルティング株式会社(マーサー日本法人),③ケンブリッジ・テクノロジー・パートナーズ株式会社(CTP日本法人),④カタリナ マーケティング ジャパン株式会社(カタリナ日本法人)である[5]。事例研究の対象選定の基準としては,以下の3点に注目した。(1)第4章において示したグローバル戦略の類型化のフレームワーク内において異なるポジションをとること(図表5-7参照),(2)比較事例研究が可能であること,(3)(各セルの)代表的事例かつ知識集約型企業について考察する上でのインプリケーションが豊富にあることである。

(1) フレームワーク内における分類

第4章においても若干考察したが,経営コンサルティング・ファームのグローバル戦略として,典型的に取り上げられるのが,セル3のマッキンゼー,セル8のアクセンチュアである。確かに,両社はグローバル戦略の成功モデルとして位置づけることができるだろう。しかし,われわれの考察からは,その他にも幾つものグローバル戦略の成功モデルが成立する可能性が考えられる。われわれが,事例研究の対象として選定した4社は,いずれも異なるセルに位置づけられると考えられる。

(2) 比較事例研究の対象

比較事例研究については,次の3点について考慮した。第1に,日本における活動期間がある程度の長期間にわたっていること,第2に提供しているコンサルティング・サービスの専門性が同じカテゴリーに属すること,第3に情報公開にあたっての協力が得られることである。検討の結果,セル5に位置づけられるマーサー日本法人とセル9に位置づけられるヘイ日本法人を比較事例研究の対象として選定した。

---

[5] なお,この4社については,事例研究にあたって適宜追跡調査を実施している。最新のインタビュー調査は,2013年2月に実施しておりその内容も反映されている。

図表5-7 事例研究の対象企業の分類

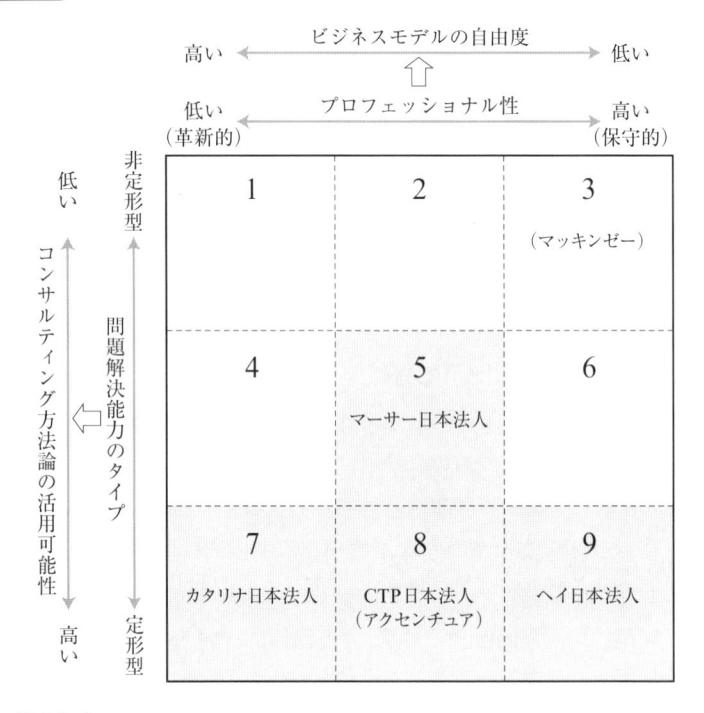

	ビジネスモデルの自由度 高い ←→ 低い		
	プロフェッショナル性 低い(革新的) ←→ 高い(保守的)		
非定形型（低い）	1	2	3（マッキンゼー）
	4	5 マーサー日本法人	6
定形型（高い）	7 カタリナ日本法人	8 CTP日本法人（アクセンチュア）	9 ヘイ日本法人

縦軸：問題解決能力のタイプ
横軸矢印：コンサルティング方法論の活用可能性

出所：筆者作成。

　第1の点は，ビジネスモデルの構築においては，外的環境への適合というプロセスが不可欠であることを考慮している。最初期のビジネスモデルは，不完全なものであり，そこから試行錯誤を繰り返す中で，外的環境への適応・適合が達成される。そのプロセスにおいて，ビジネスモデルの各構成要素が確立され，構成要素間の一貫性が形成され，全体として競争優位性を持ったビジネスモデルが創造される（Mitchell and Coles, 2003; Voelpel, Leibold and Tekie, 2004; Morris et al., 2005）。従って，分析対象とするケースでは，ある程度のダイナミックな時間変化が観察される必要がある。この点について，ヘイ日本法人の設立は1979年，マーサー日本法人の設立は

1978年と，それぞれ日本における活動期間は，四半世紀に及んでおり（2005年度時点），かつほぼ同期間にわたっていることから，基準に合致していると判断した。

　第2の点は，ビジネスモデルの構成に対してコンサルティング・サービスの専門性が与える影響を小さくすることを考慮している。コンサルティング・サービスの専門性は，顧客への提供価値，市場，内部ケイパビリティといったビジネスモデルの複数の構成要素に関連する非常に重要な要因である。近年，IT系，旧会計系と呼ばれる経営コンサルティング・ファームを筆頭に，経営コンサルティング・ファームの大規模化が進んでいる。その中で，コンサルティング・サービスの専門性を複数抱え持った経営コンサルティング・ファームが誕生してきている。これらの経営コンサルティング・ファームでは，複数のコンサルティング・サービスの専門性の違いを反映し，複合的なビジネスモデルを構築している例が認められる。しかし，われわれは，比較事例研究から，できるかぎり原型としてのビジネスモデルの特徴を抽出することを狙いとしている。従って，コンサルティング・サービスの専門性の違い及び複数の専門性がビジネスモデルの構成に与える影響をできる限り小さくしたい。この第2の点について，ヘイ日本法人，マーサー日本法人ともに，コンサルティング・サービスの専門性という点においては，人事・組織という同一のカテゴリーに位置づけられ，基準に合致していると判断した。

　第3の点は，ビジネスモデルについて理解するためには，詳細な記述的分析が必要となることを考慮している。われわれの分析フレームワークは，基礎，専有，規則と3つの分析レベルから構成されている。基礎から専有，専有から規則とレベルが移行するごとに，意思決定の特殊性が増大する。とりわけ，専有レベルの意思決定とは，ビジネスモデルの持続的競争優位性に関わる重要な意思決定であり，この意思決定を分析するためには，対象となる事例の実体に即した詳細な記述的分析を通じた意味の解釈が重要となる。従って，専有レベル，ないしは規則レベルの分析においては，対象となる事

例,すなわち企業の実情について明らかにする必要がある。この第3の点について,ヘイ日本法人,マーサー日本法人から情報公開に関する合意を得ることができたため,基準に合致していると判断した。ただし,上述のように,本書における分析は,基礎・専用レベルに留めざるを得なかった。

(3) 代表的事例かつインプリケーションが豊富にある事例

われわれが,代表的事例かつインプリケーションが豊富にある事例として判断したのが,CTP日本法人とカタリナ日本法人である。

まず,CTP日本法人であるが,同社の特徴は,その独自性のあるコンサルティング方法論とビジネスモデルにより,急速な成長と国際展開を行ってきた点にある。同社のコンサルティング方法論は,グローバルに共有されているものであり,CTP日本法人においても,同一のコンサルティング方法論を活用することで成功を収めてきた。加えて,インプリケーションという点においても,非常に興味深い事例である。実のところ,現在,グローバル・ファームとしてのCTPは,もはや存在していない。というのも,CTPの可能性に目をつけたノベル(Novell;ソフトウェア開発)により2001年に買収され,その後,事実上消滅してしまったからである。ノベルは,自らのソリューション提供能力を強化するためにCTPを買収したのだが,結果として,両社のビジネスモデルの統合は上手く行かず,期待していた相乗効果は発揮されなかった。これを受けて,CTP日本法人は,CTPというブランドを保持したまま,日本ユニシスの傘下に入ることを決め,グローバルに共有されていたコンサルティング方法論を土台に,CTP日本法人独自のコンサルティング方法論の開発に成功している。この一連の出来事は,同一ファーム内におけるビジネスモデルの統合の問題,日本発のグローバル・ファームの誕生の可能性といった点について,多くの示唆を与えてくれる。

次に,カタリナ日本法人であるが,同社の特徴は,第4世代の経営コンサルティング・ファームを象徴する事例であり,知識集約型企業のビジネスモデルやグローバル戦略について考察する上で,非常に多くの示唆を与えてく

れる事例である。カタリナ日本法人は，カタリナ・グループ全体でグローバルに共有されているコンサルティング方法論（ターゲット・マーケティングに関するソリューション）を提供することで，急速な成長を遂げている。カタリナのビジネスモデルは，従来のプロフェッショナル・サービス・ファームの枠組みを超えたものであり，競合他社とは非常に異なる極めて独自性の高いものである。ビジネスモデル自体にグローバル戦略が組み込まれているとも言える。カタリナは，グループ全体で，19の拠点（米国本社を含めて10拠点，海外に9拠点）があるが，いずれの拠点におけるサービスも，米国にあるデータセンターを介して提供されている。この点において，ローカルなサービスとグローバルなサービスという区別はなく，いずれの拠点から提供されるサービスも，まさに「グローバルに同一のサービス」なのである。この仕組みは，近年注目を集めている「クラウド・コンピューティング」に通じるものであり，われわれの研究の大きな目標である知識集約型企業のグローバル戦略について考察するためのインプリケーションを数多く与えてくれる事例である。なお，われわれが事例研究の対象として選定した後に明らかとなったのだが，両社ともに，ハーバード・ビジネス・スクールのケーススタディに取り上げられており（Bell, Salmon and Starr, 1993; Amabile, Baker and Beer, 1995; Gompers and Conneely, 1997a, 1997b），1990年代からそのビジネスモデルやグローバル戦略の行く末について注目が寄せられていたことがわかった。

小結

　以上，本章においては，本章以降で展開していく一連の実証的考察における方法論について説明してきた。われわれが，実施したアンケート調査の目的は，数量的データの入手だけではなく，事例研究のためのインタビュー調査へとつなげるものであることを確認し，アンケート調査の対象選定の方法，及び調査票の設計，アンケート調査の方法，回収結果について説明を行った。

調査の結果得られたデータセットに内在する問題として，幾つかの注意すべき点について考察した。次に，事例研究の目的と分析フレームワーク，その方法や対象について考察した。事例研究の目的は，「経営コンサルティング・ファームのグローバル戦略のあり方について理解すること」であり，「なぜ，特定のグローバル戦略のあり方が選択されるのか」「どのようにして，特定のグローバル戦略の遂行が可能になるのか」という点にある。この目的を達成するために，本研究では，「比較事例研究」と「説明的事例研究」という2つの事例研究のタイプを採用し，それぞれに事例研究のための分析フレームワークとして，「ビジネスモデル分析」「類型化分析」を提示した。

　以降の考察の展開としては，第6～7章において，データセットにもとづいた統計的分析を行う。そして，第8～10章においては，事例研究を行う。第8章では，ヘイ日本法人とマーサー日本法人の比較事例研究を，第9章，第10章では，それぞれCTP日本法人，カタリナ日本法人の説明的事例研究を行う。

第6章

量的調査にもとづいた実態把握と論点の検証

はじめに

　第Ⅰ部において考察してきたように，われわれは，多くの経営コンサルティング・ファームがグローバル化の段階に移行しつつあるという認識に立っている。しかし，依然として，経営コンサルティング・ファーム，経営コンサルティング産業のグローバル化に関しては，懐疑的な見解が見られることも確認してきた。この認識の違いを生む一因には，経営コンサルティング・ファームに関わる議論の多くが，実証的に検証されていないことにあると考えられる。

　本章の目的は，前章において説明したアンケート調査の主として記述統計量にもとづき，日本における外資系経営コンサルティング・ファームの経営実態を把握し，第Ⅰ部において考察してきた幾つかの論点の検証を試みることにある[1]。以下，第1節から第5節にわたり回答企業のプロフィール，コンサルティング・サービスの特色，戦略的課題，回答企業が考えるグローバルな競争優位とは何か，市場環境・競争環境について考察を行う。これらの考察結果を踏まえ，第6節では，幾つかの論点の検証を行う。

1）　分析の過程において，問題解決能力のタイプ（非定形型問題解決能力，定形型問題解決能力）による2グループ間での比較分析（ノンパラメトリック検定，T検定）も実施したが，統計的には有意な差が見られなかったこともあり，本章では主として記述統計量にもとづいた考察を展開するものである。

6.1　回答企業のプロフィール

6.1.1　設立年度
　回答企業の設立年度で一番多かったのは，1995年～1999年で，全体の30.8％（8社）を占めている（図表6-1参照）。次に多いのが，2000年以降の設立で，全体の23.1％（6社）を占めている。年代で見れば，1970年代，1980年代がいずれも15.4％（4社），1990年代が46.2％（12社）となる。従って，今回の調査では，比較的最近（1990年代以降）になって設立された企業の比率が約7割（69.3％）を占める結果となった。

6.1.2　経営形態
　第4章（グローバルな競争優位）で考察したように，経営コンサルティング・ファームを含めプロフェッショナル・サービス・ファームに特徴的であるとされるのが，パートナーシップ制による運営である。各パートナーは，出資義務とともに，損害賠償を含むパートナーシップが負担すべき債務に対して，無限責任を負うというのが基本である。ただし，ファームによって，この解釈は異なり，小数のパートナーシップに多くの権限が集中している場合もある（Stevens, 1981, 1991）。

　回答企業では，このパートナーシップ制を採用している企業は，全体の40％（10社）であった（図表6-2）。パートナーシップ制は，伝統的なプロフェッショナル・サービス・ファームの基本的な経営形態であり，プロフェッションをマネジメントするのに多くの利点（例：守秘義務，独立性・中立性の担保）がある経営形態である（Maister, 1993）。しかし，第2章（産業の進化の系譜）でも考察してきたように，ITに絡んだアサインメントを主軸とする第3世代，第4世代のファームを中心に，株式公開企業も珍しくなくなってきた。関連して，第5章において指摘したように，本調査における回答企業は，IT関連のサービスを提供しているファームが多く含まれて

図表6-1　回答企業の設立年度

区間	頻度	%	有効%	累積%
1970～1974年	1	3.8	3.8	3.8
1975～1979年	3	11.5	11.5	15.4
1980～1984年	1	3.8	3.8	19.2
1985～1989年	3	11.5	11.5	30.8
1990～1994年	4	15.4	15.4	46.2
1995～1999年	8	30.8	30.8	76.9
2000年以降	6	23.1	23.1	100.0
合計	26	100.0	100.0	

図表6-2　回答企業の経営形態

		度数	%	有効%	累積%
有効	株式公開は行っている。通常の株式会社と同様の経営を行っている。	1	3.8	4.0	4.0
	株式公開は行っている。実質的にはパートナーシップの形態を採用している。	1	3.8	4.0	8.0
	株式公開は行っていない。通常の株式会社と同様の経営を行っている。	14	53.8	56.0	64.0
	株式公開は行っていない。パートナーシップの形態を採用している。	9	34.6	36.0	100.0
	合計	25	96.2	100.0	
欠損値	無回答	1	3.8		
合計		26	100.0		

いる。この集計結果も，これらの点が反映されているものと考えられる。

　違う見方をすれば，現状においても，パートナーシップ制を維持しているファームが相当程度あることの方が注目すべき発見事実であるかも知れない。第4章において考察したように，パートナーシップ制は，プロフェッショナル・サービス・ファームとしての経営コンサルティング・ファームにとっては，さまざまな利点があり，かつ安定した経営形態であると考えられる。ただし，事例研究（第8章～第10章）にて詳しく考察するように，パー

図表6-3　最高経営責任者の国籍

		度数	%	有効%	累積%
有効	日本	21	77.8	77.8	77.8
	アメリカ	5	18.5	18.5	96.3
	イギリス	1	3.7	3.7	100.0
	合計	27	100.0	100.0	

※一件が，日本人とアメリカ人の共同代表

トナーシップ制を採用するということは，伝統的なプロフェッショナル・サービス・ファームのビジネスモデルに準拠することになり，ビジネスモデルの自由度は制限されてしまうことになる。

　最高経営責任者の国籍は，以下の通りとなった（図表6-3参照）。日本国籍を持つものについては，約8割（77.8％；21名），あとは米国籍が約2割（18.5％；5名）と日本人が代表取締役を務めている場合が大半を占めた。これは，単に日本市場だから日本人社長というよりも，経時的な変化や，経営形態との関係，提供しているサービスの特性が影響していると考えられる。パイロット調査やその後の補完的調査から得られた知見によると，日本進出当初は，本国から出向してきた（多くの場合は米国籍）ケースも複数あったようである。しかし，日本人の人材が育ったことで，日本人社長と置き換えられたケースや，日本語が流暢に話すことが出来ないと十分なサービスを提供することが難しいといった理由から日本人が社長を務めるようになったケースもある。

　ただし，ほとんどのケースでは，日本語を話すのと同等に英語も流暢に話すことができないと最高経営責任者を務めることは難しいようである。そのため，主として米国の大学院を修了し，MBAの学位を取得している場合も多い。

6.1.3　支社数・進出先国

　回答企業の支社数で，最も多かったのが，9社以下で，28.6％（6社）を

図表6-4　支社数について

	区間	度数	%	有効%	累積%
有効	9社以下	6	23.1	28.6	28.6
	10〜19社	4	15.4	19.0	47.6
	20〜29社	2	7.7	9.5	57.1
	30〜39社	5	19.2	23.8	81.0
	40〜49社	0	0.0	0.0	81.0
	50〜59社	0	0.0	0.0	81.0
	60〜69社	0	0.0	0.0	81.0
	70〜79社	0	0.0	0.0	81.0
	80〜89社	1	3.8	4.8	85.7
	90〜99社	0	0.0	0.0	85.7
	100〜109社	0	0.0	0.0	85.7
	110〜119社	1	3.8	4.8	90.5
	120〜129社	0	0.0	0.0	90.5
	130〜139社	0	0.0	0.0	90.5
	140〜149社	1	3.8	4.8	95.2
	150〜159社	0	0.0	0.0	95.2
	160〜169社	0	0.0	0.0	95.2
	170〜179社	0	0.0	0.0	95.2
	180〜189社	0	0.0	0.0	95.2
	190〜199社	0	0.0	0.0	95.2
	200社以上	1	3.8	4.8	100.0
	合計	21	80.8	100.0	
欠損値	無回答	5	19.2		
合計		26	100.0		

占めていた（図表6-4参照）。次に多かったのが，30〜39社で23.8%（5社）であった。80〜89社，110〜119社，140〜149社，200社以上という企業がそれぞれ1社ずつあった。従って，39社以下（平均値では39.2社）という支社数が，回答企業の約8割を占めていた。進出先では，最も多かったのが，9カ国以下で，36.4%（8社）であり，次に多かったのが，10〜19カ国で22.7%（5社）を占めていた（図表6-5参照）。2社だけが飛び抜けて多い140カ国〜159カ国に回答していた。従って，59カ国以下という進出先国数が回答企業の約9割を占める結果となった（平均値では30.1カ国）。

図表6-5　進出先国数について

	区間	度数	%	有効%	累積%
有効	9カ国以下	8	30.8	36.4	36.4
	10～19カ国	5	19.2	22.7	59.1
	20～29カ国	2	7.7	9.1	68.2
	30～39カ国	1	3.8	4.5	72.7
	40～49カ国	3	11.5	13.6	86.4
	50～59カ国	1	3.8	4.5	90.9
	60～69カ国	0	0.0	0.0	90.9
	70～79カ国	0	0.0	0.0	90.9
	80～89カ国	0	0.0	0.0	90.9
	90～99カ国	0	0.0	0.0	90.9
	100～109カ国	0	0.0	0.0	90.9
	110～119カ国	0	0.0	0.0	90.9
	120～129カ国	0	0.0	0.0	90.9
	130～139カ国	0	0.0	0.0	90.9
	140～149カ国	2	7.7	9.1	100.0
	150～159カ国	0	0.0	0.0	100.0
	160～169カ国	0	0.0	0.0	100.0
	170～179カ国	0	0.0	0.0	100.0
	180～189カ国	0	0.0	0.0	100.0
	190～199カ国	0	0.0	0.0	100.0
	200カ国以上	0	0.0	0.0	100.0
	合計	22	84.6	100.0	
欠損値	無回答	4	15.4		
合計		26	100.0		

図表6-6　日本企業の占める割合

	度数	最小値	最大値	平均値	標準偏差
クライアント数（％）	18	10	100	63.9	31.202
売上高比率（％）	16	12	100	66.4	31.993

6.1.4　クライアントとしての日本企業の位置づけ

　日本企業がクライアント数に占める割合の平均は，63.9％，売上高比率で66.4％であった（図表6-6参照）。もう少し詳しくみると，日本企業がクラ

図表6-7　日本企業がクライアント数に占める割合

	区間	度数	%	有効%	累積%
有効	10%未満	0	0.0	0.0	0.0
	10〜19%	2	7.7	11.1	11.1
	20〜29%	1	3.8	5.6	16.7
	30〜39%	1	3.8	5.6	22.2
	40〜49%	2	7.7	11.1	33.3
	50〜59%	1	3.8	5.6	38.9
	60〜69%	0	0.0	0.0	38.9
	70〜79%	3	11.5	16.7	55.6
	80〜89%	3	11.5	16.7	72.2
	90〜99%	2	7.7	11.1	83.3
	100%	3	11.5	16.7	100.0
	合計	18	69.2	100.0	
欠損値	無回答	7	26.9		
	未公表	1	3.8		
合計		26	100.0		

イアント数に占める割合で最も多かったのが,「100％」「80〜89％」「70〜79％」で,それぞれ16.7％（3社）を占めていた。50％以上のクライアントが日本企業であるとする回答企業は,全体の66.7％（12社）であった（図表6-7参照）。

一方,日本企業が売上高に占める割合で最も多かったのが,「100％」で25％（4社）であった（図表6-8参照）。売上高の50％以上を日本企業が占めている割合は,約8割（75％：12社）であった。

通常,経営コンサルティング・ファームの国際展開プロセスでは,初期には,本国,もしくは他の海外支社からの出張ベースのアサインメントから始まり,ある程度の採算が見込まれた時点で支社が設立される。赤字覚悟,先行投資で国際展開することはまれである（西井, 2002）。この集計結果は,この国際展開のプロセスを少なからず例証していると考えられる。過半数（75％）を超える回答企業が,日本市場にしっかりと根を下ろしていることがわかる。

図表6-8 日本企業が売上高に占める割合

	区間	度数	%	有効%	累積%
有効	10%未満	0	0.0	0.0	0.0
	10～19%	1	3.8	6.3	6.3
	20～29%	2	7.7	12.5	18.8
	30～39%	1	3.8	6.3	25.0
	40～49%	0	0.0	0.0	25.0
	50～59%	2	7.7	12.5	37.5
	60～69%	1	3.8	6.3	43.8
	70～79%	0	0.0	0.0	43.8
	80～89%	3	11.5	18.8	62.5
	90～99%	2	7.7	12.5	75.0
	100%	4	15.4	25.0	100.0
	合計	16	61.5	100.0	
欠損値	無回答	9	34.6		
	未公表	1	3.8		
合計		26	100.0		

図表6-9 収益基調について（複数回答）

		度数	%	ケース%
有効	1. まだ赤字が続いている。	1	2.1	4.2
	2. 黒字転換後に赤字に転落した。	0	0	0
	3. 赤字から単年度黒字に転換した。	4	8.5	16.7
	4. 初年度から黒字を計上している。	12	25.5	50.0
	5. 累損は既に解消した。	4	8.5	16.7
	6. 本社へ配当している。	6	12.8	25.0
	7. 投資は全額回収した。	6	12.8	25.0
	8. ノルマは達成している。	14	29.8	58.3
	9. ノルマは達成できていない。	0	0	0
	合計	47	100.0	195.8

※2件が欠損値。

6.1.5　収益基調とパフォーマンスについての評価

　このことは，次の収益基調にも見て取れる（図表6-9，図表6-10参照）。内訳を見ると，「初年度から黒字を継続している。」と回答した企業が50%

図表6-10　収益基調（内訳別）

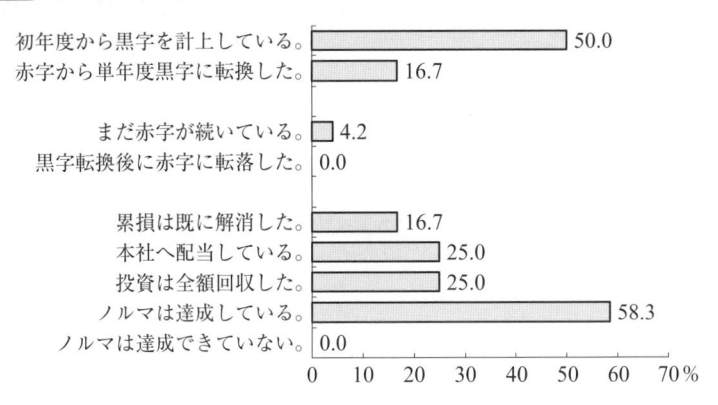

項目	%
初年度から黒字を計上している。	50.0
赤字から単年度黒字に転換した。	16.7
まだ赤字が続いている。	4.2
黒字転換後に赤字に転落した。	0.0
累損は既に解消した。	16.7
本社へ配当している。	25.0
投資は全額回収した。	25.0
ノルマは達成している。	58.3
ノルマは達成できていない。	0.0

※複数回答可能につき，合計は100％を超える。

（12社），「赤字から単年度黒字に転換した。」と回答した企業が16.7％（4社）を占めていた。一方で，「まだ赤字が続いている。」と回答した企業は，4.2％（1社）のみであった。「黒字転換後に赤字に転落した。」と回答した企業はなかった。従って，過半数の企業が黒字基調（66.7％）にあることがわかる。

　これは，先ほどの集計結果とも一致する。回答企業は実にしっかりと日本市場に根を下ろし，健全な経営を行っていると言えよう。関連して，「ノルマを達成している。」と回答している企業が，58.3％あった。これは，われわれの予想を上回るものであった。というのは，われわれが行ったパイロット調査からは，各支社が課せられている目標（利益責任）が非常にレベルの高いものであることがわかっていた。そこで，われわれは「黒字は達成していても，目標に到達していない企業があるのではないか」と予想していた。しかし，無回答を除き，黒字基調にある企業の全てが目標を達成していることがわかった。このことからも，回答企業が日本市場において，好業績を達成していることがわかる。

　また，併せて，回答企業のパフォーマンスについて，過去3年間において，

図表6-11　パフォーマンスについての評価

	度数	最小値	最大値	平均値	標準偏差
収益性	24	2	5	3.71	.859
成長性	24	2	5	3.83	.917
鍵となるクライアントの獲得	24	2	5	3.96	.999
同種のサービスにおける品質	24	3	5	4.54	.588
高い能力を持った人材の獲得	24	2	5	3.63	.875
クライアントからのサービスについての評判	24	3	5	4.29	.751
クライアントのロイヤルティ	23	2	5	4.22	.902
アフター・フォロー契約の獲得	24	2	5	4.04	.859
企業特殊的な方法論の開発	22	2	5	3.77	.922
クライアント情報の活用能力	22	2	5	3.45	.739
コンサルタントの実質稼働率	24	2	5	3.71	.999

回答企業が想定している競合他社と比較した場合の相対的な評価について回答をお願いした（1=平均をかなり下回る，3=平均的である，5=平均をかなり上回る）。これらの複数項目の全てにおいて，「3=平均的である」を上回っており，ここでも回答企業は高いパフォーマンスをあげていると認識していることがわかる。

6.1.6　成功についての認識

　アンケート調査では，フェイスシートにおいて，売上高，純利益等の回答企業の財務データに関する項目について回答をお願いした。しかし，予想された結果ではあったが，ほとんどの企業において財務データは未公表であり，十分な回答を頂けなかった。また得られたとしてもいわゆる製造業と同様の尺度では成功度を測定することは難しい。プロフェッショナル・サービス・ファームの場合には，売上高，成長率といった指標においても，成果とは直接結びつかない（Løwendahl, 2000）。そこで，われわれは，代替的な指標として「成果への期待度」という形で回答をお願いした。具体的には，下記のような質問項目を用意した。

図表6-12 期待度についての平均値

	度数	最小値	最大値	平均値	標準偏差
期待度（100%を基準値）	24	60	150	110.83	26.852

図表6-13 期待度についての度数分布

	区間	度数	%	有効%	累積%
有効	60～69%	1	3.8	4.0	4.0
	70～79%	0	0.0	0.0	4.0
	80～89%	1	3.8	4.0	8.0
	90～99%	8	30.8	32.0	40.0
	100～109%	4	15.4	16.0	56.0
	110～119%	1	3.8	4.0	60.0
	120～129%	4	15.4	16.0	76.0
	130～139%	0	0.0	0.0	76.0
	140～149%	0	0.0	0.0	76.0
	150～159%	6	23.1	24.0	100.0
	合計	25	96.2	100.0	
欠損値	不正回答	1	3.8		
合計		26	100.0		

> 貴社（日本支社）の事業は，全般的にいってどの程度まで成功されているとお考えでしょうか。様々な不確定要因（日本市場の難しさ，競合他社の攻勢等）を勘案した上で，貴社（日本支社）が達成可能な「100％期待通りの成果をあげることができている」を基準にして，期待をどれほど上回っているのか，あるいは下回っているのかについてお答え下さい。該当する％（0％～200％）に○印を1つお付け下さい。

　そこから，以下のような集計結果が得られた（図表6-12，6-13参照）。平均からみると，110.8％という結果となった。度数分布をみると，「100％期待通りの成果をあげることができている」と回答した企業は，全体で16％（4社）あった。それ以下では，90～99％が32％（8社），80～89％，60～69％がそれぞれ4.0％（1社）であった。

　「100％の期待を超える成果をあげていることができている」と回答した

企業で最も多かったのは，150〜159%で24%（6社），次に120〜129%で16.0%（4社），110〜119%で4.0%（1社）であった。従って，「100%以上期待通りの成果をあげることができている」回答企業は，全体の60%を占めることになり，過半数の企業が自らの事業の成果に満足していることがわかる。ただし，先ほどの収益基調の集計結果から考えれば，この60%という比率は，若干低い印象を受ける。これは，まだまだ回答企業において潜在力を発揮しきれていないという認識の表れであると解することができるだろう。

6.2 コンサルティング・サービスの特色

6.2.1 回答企業のサービス分類

本節では，回答企業が提供しているコンサルティング・サービスの特色について考察していきたい。

一口にコンサルティング業といっても，実際の業務内容はプラクティスに応じてかなり多岐にわたっている。特に近年は，業務内容の多様化が進み，更にサービス提供領域が拡大化する傾向にあり，コンサルティング業界やサービスを客観的な尺度により分類することは，非常に難しくなってきている。ただし，基本的には，各経営コンサルティング・ファームが対応している「機能別・業務別」「産業別」の2軸によるマトリックス上でサービスをとらえることができる（図表6-14）。

そこで，アンケート調査では，サンプル企業が提供しているコンサルティング・サービスの種類について，記述形式で回答をお願いした。項目は，①主力サービス，②主力産業，③注力サービス，④導入検討サービスである。①主力サービスは，「現在，機能別・業務別のサービスにおいて，売上高において主力となっているサービスについて上位3位（例：事業戦略立案，事業再生支援，サプライチェーンマネジメント）」，②主力産業は，「現在，産業別のサービスにおいて売上高において主力となっている産業分野について

図表6-14 サービス・マトリックス

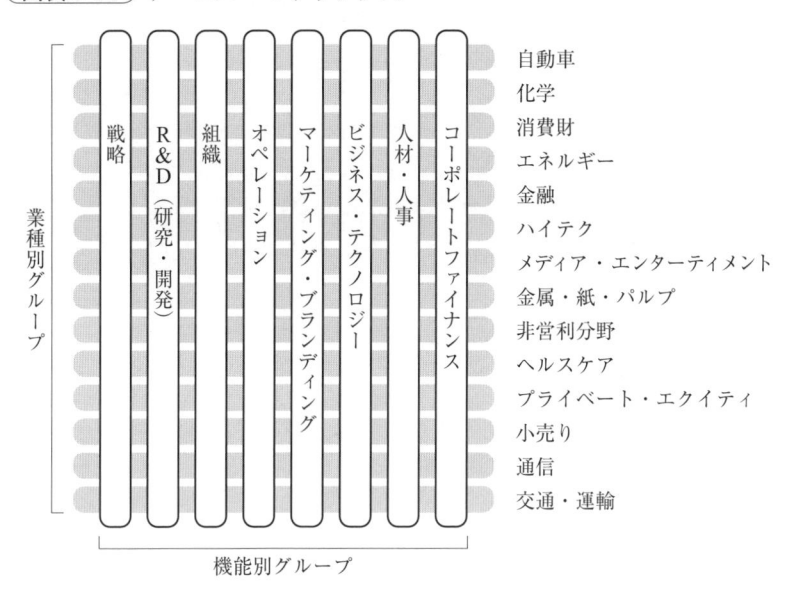

```
              ┌─ 戦略
              ├─ R&D（研究・開発）
              ├─ 組織
業種別グループ  ├─ オペレーション          自動車
              ├─ マーケティング・ブランディング  化学
              ├─ ビジネス・テクノロジー    消費財
              ├─ 人材・人事              エネルギー
              └─ コーポレートファイナンス  金融
                                        ハイテク
                                        メディア・エンターテイメント
                                        金属・紙・パルプ
                                        非営利分野
                                        ヘルスケア
                                        プライベート・エクイティ
                                        小売り
                                        通信
                                        交通・運輸

                機能別グループ
```

出所：マッキンゼー社のウェブサイトより引用（http://www.mckinsey.co.jp/services/system.html）

上位3位（例：製造業，流通業，通信，ハイテク）」について回答を要請した。③注力サービスは，「最近になって，特に注力されているコンサルティング・サービス（機能別・業務別/産業別）」について，④導入検討サービスは，「今後，需要が伸びると考えるサービスで，導入を検討しているサービス（機能別・業務別/産業別）」について回答を要請した。

「主力サービス」については，やはり各社の特色を端的に表しているようなサービスを1位にあげていた。つまり，いわゆる「戦略系」「人事系」といった一般的なカテゴリーに沿った業務内容を1位にあげている企業がほとんどだった。具体的には，戦略系では「事業戦略立案」，人事系では「人事制度構築」，IT系では「ERP事業」といった具合である。2位，3位には，業務内容の幅によって回答が異なる。幅の広いサービス提供領域をカバーし

ている企業の場合には,「マーケティング」といった大きな単位でのプラクティス領域をあげている。この場合, 1位, 2位, 3位のプラクティス領域のそれぞれが業務の大きな柱となっていると考えられる。一方で, サービス提供領域が特定のプラクティスに特化している場合には, 2位, 3位には1位にあげた周辺領域のサービス内容となっていた。

次に,「主力産業」でみた場合では, ほとんどの回答企業が1位に製造業をあげていた。2位以降には, 各社による違いがみられた。例えば, 人事系といっても, IT業界に強いところもあれば, 金融業界に強いところもあった。1つの産業だけに焦点を絞っている回答企業も幾つかみられた。

「注力サービス」では, 主力プラクティス分野から派生したものが多くみられた。産業別では,「官公庁」をあげている企業が複数みられた。また,「導入検討サービス」と併せて, 今回の調査で明らかとなったのが「事業再生支援」というサービスを提供しようとしている企業が多くみられたことである。これはわれわれが行ったインタビュー調査においても確認されているが, アンケート調査当時の2003年時点において, 日本企業の多くが不況の中, 業績が低迷していることを受けてのサービスの提供であると考えられる。従来のビジネス・プロセス・リエンジニアリングといった概念よりも, より鮮明に事業再生に焦点を合わせたサービスである。また, これは, 各経営コンサルティング・ファームがクライアントのニーズを汲み取り, それに対応するためのサービスを柔軟に提供する姿勢を示していると考えられる。

6.2.2 コンサルティング・サービスの強み

次に, 回答企業がどのような領域に強みを持っていると考えているのかについてみてみよう。調査票では, 第4章において提示した, ①「構造的(定型的)領域」(定型型問題解決能力), ②「非構造的(非定型的)領域」(非定型型問題解決能力)に大別し, どちらの領域に属していると考えているかについて7段階の尺度(1=非常に構造的領域に強い, 4=どちらとも言えない, 7=非常に非構造的領域に強い)で評定してもらった。

①構造的領域	：目標がかなり，幅が狭く設定されており，その実現のための必要条件を明確化し，それを組織内で共有化し，そして方策を企画実行するような領域。手持ちのノウハウのパッケージ化等，いかに上手い「やり方」で実行するかが問われる領域。
②非構造的領域	：目標自体が大きな変数であるとともに，目標達成のための必要条件，戦略，方策も各種存在し，それらが目標設定にも大きな影響を与える領域。ゼロ・ベースでのソリューション創造等，「基本的なものの考え方」自体が問われる領域。

図表6-15　コンサルティング・サービスの強み（平均値）

	度数	最小値	最大値	平均値	標準偏差
提供しているコンサルティング・サービスの強み	24	1	7	4.17	1.903

図表6-16　コンサルティング・サービスの強み（度数分布）

		度数	%	有効%	累積%
有効	非常に構造的領域に強い	1	3.8	4.2	4.2
	構造的領域に強い	6	23.1	25.0	29.2
	構造的領域にやや強い	2	7.7	8.3	37.5
	どちらとも言えない	4	15.4	16.7	54.2
	非構造的領域にやや強い	5	19.2	20.8	75.0
	非構造的領域に強い	2	7.7	8.3	83.3
	非常に非構造的領域に強い	4	15.4	16.7	100.0
	合計	24	92.3	100.0	
欠損値	無回答	2	7.7		
合計		26	100.0		

　その結果，回答企業の全体の平均値は，4.17となった（図表6-15参照）。ただし，標準偏差が大きいことから，度数分布についても調べてみた。すると，「定型的領域に強い」と考えている回答企業が37.5％（9社），「非定型的領域に強い」と考えている企業が45.8％（11社）となった（図表6-16参

照)。欠損値及び「どちらとも言えない」と回答している企業を除外すれば，「定型的」対「非定型的」の比率は，45：55とほぼ半数の割合となる。

ただし，この集計結果を解釈するには，以下の点に留意する必要がある。第1に，コンサルティング・ビジネスにおいては，クライアントごとのカスタマイズは基本であり，その意味においては，全ての企業が非構造的(非定型的)なサービスを提供していると考えられる。従って，構造的な分野に強みを持つということは，ただ単に予め用意してある何らかのコンサルティング方法論をクライアントに適用するということをそのまま意味しないだろう。逆もまた同様である。非構造的な分野に強いからといって，コンサルティング方法論を活用していない，パッケージ化を行っていないということにはならないだろう。

第2に，第4章で考察したように，外的な戦略的アイデンティティと内的な戦略的アイデンティティとは必ずしも一致しないということである。これは，発見事実でもあるのだが，一般的な業界分類やファームの外的なイメージと各社が考えている強みとは必ずしも一致しないことが窺える。通常ITやシステム開発といった，より技術集約的な性格を持つファームでは，構造的な領域に強みを持っているというイメージが先行している (Hansen *et al.*, 1999)。しかし，そういったイメージに反した分野に強みを持つと考えている企業があることがわかった。加えて，これは，事例研究において取り扱う課題であるが，一般的な業界分類では同じ業界に属するファームであっても，強みと考える分野には違いがあることが明らかとなった。

6.2.3 コンサルティング方法論の位置づけ

コンサルティング方法論について，回答企業がどのようにとらえているのかを見てみよう(図表6-17, 6-18参照)。

最も回答が多かったのが，「1. 日本支社におけるコンサルティング・サービスの提供とは，ある程度，グローバルに共有されているコンサルティング方法論のカスタマイズであると言える。」という回答で，52.0%を占めてい

図表6-17　コンサルティング方法論の位置づけ（複数回答）

	度数	相対%	%
1. 日本支社におけるコンサルティング・サービスの提供とは，ある程度，グローバルに共有されているコンサルティング方法論のカスタマイズであると言える。	13	24.5	52.0
2. 日本支社においてはコンサルティング・サービスを提供する上で，グローバルに共有されているコンサルティング方法論はそれほど活用できない。	6	11.3	24.0
3. 日本支社においてはコンサルティング・サービスを提供する上で，日本支社独自のコンサルティング方法論を活用している。	12	22.6	48.0
4. 日本支社においてはコンサルティング・サービスを提供する上で，何らかのコンサルティング方法論を適用するというよりも，クライアントごとのカスタマイズの方が重要である。	10	18.9	40.0
5. グローバルに共有されているコンサルティング方法論はあるが，基本方針的なものに留まっている。	5	9.4	20.0
6. 日本支社におけるコンサルティング・サービス自体が，グローバルに共有されているコンサルティング方法論であるといっても過言ではない。	2	3.8	8.0
7. コンサルティング方法論は重要だが，それがコンサルティング・サービスの良し悪しに占める割合はわずかである。	3	5.7	12.0
8. コンサルティング方法論に則ってコンサルティング・サービスを提供することが義務付けられている。	2	3.8	8.0
合計	53	100.0	212.0

た。次いで，「3. 日本支社においては，コンサルティング・サービスを提供する上で，日本支社独自のコンサルティング方法論を活用している。」という回答で，48.0％を占めていた。

このように，回答企業では，概ねコンサルティング方法論を活用していると言えるだろう。ただし，「4. 日本支社においてはコンサルティング・サービスを提供する上で，何らかのコンサルティング方法論を適用するというよりも，クライアントごとのカスタマイズの方が重要である。」という回答が，

図表6-18 コンサルティング方法論の位置づけ（降順；複数回答）

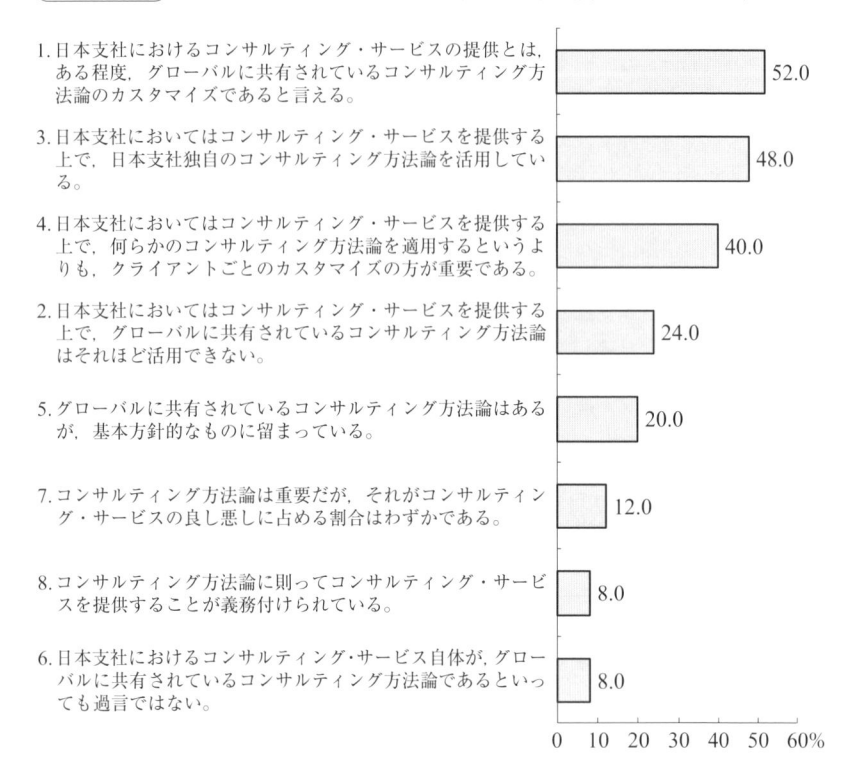

1. 日本支社におけるコンサルティング・サービスの提供とは，ある程度，グローバルに共有されているコンサルティング方法論のカスタマイズであると言える。 52.0
3. 日本支社においてはコンサルティング・サービスを提供する上で，日本支社独自のコンサルティング方法論を活用している。 48.0
4. 日本支社においてはコンサルティング・サービスを提供する上で，何らかのコンサルティング方法論を適用するというよりも，クライアントごとのカスタマイズの方が重要である。 40.0
2. 日本支社においてはコンサルティング・サービスを提供する上で，グローバルに共有されているコンサルティング方法論はそれほど活用できない。 24.0
5. グローバルに共有されているコンサルティング方法論はあるが，基本方針的なものに留まっている。 20.0
7. コンサルティング方法論は重要だが，それがコンサルティング・サービスの良し悪しに占める割合はわずかである。 12.0
8. コンサルティング方法論に則ってコンサルティング・サービスを提供することが義務付けられている。 8.0
6. 日本支社におけるコンサルティング・サービス自体が，グローバルに共有されているコンサルティング方法論であるといっても過言ではない。 8.0

40.0％を占めていることから，コンサルティング方法論（グローバルに共有されているもの，日本支社独自なもの）は重要であるが，クライアントごとのカスタマイズも同等に重要視していることがわかる。

また，「2. 日本支社においてはコンサルティング・サービスを提供する上で，グローバルに共有されているコンサルティング方法論はそれほど適用できない」（24.0％），「5. グローバルに共有されているコンサルティング方法論はあるが，基本方針的なものに留まっている。」（20.0％）とあるように，グローバルに共有されているコンサルティング方法論は，その適用可能性の度合いについては，各社によって異なるようである。一部の企業では，「8.

図表6-19　コンサルティング方法論のカスタマイズ度合い

	度数	最小値	最大値	平均値	標準偏差
グローバルに共有されているコンサルティング方法論のカスタマイズ度合い	24	1	7	5.13	1.393
日本支社独自のコンサルティング方法論のカスタマイズ度合い	22	1	7	4.68	1.393

コンサルティング方法論に則ってコンサルティング・サービスを提供することが義務付けられている」(8.0％)，「6. 日本支社におけるコンサルティング・サービス自体が，グローバルに共有されているコンサルティング方法論であるといっても過言ではない。」(8.0％)と回答しており，グローバルに共有されているコンサルティング方法論を日本市場においてもそのまま適用することが可能であり，かつそれが制度化されていることがわかる。

次に，コンサルティング方法論に必要とされるカスタマイズの程度について見てみよう。設問では，グローバルに共有されているコンサルティング方法論，日本支社独自のコンサルティング方法論のそれぞれに対し，必要とされるカスタマイズの程度について7段階の尺度（1＝ほとんどカスタマイズする必要がない，4＝どちらとも言えない，7＝かなりカスタマイズする必要がある）で評定してもらった。なお，「クライアントごとのカスタマイズは当然である」とした（図表6-19参照）。

その結果，平均値では，「グローバルに共有されているコンサルティング方法論のカスタマイズ度合い」は，5.13，「日本支社独自のコンサルティング方法論のカスタマイズの度合い」は4.68となった。これは，予想通りの結果であったが，やはりコンサルティング方法論をそのまま適用しているというのではなく，ある程度のカスタマイズが必要であることがわかる。

また，「グローバルに共有されているコンサルティング方法論」の方が，「日本支社独自のコンサルティング方法論」よりも，よりカスタマイズする必要があることがわかる（図表6-20，6-21参照）。これについても，日本市

図表6-20 コンサルティング方法論のカスタマイズの度合い（グローバル）

		度数	%	有効%	累積%
有効	ほとんどカスタマイズする必要がない	1	3.8	4.2	4.2
	カスタマイズする必要がない	0	0.0	0.0	4.2
	あまりカスタマイズする必要がない	2	7.7	8.3	12.5
	どちらとも言えない	3	11.5	12.5	25.0
	ややカスタマイズする必要がある	6	23.1	25.0	50.0
	カスタマイズする必要がある	10	38.5	41.7	91.7
	かなりカスタマイズする必要がある	2	7.7	8.3	100.0
	合計	24	92.3	100.0	
欠損値	無回答	2	7.7		
合計		26	100.0		

図表6-21 コンサルティング方法論のカスタマイズの度合い（日本支社）

		度数	%	有効%	累積%
有効	ほとんどカスタマイズする必要がない	1	3.8	4.5	4.5
	カスタマイズする必要がない	0	0.0	0.0	4.5
	あまりカスタマイズする必要がない	3	11.5	13.6	18.2
	どちらとも言えない	4	15.4	18.2	36.4
	ややカスタマイズする必要がある	9	34.6	40.9	77.3
	カスタマイズする必要がある	3	11.5	13.6	90.9
	かなりカスタマイズする必要がある	2	7.7	9.1	100.0
	合計	22	84.6	100.0	
欠損値	無回答	4	15.4		
合計		26	100.0		

場への適応ということを考えると納得のいく結果であると考えられる。

6.3 戦略的課題について

6.3.1 戦略的課題の1位

回答企業が負っている戦略的課題について11の項目から上位5位までを

図表6-22 戦略的課題1位

		度数	%	有効%	累積%
有効	①日本支社単独での利益責任，ノルマの達成	10	38.5	45.5	45.5
	②日本市場におけるマーケットシェアの獲得	4	15.4	18.2	63.6
	③日本におけるプレゼンスの確保（日本に支社を設立すること自体に意味がある）	4	15.4	18.2	81.8
	⑥日本企業のクライアントの獲得	2	7.7	9.1	90.9
	⑨本社からの委託業務の遂行	1	3.8	4.5	95.5
	⑪世界3極体制（米，欧，日）の一翼を担当	1	3.8	4.5	100.0
	合計	22	84.6	100.0	
欠損値	無回答	2	7.7		
	その他	2	7.7		
	合計	4	15.4		
合計		26	100.0		

選択してもらった。最初に，戦略的課題の1位にあげられた項目だけを比較してみたい（図表6-22参照）。

　最も回答が多かったのが，「日本支社単独での利益責任，ノルマの達成」であり，過半数に近い45.5%（10社）を占めていた。これは，先述の収益基調や成功への認識についての集計結果とも一致しているだろう。次に多かったのが，「日本市場でのマーケットシェアの獲得」「日本におけるプレゼンスの確保」であり，それぞれ18.2%（4社）を占めている。以下，「日本企業のクライアントの獲得」が9.1%（2社），「本社からの委託業務の遂行」「世界3極体制（米，欧，日）の一翼を担当」が4.5%（1社）であった。この集計結果から，第Ⅰ部で度々指摘してきたように，やはりローカル市場（日本市場）の攻略が最重要の戦略的課題であることがわかる。

6.3.2 戦略的課題の相対的重要度

この結果を次のポイントによる集計結果と比較してみよう（図表6-23）。ポイントによる集計とは，1位にあげた項目に5点，2位に4点，3位に3点，4位に2点，5位に1点を与えて便宜上のウェイトづけを行い，その合計点を算出したものである。従って，各項目のポイントは，それぞれの項目の相対的な重要度を示していると想定している。

その結果，「日本支社単独での利益責任，ノルマの達成」は，ポイントでみても24.1％（76ポイント）と最も多い割合を占めた。2位の項目と9ポイント程度の開きがある。相対的に見ても，最も重要視されている課題であることがわかる。次いで，「日本におけるプレゼンスの確保（日本に支社を設立すること自体に意味がある）」が15.2％（48ポイント），「日本企業のクライアントの獲得」が14.9％（47ポイント），「日本市場におけるマーケットシェアの獲得」が14.0％（44ポイント）と続いている。これらの項目は，戦略的課題の1位でも上位にあげられていた。また以上4つの項目で，累積％は68.3％となり，過半数を占めることがわかった。一方，「全世界で一貫したサービスの提供」（9.8％；31ポイント），「世界3極体制（米，欧，日）の一翼を担当」（5.7％；18ポイント），「アジア地域の地域統括拠点」（3.8％；12ポイント）とグローバル経営という視点に立ったときの日本支社の位置づけは，それほど高い割合を占めなかった。

この結果から，回答企業の戦略的課題は，あくまでも日本市場というローカル市場の攻略にあることと言える。「日本支社単独での利益責任，ノルマの達成」が最重要課題であり，そのために「日本におけるプレゼンスを確保」し「日本企業のクライアントを獲得」し「日本市場におけるマーケットシェアを獲得」するという一連の課題の連続性が示されている。

6.3.3 オペレーションの地理的範囲

回答企業のオペレーションの地理的範囲について見ていきたい（図表6-24参照）。最も回答が多かったのが，「1.基本的な姿勢としては，アサイ

図表6-23　戦略的課題の相対的重要度（降順）

戦略的課題	ポイント	%	累積%
①日本支社単独での利益責任，ノルマの達成	76	24.1	24.1
③日本におけるプレゼンスの確保（日本に支社を設立すること自体に意味がある）	48	15.2	39.4
⑥日本企業のクライアントの獲得	47	14.9	54.3
②日本市場におけるマーケットシェアの獲得	44	14.0	68.3
⑤全世界で一貫したサービスの提供	31	9.8	78.1
⑪世界3極体制（米，欧，日）の一翼を担当	18	5.7	83.8
⑦在日外資系企業のクライアントの獲得	15	4.8	88.6
④日本市場におけるアサインメントから得られる情報，知識，経験の獲得	13	4.1	92.7
⑩アジア地域の地域統括拠点	12	3.8	96.5
⑧他支社からの委託業務の遂行	6	1.9	98.4
⑨本社からの委託業務の遂行	5	1.6	100.0
合計	315	100.0	

図表6-24　オペレーションの地理的範囲（降順；複数回答）

	度数	相対%	%
1. 基本的な姿勢としては，アサインメントの内容次第であり，地域，国は関係ない	16	43.2	61.5
2. 現実的には，日本だけを対象にしている。	9	24.3	34.6
3. 主として日本を対象としているが，日本を含めたアジア全域を対象にしている。	6	16.2	23.1
4. 主として日本を対象としているが，韓国も対象にしている。	2	5.4	7.7
5. 主として日本を対象としているが，中国も対象にしている。	3	8.1	11.5
6. その他	1	2.7	3.8
合計	37	100.0	142.3

ンメントの内容次第であり，地域，国は関係ない。」（61.5％）であった。次いで，「2.現実的には，日本だけを対象にしている。」（34.6％）である。

　先ほどの戦略的課題の集計結果と併せて考えると，日本市場の攻略が最重

要であるが必ずしも日本市場だけを排他的に対象にしていないことがわかる。これは事例研究でもとりあげるが，日本支社がリーダーシップをとって他国における支社と協働してアサインメントを遂行している例も散見できる。

6.3.4　本社・他支社との関係

本社，他支社との関係については，次のような集計結果となった（図表6-25参照）。最も回答が多かったのは，「2.日本支社のオペレーションは，グローバルな協働（コラボレーション）体制の下で連携をとっている。」（60.0％），「3.日本支社のオペレーションは，基本的には独立している。」（60.0％）であった。これは，矛盾する回答ではないだろう。文字通り，回答企業は，日本支社のオペレーションは，基本的には独立しているが，そのオペレーションは，グローバルな協働体制の下で連携をとっているということである。これは，先行研究で指摘されてきた点と一致する。すなわち，多くの場合，ローカル支社は，自律的な経営を行うことが基本であり，たとえ全社的に協調した活動をする場合でも，本社による中央集権的な命令で達成されるものではなく，支社間のネットワークによって実現されていると考えられる（Maister, 1993）。

このことは，本社から日本支社に対するコントロールの内容にも現れている。（図表6-26参照）。コントロールを受けていると回答した項目は，「財務」（36.0％），「人事」（20.0％），「マーケティング」（8.0％）といずれもそれほど高い割合ではない。「企業活動全般にわたってコントロールを受けている」という項目は，16.0％に留まっている。

6.4　グローバルな競争優位について

6.4.1　グローバルな競争優位の源泉

日本支社における競争優位の源泉であると考えられるものについて，その重要性の度合いを5段階の尺度（1=全く重要でない，3=どちらとも言えな

図表6-25 本社・他支社との関係（複数回答）

	度数	相対%	%
1. 日本支社のオペレーションは，企業活動全般にわたって，本社からのコントロールを受けている。	4	5.8	16.0
2. 日本支社のオペレーションは，グローバルな協働（コラボレーション）体制の下で連携をとっている。	15	21.7	60.0
3. 日本支社のオペレーションは，基本的には独立している。	15	21.7	60.0
4. 日本支社のオペレーションは，ノルマを達成している限りにおいて，本社から別段コントロールは受けない。	7	10.1	28.0
5. 日本支社のオペレーションは，マーケティングにおいては，本社からのコントロールを受けている。	2	2.9	8.0
6. 日本支社のオペレーションは，人事においては，本社からのコントロールを受けている。	5	7.2	20.0
7. 日本支社のオペレーションは，財務においては，本社からのコントロールを受けている。	9	13.0	36.0
8. 本社は持株会社のような位置づけにあり，通常の親会社－子会社関係にはない。	0	0	0
9. グローバルな意思決定機関はあるが，いわゆる本社は存在していない。	5	7.2	20.0
10. グループ全体でブランドネームを共有しているだけで，日本支社は実質的には独立した一企業である。	2	2.9	8.0
11. 本社という名前があるだけで，グループ全体は地域的に独立した組織の集合体である。	0	0	0
12. 本社，日本支社（他支社を含め）は基本的には同等の位置づけにあり，各々グローバルな企業体の一員である。	5	7.2	20.0
合計	69	100.0	276.0

※1件は，無回答。

い，5=非常に重要である）で評定してもらった（図表6-27参照）。

　全体としては，われわれが提示した項目の全てにおいて，平均値が3点を超える結果となった。4点台の項目には，「③実績・経験・ノウハウ」(4.80)，「⑨コンサルティング・サービスの品質」(4.69)，「⑭個々のコンサルタント

図表6-26 本社・他支社との関係（内訳別；降順）

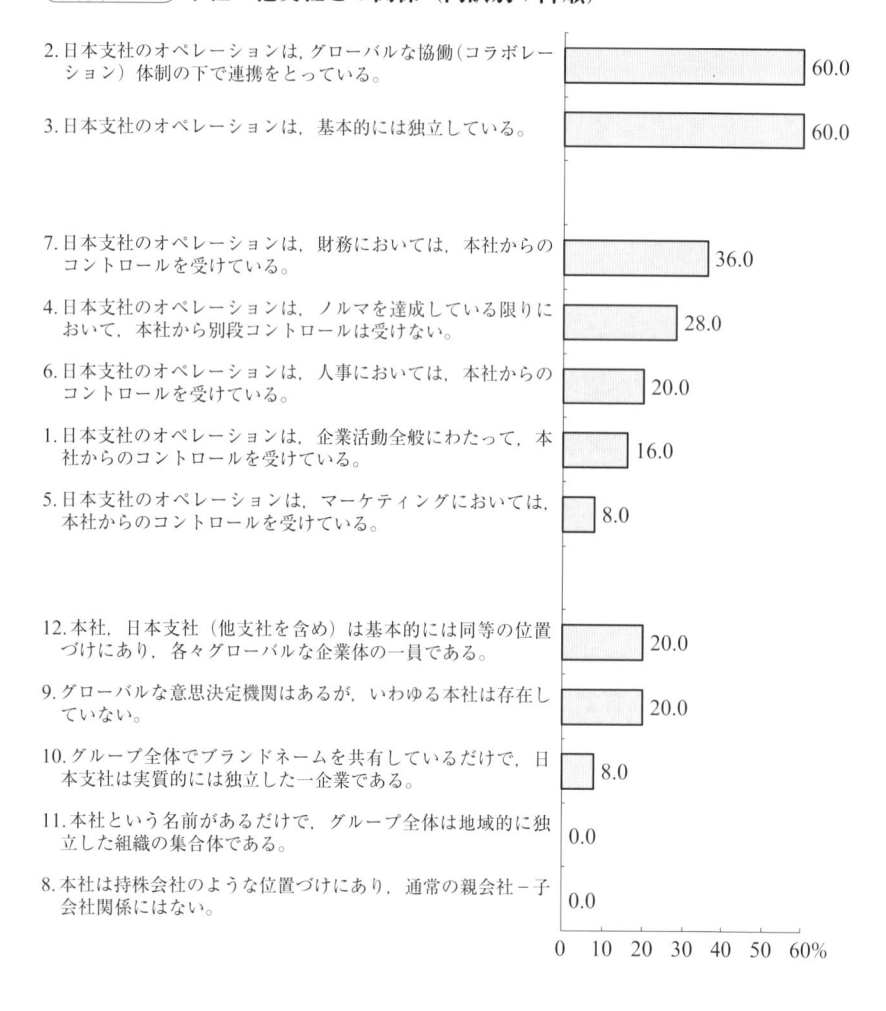

- 2. 日本支社のオペレーションは，グローバルな協働（コラボレーション）体制の下で連携をとっている。 60.0
- 3. 日本支社のオペレーションは，基本的には独立している。 60.0
- 7. 日本支社のオペレーションは，財務においては，本社からのコントロールを受けている。 36.0
- 4. 日本支社のオペレーションは，ノルマを達成している限りにおいて，本社から別段コントロールは受けない。 28.0
- 6. 日本支社のオペレーションは，人事においては，本社からのコントロールを受けている。 20.0
- 1. 日本支社のオペレーションは，企業活動全般にわたって，本社からのコントロールを受けている。 16.0
- 5. 日本支社のオペレーションは，マーケティングにおいては，本社からのコントロールを受けている。 8.0
- 12. 本社，日本支社（他支社を含め）は基本的には同等の位置づけにあり，各々グローバルな企業体の一員である。 20.0
- 9. グローバルな意思決定機関はあるが，いわゆる本社は存在していない。 20.0
- 10. グループ全体でブランドネームを共有しているだけで，日本支社は実質的には独立した一企業である。 8.0
- 11. 本社という名前があるだけで，グループ全体は地域的に独立した組織の集合体である。 0.0
- 8. 本社は持株会社のような位置づけにあり，通常の親会社－子会社関係にはない。 0.0

の能力」（4.62），「②評判」（4.50），「①ブランド・イメージ」（4.24）となった。次いで，3点台の後半に，「⑬コンセプト創造力」（3.92），「④コンサルティング・サービスの独自性」（3.88）という項目が占められた。4点台の項目にあげられたのは，先行研究でも指摘されてきた項目と一致する。とり

図表6-27 グローバルな競争優位の源泉（降順）

	度数	最小値	最大値	平均値	標準偏差
③実績・経験・ノウハウ	25	4	5	4.80	0.408
⑨コンサルティング・サービスの品質	26	3	5	4.69	0.618
⑭個々のコンサルタントの能力	26	3	5	4.62	0.571
②評判	26	2	5	4.50	0.762
①ブランド・イメージ	25	1	5	4.24	1.091
⑬コンセプト創造力	26	2	5	3.92	0.796
④コンサルティング・サービスの独自性	26	3	5	3.88	0.711
⑤コンサルティング・サービスの効率性	25	2	5	3.72	0.737
⑦コンサルティング・サービスの範囲の集中度	24	2	5	3.54	0.833
⑩コンサルティング方法論の独自性	23	1	5	3.52	0.994
⑧コンサルティング・サービスの普遍性，汎用性	24	1	5	3.42	1.06
⑪コンサルティング方法論の効率性	24	1	5	3.37	1.013
⑥コンサルティング・サービスの範囲の広さ	24	1	5	3.29	0.999
⑫コンサルティング方法論の普遍性，汎用性	24	1	5	3.25	0.944

わけ，「評判」「ブランド・イメージ」が重要であるということが確認できたことは大きい。

続いて，グローバルな競争優位獲得のための施策を見ていくと，平均値が4点台の項目が，「④徹底的なプロ集団としての差別化」(4.52)，「⑩コンサルティング・サービスの品質確保」(4.50)，「⑦ローカル顧客に対するマーケティング戦略」(4.16)，「③異なる分野の専門家がチームを組むことによる付加価値の追求（クロスセリング等）」(4.12)，「①グローバルなブランド・イメージの確立」(4.00)，「⑫ノウハウ，経験のグローバルな規模での共有と学習の仕組み」(4.00) となった（図表6-28参照）。

これらの項目についても，先行研究において指摘されてきた点であると言える。とりわけ，「⑫ノウハウ，経験のグローバルな規模での共有と学習の

図表6-28 グローバルな競争優位獲得のための施策（降順）

	度数	最小値	最大値	平均値	標準偏差
④徹底的なプロ集団としての差別化	25	3	5	4.52	0.714
⑩コンサルティング・サービスの品質確保	26	3	5	4.50	0.648
⑦ローカル顧客に対するマーケティング戦略	25	3	5	4.16	0.688
③異なる分野の専門家がチームを組むことによる付加価値の追求（クロスセリング等）	26	2	5	4.12	0.993
①グローバルなブランド・イメージの確立	26	2	5	4.00	1.058
⑫ノウハウ，経験のグローバルな規模での共有と学習の仕組み	26	2	5	4.00	0.938
⑪コンサルタントの育成，評価に関する制度の構築	26	2	5	3.92	0.935
⑬コンサルティングプロジェクトへの考え方の確立と徹底	25	3	5	3.88	0.833
⑥グローバル顧客に対するマーケティング戦略	25	2	5	3.84	0.85
②得意とするコンサルティング・サービス範囲への集中化	24	2	5	3.71	0.955
⑭グローバルなリソース配賦のシステム	25	2	5	3.68	0.852
⑨コンサルティング方法論の確立と徹底	25	2	5	3.60	0.816
⑧パートナー（経営者）の報酬体系やプロフィット・シェアリングの仕組み	24	2	5	3.46	1.062
⑮コンサルティング方法論開発のための専門機関の設置	25	2	5	3.40	0.866
⑤コスト・リーダーシップの追求	25	1	5	3.08	1.038

仕組み」は，いわゆるナレッジ・マネジメントとしてとらえることができるだろう。また，最下位の項目として「⑤コスト・リーダーシップの追求」（3.08）があげられたのも興味深い。第4章において考察したように，やはり単純にコストという点では，競争優位の源泉としてはとらえていないようである。

6.5 市場・競争環境についての認識

　最後に，回答企業の市場・競争環境についての認識について見ていこう。こちらが提示した11の項目それぞれについて，状況を的確に言い表していると考えられるものについて5段階の尺度（1=全く当てはまらない，3=どちらとも言えない，5=全くその通りである）で評定してもらった（図表6-29参照）。

　まず，平均値が高い順に見れば，「⑥提供するサービスの質，種類は今後更に変化していく。」(4.23)，「①まだまだ未開拓で潜在的な市場がある」(4.15)，「③市場の成長性は今後も見込める」(4.08)があげられる。逆に，平均値が低い順に見れば，「④外資系企業にとって市場は閉鎖的である。」(2.12)，「⑤競合他社と比べて，コンサルティング・サービスの内容・質に関してはほとんど差異が認められない。」(2.23)，「⑩想定している競合他社（日系）を攻略するのは手強い。」(2.68)，「⑫日本では，グローバルなコンサルティング・ファームとしての競争優位性を活かしきれていない。」(2.88)，「⑨想定している競合他社（外資）を攻略するのは手強い。」(2.95)があげられる。

　この結果から，市場環境について考えると，回答企業の多くが，日本市場はまだまだ未開拓で潜在的な市場が残されており，しかも市場の成長率は今後も高いと考えていることがわかる。同時に，提供するコンサルティング・サービスの質，種類は変化し続ける。すなわち，クライアントからの要望に応じて，プラクティスを開拓し，業務内容を柔軟に適応させていく必要があると考えていることがわかる。これは，近年では，eビジネスへの対応や，上述したような事業再生支援といったサービス提供が該当するだろう。また，外資であることがハンデとはなっていない。

　一方で，競争環境については，比較的楽観視しているように見える。まだ，各社とも自らの得意とする分野，あるいはコンサルティング・サービス

図表6-29 市場・競争環境についての認識（降順）

	度数	最小値	最大値	平均値	標準偏差
⑥提供するサービスの質，種類は今後さらに変化していく。	26	3	5	4.23	0.587
①まだまだ未開拓で潜在的な市場がある。	26	2	5	4.15	0.834
③市場の成長性は今後も見込める。	25	3	5	4.08	0.64
⑧クライアントのニーズはある程度の予測がつく。	26	1	5	3.77	0.815
②市場は成長率の高い段階にある。	24	2	5	3.5	1.063
⑦想定している競合他社の行動はある程度の予測がつく。	25	1	5	3.48	1.005
⑪コンサルティング・サービスに対するクライアントの考えが未成熟である。	25	1	5	3.44	1.083
⑨想定している競合他社（外資）を攻略するのは手強い。	22	1	5	2.95	0.999
⑫日本では，グローバルなコンサルティング・ファームとしての競争優位性を活かしきれていない。	25	1	5	2.88	1.301
⑩想定している競合他社（日系）を攻略するのは手強い。	22	1	5	2.68	1.211
⑤競合他社と比べて，コンサルティング・サービスの内容・室に関してはほとんど差異が認められない。	26	1	4	2.23	0.992
④外資系企業にとって市場は閉鎖的である。	25	1	3	2.12	0.881

の内容・質に関しては大きな差異があると考えているようである。また，日系，外資系を問わず，競合他社に対しても強気の姿勢が窺える。また，多くの回答企業がグローバルなコンサルティング・ファームとしての競争優位を活かしていると考えていることがわかる。

6.6　論点の検証

　以上，われわれが実施したアンケート調査の記述統計量にもとづいた考察

を展開してきた。本節では，これまでの考察を踏まえ，第Ⅰ部において考察してきた幾つかの論点についての検証を行いたい。

6.6.1 「地域ごとの自律的経営」と「横断的な協働的活動」の同時実現

第1章において，われわれは，グローバル化段階にある経営コンサルティング・ファームについて，理想型としての姿を提示した（図表1-6参照）。すなわち，「ローカル支社の自律性を損なうことなく，その強みに貢献するような形での協働の利益，ネットワーキングの利益が獲得されている状態であり，ローカルの各組織がそれぞれ立地する地域においてプレゼンスを発揮して初めて，グローバルな知識集約型企業総体での強さが生まれている状態」である。この理想型の状態を達成するために重要となるのが，「地域ごとの自律的経営」と「横断的な協働的活動の利益」を同時に実現することにあった。

この点については，「戦略的課題」「収益基調」「パフォーマンスについての評価」「成功についての認識」「本社・他支社との関係」の考察結果から考えれば，回答企業は「実現できている」（少なくとも認識している）と解釈することができる。

まず，「地域ごとの自律的経営」を達成するためには，ローカル市場を重視し，ローカル市場を攻略することが必要となる。この点について，「戦略的課題」（戦略的課題1位：戦略的課題の相対的重要度）の考察結果から，「日本支社単独での利益責任，ノルマの達成」が最重要課題であり，そのために「日本におけるプレゼンスを確保」し，「日本企業のクライアントを獲得」し「日本市場におけるマーケットシェアを獲得」するという一連の課題の連続性が示されていた。この課題に対して，「収益基調」「パフォーマンスについての評価」「成功についての認識」のいずれの観点からみても，回答企業は良好な経営成果を達成していると考えていることがわかる。

次に，「横断的な協働的活動の利益」については，「本社・他支社との関係」の考察結果から，「日本支社のオペレーションは，基本的には独立して

いるが，そのオペレーションは，グローバルな協働体制の下で連携をとっている」ことが示された。更に，第1章で考察したグローバル戦略の実行可能性に関する懐疑論者が指摘するような，「本社という名前があるだけで，グループ全体は地域的に独立した組織の集合体である」と回答した企業は1社もなかったのである。

　これらの結果を総合すると，本調査の回答企業においては，少なくとも，われわれが考えた「国際化」の段階には達しており，多くの回答企業が「グローバル化」の段階に到達していると解釈することができる。

6.6.2　コンサルティング方法論の存在と役割

　そして，これを可能にしている最大の要因が「コンサルティング方法論」の存在とその役割である。第1章で指摘したように，先行研究を含め，懐疑論者の議論では，コンサルティング方法論の存在について十分な考察が行われて来なかった。見過ごされてきたとも言えよう。しかし，第2，第3章でも考察してきたように，コンサルティング方法論の存在が，経営コンサルティング・ファームの国際展開にとって重要な役割を果たしており，コンサルティング方法論には，グローバルな適用可能性があることは歴史的な事実である。コンサルティング方法論を活用することで，ローカル市場の特性に合わせた柔軟な対応をしつつも，グローバルな協働の達成が推進される可能性が高まるのである。

　「コンサルティング方法論の位置づけ」に関する集計結果は，この点を裏づけていると言える。「日本支社におけるコンサルティング・サービスの提供とは，ある程度，グローバルに共有されているコンサルティング方法論のカスタマイズ」であり，併せて「日本支社においてはコンサルティング・サービスを提供する上で，日本支社独自のコンサルティング方法論を活用している」のである。全てのコンサルティング方法論がグローバルな適用可能性がある訳ではないが，そのまま適用できない場合にはカスタマイズする，それも難しい場合には，ローカル単位で方法論を創り出せば良い。いずれに

しても，コンサルティング・サービスは，クライアントごとに全く異なる問題に対して全く異なる解決策を提示しなければならないといった完全なテイラーメイド，受注生産の世界ではなく，ある程度は，コンサルティング方法論の適用とそのカスタマイズから構成されていると考えられる。

6.6.3 問題解決能力のタイプとコンサルティング方法論との関係

第4章において提示したように，われわれは，問題解決能力のタイプとコンサルティング方法論の活用可能性との間に相関的な対応関係があると考えている。すなわち，非定形型問題解決能力が強ければ強いほど，コンサルティング方法論の活用可能性は低くなる，逆に，定形型問題解決能力が強ければ強くなるほど，コンサルティング方法論の活用可能性は高くなるという関係である。

コンサルティング方法論の活用可能性とは，上述したように，コンサルティング・サービスの構成要素としてコンサルティング方法論が活用できる，コンサルティング方法論に課すことができる役割が大きくなることを意味する。第4章において述べたように，典型的には，非定形型問題解決能力に依存しているファームでは，コンサルティング方法論を活用できたとしても，クライアントに対してテイラーメイドのコンサルティング・サービスを提供しようとする志向が強くなり，結果，コンサルティング方法論の活用が制限される。一方，定形型問題解決能力に依存しているファームでは，実績のあるコンサルティング方法論を活用し，クライアントに対してできる限り効率的，効果的なコンサルティング・サービスを提供しようとし，クライアントもそれを望んでいる。

このような対応関係については，われわれの考察を含め，先行研究においても，言及されており（e.g., Maister, 1993; Hansen *et al.*, 1999; Løwendahl, 2000, 2005），論理的にも理解しやすいが，本研究においては事例研究の分析フレームワークの一部をなすものであるため，アンケート調査にもとづいた検証を可能な限り試みたい。

図表6-30 回答企業のポジショニング

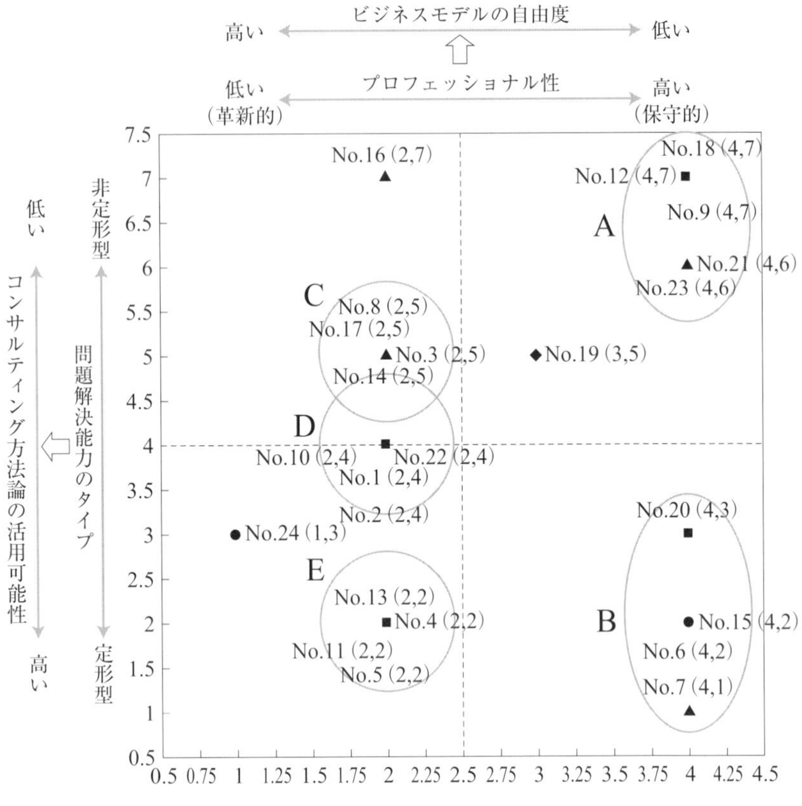

ビジネスモデルの自由度
高い
低い
プロフェッショナル性
低い（革新的）
高い（保守的）
非定形型
定形型
問題解決能力のタイプ
低い
高い
コンサルティング方法論の活用可能性
A
B
C
D
E
No.16 (2,7)
No.18 (4,7)
No.12 (4,7)
No.9 (4,7)
No.21 (4,6)
No.23 (4,6)
No.8 (2,5)
No.17 (2,5)
No.3 (2,5)
No.19 (3,5)
No.14 (2,5)
No.10 (2,4)
No.22 (2,4)
No.1 (2,4)
No.2 (2,4)
No.20 (4,3)
No.24 (1,3)
No.13 (2,2)
No.4 (2,2)
No.15 (4,2)
No.11 (2,2)
No.6 (4,2)
No.5 (2,2)
No.7 (4,1)

出所：筆者作成。

図表6-30は，われわれが第4章において提示したグローバル戦略の類型化のフレームワークに沿って，回答企業をプロットしたものである。縦軸の問題解決能力のタイプには，上述の「コンサルティング・サービスの強み」（図表6-16参照）に関する回答結果を当てはめた（1=非常に構造的領域に強い，4=どちらとも言えない，7=非常に非構造的領域に強い）。横軸のプロフェッショナル性については，「回答企業の経営形態」の回答を用いた。

純粋なパートナーシップ性を志向しているほどプロフェッショナル性が強い（保守的）と仮定し，1＝「株式公開は行っている。通常の株式会社と同様の経営を行っている。」，2＝「株式公開は行っていない。通常の株式会社と同様の経営を行っている。」，3＝「株式公開は行っている。実質的にはパートナーシップの形態を採用している。」，4＝「株式公開は行っていない。パートナーシップの形態を採用している。」とスコアを当てはめた。その結果，回答企業は，A～Eの大きく5つのグループに分けることができた。

まず，「コンサルティング方法論の位置づけ」（図表6-17参照）において，「1. 日本支社におけるコンサルティング・サービスの提供とは，ある程度，グローバルに共有されているコンサルティング方法論のカスタマイズであると言える。」というコンサルティング方法論を活用していると考えられる設問に回答している企業は，Dのグループ（問題解決能力のタイプが中程度）を除くと，非定形型問題解決能力（4社），定形型問題解決能力（6社）となり，定形型問題解決能力を強みとする回答企業の方が，わずかではあるが回答が多かった。グループ単位でみると，グループBの4社中の4社全てが回答していた。

次に，「4. 日本支社においてはコンサルティング・サービスを提供する上で，何らかのコンサルティング方法論を適用するというよりも，クライアントごとのカスタマイズの方が重要である」というコンサルティング方法論をあまり活用していないと考えられる設問に回答している企業は，Dのグループを除くと，非定形型問題解決能力（5社），定形型問題解決能力（4社）となった。グループ単位でみると，グループA（3社/5社），グループB（2社/4社），グループC（0社/4社），グループD（1社/4社），グループE（1社/4社）となった。

このように，記述統計量からは，非常に素朴な分析ながら，われわれの考えるような対応関係は示唆されていると言える。しかし，以上の分析は，統計的には誤差の範囲内かも知れず，有意差があるとは断言できない。ただし，この結果に対して，われわれが行った質的調査の成果によって補完すれ

ば，対応関係はより鮮明となると言える。第5章において説明したように，われわれは，アンケート調査の回答企業に対して一連の追跡調査を実施している。図表6-30にプロットしている24の回答企業に関して言えば，約6割にあたる14社をカバーしている。

　その成果から言えることは，非定形型問題解決能力の程度が，コンサルティング方法論の活用可能性に大きな影響を与えるという点である。やはり，非定形型問題解決能力に依存しているファームでは，コンサルティング方法論の活用は限定的となり，どうしてもクライアントごとのカスタマイズの方が重視されるようである。図表中で言えば，グループAに相当する。実際，われわれは，グループAの5社中の4社に対してインタビュー調査を行うことができたが，いずれも一様に，コンサルティング方法論はあるにはあるが，それをそのまま適用することは難しいということであった。別言すれば，非定形型問題解決能力に極端に依存していない場合には，コンサルティング方法論の活用可能性は概して高まるようである。

　加えて，実際のコンサルティング方法論の「活用度」については，各ファームが保有しているコンサルティング方法論の適用可能性の程度，各ファームの戦略的アイデンティティ及び個別戦略のあり方によって大きな影響を受けるようである。例えば，同様の問題解決能力のタイプの位置づけられるファームでも，そもそもグローバルに共有されているコンサルティング方法論の適用可能性の程度が低い場合には，当然のことだがローカル市場での適用は困難となる。そのため，ローカル支社独自にコンサルティング方法論を開発したり，クライアントごとのカスタマイズを重視したりする必要が出てくる。そのため，本来であれば，コンサルティング方法論の活用可能性が高い場合でも，結果としての活用度が低くなってしまう。その他，戦略的アイデンティティの影響や個別戦略の観点から，コンサルティング方法論の活用を過小な程度に留めておくということもある。それが結局は，競合他社との差別化となり，競争優位性の源泉ともなると考えられる。

　これらの点については，今回のアンケート調査における，いわば発見事実

であり，統計的な検証は難しいが，今後のこれらの考察結果を踏まえた調査票の設計を行えば十分に統計的な検証は可能であると考える。詳しくは，終章において今後の課題として述べたい。

小結

　以上，本章では，アンケート調査の主として記述統計量にもとづき，日本における外資系経営コンサルティング・ファームの経営実態を把握し，先行研究で指摘されていた論点の考察，検証を行ってきた。

　調査を行った2003年当時，そして現時点（2013年）においても，日本における経営コンサルティング・ファームの活動実態，とりわけ外資系経営コンサルティング・ファームの活動実態については，公になっている資料がない。まず，この点について，一次資料としての価値を含めて，本章の考察結果は有意義なものであると言えよう。今回のアンケート調査における回答企業は，日本というローカル市場において，堅調な経営を行っており，十分な成果をあげていると認識していることがわかった。加えて，冒頭で述べたように，先行研究で散見される幾つかの論点，本研究におけるわれわれとの認識の相違点について，ある程度の検証はできたと考えられる。

　次章では，本章と同様のデータセットを用いて，経営コンサルティング・ファームがどのような手段を用いてグローバルな協働を達成しているのかという点について，考察していく。

第7章 協働メカニズムについての分析

はじめに

　本章では，前章に引き続き，アンケート調査より得られたデータセットを用いた経営コンサルティング・ファームのグローバル戦略に関する実証的考察を展開していきたい。

　第4章において考察したように，ローカル・ファームの競争優位をベースにして考えると，経営コンサルティング・ファームのグローバルな競争優位とは，ローカル・ファームでは獲得できない競争優位であり，「グローバル性」がローカル・ファームにもたらす「効果」であると考えられる。その効果は，「間接的な効果」（グローバルなプレゼンスがもたらす評判効果）と「直接的な効果」に大別でき，とりわけ「直接的な効果」を得ることが，経営コンサルティング・ファームのグローバル戦略の目的であり中身となると位置づけることができる。

　そして，「直接的な効果」には，「グローバルなプレゼンスを活かしたチーム編成」や「グローバルな知識ベースを土台にしたサービスの提供」などが考えられるが，より正確に言えば，直接的な効果自体も，結果としての「表面に現れる具体的な現象」と，その「現象を成り立たせている原因となる要素（イネーブラー）」に分解してとらえることができる。この後者こそ，本章において考察しようとする経営コンサルティング・ファームのグローバルな協働（collaboration）を実現するのに寄与しているメカニズムである。第1章において提示したように，協働メカニズムの存在は，「協働的ネットワー

ク（理想型としての経営コンサルティング・ファームのグローバル化）」を構築するための重要な役割を果たすものであると考えられる。ただし，本研究における「協働」の概念は，必ずしも地理的近接性を伴う共同作業（例：国境横断的なチーム編成）に限定されるものではなく，インターネットに代表されるコミュニケーション・インフラを介したバーチャルな結びつき（例：ナレッジ・マネジメント・システム）も含めてとらえている点に留意されたい。

本章の目的は，経営コンサルティング・ファームのグローバルな協働を支えているメカニズムに焦点を合わせ，その構造を明らかにするための実証的な考察を行うことにある。加えて，発見事実に対する分析を行うことで，次章以降の事例研究，今後の研究における有益な洞察を得ることを狙いとしている。

7.1 グローバルな協働への懐疑的な見解について

7.1.1 コンサルティング方法論の存在

第Ⅰ部において考察してきたように，われわれは既に相当数の経営コンサルティング・ファームが国際化の段階を越えグローバル化の段階に到達していると考えている。しかし，先行研究においては，経営コンサルティング・ファームがグローバル戦略を遂行すること，とりわけ，グローバルな協働体制を確立していることについては，懐疑的な見解が多く見られる。

その主たる論拠が，経営コンサルティング・サービスの特徴である個別性・特殊性による。多くの経営コンサルティング・ファームは，クライアントが持つ固有のニーズに合致するようにコンサルティング・サービスをカスタマイズするため，地域ごとに自律的な経営を行っている。このようなローカル支社に対して，標準的な管理手法を強制的に導入するような「中央集権的な」管理を行うことは難しい。仮に協調した活動をするとしても，それは個々に独立し，同等の力を持つコンサルティング・ファーム内での提携を通

して初めて実現するものであり，本社による中央集権的な命令によって成立するものではない（Maister, 1993, 邦訳, pp.328-329）。通常であれば，このような産業は「マルチドメスティックな産業」として位置づけられ，グローバル戦略を遂行することは困難となる（Porter, 1986; Løwendahl, 2000, 2005; 西井, 2002, 2004b）。

しかし，第Ⅰ部における考察，及び前章において検証したように，実際には，多くの経営コンサルティング・ファームはコンサルティング方法論を活用することで，「地域ごとの自律的経営」と「横断的な協働的活動」を同時に実現しているものと考えられる。懐疑論者の論拠であるコンサルティング・サービスの個別性・特殊性は，コンサルティング方法論の活用及びそのカスタマイズによってある程度は回避することができるのである。

7.1.2 ITの進歩とナレッジ・マネジメントの進化

もう1点，懐疑論者が指摘しているのが，グローバルな協働の実現困難性である。しかし，ITの進歩，ナレッジ・マネジメントの進化により，かつては制約されていたコミュニケーションの問題のかなりの部分が，技術的に解決されるようになったと考えられる。

Maister（1993）は，グローバルな協働の難しさについて，「クライアントが現行の取引をより効率的・効果的にするために，ファームが過去に蓄積した経験（業務を通じてのものや，クライアントが属する産業に関するもの）を利用しようとするとき，ファームにとっては（ネットワークから専門的な知識・技術を得ることができるという）このような利益提供は難しいものになる。私の経験では，過去のプロジェクトにおけるデータベース，スキルや経験の一覧表，ファームが蓄積した知恵を利用するためのシステムといったものを持っているファームは，ほとんどない」と主張している（Maister, 1993, 邦訳, p.331）。

しかし，このMaisterの主張は，1980年代当時のプロフェッショナル・サービス・ファームの状況をとらえたものであり，今日とは様相がかなり異

なっている。アンケート調査時点における2003年時点においても，インターネットを基盤としたコミュニケーション・インフラが普及しており，電子メールの利用やビデオ会議システム，グループウェアの利用は経営コンサルティング・ファームのみならず，その他多くの企業においても幅広く活用されていた。更に，現在（2009年時点）においては，ハード面においてもソフト面においても，ITは，2003年当時をはるかに凌ぐ進歩を見せている。ただし，誤解の無いように言えば，Maister自身もグローバルな協働体制を実現しているファームについては，「ワン・ファーム」という概念で考察を行っている。「ワン・ファーム」の概念に関する先行研究については，後述するように本章で検証しようとする協働メカニズムを構成する次元として考慮している。

　ここでの要点は，Maisterの主張するようなグローバルな協働の難しさは，ITの活用を含めたナレッジ・マネジメントが解決しようとしていた問題に他ならないということである。すなわち，ITの進歩，それを活用するためのマネジメントが洗練されてきたことにより，先行研究において指摘されていた問題点のかなりの部分が解決されるようになってきたのである。

7.2　グローバルな協働メカニズム

7.2.1　協働を支える4つの次元

　このように，グローバルな協働の難しさは，かつてとはかなり事情が異なってきたものと考えられる。そこで，われわれは，グローバルに活動を展開している複数の経営コンサルティング・ファームに対して，パイロット調査としてのインタビュー調査を行った。そこで得られた知見と，既存研究のレビューとを踏まえて，以下のようなグローバルな協働メカニズムを構成すると考えられる4つの次元を特定した（図表7-1参照）。それは，(1) 規範，(2) 制度，(3) IT，(4) 標準化，である。

図表7-1 協働メカニズムを構成する次元と測定項目

次元	項　目
規　範	①「ワン・ファーム」といった理念の尊重 ②プロフェッショナリズムの尊重 ③クライアントへのコミットメント ④ファームへのコミットメント ⑤コンサルタント同士の尊重 ⑥コンサルタント同士の互恵的関係（ギブ・アンド・テイクの関係）
制　度	①スタッフの人材ローテーション ②協業に対する意欲のあるもの同士での組織編成 ③国をまたいでクライアントを担当するパートナーの制度化 ④ナショナル・プラクティスリーダーの任命 ⑤給与体系上のコラボレーションに対する報酬 ⑥ジョイント・トレーニング ⑦ジョイント・コミッティー ⑧センターズ・オブ・エクセレンスの設置 ⑨実践共同体（コミュニティーズ・オブ・プラクティス）の設置 ⑩社内取引やプロジェクト会計等の会計制度 ⑪企業内大学等の専門教育機関での合同研修 ⑫フォーマルなコンサルタント同士でのネットワーク形成 ⑬インフォーマルなコンサルタント同士でのネットワーク形成
IT （情報技術）	①電子メール ②ボイスメール ③ビデオ会議システム ④ロータスノーツのような協業を円滑に行うためのツール ⑤過去のアサインメントを検索したりするためのデータベース ⑥専門知識，ノウハウ，経験を有する人材を探索するためのデータベース
標準化	①発想法，思考法等，問題解決アプローチの標準化 ②コンサルティング方法論の標準化 ③プレゼンテーション・ツールの標準化（図，グラフ作成手順の標準化） ④共通の言語の使用 ⑤コンサルタント育成トレーニングの標準化 ⑥パートナー，マネジャーなどの職位の標準化 ⑦プロジェクト管理方法の標準化 ⑧経営管理指標（パフォーマンス測定指標）の標準化

(1) 規範

　第1の次元である「規範」とは,「ワン・ファーム」といった理念に象徴される共同体意識,プロフェッショナリズムに根ざした組織の価値観であり,協働を支える根本的な次元であると考えられる。

　「ワン・ファーム」とは,個々の支社は独立しているが,グループ企業全体が同じ価値観を共有している,1つのグローバル・ファームであることを意味する。これは,協働を得意とするプロフェッショナル・サービス・ファームにおいて,共通してみられる理念であり,主張である(Maister, 1993, 邦訳, pp.302-321)。ただし,この「ワン・ファーム」は,単なる理念というよりも,第2の次元である「制度」と密接な関係にあり,具体的な制度と結びついた1つのシステムとして機能していることに注意が必要である(Starbuck, 1992; Maister, 1993)。

　次に,「プロフェッショナリズム」とは,「クライアント・インタレスト・ファースト」という考え方に代表されるプロフェッショナルとしての職業精神や倫理観を指す。すなわち,利他心であり,クライアントの利益が企業,個人としての利益よりも重要であるとする価値観である(Edersheim, 2004; Løwendahl, 2005)。加えて,この次元では,ナレッジ・マネジメントに関する先行研究の成果を反映して,組織内の知識共有の際に必要とされる互恵主義に関する項目も採用した(Bartlett, 1996; Davenport and Prusak, 1998; McDermott, 1999)。

(2) 制度

　第2の次元である「制度」とは,社内取引会計のような協働に対して公正に報いる制度など,協働の促進を制度化している各種の施策を指す。

　例えば,ヘイグループでは,同じグループ企業といえども,通常のクライアントに奉仕するのと区別する必要がないという考え方を持っている。そこで,支社間において,ノウハウ,クライアントに関する情報等のやり取りが必要となった場合に,当事者間で取引を行い,それに見合った報酬を算出す

る。例えば，日本支社があるアサインメントにおいて他支社のコンサルタントの専門知識を必要とした場合には，日本支社におけるチーム・メンバーとしてそのコンサルタントを取り扱い，その働きに応じて報酬を与えるのである。その結果，個人のコンサルタント，支社における無形の貢献を正当に評価し，最終的には個々のコンサルタントの報酬増となって報われるインセンティブ制度として機能している（西井，2004b）。

また，より間接的に，インフォーマルなコンサルタント同士でのネットワークの形成を全社的に促進している場合もある。これは，個々のコンサルタント間でのギブ・アンド・テイクの関係にもとづく組織内の知識市場を形成する役割を果たしている（Davenport and Prusak, 1998）。もちろん，その背後には，知識の共有を促すためのインセンティブを整備する必要がある。例えば，ベイン（Bain & Company）のパートナーは，どのくらい同僚たちの手助けをしたかということを含め，毎年多様な角度から評価される。また，質の高い対話を実践しているか否かについても，その実績が評価されるが，ディレクターの場合では，それが年俸の4分の1に相当することもある。アーンスト・アンド・ヤング（Ernst & Young）では，「知的資産への貢献度とその活用度」という人事評価項目を設けている（Hansen et al., 1999）。

企業内大学等の専門教育機関での合同研修も最も重要な制度の1つである。有名なのは，アクセンチュア（旧アーサー・アンダーセン）のセント・チャールズ教育センターである。この教育センターは，元々はシカゴ南西部にあったセント・ドミニク・カレッジという元女子大学であった。そこを1970年に買収し，巨額の投資を行い，1678室の宿泊施設と5つの大講堂及び145の教室を有する教育センターに作り変えた。同社では，この教育センターにおいて，新入社員クラスからシニアクラス，パートナークラスまで，全世界のメンバーが一同に会し，年中を通した研修を実施している。この教育センターは，アンダーセンで業務を遂行する上で必要とされるコンサルティング方法論についての共通の理解を養うだけでなく，同じ研修所で学習

したという連帯感を生み出す源泉となっている（Porter, 1985; 森田, 1998, pp.138-140）。

(3) IT（情報技術）

第3の次元である「IT」とは，狭義のナレッジ・マネジメント[1]（野中・紺野, 1999）として理解されている。ITを活用した知識移転・共有のためのデータベースやコミュニケーションの仕組みを指す。

これは既存研究において，「ナレッジ・マネジメント・システム」（Chard, 1997; Sarvary, 1999），あるいは「ナレッジ・マネジメント戦略」（Hansen et al., 1999）として類型化されている。それは，Hansen他によると，「コード化戦略（codification）」と「個人化戦略（personalization）」の大きく2つの戦略に大別される。「コード化戦略」とは，コード化された知を再利用し，自社が似たような問題に直面したときに，同業他社よりも早く，安く，信頼性のある高品質なサービスを提供することを目指す。一方，「個人化戦略」では，個々のコンサルタント同士を結びつけ，コード化できない暗黙知の共有を促進することを狙いとしている。

Hansen et al. (1999) らは，この2つの戦略を選択する際の3つの要点を指摘している。第1に，提供する商品の種類である。提供する商品がコモディティ商品であれば，コード化戦略が適している。カスタマイズされた商品であれば，個人化戦略が適している。第2に，成熟した商品か，革新的な商品かによる。成熟した商品であればコード化戦略，革新的な商品であれば個人化戦略が適している。第3に，問題解決の方法の違いである。問題解決が形式知を中心に行われるのであれば，コード化戦略が適している。その際

---

[1] 狭義のナレッジ・マネジメントとは，「知識の共有・移転，活用のプロセスから生み出される価値を最大限に発揮させるための環境の整備とリーダーシップ」であり，企業内のベストプラクティスの共有，意味情報の活用という側面が強い（野中・紺野, 1999）。具体的には，文書化されたノウハウや提案，専門知識，過去の経験，顧客情報などをデータベース化することを指す。

には，標準化，プログラム化された手順に従って，仕事を進めることが重要となる。一方，問題解決が暗黙知を中心に行われる場合には，個人に体化された経験や知識に多くを依存しながら問題解決を図ることが必要となる（西井，2000）。

従って，ITという点では，コード化戦略では，過去のアサインメントを検索するためのデータベースを整備することになり，個人化戦略では，専門知識，ノウハウ，経験を有する人材を探索するためのデータベースを整備するという2つの性質の異なるデータベースとしてとらえられる。これ以外の項目では，コミュニケーション手段としての電子メール，ボイスメール，ロータスノーツなどのグループウェアに関する項目を採用した。

(4) 標準化

第4の次元である「標準化」とは，プロジェクト管理方法やコンサルティング方法論の標準化を指す。プロジェクト管理方法，コンサルティング方法論を標準化し，それをグローバルに共有することで，どの支社においても統一されたプロセス，手続きに従ってアサインメントを遂行することが可能となる。

例えば，アクセンチュアでは旧アーサー・アンダーセンの時代から，「BI (Business Integration)」という標準化された方法論を開発してきた。BIとはコンサルティング・サービスを提供するに当って，初期段階のコンセプト作成から，実施に至るまでの全体的なプロセスを実行・継続していくための包括的なアプローチである。現在は，更に，BIを進化させた「アクセンチュア・デリバリー・スイート」と呼ばれる標準的な5つのフレームワークに則ることで，高品質なソリューションとサービスをグローバルに提供しようとしている[2]。

加えてこの次元では，問題解決アプローチ，プレゼンテーション・ツール

---

[2] アクセンチュアの内部資料による。

に関する標準化に関する項目も採用した。これらは，ナレッジ・マネジメント研究において言及されているもので，直接的には協働を促進する性質のものではない（Rasiel, 1999; Rasiel and Friga, 2002）。しかし，パイロット調査におけるインタビュー調査によって，これらの問題解決アプローチやプレゼンテーションの方法が標準化され，共有化されていることで，支社合同でプロジェクト・チームを編成したときに，ある種の共通言語として機能することがわかっている。

7.3 データセットを用いた検証

7.3.1 測定項目について

　以上のグローバルな協働メカニズムを構成すると考えられる4つの次元について，アンケート調査から得られたデータセットを用いた検証を行った。

　本章で検証しようとする「グローバルな協働メカニズム」については，「日本支社と本社，他支社間における協働」を想定した。「協働」とは，「実際のアサインメントの遂行における協働（例：国境横断的なチーム編成，他支社とのジョイント・プロジェクト）だけではなく，アサインメント遂行における情報のやり取り（例：クライアントについての情報の交換，同類のアサインメントにおけるソリューションの援用）も含む」ものとして定義した。設問の構成は，「規範（6項目）」，「制度（13項目）」，「IT（6項目）」，「標準化（8項目）」からなり，それぞれの項目を，5件法（1=全く重要でない，3=どちらとも言えない，5=極めて重要である）で評価して頂いた。各質問項目における集計結果は，図表7-2の通りである。

　全体をみると，全ての項目の平均値が3点を超える結果となり，われわれの設定した測定項目が，重要度が高いものとして妥当性のあることがわかる。以下，個別の次元でみていくと，「規範」については，最も重要度が高かった項目は，「③クライアントへのコミットメント」(4.69)，次いで「②プロフェッショナリズムの尊重」(4.62)，「③コンサルタント同士の尊重」

図表7-2 測定項目の集計結果

測定項目	度数	最小値	最大値	平均値	標準偏差
①「ワン・ファーム」といった理念の尊重	26	2	5	3.88	.952
②プロフェッショナリズムの尊重	26	4	5	4.62	.496
③クライアントへのコミットメント	26	3	5	4.69	.618
④ファームへのコミットメント	25	3	5	3.96	.790
⑤コンサルタント同士の尊重	26	2	5	4.23	.765
⑥コンサルタント同士の互恵的関係（ギブ・アンド・テイクの関係）	26	1	5	3.69	1.050
①スタッフの人材ローテーション	23	1	5	3.26	1.096
②協業に対する意欲のあるもの同士での組織編成	25	2	5	3.84	.943
③国をまたいでクライアントを担当するパートナーの制度化	25	2	5	3.84	.898
④ナショナル・プラクティスリーダーの任命	23	1	5	3.65	1.112
⑤給与体系上のコラボレーションに対する報酬	22	1	5	3.32	.995
⑥ジョイント・トレーニング	23	1	5	3.65	1.071
⑦ジョイント・コミッティー	25	1	5	3.80	1.041
⑧センターズ・オブ・エクセレンスの設置	22	2	5	3.68	.839
⑨実践共同体（コミュニティーズ・オブ・プラクティス）の設置	21	2	5	3.57	.926
⑩社内取引やプロジェクト会計等の会計制度	24	1	5	3.33	1.090
⑪企業内大学等の専門教育機関での合同研修	21	1	5	3.24	1.044
⑫フォーマルなコンサルタント同士でのネットワーク形成	23	1	5	3.61	1.158
⑬インフォーマルなコンサルタント同士でのネットワーク形成	24	1	5	3.96	1.083
①電子メール	26	4	5	4.77	.430
②ボイスメール	26	1	5	3.27	1.430
③ビデオ会議システム	23	1	5	3.22	1.043
④ロータスノーツのような協業を円滑に行うためのツール	24	1	5	3.79	1.250

⑤過去のアサインメントを検索したりするためのデータベース	25	3	5	4.36	.638
⑥専門知識, ノウハウ, 経験を有する人材を探索するためのデータベース	25	3	5	4.36	.700
①発想法, 思考法等, 問題解決アプローチの標準化	26	1	5	3.54	1.104
②コンサルティング方法論の標準化	26	1	5	3.54	.948
③プレゼンテーション・ツールの標準化（図，グラフ作成手順の標準化）	26	1	5	3.92	.796
④共通の言語の使用	25	2	5	3.96	1.098
⑤コンサルタント育成トレーニングの標準化	24	2	5	3.88	.741
⑥パートナー, マネジャーなどの職位の標準化	23	2	5	3.91	.900
⑦プロジェクト管理方法の標準化	24	2	5	3.83	.816
⑧経営管理指標（パフォーマンス測定指標）の標準化	24	2	5	3.83	.917

(4.23) となった。

「制度」については，最も重要度が高かった項目は，「⑬インフォーマルなコンサルタント同士でのネットワーク形成」(3.96)，次いで「②協業に対する意欲のあるもの同士での組織編制」(3.84)，「③国をまたいでクライアントを担当するパートナーの制度化」(3.84)となった。「規範」の項目と比較すると，4点台に達したものはなかった。

「IT」については，最も重要度が高かった項目は，「①電子メール」(4.77)，次いで「⑤過去のアサインメントを検索したりするためのデータベース」(4.36)，「⑥専門知識，ノウハウ，経験を有する人材を検索するためのデータベース」(4.36)となった。これらの項目は，いずれも標準偏差も小さく回答企業の多くで重要視されていることがわかった。

7.3.2 協働メカニズムに関する分析

次に，協働メカニズムとしてわれわれが提起した次元をより精緻に分析

し，共通因子をとらえるために，因子分析を行った。因子抽出法は最尤法を採用し，因子間の相関関係を考慮して，プロマックス回転を行った[3]。分析に用いる変数については，SEFA（ver.2002）[4]を用いてモデルの適合度を判定し，33の変数から15の変数を用いることとした。質問項目に対して，因子数に制限を設けずに因子分析を行ったところ，固有値が1以上の因子が5因子抽出された。プロマックス回転後の因子負荷量，及び因子相関行列は，図表7-3，図表7-4の通りである。モデルの適合度は，カイ2乗値37.9（0.56＞0.05：5％水準の有意差で仮説が棄却できない），GFI（0.93）となり，モデルが観測データと十分に適合していると判断した[5]。

　第1因子，第2因子，第5因子は，われわれの特定した次元の内容に沿っていたので，因子の解釈が比較的容易であった。そこで，因子負荷量の高い質問項目の内容から判断して，第1因子を「制度化因子（α =.86）」，第2因子を「共有価値観因子（α =.84）」，第5因子を「ナレッジ・マネジメント・システム（以下KMSと略記する）因子（α =.76）」と名づけた。第3因子と第4因子に関しては，元々の「標準化」の次元が2つの因子に分かれた結果となった。第3因子に関しては，コンサルティング・サービスを提供するための一連のプロセスに位置づけられると考えられるため，「（サービス創造）プロセス標準化因子（α =.80）」と名づけた。第4因子に関しては，プ

---

[3]　念のため，因子抽出法を最尤法，因子間の相関関係が無いものと仮定して，バリマックス回転による因子分析も行った。その結果，バリマックス回転後の5因子による累積寄与率は，70.3％となっている。

[4]　SEFA（Stepwise Exploratory Factor Analysis）とは，ウェブ上で提供されている探索的因子分析における変数選択のプログラムである。詳しくは，SEFAのウェブサイト（http://bm.hus.osaka-u.ac.jp/sefa/）を参照されたし。

[5]　観測された分散共分散行列とモデルから再現される分散共分散行列が非常に食い違っていれば，カイ2乗値は大きな値をとり，カイ2乗分布に照らしてどれくらい極端な値かを確率的に判断できる。カイ2乗検定の結果，p値0.56＞0.05となったため，5％の水準の有意差でモデルと観測データが等しいという仮説が棄却できないと判断する。つまりモデルが観測データに適合していると見なすことができる。GFI（Goodness of Fit Index；0〜1までの値をとり，1であればモデルが完全に適合している）では，通常0.9以下のモデルは捨てることになる。

図表7-3 因子分析の結果（パターン行列）

※因子抽出法：最尤法：回転法：Kaiserの成果を伴うプロマックス法

測定項目	第1因子 制度	第2因子 規範	第3因子 方法論	第4因子 管理	第5因子 KMS
企業内大学等の専門教育機関での合同研修	.96				
社内取引やプロジェクト会計等の会計制度	.77				
ナショナル・プラクティスリーダーの任命	.66				
給与体系上のコラボレーションに対する報酬	.66				
コンサルタント同士の尊重		.86			
「ワン・ファーム」といった理念の尊重		.85			
ファームへのコミットメント		.70			
発想法，思考法等，問題解決アプローチの標準化			.84		
プレゼンテーション・ツールの標準化（図，グラフ作成手順の標準化）			.78		
コンサルティング方法論の標準化			.70		
プロジェクト管理方法の標準化				.92	
経営管理指標（パフォーマンス測定指標）の標準化				.83	
専門知識，ノウハウ，経験を有する人材を探索するためのデータベース					.90
過去のアサインメントを検索したりするためのデータベース					.81
ビデオ会議システム					.53

ロジェクト管理方法や経営管理指標の標準化であるため，「管理標準化因子（ α =.83）」と名づけた。抽出された協働メカニズムを構成すると考えられる5つの因子の内容は図表7-5の通りである。

図表7-4 因子相関行列

因子	1.	2.	3.	4.	5.
1. 制度	—				
2. 規範	.25	—			
3. 方法論	.10	.32	—		
4. 管理	−.13	.00	.22	—	
5. KMS	.37	.19	.04	−.28	—

図表7-5 抽出された因子

因子名	内容
制度化	協働を促進し，協働に対して公正に報い，協働へのインセンティブを保証する諸制度
共有価値観	プロフェッショナリズムに根ざした組織の価値観や，「ワン・ファーム」といった共同体意識
プロセス標準化	ソリューションを創造するための一連のプロセスの標準化
管理標準化	プロジェクト管理方法，経営管理指標の標準化
KMS（ナレッジ・マネジメント・システム）	知識移転・共有のためのナレッジ・マネジメント・システム（統合されたデータベース）の構築

7.4 発見事実についての分析

7.4.1 因子得点によるクラスター分析

　以上のように，われわれが特定した協働メカニズムを構成すると考えていた4つの次元は，因子分析の結果により，「制度化」「共有価値観」「プロセス標準化」「管理標準化」「KMS」という5つの因子から構成されることが明らかとなった。

　この結果は，アンケート調査実施前に行ったパイロット調査としてのインタビュー調査の内容とも一致する。しかし，パイロット調査において，それぞれの次元が重要であるとの感触は得ていたが，各次元の相対的な重要度に

図表7-6　因子得点の平均点

クラスター	制度化	共有価値観	プロセス標準化	管理標準化	KMS
1（17社）	−.41	−.25	.07	.13	−.48
2（ 5社）	1.13	1.01	.69	.53	.80
3（ 4社）	.31	−.20	−1.18	−1.21	1.04

は，経営コンサルティング・ファーム間で差異のあることがわかっていた。

そこで，われわれは，因子間の相対的な重要度の差異が，何によるものなのかについて手がかりを得るために，抽出された因子の因子得点によるクラスター分析を実施した。その結果，協働メカニズムを構成する5因子間の相対的な重要度が異なる特徴的な3つのクラスターが抽出された（図表7-6，7-7参照）。

クラスター1は，最も大きなクラスターで，17社から構成されている。業種別の内訳をみると，人事制度（3社），ERP（3社），SCM（2社），戦略立案（2社），事業再生（2社），その他（5社）となっている。因子間の特徴は，プロセス標準化因子と管理標準化因子を他の因子と比べると相対的に重視している。だが，各因子得点には大きな差は見られない。KMS因子については，クラスターの中で最も得点が低い。クラスターの特徴としては，各因子をまんべんなく重視していると考えられる。言い換えれば，最も特徴がないのが，クラスター1である。

クラスター2は，5社から構成されている。業種別の内訳をみると，エグゼクティブ・サーチ（2社），SCM（1社），技術コンサルティング（1社），無回答（1社）となっている。因子間の特徴は，プロセス標準化因子と管理標準化因子の値が相対的に低く，制度化，共有価値観，KMS因子の得点が高い。しかし，他のクラスターと比べると，全体的に非常に高い水準で各因子を重視している。クラスターの特徴としては，協働への意識が非常に高く，コンサルティング・サービスを提供する際のコスト効率を重視している企業が多かった。

図表7-7 因子得点によるクラスター分析

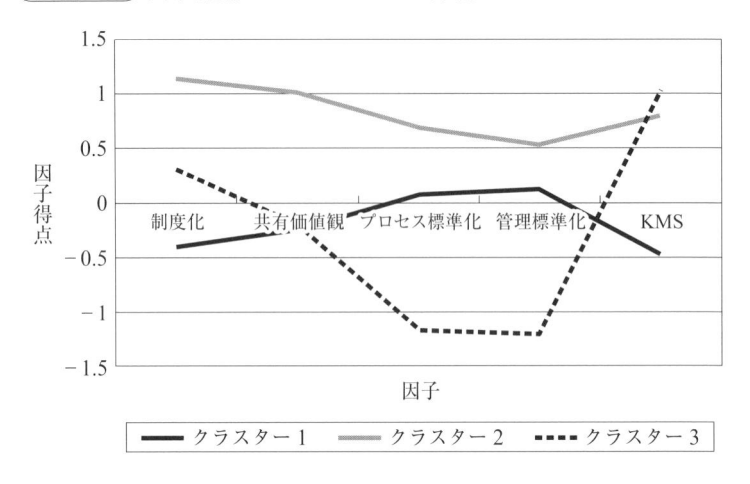

(図：因子得点による折れ線グラフ。横軸は因子（制度化，共有価値観，プロセス標準化，管理標準化，KMS），縦軸は因子得点（−1.5〜1.5）。クラスター1，クラスター2，クラスター3の3本の折れ線が示されている。)

　クラスター3は，4社から構成されている。業種別の内訳をみると，国際移転価格（1社），戦略立案（2社），無回答（1社）から構成されている。因子間の特徴は，プロセス標準化，管理標準化因子が非常に低く，制度化，KMS因子を非常に重視している。クラスターの特徴としては，協働への意識は非常に高いが，クラスター2のように，方法論や管理手法の標準化を通して，それを達成しようとはしていない。クライアントごとのカスタマイズを最も重視する傾向がみられた。

7.4.2　競争優位性と協働メカニズムとの間の適合的関係

　以上のクラスター分析の結果について，アンケート調査の他の質問項目，記述回答を参考に分析を行ったところ，経営コンサルティング・ファームの価値創造のあり方とグローバルな協働メカニズムとの間に適合的な関係があることが示唆された。すなわち，第4章において考察したように，問題解決能力のタイプの違い（定型型問題解決能力と非定型型問題解決能力）とそれによって規定される基本的なビジネスモデルのあり方の違いによって，適合

図表7-8　価値創造のあり方と協働メカニズムとの適合的関係

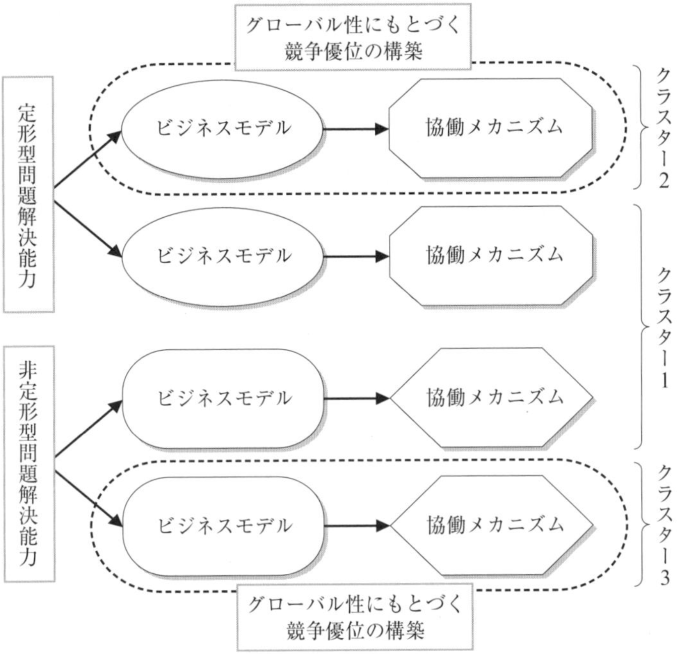
グローバル性にもとづく
競争優位の構築
定形型問題解決能力
非定形型問題解決能力
ビジネスモデル
協働メカニズム
クラスター2
クラスター1
クラスター3
グローバル性にもとづく
競争優位の構築

出所：筆者作成。

するグローバルな協働メカニズムの仕組みが異なると考えられる（図表7-8参照)。

非定形型問題解決能力を持つ経営コンサルティング・ファームでは，クライアントの課題に対して，できる限り「創造的」な問題解決を行おうとすると考えられる。そのため，コンサルタント個人が持つ能力に依存する比重が高くなり，コンサルティング方法論の活用可能性は限定的となる。一方，定形型問題解決能力を持つ経営コンサルティング・ファームでは，クライアントの課題に対して，できる限り「効率的」な問題解決を行おうとする。そのため，コンサルティングのプロセスは定式化され，標準化された仕事の進め

方が重視され，コンサルティング方法論の活用可能性は高まると考えられる。そして，基本的なビジネスモデルのあり方は，この問題解決能力のタイプの違いによって影響を受けると考えられる。

　クラスター分析の結果に戻れば，最も大きなクラスター1に属している経営コンサルティング・ファームは，定形型問題解決能力を有している経営コンサルティング・ファームもあれば，非定形型問題解決能力を有していると考えられる経営コンサルティング・ファームも共に含まれていた。また，グローバルな協働に関しても，それほど重視しているわけではなく，ローカル性を重視した伝統的なプロフェッショナル・サービス・ファームの形態を保っている経営コンサルティング・ファームが多かった。あるいは，コンサルティング・サービスに重点を置いているというよりも，むしろベンダー企業という性格を持つ経営コンサルティング・ファームが多かった。このクラスター1に含まれている経営コンサルティング・ファームの多くは，既存研究で指摘されていたように，グローバル性にもとづく競争優位を構築しているかどうかについては，疑問の残るところとなった。

　クラスター2は，定形型問題解決能力を有していると考えられる経営コンサルティング・ファームから構成されていた。この場合，コンサルティング方法論をグローバルに共有することで，グローバルな協働のメリットが享受できる。従って，協働メカニズムは，プロセス標準化，管理標準化，KMSといった因子の重要性が高くなる。

　クラスター3は，非定形型問題解決能力を有していると考えられる経営コンサルティング・ファームから構成されていた。この場合，グローバルな協働のメリットは，あくまでもゼロからのソリューション創造に役立つ経験，ノウハウを結び付けることとなる。従って，クラスター2と異なり，プロセス標準化，管理標準化といった標準化を行うことで得られるメリットは多くないと考えられる。

　以上2つのクラスターに含まれている経営コンサルティング・ファームは，グローバル性にもとづく競争優位の構築を現実に達成しているものとし

てとらえることができるようである。

小結

　以上，本章では，経営コンサルティング・ファームのグローバルな協働を支えているメカニズムに焦点を合わせ，アンケート調査より得られたデータセットを用いた実証的な考察を行ってきた。考察の結果，グローバルな協働メカニズムを構成する要因として，5つの因子が抽出された。それは，①制度化因子，②共有化因子，③プロセス標準化因子，④管理標準化因子，⑤ナレッジ・マネジメント・システム因子，である。これらの因子はわれわれが先行研究及びパイロット調査より得られた知見にもとづいて提示した次元にほぼ沿った内容のものとなった。

　続いて，協働メカニズムを構成するこれらの因子間の相対的な重要度の差異が，何によってもたらされているのかについて考察するために，因子得点によるクラスター分析を実施した。その結果，協働メカニズムを構成する因子間の相対的な重要度が異なる，特徴的な3つのクラスターを抽出することができた。

　この発見事実について，アンケート調査の他の質問項目，記述回答を参考に分析を進めたところ，経営コンサルティング・ファームの価値創造のあり方と協働メカニズムとの間には，適合的な関係があることがわかった。定形型問題解決能力を有していると考えられる経営コンサルティング・ファームでは，コンサルティング方法論をグローバルに共有することで，グローバルな協働のメリットが享受出来る。そのため，協働メカニズムは，プロセス標準化，管理標準化，KMSといった因子の重要性が高くなる。一方，非定形型問題解決能力を有していると考えられる経営コンサルティング・ファームでは，グローバルな協働のメリットは，あくまでもゼロからのソリューション創造に役立つ経験，ノウハウを結び付けることとなる。従って，クラスター2と異なり，プロセス標準化，管理標準化といった標準化を行うことで

得られるメリットは多くないと考えられる。そして，これら2つのクラスターに含まれている経営コンサルティング・ファームは，グローバル性にもとづく競争優位の構築を現実に達成しているものとしてとらえることができるという示唆を得ることができた。この発見事実は，上述したナレッジ・マネジメントに関する先行研究においても，コード化戦略，個人化戦略として言及されていた内容を裏づけるものでもある。

　量的調査にもとづいた実証的考察は，本章においてひとまず終えて，次章以降は，質的調査にもとづいた事例研究による実証的考察を行っていく。第8章では，比較事例研究により，問題解決能力のタイプとビジネスモデル，グローバル戦略との関係性について考察していく。

第8章

比較事例研究：
ヘイ日本法人とマーサー日本法人

はじめに

　本章を含め，以降3つの章にわたって，事例研究を展開していく。中でも本章では，比較事例研究に取り組む。対象とする事例は，株式会社ヘイコンサルティンググループ（以下，ヘイ日本法人）とマーサー・ヒューマン・リソース・コンサルティング株式会社（以下，マーサー日本法人）[1]である（図表8-1参照）。

　第5章においても述べたように，比較事例研究の利点は，単一の事例を対象とする事例研究よりも，そこでの考察結果が，より一般化可能性を持つという点にある。本章の目的は，この利点に注目し，ヘイ日本法人とマーサー日本法人の比較事例研究を通して，経営コンサルティング・ファームのグローバル戦略のあり方を決める要因として「ビジネスモデル」に注目し，「ビジネスモデル」と「グローバル戦略」との関係について理解を深めることにある。加えて，発展的考察として，知識集約型企業のビジネスモデルやグローバル戦略についての洞察を得ることも企図している。

---

[1] 以下，ヘイ日本法人についての記述は，ヘイ日本法人元代表取締役社長（現特別顧問）である田中　滋氏を対象に実施した複数回にわたるインタビュー調査の結果にもとづいている。その他，ヘイグループの内部資料，ヘイ日本法人のウェブサイト（http://www.haygroup.co.jp/index.html），西井（2004b）の内容にもとづいている。同様に，マーサー日本法人についての記述は，マーサー日本法人元代表取締役社長である柴田励司氏（現株式会社Indigo Blue代表取締役社長）を対象に実施した複数回にわたるインタビュー調査の結果にもとづいている。その他，マーサー日本法人の内部資料，マーサー日本法人のウェブサイト（http://www.mercerhr.co.jp/）を参考にしている。

図表8-1 ヘイ，マーサー日本法人のポジショニング

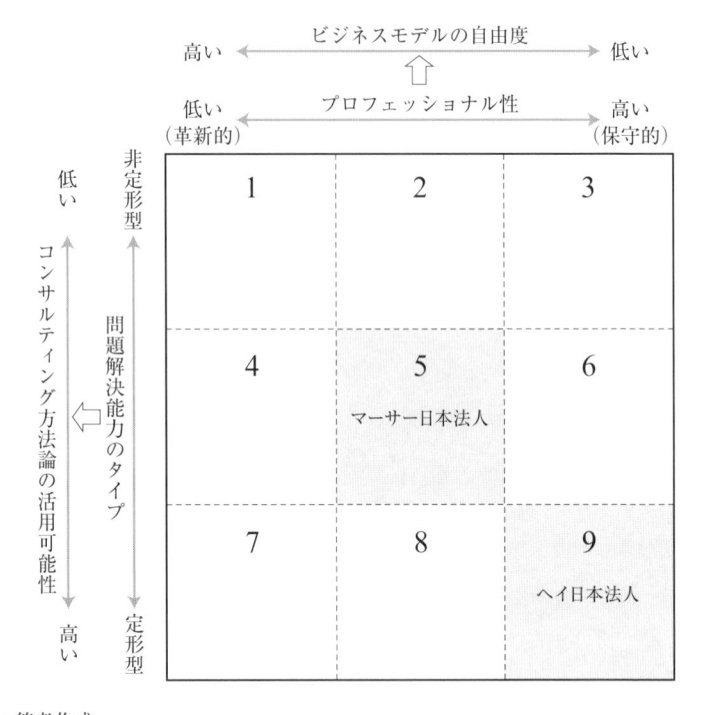

```
                 ビジネスモデルの自由度
           高い ←――――――――――――→ 低い
                       ↑
                 プロフェッショナル性
           低い ←――――――――――――→ 高い
          (革新的)                   (保守的)

  低い  非
      定  ┌─────┬─────┬─────┐
   ↑  形  │  1  │  2  │  3  │
   コ  型  │     │     │     │
   ン     ├─────┼─────┼─────┤
   サ  問  │     │     │     │
   ル  題  │  4  │  5  │  6  │
   テ  解     │     マーサー │     │
   ィ  決     │     日本法人 │     │
   ン  能  ├─────┼─────┼─────┤
   グ  力     │     │     │     │
   方  の  │  7  │  8  │  9  │
   法  タ  │     │     │ ヘイ日本法人
   論  イ  └─────┴─────┴─────┘
   の  プ
   活  定
   用  形
   可  型
   能
   性
  高い
```

出所：筆者作成。

　なお，マーサー日本法人は，親会社であるマーシュ・アンド・マクレナンの組織再編に伴い，マーサー（Mercer）に社名が変更され，世界全域でブランドを統一することとなった。現在（2009年時点）のマーサー日本法人の正式な名称は「マーサー ジャパン株式会社（Mercer Japan Ltd.）」である。同社のウェブサイトを参考にする限り，マーサー，マーサー日本法人のグローバル戦略に関しても改革が進められているようである。しかし，本章における考察対象は，質的調査の主要なデータが得られた2004年前後のマーサーHRCの子会社としてのマーサー日本法人であることを注意されたい。

8.1 ヘイ日本法人のビジネスモデル

8.1.1 ヘイグループとヘイ日本法人の沿革

　ヘイグループは，1943年，アメリカのフィラデルフィア州ペンシルバニアにおいて，エドワード・ネッド・ヘイ（Edward Ned Hay）によって設立された，人事・組織に関する経営コンサルティング・サービスを主として提供している経営コンサルティング・ファームである。現在，進出先は47カ国，支社数は86社，グループ全体のコンサルタント数は，約2,600人である（2009年度）。人事・組織に関する経営コンサルティング・ファームでは，世界でも最も有名な1社であると言える[2]。

　創立者であるヘイは，ファースト・ペンシルバニア・バンクの人事部長として30年にわたるキャリアを積んでいた[3]。既に壮年期であり，退職を控えていたヘイは，マネジメントにおける人的側面が軽視されていることに注目し，「将来，最も成功する企業は改善された人事のテクニックを十分に活用している企業である」と考え，1943年，ヘイグループの前身となる，エドワード・ヘイ・アンド・アソシエーツを設立した（図表8-2参照）。

　控えめなスタートを切った同社であったが，1945年には，ゼネラル・フー

---

[2] Vaultの調査による（Lerner, 2003）。この調査によれば，ヘイグループは経営コンサルティング業界全体では，27位，人事・組織コンサルティング・ファームでは，4位となっている。同じ調査では，マーサー・ヒューマン・リソース・コンサルティングは，業界全体では，13位，HRでは1位となっている。ただし，指標はVaultによって算出された独自指標である。売上高等についての詳細なデータに関しては，多くの場合は，推算である。　直近のデータは公開されていないが，Industry Week（1999）による推算によれば，1998年度時点において，経営コンサルティング産業全体では，売上高において41位であり，グループ全体で，2億8,100万ドルと見積もられている。なお，ヘイグループ及びヘイ日本法人の財務データ等の入手が困難な理由には，本文中でも指摘するように，ヘイグループが依然としてパートナーシップ制度によって運営されていることがあげられる。

[3] 第2次世界大戦中の一時期は，米国の物価管理局（OPA：Office of Price Administration；1941-1946）にて公務員の仕事に就いていた。

（図表8-2）ヘイグループとヘイ日本法人の沿革

	ヘイグループ	ヘイ日本法人
1943	• ヘイグループの前身となるエドワード・ヘイ・アンド・アソシエーツが設立される。	
1945	• ゼネラル・フーズ社との大口契約により、ヘイシステムの基本的な枠組みを完成させ、経営コンサルティング・ファームとして本格的な活動を開始する。	
1949	• ミルトン・ロックが入社する。	
1950s	• ヘイシステムが急速に普及し始める。 • ミルトン・ロックを中心にヘイグループのグローバル展開が模索し始められる。 • 1958年、エドワード・ヘイが死去する（67歳）。	
1960	• 初の海外支社としてトロント支社が設立される。	
1963	• MSL（イギリスの就職斡旋会社）とのパートナーシップを結び、ロンドン支社が設立される。	
1967	• メルボルン支社が設立される。	
1968	• メキシコシティ支社が設立される。	
1970s 1980s	• 米国、ヨーロッパのほとんど全ての主要都市に支社を設立する。ラテンアメリカ、オーストラリア、ニュージーランド、マレーシア、香港においても支社の設立が進む。 • 1984年、サーチ・アンド・サーチ社に買収される。 • 1985年、マックバー社がヘイグループに加入する。	• 1979年、ヘイ日本法人が設立される。 • 外資系企業にサービスを提供するようになる。 • （第Ⅰ期：設立～1980年代）日本の一部の大手金融機関にサービスを提供するようになる。
1990	• サーチ・アンド・サーチからのMBOにより独立する（パートナーシップ制の復活）。	

1990s	・グローバル統合を進める。 ・ヘイ・ペイネット（Hay PayNet）を導入する。	・（第Ⅱ期：1980年代～バブル期）大手金融機関，証券会社，航空会社に対してサービスを提供するようになる。 ・（第Ⅲ期：1990年代半ば～）1990年代半ば以降，バブル経済の崩壊を受けて，武田薬品工業，トヨタ自動車といった日本の大手の多国籍企業を対象としたサービスを提供するようになる。
2003	・創立60周年を迎える。	
2009	・ウェブサイトがグローバルに統合される。	・創立30周年を迎える。

出所：ヘイグループ内部資料（Success Through People：創立50周年を記念して出版された記事）及びヘイグループ（http://www.haygroup.com/ww/Index.aspx）のウェブサイトを参考に筆者作成。

ズ社と450にも及び職務研究と評価に関する大口契約を得ることができた。この契約がもとになって，後に「ヘイシステム（ヘイ・ガイド・チャート・プロファイル・メソッド）」として制度化されることになる基本的な枠組みが完成された。これを契機に，ヘイはファースト・ペンシルバニア・バンクを退職し，ヘイグループは，独立した経営コンサルティング・ファームとして本格的な活動を開始した。1960年には，初の海外支社としてカナダにトロント支社が設立された。1970年代から1980年代には，国際展開を加速させ，世界中の主要な都市に支社が設立されるようになる。ヘイ日本法人が設立されたのも，ちょうどこの時期であり，1979年のことであった。

また，1980年代は，その後のヘイグループにとって大きな影響を与える二つの出来事があった。まず，1984年，ヘイグループは，世界的な広告代理店であるサーチ・アンド・サーチ（Saatchi & Saatchi）[4]により買収され

---

[4] サーチ・アンド・サーチ（Saatchi & Saatchi）とは，1970年に英国ロンドンにて設立された世界最大規模の広告代理店である。現在は，ニューヨークに本社があり，86カ国に展開し，150もの拠点を構えている（サーチ・アンド・サーチのウェブサイト：

ることとなった[5]。次に，1985年には，マックバー（Mcber & Company）[6]がヘイグループに加入したことである。同社がヘイグループに加入したことにより，その後ヘイグループ内にて，コンピテンシー制度の実践的運用がサービスとして提供されるようになる。

　サーチ・アンド・サーチの構想は，期待以上の成果をあげることができず，1990年，ヘイグループはMBOによりサーチ・アンド・サーチから独立を果たす。これを契機に原点回帰を果たす。パートナーシップ制を復活させ，より純粋なプロフェッショナル・サービス・ファームとしてヘイグループの再出発を図る。これに関連して，1990年代以降は，クライアントのニーズに対応した新しいサービス（例：ヘイ・ペイネット）の導入を図ると共に，重要でないと思われる分野から撤退を行うようになる。加えて，ヘイグループ全体としてのグローバルな統合に重点を置いた経営を志向するようになる。

　現在（2009年度），ヘイグループの提供するヘイシステムは，フォーチュン1,000社の過半数以上で採用され，報酬制度のデファクト・スタンダード，グローバル・スタンダードの位置を占めている。

　ヘイ日本法人は，1979年，資本金1,000万円，東京都港区において設立された。経営形態は，株式会社であり，ヘイグループ（ヘイ・グループ・インベストメント・ホールディング・ビー・ブイ）の完全子会社であるが，実質的なガバナンスはパートナーシップ制度によって運営されている。現在（2008年度），コンサルタント数は約40人でありグループ全体でみた支社の規模としては平均的な大きさである。

　ヘイグループの日本進出は，日本における外資系の経営コンサルティン

---

http://www.saatchi.com/en/about_saatchi_saatchi/roots)。
5）これは，サーチ・アンド・サーチが，「経営に関するビジネスサービスのワンストップショッピングを実現する」という壮大な戦略のもとに行われた買収戦略の一貫であった（ヘイグループ内部資料による）。
6）同社は，コンピテンシー概念を提起したハーバード大学の行動心理学者であるディビッド・マクレランド教授によって設立された会社・研究機関である。

グ・ファームとしては草創期にあたり[7]，ヘイ日本法人も，日本において30年にわたる活動実績を誇っている（2009年時点）。ヘイ日本法人は，ヘイグループと同様に，ヘイシステム，コンピテンシー制度を核とした人事・組織に関する経営コンサルティング・サービスを主として提供している。大手の日本企業を多数クライアントに抱えており，武田薬品工業への人事制度導入の事例は良く知られている。

8.1.2 ビジネスモデル分析

それでは，以下，第5章において提示したビジネスモデル分析のフレームワークに従って，ヘイ日本法人のビジネスモデルについて分析を行う。

（1）構成要素1：顧客への提供価値

ヘイ日本法人の主要なサービスは，大きく5つの領域に分かれている。それは，①組織文化の診断と改革の支援，②役員業績評価と育成・登用制度の設計，③グローバル人事政策・制度の設計，④明確なアカンタビリティーと適切な評価制度にもとづく「報酬制度」の設計，⑤コンピテンシーにもとづく「人材開発」の設計である。

サービスの提供においては，標準化された方法論がその土台にある。ヘイシステム（ヘイ・ガイドチャート・プロファイル法），コンピテンシー辞書

---

[7] ただし，上述したように，ヘイグループ全体からみれば，日本法人設立は，決して早い方ではなかった。既にアジア地域では，香港，シンガポール支社が先行していた。ヘイグループ全体の国際展開は，1970年代を中心に進み，1980年代に入る頃にはほぼ完了していた。日本法人も，この国際展開の一環として設立された。しかし，他の支社とは異なり，日本法人の場合は，例外的な先行投資型の設立であった。通常，経営コンサルティング・ファームを含むプロフェッショナル・サービス・ファームにおいては，進出先においてクライアントの規模がある程度確保でき，採算性があると判断されて初めて進出が決定される（Grosse, 2000；西井，2002）。ヘイグループの場合も同様に，日本以外の国際展開においては，ほぼ全て利益が確保できるという見通しの上に支社設立が決定されてきた。そのため，日本法人は，設立時から5年程度は赤字状態が続いていた。

がその一例である。コンサルティング・サービスの種類は，人事・組織へ特化している。そのサービスラインは競合他社と比較した場合は，相対的に狭いが，サービスラインのシステム性は高い。例えば，グローバル人事制度の導入といったアサインメントにおいては，組織文化の診断と改革→役員業績評価と育成・登用制度の設計→職務等級制度→コンピテンシー制度といった具合に，一連の導入手法がプロセス化され，クライアントに提供される（笠原・西井, 2005）。

(2) 構成要素２：市場要因

ヘイ日本法人の対象としている市場構造はB to B市場である。すなわち，対象となる顧客は，人事制度に関するコンサルティング・サービスを希望している既存企業であり一般消費者ではない。市場範囲は，基本的には日本国内を対象にしているが国際にもまたがる。アサインメントの内容次第であり，特定の国，地域に限られているわけではない。近年は，日本多国籍企業の海外進出先におけるアサインメントが増えてきており，ヘイ日本法人が中心となって，ヘイ海外支社との協働によりアサインメントを遂行することもしばしば見られる。

ターゲットとするクライアントに関しては，クライアントの所属する業界による限定はない。ただ，ヘイグループの歴史的な発展経緯を踏まえ，金融，製薬業界を対象とするアサインメントを得意としている。クライアントの数量比率，売上比率ともに，大企業，特に日本（多国籍）企業の占める割合が80％と大きい。この比率の高さは，いかに同社が日本市場に根づいているかを示していよう。クライアントとの関係は，長期にわたる継続的な関係を志向している。これは，人事・組織に関するコンサルティング・サービスの性質として，コンサルティングに要する期間が相対的に長期にわたることも関係していると考えられる。人事制度の導入に当たっては，確立されたプロセスを保有している。

(3) 構成要素3：内部ケイパビリティ

　ヘイ日本法人の競争優位の源泉は，その卓越した方法論の開発と確立にある。それは，同社の基幹サービスとなっているヘイシステム，職務等級制度，コンピテンシー制度に代表される。加えて，同社の強みは，それら制度のオリジナル性を確保している点が指摘できる。現在，ヘイ日本法人の主力商品となっているのが，職務等級制度をベースとしたコンピテンシー制度の導入であるが，このどちらもヘイグループ内において独自に開発されたものである。

　経営コンサルティング業界においては，流行となったコンサルティング手法は，競合他社によってすぐさま模倣され同様の商品として提供されることが常態化している（西井，2001a）。ヘイグループの場合も，同様のコンピテンシー制度を提供している競合他社が存在している。しかも，そういった競合他社におけるコンピテンシー制度の提供には，ヘイグループから引き抜かれたコンサルタントが関わっている場合が多い。しかし，コンピテンシー制度を提供する競合他社が数ある中で，コンピテンシー概念を提起した企業をグループ企業として抱えているのはヘイだけである。現在，同企業は，ヘイグループのR&D機関かつ品質管理の機関としての役割を果たしており，同企業において，ヘイグループのコンサルタントは，コンサルティング方法論の理解，運用についての資格認定を受けている。

　これらのコンサルティング方法論とともに，同社の強みを支えているのが個々のコンサルタントの能力の高さである。同社は，世界標準となっているコンサルティング方法論を保有しているが，それらの方法論の強みを活かすためには，個々のコンサルタントの能力が伴っている必要がある。

(4) 構成要素4：競争戦略要因

　ヘイ日本法人が重視しているのは，業界内での卓越したブランドイメージである。ヘイ日本法人が日本における足場を築くきっかけとなったのが，ヘイグループが持つグローバルな評判や実績であった。同社が特に重点を置い

ているのが，コンサルティング業界内でのオピニオン・リーダーとしての位置づけである。同社は，自らを「思考のリーダー（thought leader）」たらんとマーケット・イメージを固守することを最優先に掲げている。

　グローバル・スタンダードとしてのコンサルティング・サービスの提供は，ヘイグループ全体のグローバル戦略の基本ともなっている。グローバル展開を開始した当時のCEOであるミルトン・ロックは，「普遍的な商品とサービス」がアメリカ以外の他の国々においても活用できると確信していた。このグローバル戦略の成功は，ヘイシステムがフォーチュン1,000社の半数以上で採用されている報酬制度の世界標準としての地位を確立していることに示される。また，ヘイ日本法人は，このようなグローバル・スタンダード性をもった商品の強みを最大限に活用するために，グローバル人事制度構築といったグローバル性にもとづくコンサルティング・サービスを求めるクライアントを専ら対象にしている。従って，日本市場においても，方法論自体のローカライズは行わない。

（5）構成要素5：経済要因

　ヘイ日本法人の主たる収益の源泉は，コンサルティング・サービスにあり，時間単位あたりの報酬が基本である。同社は，基幹サービス以外のサービスラインとして診断テスト・サービス（DTS: Diagnostic Testing Service），給与・報酬比較調査（RIS: Reward Information Service），トレーニングプログラム等のある程度パッケージ化されたサービスの提供も行っているが，これらのサービスはある種のマーケティング活動の一部としてとらえている。同社の収益に占める比率は1割弱に過ぎない。

　収益構造の基本は，ローボリューム，ハイマージンにある。つまり，相対的に高額なコンサルティング・フィーにもとづき，売上高をコンサルタント数で割った場合，ある一定程度の高い比率の保持を重視している。

(6) 構成要素6：成長志向

ヘイ日本法人の成長志向は，収益重視モデルであると考えられる。経済要因でも確認したように，収益構造の基本は，ローボリューム，ハイマージンにあり，企業規模の成長はそれほど志向していない。少数精鋭のコンサルタントによる高収益を目指している。加えて，近年では，より純粋なプロフェショナル・サービス・ファームを目指し，トップマネジメントに対する人事戦略の提案にも注力している。

以上，ヘイ日本法人のビジネスモデルの6つの構成要素について記述してきた。それを基礎レベル，専有レベルという分析レベルに分けてとらえると，図表8-3のように整理することができる。

8.2 マーサー日本法人のビジネスモデル

8.2.1 マーサーHRCとマーサー日本法人の沿革

マーサーHRCは，1945年，カナダのバンクーバーにおいて，ウィリアム・マンソン・マーサー（William Manson Mercer）によって設立された経営コンサルティング・ファーム（ウィリアム・エム・マーサー社）を起源としている（図表8-4参照）。マーサーは，カナダにおいて，従業員福利制度が個々のクライアントのニーズに合致するように個別に設計されるべきであると考えた最初期の企業家であり，ウィリアム・エム・マーサー社は，年金に関するコンサルティング・サービスを提供する企業として設立された。マーサーのビジネスは急速に拡大し，最初のバンクーバー・オフィス開設の翌年の1946年にはモントリオール，1947年にはトロントにオフィスを新設していった。

1959年，ウィリアム・エム・マーサー社は，現在の親会社である保険会社のマーシュ・アンド・マクレナンに吸収される。マーシュ・アンド・マクレナンは，米国において1937年から従業員の福利部門を設けていたが，同部門と統合されることになる。これを契機に，ウィリアム・エム・マーサー

図表8-3　ヘイグループ日本法人のビジネスモデル

構成要素	基礎レベル	専有レベル
構成要素1：提供価値	コンサルティング・サービス	①組織文化の診断と改革の支援 ②役員業績評価と育成・登用制度の設計 ③グローバル人事政策・制度の設計 ④明確なアカンタビリティーと適切な評価制度にもとづく「報酬制度」の設計 ⑤コンピテンシーにもとづく「人材開発」の設計
	標準化された方法論の提供（クライアントごとのカスタマイズ必須）	ヘイシステム（ガイドチャート・プロファイル法），コンピテンシー辞書
	人事・組織へ特化／サービスラインは狭い	職務等級制度を中核とする人事制度
	他社を介さないサービス提供	アウトソーシングはしない
構成要素2：市場要因	B to B 全国市場，国際市場 顧客の業種には限定なし 日本（多国籍）企業が主なターゲット 長期にわたる関係を志向	既存企業を対象 基本的にはアサインメントの内容次第 得意先（金融，製薬業界） 数量比率　日本：外資＝80：20 売上比率　日本：外資＝80：20 確立された人事制度導入プロセス
構成要素3：内部ケイパビリティ	卓越した方法論の開発と確立	ヘイシステム，コンピテンシー制度 オリジナル性の確保（職務等級制度，コンピテンシー制度の概念，原型の提供） 個々のコンサルタントの能力の高さ
構成要素4：競争戦略要因	ブランドイメージ	Thought Leaderとしての卓越したブランドイメージの構築（コンピテンシー）
	グローバル・スタンダードとしての人事制度の提供	フォーチュン1,000社の半数以上で採用されている報酬制度の世界標準 方法論のローカライズは行わない
構成要素5：経済要因	収益の源泉：流動的（時間単位あたりの報酬制度の採用）	コンサルティング・サービスが主たる収益の源泉（9割）
	ローボリューム／ハイマージン	売上高／コンサルタント数を高い程度で保持（相対的に高いフィー）
構成要素6：成長志向	収益重視モデル	より純粋なプロフェッショナル・サービス・ファームを志向（トップマネジメントに対する人事戦略の提案）

図表8-4 マーサー HRCの沿革

	マーサー HRC	マーサー日本法人
1937	・米国の保険会社マーシュ・アンド・マクレナンの従業員福利厚生部門が発足する。	
1945	・カナダでウィリアム・マンソン・マーサーがウィリアム・エム・マーサー社を設立する。	
1959	・マーシュ・アンド・マクレナンがウィリアム・エム・マーサー社を吸収し、従業員福利構成部門と統合する。	
1975	・ウィリアム・エム・マーサー社がマーシュ・アンド・マクレナンから分社する。	
1978		・ウィリアム・エム・マーサー社の日本法人として、ウィリアム・エム・マーサー株式会社が設立される。組織・人事、年金コンサルティングを開始する。
1980s	・米国を中心とした積極的なM&Aにより世界最大級の組織・人事コンサルティング・ファーム、マーサー・コンサルティング・グループとなる。	・外資系企業の日本市場参入をサポートするとともに、日本版コンピテンシーモデルの開発を行う。
1990s	・南アメリカ、東ヨーロッパ、極東地域へとマーサーのサービス地域を広げる。	
1996		・日本において年金運用コンサルティング・サービスの提供を開始する。
1998	・CRG（Corporate Resources Group）を買収し、情報サービスを拡大する。	
2000	・マーサー・コンサルティング・グループがデビッド・ナドラー博士率いる組織開発の大手であるデルタ・コンサルティングを吸収する。	・日本企業を中心に幅広いコンサルティング・サービスを展開するようになる。

2001	・マーサー・コンサルティング・グループが株主の視点に立ったコンサルティングで知られるSCAコンサルティングを経営統合する。	・多方面より優れた人材を獲得し、より幅広いコンサルティング・サービスの提供が可能となる。
2002	・大規模な社名及びブランドの変更を行い、グループとしての一体化を図る。	・マーサー・ヒューマン・リソース・コンサルティング株式会社に社名を変更する。
2006		・プライバシーマークを取得する。
2007	・マーサー（Mercer）に社名を変更し、世界全域でブランドを統一する。	・日本にて投資助言・代理業の登録を行う。マーサー ジャパン株式会社に社名を変更する。
2008		・マーサー日本法人の設立30周年を迎える。

出所：マーサー日本法人のウェブサイト（http://www.mercerhr.co.jp/history; http://www.mercer.co.jp/referencecontent.htm？idContent=1289270#history）より筆者作成。

社は，積極的な国際展開を始めることとなる。1975年にマーシュ・アンド・マクレナンから分社化し，2002年に，マーサー・ヒューマン・リソース・コンサルティングという社名に変更される。

　マーサー・ヒューマン・リソース・コンサルティングは，ニューヨークを本拠地とし，世界41カ国，153社，グループ全体のコンサルタント数は約15,000人である（2005年度）。人事系の経営コンサルティング・ファームでは，世界最大の規模を誇り，売上高は20億9,300万ドルと推算されている（2003年度）。マーサー・インク全体では，経営コンサルティング業界では，売上高において9位，グループ全体の合計売上高は27億1,900万ドル（2003年度）である（図表8-5参照）。

　マーサー日本法人は，1978年，東京にウィリアム・エム・マーサー社の日本法人として設立された。2002年にマーサー・ヒューマン・リソース・コンサルティング株式会社に社名を変更している。現在資本金は，4億8,800万円である。マーサー・ホールディングス・インクの完全子会社であり，パートナーシップ制度は採用されていない。現在，コンサルタント数は，約

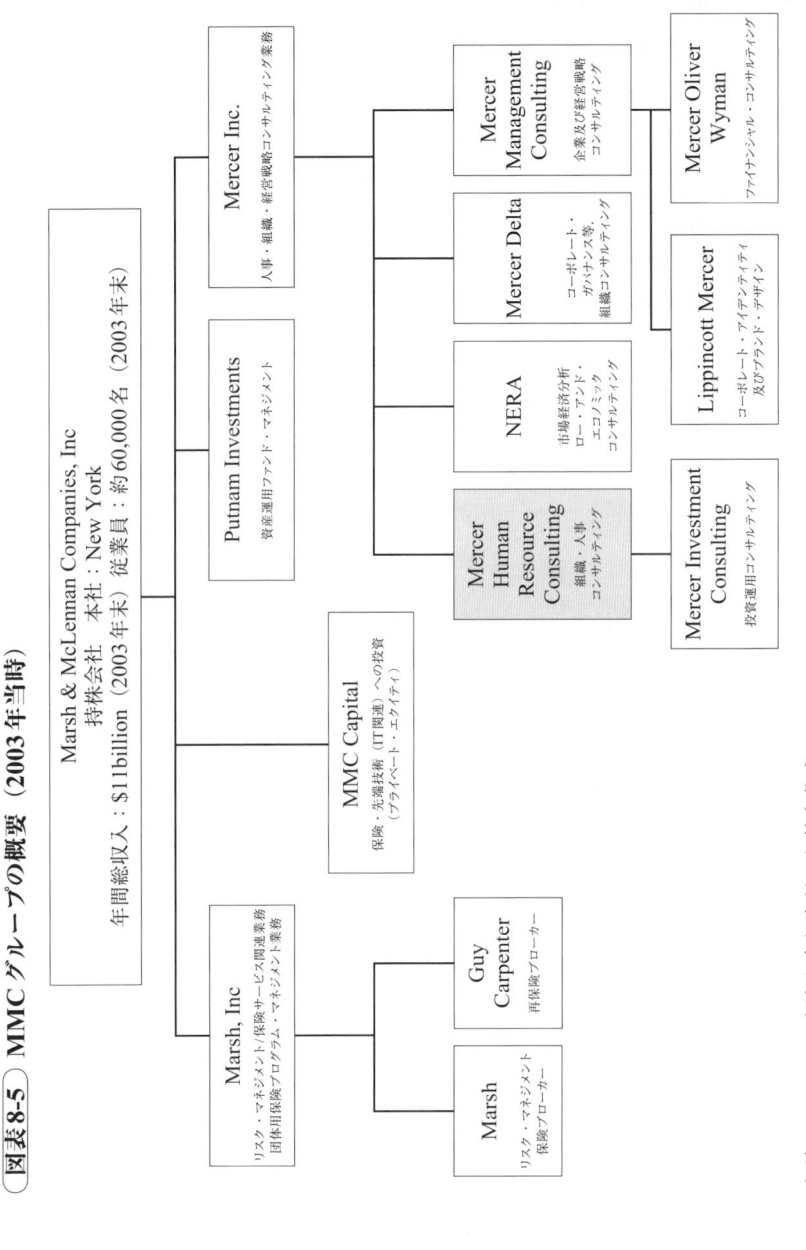

第8章 比較事例研究：ヘイ日本法人とマーサー日本法人　*231*

図表8-5　MMCグループの概要（2003年当時）

```
                    Marsh & McLennan Companies, Inc
                    持株会社  本社：New York
                    年間総収入：$11billion（2003年末）　従業員：約60,000名（2003年末）
                                        │
    ┌───────────────┬───────────────┬───────────────┬───────────────┐
 Marsh, Inc        MMC Capital      Putnam         Mercer Inc.
 リスク・マネジメント/保険サービス関連業務  保険・先端技術（IT関連）への投資  Investments     人事・組織・経営戦略コンサルティング業務
 団体用保険プログラム・マネジメント業務   （プライベート・エクイティ）   資産運用ファンド・マネジメント
    │                                                    │
 ┌──┴──┐                              ┌──────┬──────┬──────┬──────┐
Marsh  Guy                           Mercer   NERA    Mercer   Mercer
リスク・ Carpenter                     Human            Delta    Management
マネジメント 再保険ブローカー             Resource  市場経済分析  コーポレート・ Consulting
保険ブローカー                        Consulting ロー・アンド・ ガバナンス等  企業及び経営戦略
                                    組織・人事  エコノミック  組織コンサル  コンサルティング
                                    コンサルティング コンサルティング ティング
                                        │                        │
                                    Mercer Investment         Lippincott Mercer   Mercer Oliver
                                    Consulting                コーポレート・アイデンティティ Wyman
                                    投資運用コンサルティング     及びブランド・デザイン    ファイナンシャル・コンサルティング
```

出所：マーサー日本法人内部資料より筆者作成。

130人（2005年9月末現在）である。

　マーサー日本法人は，ヘイグループと同様に，日本において30年以上にわたる活動実績を誇っている（2009年現在）。評価・報酬制度構築，コンピテンシーモデルの構築，給与データサービス，福利厚生・退職金給付制度構築，年金数理，年金資産運用，M&Aサポートをはじめとする人事・組織全般に関するフルラインサービスを提供している。

　2007年に，マーシュ・アンド・マクレナンの組織再編に伴い，マーサー（Mercer）に社名が変更され，世界全域でブランドを統一することとなった。現在（2009年時点）のマーサー日本法人の正式な名称は「マーサー ジャパン株式会社（Mercer Japan Ltd.)」である。ただし，冒頭で述べたように本章の考察対象となるマーサー日本法人は，2004年前後のマーサーHRCの子会社としてのマーサー日本法人である。

8.2.2　マーサー日本法人のビジネスモデル分析

　それでは，ヘイ日本法人と同様に，ビジネスモデル分析のフレームワークに従って，マーサー日本法人のビジネスモデルについて分析していきたい。

　(1) 構成要素1：顧客への提供価値＞

　マーサー日本法人の主要なサービスは，大きく4つの領域に分かれている。それは，①組織・人事改革，②M&A，③グローバル人事，④退職金・年金マネジメント，である。サービスの提供においては，クライアントごとのカスタマイズを非常に重視している。これは，コンサルティング・サービスの前提としてのクライアントごとのカスタマイズというだけではなく，マーサー日本法人グループ内でグローバルに共有されているコンサルティング方法論の日本市場，クライアントに合わせたカスタマイズと，マーサー日本法人独自のコンサルティング方法論の開発も行っている。更に，この独自に開発されたコンサルティング方法論を，他の海外支社に向けて移転するということも行われている。

商品ラインは，人事・組織に特化しているが，相対的にサービス範囲は広く，かつサービス深度は深い。サービスの各領域は，非常に多くの下位領域から構成されている。例えば，①組織・人事改革は，組織改革／チェンジマネジメント，総報酬マネジメント／報酬水準ベンチマーキング，コーポレートガバナンス／役員報酬制度，人材開発／トレーニング／企業内大学，サクセッションプラン／アセスメント，パフォーマンス＆メジャーメント，リスクマネジメントコンサルティング，雇用調整による人件費の削減，OTF（戦略実現力診断），福利厚生コンサルティングといった10もの下位領域から構成されている。このように，マーサー日本法人一社にて，人事・組織関連のアサインメントにワンストップサービスという形で対応することが可能となっている。

マーサー日本法人では，関連業者との戦略的提携によるサービスの提供にも乗り出している。株式会社ビジネスコンサルタントとの提携がその一例である[8]。両社は，人材マネジメントに関する設計業務や，コンピテンシーモデルの設計活用，教育・研修といった分野での業務提携を結び，ビジネスコンサルタントの強みである教育研修の遂行能力とマーサー日本法人の強みであるグローバル・ネットワークにもとづいた豊富な知識，経験を結びつけたサービスを展開しようとしている。

(2) 構成要素2：市場要因

マーサー日本法人の対象としている市場構造は，B to B市場である。人事制度に関するコンサルティング・サービスを希望している既存企業であり，一般消費者ではない。市場範囲は，基本的には日本国内を対象にしているが国際にもまたがる。アサインメントの内容次第であり，特定の国，地域に限られているわけではない。ターゲットとするクライアントに関しては，クラ

---

[8] マーサー日本法人と株式会社ビジネスコンサルタントとの提携内容については，詳しくはマーサー日本法人のプレスリリース（http://www.mercerhr.co.jp/pressrelease/details.jhtml/dynamic/idContent/1153370）を参照されたし。

イアントの所属する業界による限定はない。得意としているのは，IT，金融，製薬業界である。

以上の点については，ヘイ日本法人と同様である。異なるのは，ターゲットとするクライアントにおける日本企業と外資系企業との比率の差である。数量比率では，日本企業40％，外資系企業が60％となっており，外資系企業のクライアントの割合が多い。一方で，売上高比率では，日本企業60％，外資系企業40％と，その比率が逆転している。

これは，日本企業に対するコンサルティング・サービスと外資系企業に対する基本的なコンサルティング・サービスの内容，コンサルティング・フィーの価格づけの違いを示唆している。要するに，親会社の持つコンサルティング・ニーズと子会社の持つコンサルティング・ニーズとの違いである。日本企業の場合は，親会社であり，より経営に直結した課題がコンサルティングテーマとなり，「総合的」なサービスを求める傾向がある。一方，外資系企業の場合は，子会社であり，年金債務の評価や給与制度の設計，市場価値情報の提供といった「部分的」なサービスを求める傾向がある。これらの基本的なコンサルティング・ニーズの違いが，コンサルティング・フィーにも反映されているのである。

クライアントとの関係は，ヘイ日本法人と同様に，長期にわたる継続的な関係を志向している。ヘイ日本法人と異なるのは，ヘイが中核となる職務等級制度に関連した一連のコンサルティング・サービスをシステム化して提供しているのに対して，後述するように，マーサー日本法人では，クロス・セリングによるフルラインサービスの提供を重視している。

(3) 構成要素3：内部ケイパビリティ

マーサー日本法人の競争優位の源泉は，クロス・セリングを提供できる組織能力にある。同社では，これをインテグレート・オファリングとして，統合的な経営コンサルティング・サービスの提供を行うことが可能であることを強調している。具体的には，評価，報酬，退職金，年金といった専門性が

異なる複数のユニット間でのチームワークにもとづいたサービスの提供を意味する。

　これらのチームワークを支えているのが,「ギブ・アンド・ギブン」という規範の存在である。これは,他のコンサルタント,同僚に対して,利他的に振舞うことが,まわりまわって自身に利益をもたらすという考え方である。通常,組織内での知識のやり取りの際には,「ギブ・アンド・テイク」にもとづく利益の提供に対する見返りの関係が重要であると指摘されている（西井, 2000）。しかし,同社では,「ギブ・アンド・テイク」という考え方では,クロス・セリングは提供できないと考え,「ギブ・アンド・ギブン」という規範を備えたコンサルタントの選抜,育成に力を注いでいる。

　同社では,この規範形成のためのソーシャル・キャピタルの醸成を重視し,グローバルなレベルでのパートナー・ミーティングやプラクティス（業務単位）レベルでのミーティングを,他のコンサルティング・ファームと比べると高い頻度で開催している。

(4) 構成要素4：競争戦略要因

　マーサー日本法人が重視しているのは,グローバル・ネットワークの存在,リーディングカンパニーとしてのポジショニングである。マーサー日本法人は,人事・組織経営コンサルティング・ファームでは世界最大規模を誇る。世界41カ国,153社,グループ全体のコンサルタント数約15,000人から構成されるグローバル・ネットワークから,連結で20億9,300万ドル（2003年度）の売上高をあげている。業界2位のデロイト・ヒューマン・キャピタルと比べても,売上高において,9億ドル以上の大きな開きがある（図表8-6参照）。

　マーサー日本法人のグローバル・ネットワークを活かしたサービスとしての成功例として,JBD（Japan Business Development）というサービスがある。これは,日本多国籍業の本社と海外子会社との間の人事問題解決を図るサービスである。本社の課題認識と現地の課題認識のギャップなどについ

図表8-6 人事・組織コンサルティング部門世界ランキング（2003年度）

	会　社　名	売上高（US$ millions）			世界の拠　点
		2003年	2002年	前年比	
1	Mercer Human Resource Consulting	$2,093.0	$1,914.8	9.3%	154
2	Deloitte Human Capital	$1,115.9	$1,094.0	2.0%	81
3	Watson Wyatt Worldwide	$1,067.0	$997.0	7.0%	85
4	Mellon HR & Investor Solutions	$944.0	$1,020.0	−7.5%	49
5	Aon Consulting	$898.0	$796.0	12.8%	117
6	Towers Perrin	$817.8	$805.7	1.5%	75
7	Hewitt Associates	$734.4	$600.7	22.3%	81
8	PricewaterhouseCoopers	$700.0	$1,000.0	−30.0%	375
9	Accenture	$535.0	$535.0	0.0%	N/A
10	IBM Global Services	$400.0	$100.0	300.0%	N/A
	合計	$9,305.1	$8,863.2		

出所：マーサー日本法人提供資料から筆者作成。

て，クライアント企業の担当者に代わって，マーサー日本法人が本社，子会社間の仲介役となり，調査を行い，問題点について明らかにし，更には，その問題解決を図るというサービスである。このサービスは，年平均40％という非常に高い割合で伸びており，サービス提供地域はアジアを超え，アメリカ，ヨーロッパにも伸びてきている。

(5) 構成要素5：経済要因

マーサー日本法人の主たる収益の源泉は，コンサルティング・サービスにあり，時間単位あたりの報酬が基本である。しかし，近年，ソリューション・ビジネスの展開による収益の安定化を図っている。このソリューション・ビジネスは，開始されたばかりの段階にあり，収益に占める割合では1割程度である。具体的には，上述した株式会社ビジネスコンサルタントとの提携や，ERPの人事モジュールの開発・提供に着手している。

マーサー日本法人が目指しているのは，コンサルティング・ビジネスとソリューション・ビジネスという2つのビジネスにおける相乗効果である。す

なわち，コンサルティング・ビジネスとして，マーサー日本法人が得意としている非定型的な領域でのコンサルティング・サービスの提供を行い，それらのサービスを提供することから新しい無形資産，知識，ノウハウ，コンサルティング方法論を創造する。次に，ソリューション・ビジネスとして，それら新しく創造された無形資産を標準化・コモディティ化し，パッケージサービスとして提供していくのである。

このソリューション・ビジネスの提供にあたっては，マーサーとしてのブランドイメージを保持し，コンサルタントの士気の低下を回避するためにも，同業他社との戦略的提携が必要であると考えている。

収益構造の基本は，ハイボリューム，ローマージンにある。クロス・セリング，インテグレート・オファリングとして，アサインメント全体において高い収益をあげることを基本としている。

(6) 構成要素6：成長志向＞

マーサー日本法人の成長志向は，成長重視モデルであると考えられる。マーサー日本法人は，1995年までは，コンサルタント数が約20人程度という規模であった。どちらかというと，個人事業主の集団といった要素が強かった。これでは，マーサー・ヒューマン・リソース・コンサルティングというブランドイメージや，グローバル・ネットワークを活かしたサービスを提供することは困難となる。

そこで，1995年以降，マーサー日本法人では，チームプレーができる人材，知識の共有ができる人材を重視するようになった。それは雇用時において，そういった資質をもったコンサルタントを選抜するというだけでなく，組織としてもそういった人材を育成できるように，変革を進めていった。そのプロセスの中で，インテグレート・オファリングのように，チームワークが重視される幅の広い領域にまたがる大規模なアサインメントを遂行できるようになってきたのである。

ソリューション・ビジネスへの展開におけるパッケージサービスの提供

も，収益の源泉の安定化だけでなく，組織としての規模の成長を重視する姿勢が窺える。以上，マーサー日本法人のビジネスモデルの6つの構成要素について記述してきた。それを基礎レベル，専有レベルという分析レベルに分けてとらえると，図表8-7のように整理することができる。

8.3 ビジネスモデルの比較

8.3.1 ビジネスモデルの比較（基礎レベル）

それでは，次に両社のビジネスモデルの比較を行いたい。まず，基礎レベルにおけるビジネスモデルについて比較したい（図表8-8参照）。基礎レベルにおいては，両社のビジネスモデルの共通点は，3つの構成要素（構成要素1，2，5）にまたがっている。構成要素1：顧客への提供価値という点では，両社ともに，人事・組織へ特化した経営コンサルティング・サービスを提供している。構成要素2：市場要因という点では，両社ともに，市場構造はB to B，市場の地理的な広がりは，アサインメント次第である。構成要素5：経済要因という点では，両社ともに，主たる収益の源泉は流動的であり，報酬制度としては時間単位あたりの報酬制度を採用している。

これらの共通点は，第2節において考察したように，両社の基本的なビジネスモデルが，プロフェッショナル・サービス・ファーム，伝統的なコンサルティング・ファームのビジネスであることを反映している。すなわち，助言サービスとしてコンサルティング・サービスを提供し，「時間を売るビジネス」としてコンサルティング・ビジネスをとらえていると考えられる。

8.3.2 ビジネスモデルの比較（専有レベル）

次に，専有レベルにおいては，両社のビジネスモデルの相違点，独自性が強調される（図表8-9参照）。ヘイ日本法人では，グローバル・スタンダードとしてのコンサルティング方法論を中核に，各構成要素との整合性が図られている。特徴は，グローバル・スタンダードとしての人事制度という強力

図表8-7 マーサー日本法人のビジネスモデル

構成要素	基礎レベル	専有レベル
構成要素1： 提供価値	コンサルティング・サービス	①組織・人事改革 ②M&A ③グローバル人事 ④退職金・年金マネジメント
	カスタマイズされた方法論の提供（クライアントごとのカスタマイズ必須） 人事・組織へ特化/フルラインサービス 戦略的提携によるサービスの提供	グローバルに共有されているコンサルティング方法論のローカライズ 独自のコンサルティング方法論の開発 クライアントの人事問題に全般的に対応できるワンストップサービスの提供 ビジネスコンサルタントとの提携
構成要素2： 市場要因	B to B 全国市場，国際市場 顧客の業種には限定なし 日本（多国籍）企業と外資系企業 長期にわたる関係を志向	既存企業を対象 基本的にはアサインメントの内容次第 得意先（IT，金融，製薬業界） 数量比率　日本：外資=40：60 売上比率　日本：外資=60：40 ワンストップサービスの提供
構成要素3： 内部ケイパビリティ	クロス・セリング（インテグレート・オファリング）	評価，報酬，退職金，年金を専門とするユニット間でのチームワークの確立 「ギブ・アンド・ギブン」という規範
構成要素4： 競争戦略要因	グローバル・ネットワーク リーディングカンパニー	JBD（Japan Business Development）：日本多国籍企業の本社・子会社間の問題解決 人事・組織コンサルティング・ファームとして，世界1位の規模
構成要素5： 経済要因	収益の源泉：流動的（時間単位あたりの報酬制度の採用）＋固定的（ソリューション・ビジネス） ローボリューム/ハイマージン	コンサルティング・サービスが主たる収益の源泉（9割） ㈱ビジネスコンサルタントとの提携（2004年）/ERPの人事モジュールの開発・提供
構成要素6 成長志向	成長モデル	インテグレート・オファリングの提供ができるコンサルティング・ファームとしての組織体制の確立 ソリューション・ビジネス，パッケージサービスの提供により，収益の源泉の安定化，かつ規模の拡大を志向

図表8-8　ビジネスモデルの比較（基礎レベル）

構成要素	ヘイ日本法人	マーサー日本法人
構成要素1：提供価値	コンサルティング・サービス 標準化された方法論の提供（クライアントごとのカスタマイズ必須） 人事・組織へ特化/サービスラインは狭い 他社を介さないサービス提供	コンサルティング・サービス カスタマイズされた方法論の提供（クライアントごとのカスタマイズ必須） 人事・組織へ特化/フルラインサービス 戦略的提携によるサービスの提供
構成要素2：市場要因	B to B 全国市場，国際市場 顧客の業種には限定なし 日本（多国籍）企業が主なターゲット 長期にわたる関係を志向	B to B 全国市場，国際市場 顧客の業種には限定なし 日本（多国籍）企業と外資系企業 長期にわたる関係を志向
構成要素3：内部ケイパビリティ	卓越した方法論の開発と確立	クロス・セリング（インテグレート・オファリング）
構成要素4：競争戦略要因	ブランドイメージ グローバル・スタンダードとしての人事制度の提供	グローバル・ネットワーク リーディングカンパニー
構成要素5：経済要因	収益の源泉：流動的（時間単位あたりの報酬制度の採用） ローボリューム/ハイマージン	収益の源泉：流動的（時間単位あたりの報酬制度の採用）+固定的（ソリューション・ビジネス） ハイボリューム/ローマージン
構成要素6：成長志向	収益重視モデル	成長モデル

な強みを持ちながら，あえて，伝統的なプロフェッショナル・サービス・ファーム，経営コンサルティング・ファームとしてのビジネスモデルとして全体をまとめている点にある。一方，マーサー日本法人では，クライアントへのカスタマイズを重視するというビジネスモデルを確立させており，かつインテグレート・オファリングの提供ができることを中核にビジネスモデルとしての全体の整合性を図っている。加えて，現在では，ソリューション・

図表8-9　ビジネスモデルの比較（専有レベル）

構成要素	ヘイ日本法人	マーサー日本法人
構成要素1：提供価値	①組織文化の診断と改革の支援 ②役員業績評価と育成・登用制度の設計 ③グローバル人事政策・制度の設計 ④明確なアカンタビリティーと適切な評価制度にもとづく「報酬制度」の設計 ⑤コンピテンシーにもとづく「人材開発」の設計 ヘイシステム（ガイドチャート・プロファイル法），コンピテンシー辞書 職務等級制度を中核とする人事制度 アウトソーシングはしない	①組織・人事改革 ②M&A ③グローバル人事 ④退職金・年金マネジメント グローバルに共有されているコンサルティング方法論のローカライズ 独自のコンサルティング方法論の開発 クライアントの人事問題に全般的に対応できるワンストップサービスの提供 ビジネスコンサルタントとの提携
構成要素2：市場要因	既存企業を対象 基本的にはアサインメントの内容次第 得意先（金融，製薬業界） 数量比率　日本：外資=80：20 売上比率　日本：外資=80：20 確立された人事制度導入プロセス	既存企業を対象 基本的にはアサインメントの内容次第 得意先（IT，金融，製薬業界） 数量比率　日本：外資=40：60 売上比率　日本：外資=60：40 ワンストップサービスの提供
構成要素3：内部ケイパビリティ	ヘイシステム，コンピテンシー制度 オリジナル性の確保（職務等級制度，コンピテンシー制度の概念，原型の提供） 個々のコンサルタントの能力の高さ	評価，報酬，退職金，年金を専門とするユニット間でのチームワークの確立 「ギブ・アンド・ギブン」という規範
構成要素4：競争戦略要因	Thought Leaderとしての卓越したブランドイメージの構築 フォーチュン1,000社の半数以上で採用されている報酬制度の世界標準 方法論のローカライズは行わない	JBD（Japan Business Development）：日本多国籍業の本社・子会社間の問題解決 人事・組織コンサルティング・ファームとして，世界1位の規模

構成要素5： 経済要因	コンサルティング・サービスが主たる収益の源泉（9割） 売上高／コンサルタント数を高い程度で保持（相対的に高いフィー）	コンサルティング・サービスが主たる収益の源泉（9割） ㈱ビジネスコンサルタントとの提携（2004年）／ERPの人事モジュールの開発・提供
構成要素6 成長志向	より純粋なプロフェッショナル・サービス・ファームを志向（トップマネジメントに対する人事戦略の提案）	インテグレート・オファリングの提供ができるコンサルティング・ファームとしての組織体制の確立 ソリューション・ビジネス，パッケージサービスの提供により，収益の源泉の安定化，かつ規模の拡大を志向

ビジネスへと展開しようとしている。

　このような現行の両社のビジネスモデルの違い，更に展開しようとしているビジネスモデルの方向性の違いは，両社のビジネスモデルの歴史的な発展経緯を考えると理解できる（図表8-10参照）。ヘイ日本法人の場合，当初は，日本に支社を設置している外資系企業への人事制度の導入を図った。これは，プロフェッショナル・サービス・ファームが国際展開したときに通常みられるプロセスである。すなわち，海外支社のニーズとして，親会社と同様のプロフェッショナル・サービスの提供を現地で受けたいとするものである（西井，2002）。ただし，この市場は，限定的なものであり，アサインメントの種類としては，親会社の意向に従うという性質の消極的なものである（西井，2004b）。そこで，次に，市場の拡大と掘り起こしを狙い，日本企業へのアプローチを開始した。しかし，日本市場の特殊性が問題となった。すなわち，日本語の問題，クライアント企業の自前主義，日本的人事慣行の存在である。これらの日本市場の特殊性の問題に対して，ヘイ日本法人の場合には，グローバル・スタンダードとしてのコンサルティング方法論を持っていることが大きな武器となった。そして，ローカライズを行わず，コンサルティング方法論の強みを活かす形で発展を続け，現行のビジネスモデルが形成されたと考えられる。

第8章 比較事例研究：ヘイ日本法人とマーサー日本法人　*243*

図表8-10 両社のビジネスモデルの発展経緯

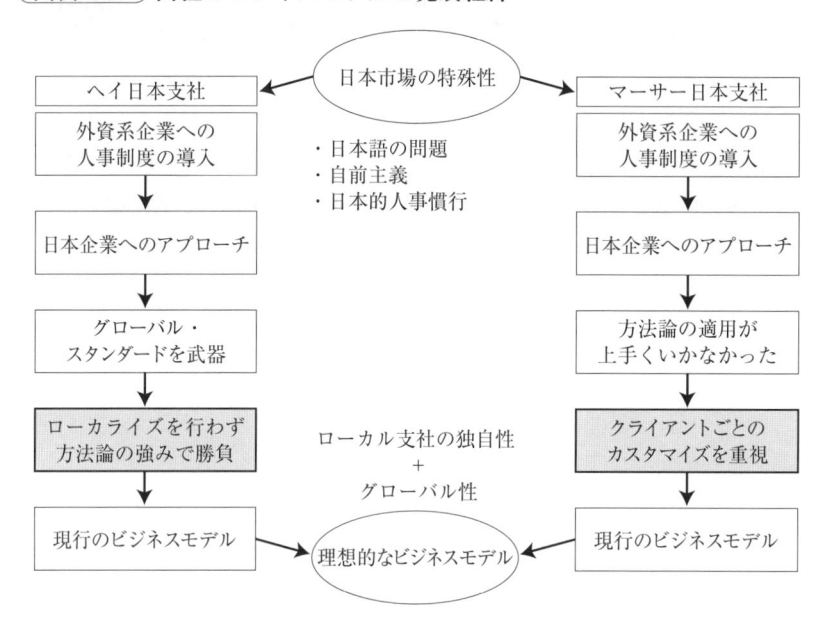

```
        ヘイ日本支社         日本市場の特殊性         マーサー日本支社
            │                                         │
            ▼              ・日本語の問題              ▼
    外資系企業への           ・自前主義            外資系企業への
    人事制度の導入           ・日本的人事慣行       人事制度の導入
            │                                         │
            ▼                                         ▼
    日本企業へのアプローチ                     日本企業へのアプローチ
            │                                         │
            ▼                                         ▼
    グローバル・                              方法論の適用が
    スタンダードを武器                         上手くいかなかった
            │                                         │
            ▼                                         ▼
    ローカライズを行わず    ローカル支社の独自性   クライアントごとの
    方法論の強みで勝負             ＋            カスタマイズを重視
            │              グローバル性              │
            ▼                    │                   ▼
    現行のビジネスモデル           ▼            現行のビジネスモデル
                         理想的なビジネスモデル
```

　一方，マーサー日本法人の場合，当初は，日本に支社を設置している外資系企業への人事制度の導入から始まった。次に，日本企業へのアプローチを開始した。ここまでの段階は，ヘイ日本法人と同様であった。ところが，グローバルなコンサルティング方法論の適用という点においては，ヘイ日本法人のような武器となるような方法論を保持していなかった。そこで，クライアントごとのカスタマイズを重視するビジネスモデルの構築を目指した。そのために，グローバルに共有されているコンサルティング方法論のカスタマイズのみならず，日本独自のコンサルティング方法論の開発に着手したのである。加えて，ヘイ日本法人とは異なるかたちで，グローバル性にもとづく強みを発揮しようとした。それが，インテグレート・オファリングのようなクロス・セリングの提供である。こうして，現行のビジネスモデルが形成されたと考えられる。

ただし，両社ともに，現行のビジネスモデルが完成形ではなく理想的なビジネスモデルに向けて進化を続けていると考えられる。すなわち，日本法人の独自性にもとづいた強みとグローバル性にもとづいた強みが上手く結合されたビジネスモデルである。ヘイ日本法人の場合には，日本法人の独自性を強化するという点で，より伝統的なプロフェッショナル・サービス・ファームを志向していると考えられる。マーサー日本法人の場合には，現在の日本法人独自の強みとしてのクライアントへのカスタマイズ，インテグレート・オファリングが提供できる能力を更に活用するために，ソリューション・ビジネスへの展開を図ろうとしている。そして，ソリューション・ビジネスを展開することは，パッケージサービスをグローバルに共有すること，あるいはグローバルに提供することを可能にし，グローバル性にもとづいた強みを持ったビジネスモデルの構築につながるものと考えられる。

8.4　知識集約型企業のビジネスモデルとグローバル戦略

8.4.1　知識集約型企業のビジネスモデル

　以上の考察から，知識集約型企業のビジネスモデルの理論化に関して，注目すべき3つの点が指摘できる。図表8-11は，第4章においてわれわれが提示した問題解決能力のタイプと基本的なビジネスモデルのあり方についての図表4-5を一部修正したものである。

　第1に，「知識を売ることで利益を上げる」という点である。これは，構成要素1：顧客への提供価値と構成要素5：経済要因という2つの構成要素，そしてその整合性が，ビジネスモデルの骨子を構成していることを意味する。両社のビジネスモデルの共通点は，知識，コンサルティング・サービスを提供することで，主たる利益を稼ぎ出している点にある。更に，「知識を売る」という行動を「時間を売る」という行動に置換し，それに対応した課金システム（時間単位あたりの報酬制度）を採用している。別言すれば，「知識を売る」ということは「時間を売る」ということに代替できたとしても，決し

図表8-11 知識集約型企業のビジネスモデル

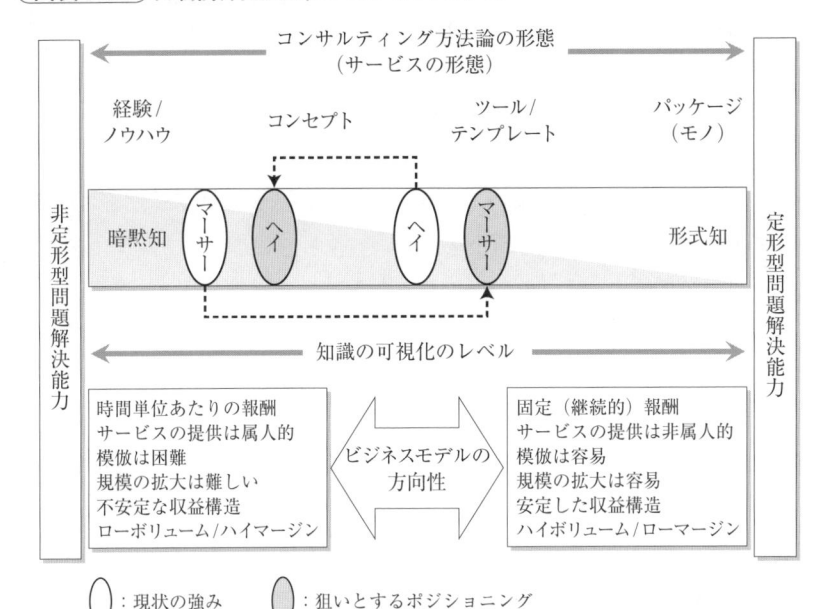

```
←―――――  コンサルティング方法論の形態  ―――――→
              (サービスの形態)

  経験/          コンセプト        ツール/         パッケージ
  ノウハウ                        テンプレート      (モノ)

非                                                           定
定   暗黙知  [マーサー] [ヘイ]    [ヘイ] [マーサー]    形式知   形
形                                                           型
型                                                           問
問   ←――――――  知識の可視化のレベル  ――――――→          題
題                                                           解
解                                                           決
決   ┌──────────────┐  ┌──────┐  ┌──────────────┐           能
能   │時間単位あたりの報酬│  │ビジネス │  │固定(継続的)報酬  │           力
力   │サービスの提供は属人的│ │モデルの │  │サービスの提供は非属人的│
     │模倣は困難          │  │方向性  │  │模倣は容易          │
     │規模の拡大は難しい  │  └──────┘  │規模の拡大は容易    │
     │不安定な収益構造    │              │安定した収益構造    │
     │ローボリューム/ハイマージン│        │ハイボリューム/ローマージン│
     └──────────────┘              └──────────────┘

  ○：現状の強み    ●：狙いとするポジショニング
```

て「モノを売る」ということにはならないのである。この点は、本稿でとりあげたヘイ日本法人、マーサー日本法人を含め、インタビュー調査を行った経営コンサルティング・ファームの基本的なビジネスモデルの骨子として、多くの企業でも認められる。

　第2に、「サービスの形態がビジネスモデルの方向性を規定する」という点である。これは、サービスの形態をどのように規定するのかという戦略的意思決定が、ビジネスモデルを構成する起点となり、ビジネスモデル全体の整合性に大きな影響を与えていることを意味する。サービスの形態は、知識の可視化のレベルと相互関係にある。すなわち、知識の可視化のレベルが暗黙的になればなるほど、サービスは、コンサルタント個人、ないしはコンサルティング・ファームが持つ、経験・ノウハウといった非定型的サービスの形態をとるようになる。この場合、課金システムは、時間単位あたりの報酬

制度となり，サービスの提供は属人的なものとなる。属人的な経験，ノウハウ，知識に依拠しているために，競合他社による模倣は困難となる。しかし，規模の拡大は難しくなり，不安定な収益構造となる。基本的には，ローボリューム，ハイマージンという性格を持つ。このビジネスモデルは，伝統的なプロフェショナル・サービス・ファームのビジネスモデルとしてとらえることができる。一方，知識の可視化のレベルが形式的になればなるほど，サービスは，パッケージ化されたもの，いわゆるモノとしての性質に非常に近くなり，定型的サービスの形態をとるようになる。この場合，課金システムは，固定（継続的）報酬制度となり，サービスの提供はコンサルタント個人の能力ではなく，組織全体としての能力が要求され，非属人的なものとなる。しかし，パッケージという形をとる以上，競合他社による模倣は容易となり，差別化は難しくなる。反面，規模の拡大は，容易に行うことができるようになり，パッケージという形でサービスの販売ができるので，安定した収益構造をとるようになる。基本的には，ハイボリューム，ローマージンという性格を持つ。

　サービスの形態の決定には，構成要素2：市場要因，構成要素3：内部ケイパビリティ，構成要素4：競争戦略要因，構成要素6：成長志向の4つの構成要素が相互作用的に影響を与えると考えられる。特に，構成要素3：内部ケイパビリティは，いわゆるコア・コンピタンスとして，ビジネスモデルを構成する上で，中心的な位置づけを占め，サービスの形態についての戦略的意思決定に大きな影響を与える。非定形型サービスを提供するためには，ゼロ・ベースでのソリューションの創造等，「基本的なものの考え方」自体が問われる非定形型問題解決能力が必要とされる。定形型サービスを提供するためには，手持ちのノウハウのパッケージ化等，いかに上手い「やり方」で実行するかという定形型問題解決能力が必要とされる。ただし，内部ケイパビリティは，固定的なものではなく，ダイナミックに構築されるものである。マーサー日本法人の現行のビジネスモデルは，10年以上の年月をかけて，インテグレート・オファリングを提供できる組織能力を構築した結果の

産物である。

　第3に,「戦略的意図による意識的な差異を創り出す」という点である。これは,持続的競争優位の源泉となる競合他社とのビジネスモデルの違い,独自性を生み出すことを意味している（e.g., Kim and Mauborgne, 2005）。上述の第1の点,第2の点によって,基礎レベルでのビジネスモデルの構成はある程度規定されると考えられる。加えて,両社のビジネスモデルの発展経緯からわかるように,ビジネスモデルの形成には,経路依存性が働くと考えられる。しかし,それでは業界標準的,競争的なビジネスモデルを構築できても,競争優位性を持ったビジネスモデルを構築することにはならない。

8.4.2　グローバル戦略への志向の違い

　ヘイ日本法人の場合,グローバルな強みを持ったコンサルティング方法論の強みを活かす形でのビジネスモデル全体の整合性がとられている。これは,本来であれば,より形式的なサービス形態を採用し,コンサルティング方法論のパッケージ化を志向するビジネスモデルの構築をはかるという推進力が働くと考えられる。

　しかし,図にプロットしているように,ヘイ日本法人の場合,現行のビジネスモデルは,伝統的なプロフェッショナル・サービス・ファームのビジネスモデルに近いのだが,更に,より伝統的なプロフェッショナル・サービス・ファームのビジネスモデルへと展開しようとしている。その意図は,コンサルティング方法論自体が持つ強みを保持したままで,個々のコンサルタントが持つ属人的な能力の強みを活かそうとしているところにある。

　マーサー日本法人の場合も,現行のビジネスモデルは,クライアントごとのカスタマイズに強みを持ったビジネスモデルであるが,それを,ソリューション・ビジネスとして,より定型的なサービスの提供を行おうとしている。

　これらの両社の戦略行動,ビジネスモデルの発展の方向性は,競合他社との違い,ビジネスモデルの独自性を生み出しており,両者の持続的競争優位の構築に貢献していると考えられる。また,両社の場合は,グローバル企業

としての経営コンサルティング・ファームのビジネスモデルを構築することが理想となるため，ローカル支社の独自性に由来する強みとグローバル性に由来する強みをどのように結合，あるいは融合させるかということがビジネスモデル構築における継続的な課題となると考えられる。

小結

　本章では，ヘイ日本法人とマーサー日本法人の比較事例研究を通して，経営コンサルティング・ファームのグローバル戦略のあり方を決める要因として「ビジネスモデル」に注目し，「ビジネスモデル」と「グローバル戦略」との関係について考察を行ってきた。考察の結果，知識集約型企業のビジネスモデルについての理論化に向けて注目すべき3つの点を導出した。
　第1に，「知識を売ることで利益を上げる」という点である。「知識を売る」ということは，「時間を売る」ということに代替できても，決して「モノを売る」ということにはならない。この点が，知識集約型ビジネスにおけるビジネスモデルの骨子を構成していると考えられる。第2に，「サービスの形態がビジネスモデルの方向性を規定する」という点である。サービスの形態は，知識の可視化のレベルによって規定される。暗黙的であればあるほど，非定型的サービスとしてのビジネスモデルが形成され，形式的であればあるほど，定型的サービスとしてのビジネスモデルが形成される。第3に，「戦略的意図による意識的な差異を創り出す」という点である。第1，第2の点により，業界標準的，競争的なビジネスモデルの基本的な構成が規定されるが，持続的競争優位を構築するためには，企業の戦略的意図による原型としてのビジネスモデルからの意識的な差異を創り出すことが重要であると考えられる。
　第1と第2の点については，われわれが第4章において提示したローカル・ファームの競争優位の概念上でとらえることができたが，第3の点については，発見事実であると言える。競争的なビジネスモデルを構築するために

は，個々のファームにおける戦略的意図が反映されることが重要となることがわかった。加えて，ビジネスモデルの構築プロセスは，経時的なプロセスであり，競争優位を構築できるようになるまでには，一定のタイムスパン（10年〜20年単位）が必要となることがわかった。この点については，第9章，第10章の事例研究では取り扱えなかった論点であり，本章の事例研究の成果であると言える。

ただし，両社ともに，基本的にはプロフェッショナル・サービス・ファームのビジネスモデルから大きく逸脱している訳ではない。ヘイ日本法人の場合には，プロフェッショナル性は強く保守的であり，そのためビジネスモデルの自由度という点では制限されている。あくまでも，プロフェッショナル・サービス・ファームのビジネスモデル内での競争的なビジネスモデルの構築に留まっている。マーサー日本法人の場合には，ヘイ日本法人よりもプロフェッショナル性は低く革新的であり，上述したように，ビジネスコンサルティングとの戦略的提携にもみられるように，ヘイ日本法人よりはビジネスモデル構築の自由度は高い。

そして，ビジネスモデルとグローバル戦略との関係については，結局のところ，ビジネスモデルとグローバル戦略との関係をいかにして構築していくのか，ローカル性にもとづく強みとグローバル性にもとづく強みとをいかに上手く結合，あるいは統合させ，整合性のとれたビジネスモデルを構築していくのかというのが鍵を握っていると考えられる。

ヘイの場合には，現在，グローバル戦略とビジネスモデルが上手く適合していると考えられる。言い換えれば，グローバルな競争優位性にもとづいて，ビジネスモデルが構築されてきたと言える。一方，マーサーの場合には，グローバルな競争優位性という点では十分ではなかった。そのため，日本法人独自のビジネスモデルを構築していったのである。そのため，マーサーは現在，コンサルティング方法論をある程度パッケージ化することにより，日本発の知見を他の海外支社に対しても提供できるように行動し，日本支社を中心にマーサー・グループ全体のグローバル戦略の見直しを図るよう

に努めている。

　特に，冒頭で述べたように，マーサー日本法人に関しては，親会社であるマーシュ・アンド・マクレナンの組織再編に伴い，マーサー（Mercer）に社名が変更され，世界全域でブランドを統一することとなった。現在（2009年時点）のマーサー日本法人の正式な名称は「マーサー ジャパン株式会社（Mercer Japan Ltd.）」となっている。同社のウェブサイトを参考にする限り，マーサー，マーサー日本法人のグローバル戦略に関しても大きな改革が進められているようである。

　ウェブサイトをみる限りは，われわれが，調査した時点よりも，グローバル性にもとづいたコンサルティング・サービスの提供によりシフトしてきているように窺える。年金・財務リスクコンサルティング，資産運用コンサルティング，保険・福利厚生コンサルティングなど，本来マーサーがグループ全体で持つグローバルな競争優位性を持つと思われるサービスの提供を全面に打ち出してきているようである。この点については，今後もフォローアップをしていかなければならない。

　次章以降では，単一事例にもとづいた説明的事例研究として，CTP日本法人とカタリナ日本法人について考察していく。本章における比較事例研究とは異なり，両事例研究においては，ビジネスモデル構築のプロセス等，経時的な変化については取り扱わないが，いわば完成されたビジネスモデル，グローバル戦略のあり方，及びインプリケーションの導出に重点を置いた考察を展開する。

第9章

事例研究：CTP日本法人

はじめに

　前章に引き続き，二つ目の事例研究として，本章では，説明的事例研究に取り組む。対象とする事例は，ケンブリッジ・テクノロジー・パートナーズ（Cambridge Technology Partners：以下，CTP日本法人）である（図表9-1参照）。第5章において，CTP日本法人を事例として選択した理由について述べたが，要約すると，CTPが特定のグローバル戦略の類型（セル8）を代表する事例であると考えられること，知識集約型企業のグローバル戦略について考察する上でのインプリケーションが豊富であること（ビジネスモデルの安定性の問題，複数のビジネスモデルが併存することの難しさ，日本発のグローバル・ファーム誕生の可能性）である。

　本章の目的は，単一事例であるCTP日本法人[1]を対象に，選択されたグ

---

1) 本章における記述は，主としてケンブリッジ・テクノロジー・パートナーズ (http://www.ctp.com/)，ケンブリッジ・テクノロジー・パートナーズ株式会社 (http://www.ctp.co.jp/) のウェブサイト，元ケンブリッジ・テクノロジー・パートナーズ株式会社（2004年当時，マーケティング本部長），現エフセキュア株式会社の斉藤雅美氏への複数回にわたるインタビュー調査及びその際に提供された資料，ハーバード・ビジネス・スクールのケーススタディ（Amabile *et al.*, 1995; Gompers and Conneely, 1997a, 1997b）にもとづいている。加えて，現在のケンブリッジ・テクノロジー・パートナーズ株式会社代表取締役社長の鈴木　努氏，ディレクターの白川　克氏から補足的な説明を賜った。また，ウェブサイトについては，ノベル社，日本ユニシス社による買収前後の内容についても検討するため，インターネットアーカイブ (http://www.archive.org/index.php) を用いて当時のウェブサイトの内容についても参考にしている。

図表9-1 CTP日本法人のポジショニング

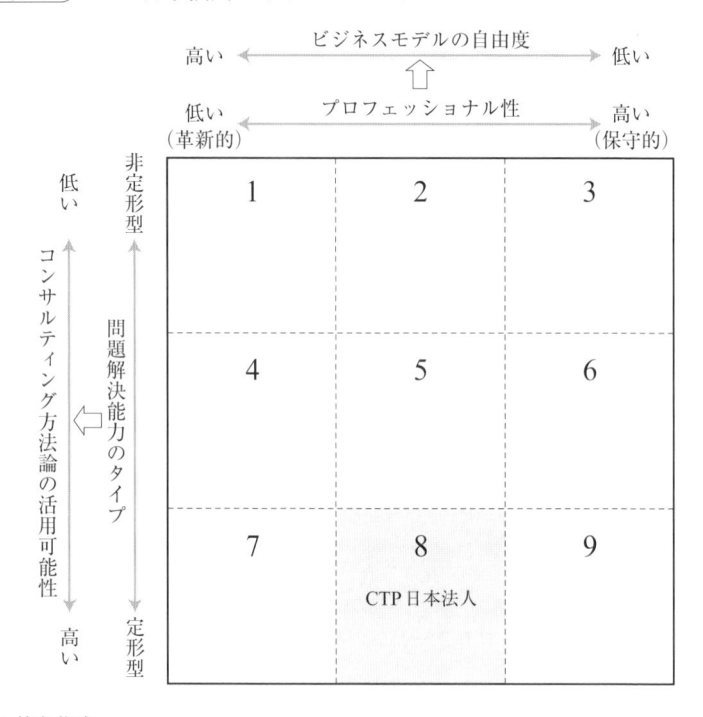

	低い（革新的）	プロフェッショナル性	高い（保守的）
非定形型	1	2	3
	4	5	6
定形型	7	8 CTP日本法人	9

ビジネスモデルの自由度：高い ← → 低い

縦軸：コンサルティング方法論の活用可能性（低い←→高い）、問題解決能力のタイプ（非定形型←→定形型）

出所：筆者作成。

ローバル戦略の特徴，要件，長所，短所といった点について説明し，かつ知識集約型企業のグローバル戦略についての一般化可能性について探求することにある。

9.1　CTPとCTP日本法人の概要

9.1.1　CTPの沿革

　CTPは，1991年に設立され，IT関連の経営コンサルティング・サービス

を包括的に提供していた経営コンサルティング・ファームである[2]。2001年に米国ノベル社（Novell, Inc）に買収されるまで，世界19カ国，55拠点，4,300名の従業員を抱える規模にまで急成長を遂げていた。CTP日本法人は，1997年に設立され，ノベルによる買収後もCTPブランドで事業を行っている。2006年に，日本ユニシス株式会社によって買収され，現在は，日本ユニシスグループの一員として活動を継続している。

　CTPの起源は，1984年，マサチューセッツ工科大学（MIT：Massachusetts Institute of Technology）の2名の教授によって設立されたケンブリッジ・テクノロジー・グループ（Cambridge Technology Group：以下，CTG）に遡ることができる（図表9-2参照）。

　1980年代当時，メインフレームと呼ばれる汎用コンピュータから，ミニコンピュータやワークステーションへの移行がみられるようになった。それら新しいシステムで広く利用されるようになったのが，UNIXと呼ばれるOSであった。以降，UNIXを搭載したワークステーションによるクライアント・サーバー・システムが支配的となっていった。CTGは，UNIXやクライアント・サーバー・システムをベースとするITに関するセミナーを企業の幹部たちに対して開催し，UNIXに関するトレーニング・サービスの提供を行っていた。その後，UNIXアプリケーション用の短期プロトタイプ開発に成功し，アプリケーション開発やシステム・インテグレーションに関するコンサルティング・サービスを提供するようになった。

　1991年に，CTGからコンサルティング部門が独立し，コンサルティング・サービスとソフトウェア開発を行う企業として，CTPが設立される。1993年には，早くもNasdaqに上場し，拠点を全米各地に開設していく。そして，詳しくは後述するが，CTPの競争優位性となる「納期・価格保証（Fixed Time/Fixed Price）」によるソフトウェア開発，「ケンブリッジRAD

---

[2] 現在（2008年度）において，CTPの社名で事業活動を継続しているのは，日本，スイス，ハンガリーにおける各法人のみとなっている（図表9-1参照）。スイス，ハンガリー法人はスピンアウトしてノベル社より独立している。

図表9-2 ケンブリッジ・テクノロジー・パートナーズの沿革

年	内容
1984	・MITの2人の教授がCambridge Technology Group（CTG）を設立。UNIXトレーニング・サービスの提供を開始する。
1986	・UNIXアプリケーション用の短期プロトタイプ開発の成功により，アプリケーション開発のコンサルティング・サービスの提供を開始する。
1991	・CTGからコンサルティング部門が独立し，コンサルティング，ソフトウェア開発会社として，米国マサチューセッツ州ケンブリッジ市にケンブリッジ・テクノロジー・パートナーズ（CTP：Cambridge Technology Partners）が設立される。
1993	・Nasdaqに上場（CATP）する。従業員は300名に拡大する。「納期・価格保障（Fixed Time/Fixed Price）」によるソフトウェア開発によって市場で高い評価を獲得する。加えて，従来に比べ，短期間にしかも低コストで革新的なシステム開発が可能な独自のコンサルティング手法及び開発手法である「ケンブリッジRAD（Rapid Application Deployment）」を開発する。 ・拠点網の拡大を進める。米国内にアトランタ，シカゴ，ダラス，ニューヨーク，サンマテオ，シアトルと次々にオフィスを開設し，全米規模の企業となる。
1994	・世界市場へ進出する。 　・北ヨーロッパ：スウェーデンのストックホルム 　・西ヨーロッパ：ロンドン，ダブリン 　・中央ヨーロッパ：アムステルダム，フランクフルト ※1995年には，ヨーロッパ地区の売上は，全CTPの22％を占める。
1995	・マイアミのシステムズ・コンサルティング・グループ（The Systems Consulting Group, Inc），サンフランシスコのアクシオム・マネジメント・コンサルティング（Axiom Management Consulting, Inc）を買収する。この買収により，パッケージ・ソフトウェアの評価・実装，ビジネス・プロセス・リデザインのサービスを強化する。 ・ハードベンダー及びソフトベンダーとのアライアンスを推進する。 　・サンマイクロシステムズ，ヒューレット・パッカード，マイクロソフト，オラクル等 　・Tuxedo，Corbaなど業界標準規格との技術連携を強化
1996	・米国やヨーロッパのクライアント・ニーズの高いラテンアメリカ，オセアニアにも拠点を拡大する。 ・カリフォルニア州サンラモスを拠点とし，ピープルソフト社のERP導入実績第2位のシェアを持つラモス・アンド・アソシエイツ（Ramos & Associates, Inc）を買収する。
1997	・東京にCTP日本法人を設立する。ERP，CRM，Eビジネス領域におけるサービスの提供を開始する。 ・オーストラリアとインドに拠点を開設する。

1998	・eビジネスのコンサルティング及びeシステムの導入を行うeビルダーとしてフォレスター・リサーチ（米国に本社を置く技術系調査会社の大手）より高い評価を得る。
1999	・フォーチュン誌のe50（eコンサルティングとしてトップ企業）に選ばれる。
2000	・英国においてコンピューティング・マガジン誌でITサービス・オブ・ザ・イヤーを受賞する。
2001	・ノベル（Novell, Inc）に買収される。日本を含め，幾つかの国・地域では，引き続きCTPとして事業活動を継続する。
2006	・CTP日本法人が，日本ユニシス株式会社に買収される。
2007	・CTPスイス法人（本社ニヨン，ジュネーブ，チューリッヒ），CTPハンガリー法人（ブダペスト）がノベルより独立する。

出所：CTP日本法人の資料（2000年当時），並びに現CTP日本法人（http://www.ctp.co.jp/），CTP（http://www.ctp.com/）のウェブサイトより筆者作成。

（Rapid Application Deployment）」の開発に成功する。以降，積極的な国際展開に乗り出す。CTP日本法人が設立されたのは，1997年のことである。2000年頃までには，ITソリューション・プロバイダーのリーディング企業として，世界的に高く評価されるまでになる。2001年にノベルに買収されるが，CTP日本法人は，その後もCTPの社名のまま事業活動を継続する。2006年，日本ユニシス株式会社に日本法人が買収され，現在に至る。

9.1.2　CTP日本法人の事業概要

　CTP日本法人の提供しているサービスは，大きく分けると8つの分野に分かれる。それは，①ビジネス・プロセス・リエンジニアリング（BPR），②ITプランニング，③チェンジマネジメント（CM），④プロジェクト・マネジメント・オフィス（PMO），⑤エンタープライズ・リソース・プランニング（ERP）・サプライチェーン・マネジメント（SCM），⑥カスタマー・リレーションシップ・マネジメント（CRM），⑦ヒューマン・リソース・マネジメント（HRM），⑧アイデンティティ・マネジメント（IDM）である（図表9-3参照）。

図表9-3 CTP日本法人の提供サービスの概要図

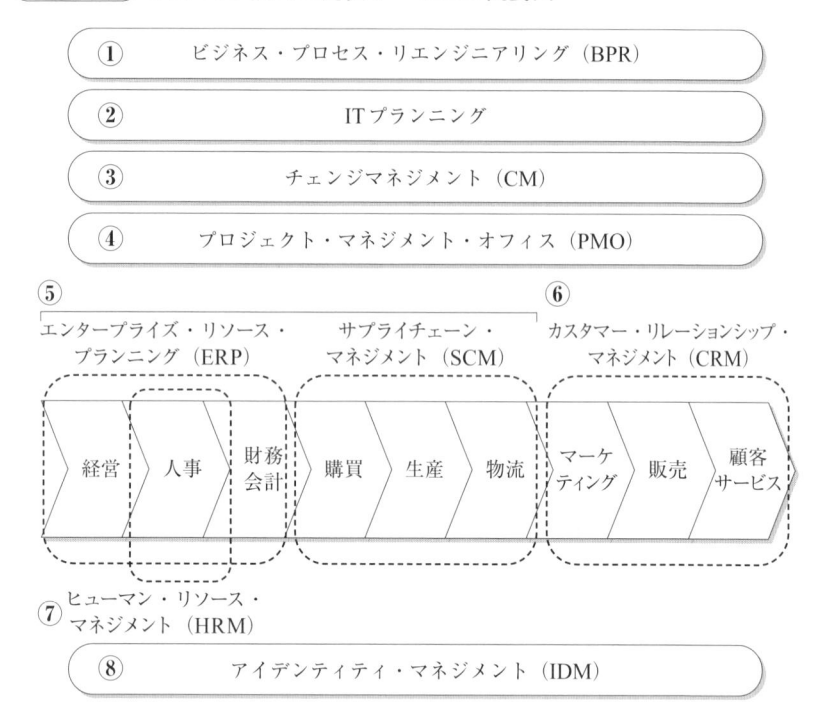

① ビジネス・プロセス・リエンジニアリング（BPR）

② ITプランニング

③ チェンジマネジメント（CM）

④ プロジェクト・マネジメント・オフィス（PMO）

⑤ エンタープライズ・リソース・プランニング（ERP）　　サプライチェーン・マネジメント（SCM）　　⑥ カスタマー・リレーションシップ・マネジメント（CRM）

経営　人事　財務会計　購買　生産　物流　マーケティング　販売　顧客サービス

⑦ ヒューマン・リソース・マネジメント（HRM）

⑧ アイデンティティ・マネジメント（IDM）

出所：CTP株式会社のウェブサイト（http://www.ctp.co.jp/solutions/index.html）より筆者作成。

　各サービスの概要は，図表9-4の通りとなる。ほとんどのサービスは，競合他社と同様のものとなっているが，差別化という点で言えば，④PMO，⑧IDMが独立したサービスとして提供されていることが指摘できる。④PMOについては，後述するように，CTP，CTP日本法人がITの導入プロセスにおけるコンサルティング・サービスに特に秀でており，クライアントはもちろん，競合他社からも高く評価されていることを反映している。⑧IDMについては，親会社であったノベルが得意としていた分野であり，買収後にサービスとして追加されたものである。

第9章　事例研究：CTP日本法人

図表9-4　CTP日本法人の提供サービス

サービス	内　　容
①BPR	現状の業務プロセス/情報システムを分析し，事業戦略にもとづいた業務プロセス/情報システムのあるべき姿を描き，実現のための施策や移行計画を策定し，投資対効果分析（ROI）にもとづく実行の道筋を作成する。
②ITプランニング	現状の情報システムを分析し，事業戦略にもとづくシステムのあるべき姿を描き，実現のための施策や移行計画を策定し，投資対効果分析（ROI）にもとづく実行の道筋を作成する。また，ITガバナンスの視点からの評価・改善提案や，保守・運用体制にまで踏み込んだ提案，エンタープライズ・アーキテクチャーの作成も支援する。
③CM	Change Planning（戦略立案/変革プランニング） 　― 企業の組織/業務/人材に関する各種変革プランの立案から具体的なプロセス設計やルール作り等を支援する。変革の実行による業務及び人へのインパクトや既存施策との整合を識別し，全体的なシナリオを提供する。 Change Leading（変革推進）ソリューション 　― 企業の部門横断的な課題や企業文化変革等，あらゆる「プロジェクト化」された取り組みを支援する。コミュニケーションプランの策定・実行/変革リーダーの育成など，変革プランの実現を支援するソリューションを提供する。
④PMO	企業内の複数プロジェクトが事業戦略と整合性を持って運営されるよう，プロジェクト・マネジメント・オフィス（PMO）を立ち上げ，顧客のプログラム/プロジェクトを支援する。SIベンダーのPM支援ではなく，顧客側にたって，システム構築だけでなく，業務プロセスや組織等の変革活動まで含めたプログラム全体のマネジメントを支援する。
⑤ERP・SCM	ERPソリューション 　― 企業戦略の実現を目指し，財務・管理会計領域を中心に，アセスメントからビジネスモデリング，ERPパッケージの導入まで，一貫したソリューションを提供し，基幹システムの導入成功を支援する。 SCMソリューション 　― サプライヤーから顧客までの一連の流れを改善し，その統合管理を実現するための業務プロセス/システム導入を支援する。特に，製品・サービスを提供する上での全体最適化や意志決定を支援するサプライチェーン・プランニングに関して構想策定からシステム導入まで一貫したソリューションとして提供する。

⑥CRM	顧客とのあらゆるコンタクトポイントをとらえ，「顧客中心型の経営」を実現する業務プロセスやシステム導入を支援する。CRM構想策定をはじめとして，顧客リレーションを継続管理するコンタクトセンター，顧客接点の強化・連携を図るチャネル・マネジメント，顧客情報を有効活用するCRM分析など，一貫したソリューションを提供する。
⑦HRM	人事業務の効率化を行うと共に，より戦略的な業務へのシフトを目指し，業務改革からシステム導入，そして導入後の改善まで一貫したソリューションを提供する。
⑧IDM	顧客のセキュリティポリシーにもとづいた安全なIT環境を維持できるようにサポートする。アカウント統合とアクセスコントロールの機能によりセキュリティ強化と，ユーザー，システム管理者双方の生産性の向上の実現を目指す。

出所：CTP日本法人のウェブサイト（http://www.ctp.co.jp/solutions/index.html）より筆者作成。

　CTPでは，クライアントの成功に焦点を合わせ，上流からシステム構築やそれと同時並行して行う業務改革，組織改革も一貫して実施するコンサルティング・サービスの提供に重点を置いていた。CTP日本法人の提供するサービスの特徴も同様であり，以下の6つの点に集約できる。

　第1に，「スピード導入サービス」である。CTP日本法人は，「新しくビジネスを立ち上げる場合でも，業務改革を行う場合でも，それを支えるITシステムを短期導入することができなければ，企業として生き残っていくことは難しい。ITプロジェクトのスピードの速さは，コストの面でのメリットだけではなく，企業の命運を握っているといっても過言ではない」という認識に立っている。そこで，「80：20の考え」，すなわち「限られた期間の中で80％の完成を素早く実現し，改善を繰り返す」というアプローチによりスピード導入を実現している。これを支えているのが，独自の短期導入手法であるケンブリッジRADである。

　第2に，「ファシリテーション型コンサルティング」である。CTP日本法人のコンサルティング・サービスは，さまざまなステークホルダーが全員参加し，合意形成をベースに課題解決を進めて行く。討議や意思決定のプロセ

スはガラス張りにし，顧客とCTP日本法人が「One Team」になって成果を出そうとする。こういったアプローチをCTP日本法人は「ファシリテーション型コンサルティング」と呼んでいる。一般的に，ファシリテーションとは，会議進行の後方支援に焦点を当てた行為を指し狭い意味合いでとらえられている。ファシリテーターは，会議の時間と場所を参加者に通知し，アジェンダを準備し，会議の始まりと終わりをリードする。一方，CTP日本法人では，ファシリテーションを広くとらえ，「あるグループを何らかの結論や問題解決へ導くための一連のプロセス」と定義している。CTP日本法人は，1997年の設立以来，日本で多くのプロジェクト経験を積み重ねる中で，このファシリテーションが会議だけでなく，プロジェクトを進めて行く上でも重要であり，施行に欠かせないプロセスとして位置づけている。

　第3に，「納期・価格保証サービス（Fixed Time/Fixed Price）」である。CTP日本法人では，納期と価格を保証する成果保証サービスを提供している。現在，経営コンサルティング・ファームの課金システムとして主流となっているのが，時間単位あたりの報酬である。ソフトウェア開発，システム開発においても，基本的には，いわゆる「人月計算」が採用されてきた（e.g., Brooks, 1975, 1995）。こういった時間が経過すればするほどコストがかかる，従って，経営コンサルティング・ファームが儲かるモデルに対して，CTPは創業当初から納期・価格保証を採用してきた。

　第4に，「一貫性（End-to-End）」である。CTP日本法人では上流から下流まで一貫したサービスを提供している。特に，日本におけるシステム・インテグレーションの世界では，上流と下流を担当する企業が別々になり，システム構築プロセスが分断され，プロジェクトに問題を生じさせている場合が多い。ITコンサルティング・ファームとシステム開発会社が異なり，その間のコミュニケーションに時間がとられる，コミュニケーション不足からプロジェクトが上手くいかない，ということが良く発生する。CTP日本法人では，上流から下流まで同じチームが担当し，ビジネス・コンサルティングからシステム構築，ロールアウトのフェーズまでのプロジェクトが完了す

るまでの総合的な支援を強調している。また，上流と下流が分断されており，下流を同社以外のSIベンダーに引き継ぐ場合でも，顧客側のPMO（Project Management Office：プロジェクト管理オフィス）として全体をマネジメントする立場での支援，SIベンダーが立ちあがるまでのプロセスを支援している。

　第5に，「中立性」である。CTP日本法人では，製品販売を行わず，中立的な立場でサービスを提供している。常に顧客の視点に立ち，最適なソリューションの提案を行うことを目指している。そのため，特定のベンダーに縛られない意思決定をする中立性を保ち続けることに重点を置いている。

　第6に，「ケンブリッジ・カルチャー」である。CTP，CTP日本法人では，方法論や仕組みがあってもそれだけではプロジェクトが成功するとは限らないと考えている。方法論や仕組みを適用するのは，結局は人であり，人の基盤となっているのが，同社の企業文化である（図表9-5参照）。

　CTP，CTP日本法人では，「Fast（迅速に）」，「Right（正しく）」，「Open（オープンに）」，「Guaranteed（成果を保証）」，「Business Case（顧客のビジネス中心）」，「Behavioral Focus（誠実に）」の頭文字をとった「FROGBB（フロッグビービー）」という企業文化が根づいている。CTP日本法人のコンサルタントはこれらの企業文化から導き出される行動指針を忠実に実践し，高い目的意識を持って顧客の利益とビジネスの成功を支援している。CTP日本法人は「スピード導入」を現実のものにできる根拠がこの企業文化の中になるとし，非常に重要視している。

　以上の，特徴からCTP，CTP日本法人と競合他社とを差異化している成果として，CTP，CTP日本法人の手がけたプロジェクトの高い成功率が指摘できる。ITプロジェクトの一般的な成功率は，「29％（2004年度）」[3]，日

3）　スタンディッシュ・グループ（The Standish Group International, Inc）の発表による。同社は，1985年，米国，マサチューセッツ州，ボストンにおいて設立されたITプロジェクトのパフォーマンスに関する調査・研究を行い，助言サービスを提供している。同社は，1994年度から，隔年ごとにITプロジェクトの成功・失敗要因に関する報告書

第9章　事例研究：CTP日本法人　*261*

図表9-5　ケンブリッジ・カルチャー：FROGBB

Fast	私たちは，時間軸が大切だと考えています。いかに短期間にコンサルティングやシステム導入を実現するかを徹底的に追及した独自のスピード導入手法を開発し，コンサルタント全員がこの手法をマスターします。プロジェクトではお客様と共に実践しながら，このスピード導入サービスを提供しています。
Right	私たちは，お客様のビジネス環境を深く理解し，お客様にとって正しいことは何かを常に追求しています。お客様がビジネスで成功するために不可欠なビジネス・コンサルティングからシステム導入まで，一貫したサービスを提供し，そのための努力を惜しみません。
Open	私たちは，お客様にオープンであることを前提としています。ノウハウをクローズすることなく，ドキュメントはもとより，ソースコードの開示，システム運用やユーザー教育までお客様に必要なスキルの移転を常に心がけています。
Guaranteed	私たちは，納期とコストを約束します。お客さまとリスクをシェアし，独自の導入アプローチによりお客様をリードいたします。徹底したプロジェクト・マネジメントとチームサービスにより，お客様が，無駄なコストと時間を費やさないことを保証します。
Business Case	私たちは，投資対効果や企業価値の向上を常に考えて行動します。技術ばかりにフォーカスするのではなく，あくまでもビジネスの成功のために，豊富な導入実績によるコンサルティングと最新技術を駆使した導入サービスを行います。
Behavioral Focus	私たちは，誠実に行動します。お客様との信頼関係を大切にします。

出所：CTP日本法人の資料（2000年当時），並びにCTP株式会社（http://www.ctp.co.jp/），のウェブサイトより筆者作成。

本国内の成功率は「26.7％（2003年）」[4]であるとされる。失敗の内訳は，予測から189％の予算超過，納期から222％の遅延，予定した機能の61％しか満たしていないといった具合である。これに対して，CTPは，ワールド

（CHAOS Report 1994-2004）を発表しており，同種の調査資料として頻繁に引用されている。詳しくは，同社のウェブサイト（http://www.standishgroup.com/）を参照されたし。
4) 日経コンピュータの調査報告による。同種の調査としては，社団法人日本情報システム・ユーザー協会（JUAS）の「企業IT動向調査2008」がある。詳しくは，同協会のウェブサイト（http://www.juas.or.jp/index.html）を参照されたし。

ワイドで「95%（2001年度）」，国内では「95.5%（2008年6月現在）」という非常に高いプロジェクトの成功率を誇っている。

9.2 CTP日本法人のサービスの特徴

9.2.1 ケンブリッジRAD

　CTPが狙いとしているのは，ビジネスサイクルよりも短いシステム導入サイクルの実現である。そのためCTPでは，ビジネス・コンサルティングからシステム導入まで，常に「スピード」を追及してプロジェクトを進めてきた。いかに早く，最善のソリューションを顧客に提供できるか，そのための手法が「ケンブリッジRAD」と呼ばれるCTP独自のコンサルティング方法論である（図表9-6参照）。

　一般的に，RAD（Rapid Application Development）とは，ソフトウェア開発技法の1つで，プロトタイプと呼ばれるシステムの完成イメージを何度も制作，評価し，プロトタイプを少しずつ完成品に近づけてゆく手法である。比較的新しい技法であり，従来のウォーターフォールモデルなどの手法より迅速に開発を進められることが利点である。ケンブリッジRADは，多くの顧客のプロジェクトを成功に導いてきたノウハウにもとづいて改良され，CTP日本法人にも受け継がれている。その中核をなすのは，①アセスメント/ITプランニング，②ビジネスモデル，③スコープ/PEW（パッケージ・エバリュエーション・ワークショップ），④BPR（ビジネス・プロセス・プロトタイピング），⑤設計，⑥開発，⑦ロールアウトからなる7つのプロセスである。

　①アセスメント/ITプランニングでは，経営計画の確認，現行ビジネスとITシステムの確認，主要成功要因と達成目標の明確化等を経て，IT戦略の立案を行い，ITプロジェクトの定義と優先順位付け，ロードマップの作成を行う。②ビジネスモデルでは，評価指標，目標値を設定し，あるべき姿の業務プロセス・役割の定義を行い，ビジネスプロセス設計を行う。③スコー

図表9-6　ケンブリッジRAD

```
プログラム・マネジメント/プロジェクト・マネジメント

アセスメント/ITプランニング → ビジネスモデル → スコープ/PEW → BPP → 設計 → 開発 → ロールアウト

チェンジ・プランニング　　　チェンジ・リーディング

インフラストラクチャー・マネジメント
```

※PEW = Package Evaluation Workshop
　BPP = Business Process Prototyping

出所：CTPのウェブサイト（http://www.ctp.co.jp/cambridge/methodology/rad.html）より筆者作成。

プ/PEWでは，システム化の範囲を決定し，機能要件の定義と優先順位づけを行う。このスコープに沿って，パッケージの評価と選定を実施する。④BPRでは，ビジネスプロセスにもとづいた新システムのプロトタイプを作成し，実現可能性を検証する。⑤設計では，機能詳細設計，ユーザーインターフェース設計，データベース設計，オブジェクト設計，ITインフラ設計，運用設計等を行う。⑥開発では，最終版のユーザーインターフェース/プログラムの開発，単体テスト～システムテスト，ユーザビリティテストを実施する。⑦ロールアウトでは，パフォーマンスチューニング，ユーザー教育など，本番稼動に向けた準備を行い，必要に応じてプロジェクトの次の段階に向けたプランニングを実施する。

　これらの中核プロセスと並行して進められるのが，チェンジ・プランニング（戦略立案/変革プランニング）とチェンジ・リーディング（変革推進）のプロセスである。チェンジ・プランニングでは，企業の組織・業務・人材

に関する各種変革プランから具体的なプロセス設計やルール作りを支援する。その際，変革の実行による業務及び人への影響，既存施策との整合性があるかどうかを識別し，全体的なシナリオを提供する。チェンジ・リーディングでは，企業の部門を横断する課題や組織文化の変革など，「プロジェクト化」されたあらゆる取組みを支援する。プロジェクト成功に不可欠なコミュニケーションプランの策定・実行，変革リーダーの育成など，成功が最も難しいとされる変革プランの実現を支援する。

そして，以上のプロセスを統合的に管理するためのプロセスが，プログラム・マネジメント/プロジェクト・マネジメントのプロセスとなる。CTPのプロジェクト・マネジメント手法は，PMBOK（Project Management Body of Knowledge）準拠しつつ，更にこれまでの実績からより実践的な特徴を備えている。

例えば，プロジェクト・チーム結成時に，プロジェクトの目的・ゴール，進め方を共有すると共に，メンバーの役割とそれぞれの期待値を確認し，チームのルールである「グラウンド・ルール」を設定し，チームのパフォーマンスを高めるための「ノーミング・セッション」，プロジェクト・チームの行動を時間単位で設計する「セッション・プラン」等の手法がある。

プログラム・マネジメント/プロジェクト・マネジメントは，プロジェクト・マネジメント・オフィス（PMO：Project Management Office）という独立したサービスとしても提供されている。PMOとは，企業内の複数プロジェクトが事業戦略と整合性を持って運営されるようにし，顧客のプログラム/プロジェクトを支援するサービスである。一般的なSIベンダーのプロジェクト・マネジメント支援とは異なり，CTP日本法人では，顧客側に立って，システム構築だけではなく，業務プロセスや組織等の変革活動まで含めたプログラム全体のマネジメントの支援に重点を置いている。

9.3 CTP日本法人の顧客の事例

9.3.1 NECラミリオンエナジー株式会社

　以上，CTP日本法人の事業内容について説明してきた。ここで，CTP日本法人の顧客の事例を紹介したい。図表9-7はCTP日本法人及びCTP株式会社における顧客の事例の一部である。

　注目すべきは，同社の顧客として，同様のITサービスを提供している企業が複数含まれていることである。例えば，富士通の事例では，「グローバルコールセンターの構築」（RUN21プロジェクト；1998年～2001年）が課題であった。富士通は，当時でも世界規模のSI企業であり，自社システムの導入にあたっても，コンサルティングとシステム構築を社外のパートナーへ委託することは前例のないことであった。しかし，同プロジェクトでは，バイリンガルによる多国籍の業務プロセスを理解するコンサルティングスキル，多言語でのパッケージ導入スキルなどのITスキル，更にITプロジェクトの成功を約束するスピード導入・開発を実現する短期導入手法を持つという理由から，CTP日本法人がパートナーとして採用されたのである。

　このように，CTP日本法人は，競合する同業他社の多くからその経験や実力が認められており，CTPが保有するコンサルティング方法論が高く評価されていることがわかる。本節において，取り上げるのは，NECラミリオンエナジー株式会社の事例である。なお同事例は，ノベル社によるCTPの買収後，日本ユニシスによるCTP日本法人の買収前の事例となる。

9.3.2 量産体制に向けた基幹システム構築

　NECラミリオンエナジー株式会社（以下，NLEと略記する）は，日本電気株式会社グループの100％子会社として，ハイブリッドカーや電気自動車，燃料電池車といった環境対応自動車の鍵となる，自動車用マンガン系リチウムイオン組電池の研究開発会社として2002年に設立された。

図表9-7 CTPのクライアントの事例一覧

領域	クライアント	プロジェクト名	提供サービス
ERP・SCM	アイ・ティー・エックス株式会社	財務会計/管理会計システム構築	要件定義, システム構築
	伊藤忠テクノソリューションズ株式会社	経理業務ERP構築	要件定義, システム構築
	NECラミリオンエナジー株式会社	新基幹システム構築	要件定義, システム構築
HRM	キヤノン株式会社	IT Planningと人事領域のBPR	人事業務改革, システム構築策定, 要件定義, ベンダー選定
	古河電気工業株式会社	人事BPRと人事・給与システム導入	構想策定, 人事業務改革, 要件定義, ベンダー選定, システム構築, 導入支援
CRM	株式会社アプリックス	新規コールセンター構築	要件定義, システム構築
	CTCテクノロジー株式会社	マルチベンダー・コンタクトセンター構築	要件定義, システム構築
	日本電気株式会社	BIGLOBEコールセンター・システム構築	要件定義, システム構築
		121コンタクトセンター構築	構想策定, 業務設計, 要件定義, システム構築, 業務改善
	株式会社福田屋百貨店	ポイントカード制度再構築	要件定義, システム構築
	富士通株式会社	「RUN21」グローバル・コールセンターシステム構築	要件定義, システム構築
	株式会社リコー	統合コールセンター構築	構想策定, 要件定義, ベンダー選定, PMO
IDM	伊藤忠テクノソリューションズ株式会社	eWork@CTC（社内システム環境）	構想策定, PMO
	株式会社ジェイティービー	SSO（シングルサインオン）構築	要件定義, システム構築
	TIS株式会社	IDMシステム構築	要件定義, システム構築
	日本ユニシス株式会社	ユーザー管理システム構築	要件定義, システム構築

PMO	伊藤忠テクノソリューションズ株式会社	eWork@CTC	構想策定，要件定義，ベンダー選定，PMO
CM	NECパーソナルプロダクツ株式会社	品質改革プロジェクト	戦略立案，変革推進
その他	株式会社リクルート〔ITコスト削減のためのPlanning〕，DLJディレクトSFG証券株式会社（現楽天証券株式会社）〔オンライントレードシステム構築〕，花王株式会社〔Eビジネス・コンサルティング〕．		

出所：CTP株式会社のウェブサイト（http://www.ctp.co.jp/clients/index.html）より筆者作成．なお，表中に掲載したものは，クライアントの社名が公表されているものに限定している．

　NLEは，高性能・高品質，長寿命，安全性という厳しい用件が求められる自動車用二次電池において，NECが開発したラミネート型マンガン系リチウムイオン電池セル技術と，NECトーキンが誇る民生用電池の幅広い実績で培ったノウハウを融合し，世界のデファクト・スタンダードとなりうる，自動車用二次電池の開発・供給を目指していた．同社は，2008年6月，日産自動車株式会社との合弁会社であるオートモーティブエナジーサプライ株式会社に事業を統合することとなり解散している．

　NLEは，自動車部品産業における重要課題として，JIT（ジャスト・イン・タイム生産方式）に対応しつつ部品のトレーサビリティも確保できるような業務プロセス，基幹システムを構築すべく，その構想段階からCTP日本法人に支援を依頼し，短期間での新システムの構築・導入に成功した．NLEは，2002年の設立後，同社の試作品に対して，国内外の自動車メーカーから前向きな評価を受けたことを景気に量産体制に向けての準備に着手した．その事業化にあたり，差別化を図るための業務プロセスを定義し，それを支える基幹システムを構築することが，重要な経営課題であると認識していた．そこで，本格的な商流が動き出す前に基幹システム構築のプロジェクトを発足し，コンサルティングに長けたパートナーによる支援を検討した．

　企画本部　企画・管理グループ　マネジャーの菱沼敬介氏は，次のように語る．

図表9-8 NLEのプロジェクト：第Ⅰ～第Ⅲフェーズ

第Ⅰフェーズ
期間：2005年4月～2005年7月
課題：業務プロセス定義・基幹システム構築策定

▼

第Ⅱフェーズ
期間：2005年4月～2005年7月
課題：基本設計・パッケージ選定

▼

第Ⅲフェーズ
期間：2005年8月～2006年3月
課題：パッケージ導入

出所：CTP株式会社のウェブサイト（http://www.ctp.co.jp/clients/erp/case_nle_01.html）より筆者作成。

重要な自動車部品ですから，品質管理やデータ保存が大切なポイントになっていました。そうした管理ができるシステムをきちんと作りたい，ということでコンサルティングを依頼することにしたのです。

　検討の結果，NLEはプロジェクトのパートナーとしてCTP日本法人を選択した。決め手となったのは同じNECグループの別プロジェクトにおける実績・評判だったという。また，CTP日本法人が提案討議の段階からNLEの経営方針に対する理解も深く，意図に沿った的確な提案が行われたことも，選定の大きな要因となった。

　実際のプロジェクトは，3つのフェーズに分けて進められた（図表9-8）。第Ⅰフェーズ（2004年12月～2005年3月）は，業務プロセス定義及び基幹システム構築策定フェーズである。同フェーズでは，設計・開発から販売後の保守・サポートに至るまでの業務全体にわたる業務プロセスを定義した。併せてNLEにおける戦略目的の実施状況を監視するためのKPI（Key Performance Indicator）も定義した。第Ⅱフェーズ（2005年4月～2005年7月）は，基本設計及びパッケージ選定フェーズである。同フェーズでは，将来のシステム拡張を踏まえて主要業務から策定した評価項目にもとづき選

考を行った．更に，当面のシステム化範囲である電池単体でのセル事業に的を絞り，より詳細な評価項目と主要な業務シナリオにもとづいたデモを実施した上で，選考するパッケージを選定した．CTP日本法人は，いずれの選考においても，客観的な立場からNLEが最適なパッケージを選択できるように支援を行った．

9.3.3 客観的な立場からのパッケージ選択の支援

また，パッケージ選定後はプロトタイピングを実施し，業務プロセスから想定されるほぼすべての業務シナリオを作成し，必要なカスタマイズ部分の洗い出しを行った．CTP日本法人は，追加開発が必要と思われる場面になると，NLEに対して機能の必要性や代替手段などを，ベンダーに対しては追加開発した際の工数などの確認を行った．こうして，CTP日本法人は，追加開発をNLEにとって本当に必要な部分のみに絞り込み，投資効果を最大限に発揮できるシステム作りを支援した．

第Ⅲフェーズ（2005年8月〜2006年3月）は，パッケージ導入フェーズである．ベンダーが作成した設計書のレビュー，プロジェクト全体の進捗に関するアドバイザリー業務などを行った．また，スケジュールの進捗や課題管理に関して，NLEの立場でパッケージベンダーと調整を行った．こうして，追加開発とパッケージ導入は当初のスケジュール通りに進行し，2006年4月，無事に基幹システムの本稼働を迎えることに成功した．

9.3.4 プロジェクトの成果

実現した基幹システムでは，自動車メーカーからの内示・発注情報を即座に取り込み生産計画に反映できる．また，部品メーカーや製造・出荷委託先にもデータが送付され，遅滞なく製品が出荷される手はずとなる．また，この品質管理システムは，10年以上のトレーサビリティ情報を保持しており，万が一問題が発生した場合には，過去に出荷した二次電池の情報も直ちに自動車メーカーに提供することが可能となっている．NLEでは，こうした対

応力の差が差別化を図る上で，大きな優位点になると認識している。

プロジェクトの成果，及びCTP日本法人のコンサルティングについて，NLE代表取締役社長に内海和明氏は次のように語る。

企画開発会社として発足し，事業会社に向けた準備を進めている段階にあった当社は，ケンブリッジと協同で業務プロセスや事業状況を把握するための経営指標などを定義していくことにより，事業立ち上げのプロセスをより深く理解し，事業化に向けたプロセスに具体的に取り組むことができたようです。ここでの取り組みは，今後本格的な事業化が進んでいく中で必要となる事業・個人評価のための項目設定（KPI）にも役立てることができると思います。このプロジェクトを通して，参加した人間の一人一人が，事業立ち上げに対して主体的に取り組んでいこうという意識に変わっていきました。こうした意識改革は，プロジェクト開始当初は想定もしていなかった効果と考えています。

9.4 事例分析

9.4.1 グローバル戦略の分析

分析に先立ち，前提として言えることは，CTP日本法人の強みや特徴は，親会社であったCTPの伝統を受け継いだものであるということである。より正確に言えば，ノベル，日本ユニシスと親会社は変わったものの，CTP本来の特徴，戦略的アイデンティティを保持しているのが，現在のCTP日本法人の特徴である。加えて，CTP日本法人独自の進化・発展を遂げているところが，現在のCTP日本法人の強みとなっている。この点については，インプリケーションについての考察で詳しく議論したい。

それでは，CTP日本法人のグローバル戦略について分析を行っていきたい（図表9-9参照）。第1に，CTP日本法人の問題解決能力のタイプは，「定

図表9-9　CTP日本法人のグローバル戦略の分析結果

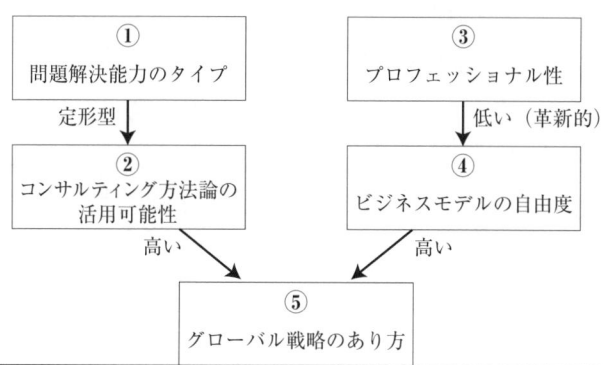

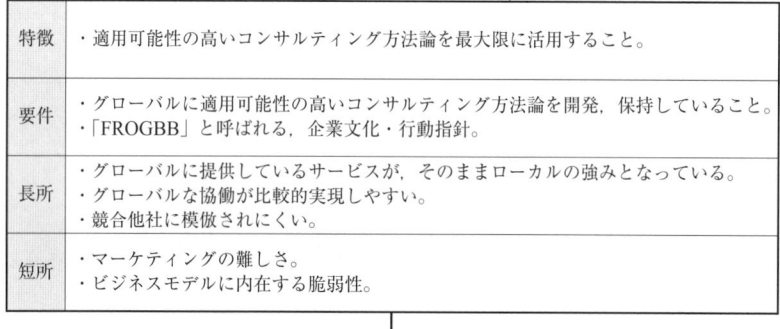

```
        ①                              ③
  問題解決能力のタイプ              プロフェッショナル性
        │                              │
       定型                        低い（革新的）
        ↓                              ↓
        ②                              ④
  コンサルティング方法論の        ビジネスモデルの自由度
      活用可能性
        │                              │
       高い                            高い
        └──────────┬───────────────────┘
                   ↓
                   ⑤
             グローバル戦略のあり方
```

特徴	・適用可能性の高いコンサルティング方法論を最大限に活用すること。
要件	・グローバルに適用可能性の高いコンサルティング方法論を開発，保持していること。 ・「FROGBB」と呼ばれる，企業文化・行動指針。
長所	・グローバルに提供しているサービスが，そのままローカルの強みとなっている。 ・グローバルな協働が比較的実現しやすい。 ・競合他社に模倣されにくい。
短所	・マーケティングの難しさ。 ・ビジネスモデルに内在する脆弱性。

```
                   ↓
                   ⑥
             インプリケーション
```

・ビジネスモデルの安定性の問題
・複数のビジネスモデルが併存することの難しさ
・日本発のグローバル・ファームの誕生可能性

出所：筆者作成。

形型」に位置づけされると考えられる。CTP日本法人のサービスの根底にあるのは「スピード」の重視である。「80：20の考え」に象徴されるように，「限られた期間の中で80％の完成を素早く実現し，改善を繰り返す」という極めて効率的な問題解決を志向していることがわかる。その他の提供サービ

スにおいても，いずれも「スピード」「効率性」が念頭に置かれていることがうかがえる。

　第2に，これを可能にしているのが，CTP独自のコンサルティング方法論の存在である。そもそも，CTPが設立される契機となったのが，UNIXアプリケーション用の短期プロトタイプ開発に成功したことによる。後に「ケンブリッジRAD」というコンサルティング方法論として確立されることになる。「ケンブリッジRAD」というコンサルティング方法論の存在は，CTPが国際展開する上でも大きな役割を果たしていたと考えられる。

　第3に，プロフェッショナル性の低さ・革新性である。CTPは競合他社であるアクセンチュアのように，出自からして伝統的なプロフェッショナル・サービス・ファームとは異なっている。CTPは，1991年に設立され，そのわずか2年後の1993年には，早くもNasdaqに上場を果たす。同年には，米国内に拠点網を急速に拡大し，全米規模の企業となる。その翌年の1994年以降は，国際展開にも着手する。並行して，M&Aも積極的に行い，業務規模，企業規模も急速に拡大させていく。その結果，上述したように，2001年にノベル社により買収されるまでに，世界19カ国，55拠点，4,300名の従業員を抱えるまでに急成長を遂げている。このような成長戦略，国際展開のあり方は，伝統的なプロフェッショナル・サービス・ファームでは通常は考えられない。

　第4に，ビジネスモデルの自由度の高さである。CTPの最大の特徴の1つが，「納期・価格保証（Fixed Time/Fixed Price）」である。これは，現在においても，競合他社ではみられないCTPの大きな競争優位性である。近年，「価格保証」は，IT関連の一部のサービス（例：ウェブデザインやSEO）において，成果報酬制度が採用されるようになってきているが，CTPのように，幅広いIT関連サービスを提供する中で「価格保証」を行っている例はみられない。とりわけ，「納期保証」については，一般的なIT関連のコンサルティング・サービスのビジネスモデルでは実現が非常に難しい。なぜなら，ソフトウェア開発，システム開発，プロフェッショナル・サービスの流

れを汲んでいるファームでは，基本的には「時間単位あたりの報酬制度」「人月計算」が用いられており，これを基盤にしてビジネスモデル全体の統合性が図られていると考えられるからである。

　こういったビジネスモデルを採用している競合他社において，CTPと同様の「納期保証」を行うことは，非常に大きなリスクを背負うことになる。典型的には，「ブルックスの法則」に陥ってしまう（Brooks, 1975, 1995）。すなわち，「納期に間に合いそうもないと判断された場合，作業員が増員されるが，結局のところ増員された作業員の教育のために既存の作業員の能率が低下するため更にプロジェクトが遅れることになってしまう」のである。

　結局のところ，CTP及びCTP日本法人のグローバル戦略とは，「適用可能性の高いコンサルティング方法論を最大限に活用すること」と言えるが，これは，問題解決能力のタイプ（定形型），コンサルティング方法論の活用可能性（ケンブリッジRAD），プロフェッショナル性の低さ（革新的：非伝統的プロフェッショナル・サービス），ビジネスモデルの自由度の高さ（納期・価格保証）といった要因が合わさることで初めて実現するものであり，それがビジネスモデルとして結実されている結果であると考えられる。

　このグローバル戦略の要件は，まずもって，グローバルに適用可能性の高いコンサルティング方法論を開発し，保持していることになるが，その文脈となる企業文化を醸成し，組織として根づかせることができるかどうかが重要となる。CTP日本法人では，「FROGBB」と呼ばれる企業文化を非常に大切にしており，この企業文化から導き出される行動指針を忠実に実践できるものでなければ，同社のコンサルタントになることはできない。

　この戦略の長所は，ヘイ日本法人と同様に，グローバルな競争力を持つコンサルティング方法論が，ローカル支社の強みに貢献する点にある。本節の冒頭で述べたように，CTP日本法人の場合は，元々の親会社であるCTPの競争優位がそのまま移転されたものであると考えることができる。すなわち，グローバルな強み，グローバルに提供しているサービスが，そのままローカルの強み，ローカルで提供しているサービスとなっているのである。

また，グローバルな協働という点でも，比較的実現しやすいという点もヘイ日本法人と同様であろう。事例では紹介できなかったが，CTP日本法人を中心に，海外におけるアサインメントも積極的に展開されていたようである。これも，コンサルティング方法論が確立され，グループ全体で共有化されていたことが大きな要因であろう。
　これらの長所は，ヘイ日本法人と同様であるが，付加的な長所としては，競合他社に模倣されにくいという点が指摘できる。ヘイ日本法人の場合，その代表的なコンサルティング方法論である「ヘイ・システム」は，高度に標準化，システム化されている。その他，コンピテンシー制度にしても，高度に制度化されているために，競合他社にとっては模倣が容易となる。
　一方，CTPの場合，「ケンブリッジRAD」は導入手法の方法論である。そのため，ヘイ・グループのように，グローバル・スタンダードとしての方法論やコンセプトといった性質のものではない。仮に，これまでとは全く異なる新しいITのコンセプトが登場したとしても，ケンブリッジRADの方法論は競合することなく，そういったコンセプトを実現するための手法として活用することが可能である。そして，ケンブリッジRADが機能するためには，その文脈となる企業文化と並んで，コンサルタントのノウハウ，経験，能力が大きく問われる。同社が「ファシリテーション型コンサルティング」と呼んでいるものは，たとえ，方法論を理解できたとしても，簡単に模倣できるものではなく，実際のコンサルティングのアサインメントの中で，顧客との共同作業を通じて，初めて培われるものである。
　このような多くの長所がある反面，短所も存在している。1つは，マーケティングの難しさである。同社は，実に，95.5％（2008年6月現在）という驚異的なプロジェクトの成功率，実績を誇っている。しかし，第3章でみたように，ファッションとしての経営知識という観点から見た場合，「グローバル・スタンダード」や「デファクト・スタンダード」といったポジショニングをとることが難しい。われわれが行ったアンケート調査，その後のインタビュー調査においても，日本市場においてなかなか認知度が高まら

ないことを問題視していた。現在においても，同社の競合他社であるアクセンチュアやIBCS（現IBM）といったファームと比べると，認知度やイメージといった点で劣勢にあると考えられる。

　もう1つの大きな短所が，グローバル戦略を含め，ビジネスモデルに内在する脆弱性である。これは，同社の最大の競争優位性の1つでもある「納期・価格保証」がもたらすネガティブな効果であり，同社の事例から導かれるインプリケーションにもつながるのである。

9.4.2　インプリケーションについての考察

（1）ビジネスモデルの安定性の問題

　CTPの事例から導かれるインプリケーションとして，第1に，ビジネスモデルの安定性の問題が指摘できる。CTPは，伝統的なプロフェッショナル・サービス，及び競合他社とは異なる出自から，急速な成長，国際展開を行い，特徴的なビジネスモデルを構築することが可能となった。現在においても，「納期・価格保証」を全面に打ち出している競合他社は存在していない。

　これは裏を返せば，「なぜ競合他社が同社と同様のビジネスモデルを採用しないのか」ということである。同社は，「納期・価格保証」を確実なものとするために，設定された納期を前倒しするペースでコンサルティング・サービスを提供していく。これは，クライアントにとっては大きなメリットであるが，CTPにとっては大きなリスクを意味する。

　コンサルティング業は，基本的には受注型のビジネスであり，依頼があって初めてサービスの提供が開始される。その代わり，プロフェッショナル・サービス・ファームのビジネスモデルを採用する限りは，プロジェクトが長引けば長引くほどファームは儲かることになる。極端に言えば，いったんプロジェクトが開始されれば，プロジェクトの進行は，コンサルティング・ファーム側が主導権を握ってコントロールすることが可能となる。このような問題は，過去にも数多く指摘されている。

しかし，CTPの場合は，「納期・価格保証」を掲げているために，こういった手段はとることができない。都合良く新たなプロジェクトの受注があれば良いが，そうでない場合には，コンサルタントの人件費だけが固定費として重くのしかかることになる。経験の浅いジュニア・コンサルタントを雇用して人件費を節減しようとしても，上述したように，CTPのコンサルティング方法論を提供するためには，熟練したコンサルタントの存在が必須となる。

このように，競合他社と比べて独自性のあるビジネスモデルを採用しているが故に，それが競争優位性をもたらすと同時に，ファームにとってのリスクにもつながるのである。経営コンサルティング・ファームが安定的に経営を行うためには，繁閑期をなくし，コンサルタントの稼働時間を一定に保つ必要があるが，同社のビジネスモデルではそれが困難となるのである。加えて，独立性，自律性の問題も指摘できる。CTPは，設立間もないころから株式公開を行ったことで，急速な成長を達成することができたと考えられが，それは同時に，常にM&Aの標的になり得るということも意味している。依然として，多くのプロフェッショナル・サービス・ファームがパートナーシップ制による運営を行い，株式公開を行っていないのも，中立性，そして経営コンサルティング・サービスにとって重要となる「独立性」を守るためでもある。

(2) ビジネスモデルの併存の難しさ

第2に，複数のビジネスモデルが併存することの難しさである。先ほど，プロフェッショナル・サービス・ファームのビジネスモデルから乖離すればするほど，M&Aの標的になり得ると述べたが，実際のところ，CTPは，ノベルによって2001年3月に買収されることとなった。この買収は，顧客や他のITサービス企業に対するノベルのコンサルティング・サポート提供能力を大幅に向上させることを目的に実施された。ノベルは，元来はネットサービス関連のソフトウェア開発企業であったが，この買収を契機にソ

リューション販売モデルへとビジネスモデルの転換を図っていた[5]。

　興味深いのは，ノベルがCTPを買収したにも関わらず，新生ノベルの経営陣に，CTPの経営陣が就いたことである。当時，CTPの社長兼CEOであったジャック・メスマン氏がノベルのCEOに就任し，ノベルの会長兼CEOであったエリック・シュミット氏は，代表取締役会長となった。このことは，当時のノベルがソリューション・ビジネスへの転換に本気になって取り組んでいたことを示している。買収発表時には，ジャック・メスマン氏は，「エリックは，ネットサービスソフトウェアという強力なビジョンを確立しました。合併後の両社は，顧客のビジネスにおける課題解決を目的とした開発努力を通じ，更に幅広く，かつ深いソリューションを提供していきます。すでにインターネットを前提とした企業システムの再構築は進行中であり，その支援に適したビジネスモデルを持つ企業を率いる立場になることを楽しみにしています。こうした企業システムの再構築には，ソリューションにもとづく販売活動やケンブリッジの持つ中核的な能力，更にノベルと主要なITコンサルティング・サービス企業や世界中の有力ソフトウェア開発企業との協力で生まれる力が必要です」とその抱負や新生ノベルの将来について述べていた。

　CTP日本法人においても，ノベルとの共同事業が進められていた。当時（2002年）は，CTP日本法人がコンサルティングで実績を持つ金融，流通，サービス分野において，ノベルとケンブリッジが連携して事業を推進し，個々で得た顧客への導入事例をもとに，他のパートナー企業との事業展開につなげるというビジョンが描かれていた。当時ノベル日本法人とCTP日本法人の社長を兼務していた吉田仁志氏は，「ノベルはこれまで，顧客企業への提案は製品のテクノロジーを切り口としたものが中心だったが，これからはパートナー企業と協力して，顧客に併せたサービスを提供していく」と述

---

[5]　詳しくは，ノベルによるプレスリリース（https://www.novell.co.jp/pressrel/2001/20010313_1.html）を参照されたし。

べていた[6]。

　こうして出発した新生ノベル，そしてCTPであったが，買収後わずか5年で，その関係は解消されることになる。ノベルによる買収前の一部の現地法人（スイス，ハンガリー）だけがMBOにより独立し，CTPは事実上消滅してしまう。CTP日本法人は，2006年，日本ユニシスの傘下に入ることで，現在も活動を継続している。この原因は，両社のビジネスモデルの違いから当初想定されていたシナジー効果が得られなかったことによる。ノベルは，ソリューション販売モデルへとビジネスモデルの転換を進めていたとはいえ，やはりソフトウェア開発企業としてのビジネスモデルがその根底にあったと考えられる。一方，CTPは，考察してきたように，コンサルティング・ファームのビジネスモデル，それも通常とは異なる独自性を持ったビジネスモデルであった。そのため，二つのビジネスモデルが上手く融合や結合することなく，結局のところ，期待されていた効果が得られなかったのである。

　このような複数のビジネスモデルを統合することの難しさは，ノベルとCTPの事例以外にも散見される。A.T.カーニーとEDS，サーチ・アンド・サーチとヘイ・グループなど，いずれもシナジー効果を期待しての買収・合併であったと考えられるが，予想通りの効果を得ることは難しいようである。日本においても，NECがアビーム・コンサルティングを買収したり，NTTが日本キャップジェミニを買収し，株式会社クニエを設立したりとハードウェア企業，ソフトウェア企業がソリューションサービスの強化を目指して既存のコンサルティング・ファームを買収する動きが見られる。しかし，複数のビジネスモデルを統合することは予想されるよりも困難であると言えるだろう。

---

6) 詳しくは，日経BPによる記事（http://www.nikkeibp.co.jp/archives/184/184824.html）を参照されたし。

> **図表9-10　CTPから継承したもの**
> ①6 Core value（価値観），FROGBB（行動規範）に代表される企業文化
> ②社員がお互いに感謝の意を伝え合うRAVEカードや社員感謝デーなどのイベント
> ③ケンブリッジRADに代表される各種のコンサルティング方法論
> ④過去のプロジェクトの成果物などの知的所有権
> ⑤クライアントとの良好な関係
> ⑥CTP日本法人設立以来の社員

出所：CTP日本法人代表取締役社長　鈴木努氏へのインタビュー調査から筆者作成。

(3) 日本発のグローバル・ファームの誕生の可能性

　第3に，日本発のグローバル・ファームの誕生の可能性である。ノベルに買収されたことにより，最大勢力であった北米のCTPは，ノベルがソリューション・コンサルティングにその事業ドメインを大きくシフトさせていく中で，ズタズタにされてしまい，人材やケンブリッジの独自の企業文化も失われてしまうこととなった。しかし，ノベルとCTPを別組織として運営する道を選んだ日本と欧州には，CTPのブランドが残った。その後，欧州のCTPは，「J2EE」や「.NET（Framework）」の開発といったより技術的な側面に焦点を合わせるようになった。CTP日本法人は，北米から距離があったために，CTPの良い部分を純粋に残すことが可能となった（図表9-10参照）。例えば，事例で記述したCTPの競争優位の源泉とも言えるFROGBBという企業文化であるが，これは概念や内容は，CTPとして独立していた時代に創られたものであり，CTP全体としてグローバルに共有されていたものである。CTP日本法人では，この企業文化を非常に大切にし，一時期は，本国のオフィスよりも，純粋なケンブリッジ・カルチャーがあったと言われていた。

　CTPを買収し，一度はソリューション企業を目指したノベルは，SUSE Linuxの買収を契機に，再びインフラ・ソフトウェア企業としての色彩を強めていくこととなる。そのため，より一層本来のCTPの持ち味との距離感を強めていくことになる。このような状況の下，CTP日本法人は，CTPか

ら継承してきた強みを更に磨き上げ，それにより多くのクライアントの変革に貢献し，日本のIT業界全体にも変化を起こしたいと考えるようになった。そこで，ノベルからの分離・独立を模索し，その1つの方法として日本ユニシスの傘下に入ることを選択したのである。従って，現在のCTP日本法人は，CTPが好きな社員だけが残ることとなり，それ以外の社員は辞めていくこととなった。そして，このとき，原点に戻ろうという意識が高まり，CTPの企業文化の重要性を再認識することとなった。そこで，CTP日本法人内だけではなく，クライアントに対しても，企業文化の重要性を伝え，共感してもらい，共にプロジェクトを進めていくという現在のスタイルを採用するようになった。

　そして，CTPから継承したものをCTP日本法人独自で進化させていった（図表9-11参照）。その1つが，「ファシリテーション型コンサルティング」である。これも，その基盤となるプロジェクトの進め方やコンサルタントのポジショニングなどは，CTPの創業当時からあったものである。従って，基本となるものは，FROGBBと同様に，グローバルで共有されていたものであり，CTP日本法人にとっては輸入された手法であったと考えられる。米国のオフィスに所属するコンサルタントから新人研修においてOJTにて伝えられたものであった。

　ただし，現時点から振り返れば，それほど洗練されていない素朴な方法論であった。これをCTP日本法人が，日本においてプロジェクトを重ねる中で，独自の方法論にまで高めていったのである。特に，IT以外の領域，例えばBPRなどへの応用は，CTP日本法人が独自に開発していったものである。ノベルとCTPとの関係は残念な結果となってしまい，グローバル・ファームとしてのCTPは事実上消滅してしまった。しかし，CTP日本法人は，CTPから継承したものを日本市場において独自に進化・発展させ，新生CTPとして再出発しようとしている。

　CTP日本法人の今後の展望は，「ファシリテーション型コンサルティング」というコンサルティング・サービスの領域を確立させること，高いプロジェ

> **図表9-11** CTP日本法人が独自に生み出したもの

①現在のミッション，ビジョン
②人事，サービス・サポート領域等，長年のプロジェクト経験を体系化してできたソリューションメニュー
③会議改革，プロジェクト・ファシリテーター養成プログラムなどファシリテーションを応用したサービス
④年に一度の全員合宿（オフサイト）をはじめ，一人ひとりが経営マインドを持ち，組織の団結力を高めるためのさまざまな取り組み
⑤社内の人材育成のためのさまざまなプログラム，教材
⑥社内の人事考課の仕組みやコンピテンシー体系（北米のものをカスタマイズ）
⑦社外セミナー，出版を通じてメッセージアウトした出版物など

出所：CTP日本法人代表取締役社長　鈴木努氏へのインタビュー調査から筆者作成。

クト成功率によって日本のIT業界にインパクトを与えIT業界の「常識」を打ち破ること，素晴らしいサービスによってCTP日本法人のファンを増やすこと，数年以内に100名規模になることを掲げている。当面のところ，CTP日本法人は，日本市場におけるプレゼンスを確立することに注力するようであるが，われわれは，CTP日本法人には日本発のグローバル・ファームとしての可能性があると考えている。

　今日，グローバルに展開している経営コンサルティング・ファームは，そのほとんどが米国を本国としている。その主たる理由には，米国を母国とする多国籍企業のクライアントの存在があったことの影響は大きいだろう。しかし，日本の多国籍企業の存在を考えると，日本発のグローバルに展開している経営コンサルティング・ファームが同様に活躍してもいいはずである。しかし，現状では，そういったファームはほとんどみられないし，経営コンサルティング産業自体も，日本の経済規模を考えると過小な規模に留まっている。

　その理由として，第3章において考察したように，経営知識のグローバル化という点において，とりわけ「流行」としての経営知識の創造において，日本という社会システムは劣勢にあると考えられる。こういった状況がすぐ

に改善されるとは考えられないが，「流行」とは別の形態でのグローバルな適用可能性を持ったコンサルティング方法論の創造は可能であると考えられる。その1つが，CTP日本法人における「ファシリテーション型コンサルティング」である。このコンサルティング方法論は，「流行」という要因に左右されることなく，かつグローバルな適用可能性を持つコンサルティング方法論として発展を遂げることが可能であると考えられる。

小結

　以上，本章においては，単一事例の説明的事例研究として，CTP日本法人を対象に，選択されたグローバル戦略の特徴，要件，長所，短所といった点について説明し，かつ知識集約型企業のグローバル戦略についての一般化可能性について探求してきた。

　考察の結果，CTPのグローバル戦略とは，「適用可能性の高いコンサルティング方法論を最大限に活用すること」と言えた。このグローバル戦略の要件は，グローバルに適用可能性の高いコンサルティング方法論を開発し，保持していることになるが，併せて重要なのは，その文脈となる企業文化（FROGBB）を醸成し，組織として根付かせることが出来るかどうかという点にあった。この戦略の長所は，グローバルな競争力を持つコンサルティング方法論が，ローカル支社の強みに貢献する点にある。また，グローバルな協働が比較的実現しやすい，競合他社に模倣されにくいという付加的な長所も確認できた。一方，短所としては，同社の保有するコンサルティング方法論が非常に強力なものであるにも関わらず，マーケティングという面ではなかなかクライアントに訴求しにくいこと，同社の競争優位の源泉でもあったビジネスモデルの独自性が，逆機能に働き，同社の経営の安定性に影響を与えることがわかった。

　この最後の点が，同社の事例から得られるインプリケーションにもつながり，伝統的なプロフェッショナル・サービス・ファームのビジネスモデルか

ら乖離することによる経営リスクの増大，ノベルによる買収によって明らかとなった複数の異なるビジネスモデルを統合することの難しさという点について指摘することができた。ただし，同社の事例から得られる最大のインプリケーションは，CTP日本法人が現在確立しようとしている経営コンサルティングのスタイル，ビジネスモデルは，日本発のグローバル・ファームとして飛躍できる可能性があるという点にある。この最後の点については，今後も追跡調査を必要とする非常に興味深い問題である。

次章では，本研究で取り上げる最後の事例研究として，カタリナ日本法人の事例研究に取り組む。ポイントは，カタリナ日本法人が，第4世代の経営コンサルティング・ファームに位置づけられることであり，同社が知識集約型企業の先行事例としてとらえることが出来るという点にある。

284

第10章

事例研究：カタリナ日本法人

はじめに

　前章に引き続き，本章では，本研究における3つ目，そして最後の事例研究として，説明的事例研究に取り組む。対象とする事例は，カタリナ マーケティング ジャパン株式会社（Catalina Marketing Japan K.K.：以下，親会社であるカタリナ マーケティング コーポレーションを指すときは，カタリナ，日本法人を指すときは，カタリナ日本法人と略記する）である（図表10-1参照）。

　第5章において，カタリナ日本法人を事例として選択した理由について述べたが，要約すると，カタリナ，カタリナ日本法人が特定のグローバル戦略の類型（セル7）を代表する事例であると位置づけられること，知識集約型企業のグローバル戦略について考察する上でのインプリケーションが豊富であると考えられること（ビジネスモデルの発展可能性，グローバル戦略の発展可能性）である。

　本章の目的は，前章におけるCTP日本法人と同様に，単一事例であるカタリナ日本法人[1]）を対象に，選択されたグローバル戦略の特徴，要件，長

1）　本章における記述は，主としてカタリナ マーケティング コーポレーション（http://www.catalinamarketing.com/default.aspx），カタリナ マーケティング ジャパン株式会社（http://www.catmktg.co.jp/index.html）のウェブサイト，Bell *et al.*（1993）によるハーバード・ビジネススクールのケーススタディ，カタリナ マーケティング ジャパン

図表10-1 カタリナ日本法人のポジショニング

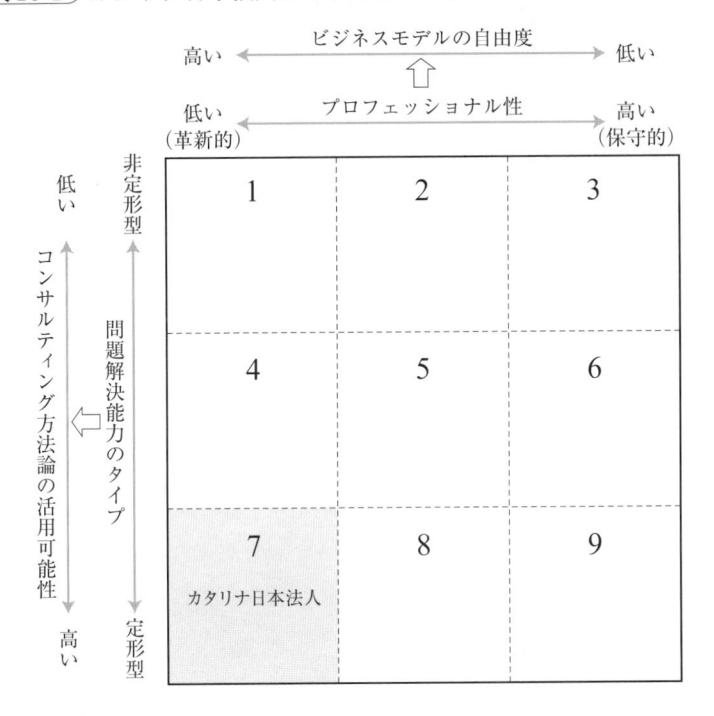

```
                    ビジネスモデルの自由度
          高い  ←――――――――――――――――→  低い
                        ⇧
                   プロフェッショナル性
          低い  ←――――――――――――――――→  高い
         (革新的)                       (保守的)

      非           ┌──────┬──────┬──────┐
      定           │      │      │      │
  低  形           │  1   │  2   │  3   │
  い  型           │      │      │      │
コ    ↑           ├──────┼──────┼──────┤
ン   問            │      │      │      │
サ   題            │      │      │      │
ル   解   ⇐        │  4   │  5   │  6   │
テ   決            │      │      │      │
ィ   能            ├──────┼──────┼──────┤
ン   力            │      │      │      │
グ   の            │  7   │  8   │  9   │
方   タ            │カタリナ│      │      │
法   イ            │日本法人│      │      │
論   プ            └──────┴──────┴──────┘
の    ↓           定
活               形
用   高い         型
可
能
性
```

出所：筆者作成。

所，短所といった点について考察し，かつ知識集約型企業のグローバル戦略についての一般化可能性について探求することにある。

なお，本章における考察は，2007年〜2009年頃にかけてのカタリナ日本法人の事業内容にもとづいているため数値情報は当時のものを引用しているが，現状（2012年度）では，オンライン・クーポンサイトを立ち上げ，デジタル環境を活用したターゲッティング手法の領域へと事業領域を拡大して

による提供資料，及びカタリナ・マーケティング・ジャパン株式会社代表取締役社長若林　学氏への複数回にわたるインタビュー調査にもとづいている。

いる。これらの最新の動向については，本章末尾で補足を行いたい。

10.1 カタリナ マーケティングとカタリナ日本法人の概要

10.1.1 カタリナ マーケティングの沿革

　カタリナは，1983年，米国フロリダ州のセントピーターズバーグにおいて設立されたターゲット・マーケティングに関するサービスを主として提供している経営コンサルティング・ファームである。同社の設立は，マーケティング，流通，POSスキャナー技術の専門家であった5人の友人たちが，米国フロリダ州のカタリナ諸島に向かうクルーズ中に，これまでにはない画期的なマーケティングに関するアイデアを思いついたことがきっかけであり，同社の社名の由来ともなっている。彼らは，従来のテレビやラジオの広告，新聞折込みクーポンよりも，より効果的，効率的に消費者にアクセスし，かつその行動に影響を与える方法はないかと思案を巡らせていた。理想では，最も効果的なアプローチは，実際の消費者行動にもとづいたコミュニケーションを消費者との間に確立することである。しかし，それをどのようにして実現するのかという難問が立ちふさがっていた。彼らは，この難問の解決に，POSスキャナー技術を活用できることを思いつく。この着想をもとに，彼らは，消費財メーカーと小売チェーンが実際の消費者購買行動を理解し，それぞれの消費者ニーズに見合う特典をその場で訴求できるシステムの開発に成功した。それが，「カタリナ マーケティング ネットワーク® (the Catalina Marketing Network®)」というサービスである。同サービスは，米国・ヨーロッパ・日本のスーパーマーケットチェーン47,000店舗で展開されている。また，米国では同様の考え・手法にもとづいた「ヘルス リサーチ ネットワーク」を17,500店の薬局で展開している。

　現在，カタリナは米国フロリダ州にある本社を含め，全米に10の拠点を設けている。国際展開に関しては，カタリナ マーケティング インターナショナル部門が統括しており，現在9カ国，英国，フランス，イタリア，ド

イツ，スイス，オランダ，ベルギー，中国，そして日本においてビジネスを展開している。カタリナ日本法人は，1999年，東京都港区において設立されている。現在（2012年度）の代表取締役社長は，若林　学氏である。カタリナ日本法人は，これまで順調に事業を拡大してきており，特にここ数年は，3年間で規模倍増という急成長を遂げている。

10.1.2　カタリナ マーケティングの事業概要

　カタリナは，後述するレジ・クーポン®の活用を基盤に，流通業界に対して幅広いマーケティング・サービスを提供している。そのサービスの特徴は，従来のマーケティング・アプローチ方法よりも画期的な消費者へのアプローチ方法を確立している点にある。それを可能にしているのが，カタリナが持つネットワークである。グループ全体では，47,000店舗の小売チェーンにおいて週間3億6千万人の消費者へ，日本においては，週間約3,500万人の消費者に対してリーチ可能なネットワークを保有している。また，大規模なデータベースを保有し，カードIDの数にして1億人分もの購買履歴を蓄積することで食品スーパーマーケットチェーンのサポートをしている。これらのネットワークを通じて，消費者へのアクセスを行い，嗜好性・ニーズ・購買動向を探ることが可能となっている。

　そのため，同社のアプローチ方法は，商品やサービスを的確な顧客へターゲティングし，極めて高い反応を生み出すことが可能であり，それによって消費者購買行動へアクセスし，嗜好・ニーズを理解し，店内でマーケティング・メッセージを通して顧客とのより効果的なコミュニケーションと動機づけを行うサービスの提供を実現している。

　カタリナ日本法人では，消費財メーカー向けサービスと小売チェーン向けサービスの2部門にてビジネスを展開している。現在，イオン・グループ（ジャスコ業態とマックスバリュ業態）やイトーヨーカ堂といった業界大手を含む23の小売チェーン，2,200店舗にて，同社のマーケティング・サービスが導入されている（図表10-2参照）。

図表10-2　カタリナ日本法人の顧客一覧（導入順）

1.	イオン（ジャスコ業態）	13.	イトーヨーカ堂
2.	相鉄ローゼン	14.	マルエツ
3.	イズミ	15.	CFSコーポレーション(SMコンボ業態)
4.	エコス	16.	カスミ
5.	オークワ	17.	マックスバリュ東北
6.	マックスバリュ北海道	18.	ヨークベニマル
7.	マックスバリュ西日本	19.	イオン九州
8.	イオン（マックスバリュ業態）	20.	イオン北海道
9.	万代	21.	マイカル
10.	フジ	22.	光洋
11.	ユニー	23.	マックスバリュ東海
12.	マックスバリュ九州		

出所：カタリナ日本法人（2009年時点）のウェブサイト（http://www.catmktg.co.jp/company/company_info.html）より筆者作成。

10.2　カタリナ日本法人のサービス

10.2.1　カタリナ マーケティングのサービスの特徴

　一般的に，顧客の購買行動に関するデータ分析やそれらの分析結果にもとづいたマーケティング戦略の立案は，専門のコンサルティング・ファームやリサーチ会社が担当し，データ分析にもとづいた具体的な施策やプロモーション活動については，広告会社やプロモーションを専業とする会社が担当する。このような分業体制では，上流と下流を担当する企業が一貫したアクションをとることが難しくなる。別言すれば，コンサルティング・ファームやリサーチ会社は，どのような施策を打てば良いのかというイメージは構築することができても，実際にそれを具現化するアクションにまで落とし込むことは苦手である。逆に，広告会社やプロモーション会社は，アクションの部分は得意だが，アクションがどういった目的で行われるのかということを十分に理解できていない可能性がある（販促会議，2007a, p.80）。

第10章　事例研究：カタリナ日本法人　　*289*

図表10-3　店頭メディア（専用プリンター）とレジ・クーポン®

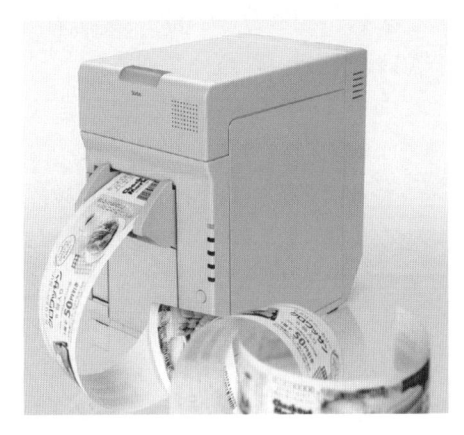

出所：カタリナ日本法人提供資料。

　一方，カタリナでは，まず店舗がPOSシステムなどを介して収集した顧客の購買行動などのデータを分析し，店舗の顧客像や傾向を的確に把握し，次にこの分析結果にもとづいて仮説を構築し，ターゲットとした顧客へ的確なアプローチを行って行くという一連のサービスを提供している。すなわち，カタリナのサービスの特徴は，上流活動であるデータ分析やマーケティング戦略の立案と下流活動である具体的な施策の提案，実施の両方の活動を一気通貫で対応できる点にある。プロモーションに関わる仮説の構築から実践，その後の検証にいたる全サイクルをワンストップで回すことが可能である（販促会議，2007a, p.80）。

　カタリナがターゲット顧客へアプローチする具体的な手法が，「レジ・クーポン®」である（図表10-3参照）。これは，店舗のPOSシステムと連動させたターゲット・マーケティングを実現するソリューションである。店舗での会計時に，消費者が店頭で購入する商品のバーコードをスキャナーで読み取る。すると，事前にプログラムしておいた特定商品を購入した消費者にだけレジ横に設置したレジ・クーポン®の専用プリンターを介して，次回の

購入時に使用できる値引きクーポン券が即時に発行される（販促会議, 2007a, p.80）。このレジ・クーポン®を活用した，カタリナ日本法人が提供しているサービス一覧は，図表10-4の通りとなる。

　上述したように，このシステムを導入している店舗は，全世界で47,000店舗にのぼり，米国では小売店舗の7割をカバーしている。日本国内においても，イオングループやセブン&アイ・ホールディングスグループといった大手小売店を中心として既に約2,200店舗に導入されており，毎週3,500万人ほどの消費者がこのシステムを利用している。つまり，毎週3,500万人もの全国の消費者に対して，ダイレクトにリーチすることが可能なのである。これを可能にするのが，カタリナが持つ世界最大級のデータ・ウェアハウスである。全世界の小売店舗から収集されるデータは，米国フロリダにあるデータセンターにおいて集約される。このデータセンターは，世界でも五指に入るほどの大規模なものである。カタリナのクライアントは，この膨大な購買データを利用し，詳細な購買者セグメントで購買行動の変化を分析することができる（販促会議, 2007a, p.81）。

　このように，カタリナのサービスは，外から見えるものは，クーポン・メディア，それを印刷するための店頭に設置されたクーポン・プリンターに象徴されるが，そのコア・コンピタンスとして，世界最大級のデータ・ウェアハウジング，データにもとづいた分析・調査手法，プロジェクト実行能力といったものがその深層部分に隠されている。

10.2.2　レジ・クーポン®の特徴

　レジ・クーポン®で発行するクーポンには，メーカーが発行するメーカー・クーポンと，店舗が発行するストア・クーポンの2種類がある。これは，レジ・クーポン®が，メーカーと小売店それぞれにメリットを供給できる仕組みであることを意味する。メーカーのニーズと小売店のニーズは，消費者を満足させるという部分では共通しているが，メーカー側は，本音を言えば，「どこの店舗でもいいので，とにかく自分たちの商品がたくさん売れ

図表10-4 カタリナ日本法人の提供サービス一覧

対象商品割引クーポン	POSデータより分析し，ターゲティングした買い物客へ，次回購入の際利用できる『対象商品値引クーポン』を発券するプログラム。商品のロイヤルティ向上や関連商品購入からのトライアルを促進する。通常は，非告知で実施する。
アド・クーポン	買物客が購入を決定する前にプロモーションを訴求することにより，購買行動を変化させるプログラム。通常のレジ・クーポン®は，非告知型であるが，アド・クーポンは，小売チェーンの協力により告知を行う。対象商品の棚前にPOPを貼り付け，対象商品を購入すると次回の買物総額が値引きになるクーポンをレジで発券する旨を，買物客に告知する。
SiD® (ショッパーズ・i・ダイレクト®)	購買履歴からターゲティングした顧客へリーチするソリューション。顧客IDと紐付いた履歴データをもとに作成した顧客プロフィールからターゲットを絞り込み，ターゲティングしている顧客IDを認識し，クーポンを発券する。
クーポンラリー®/ クーポンマラソン® (クーポン継続利用プログラム)	レジ・クーポン®を利用した買物客に対し，再度クーポンを発券し，継続購入を促進するプログラム。店舗への再来店効果や購入単価アップ，ロイヤルティ向上を促進する。
レジ・メッセージ® (情報提供プログラム)	広告媒体として情報提供ができるプログラム広告，商品レシピ，新商品インフォメーション・キャンペーンの案内等に利用する。
レジ・ゲーム® (懸賞プログラム)	買物客の購入内容にもとづいて，懸賞プロモーションを実施するプログラム。対象商品購入者から当選者をランダムに選出し，その場で当選券を手渡しすることで，従来のような事前準備や当選発表の手間をかけずに懸賞プロモーションを実施することが可能になる。小売チェーンの協力により，買物客への店内告知とレジ精算時クーポンによる当選者への当選券手渡しを実現する。
レジ・サンプル®	対象商品の高額値引きクーポンを発券し，顧客に低価格でトライアルしてもらうプログラム。

ロイヤルティマーケティング	小売チェーンに対して、購買データベースの構築及び分析、分析データにもとづくコンサルテーション、マーケティング・アプローチの実施に至るまで、スーパーマーケットのマーケティング活動を総合的にサポートする。
チェックアウト・リサーチ	消費者購買行動にもとづいてサンプルを選出するターゲット性の高い市場調査プログラム。店頭での購入実績をもとにターゲットを選出、確実にリーチすることで、高い効率性と信頼性の高いスピーディーなリサーチ結果を提供する。自社商品ユーザーへのニーズ調査、新商品に対する意見調査や、新市場への商品投入のための事前リサーチ等、さまざまな目的に応じてリサーチを実施することが可能になる。

出所：カタリナ日本法人のウェブサイト（http://www.catmktg.co.jp/service/product/index.html）より筆者作成。

ればいい」「消費者が購入してくれればいい」と考えている。一方、小売店は、自分の店舗で購入してもらうことが最重要であり、次にどれほど購入してもらえるかという購買金額が重要となる。従って、どこのメーカーのどの商品を消費者に買ってもらうのかはそれほど重視する必要はない。カタリナが提供するサービスは、このメーカーと小売店の双方のニーズに対応することができる。小売店舗に対しては、再来店の促進や購買単価の向上、更には顧客のロイヤルティを高めることが可能である。メーカーに対しては、マーケッターが頭の中で思い描いた戦略を即時に店頭で実行でき、消費者へメッセージを発信し、その反応を測定することで、更に効果の高い施策を実施できる環境を提供する（販促会議, 2007a, p.81）。

　カタリナ、カタリナ日本法人のソリューションでは、3つの基本方針を約束している。それは、第1に、カタリナがネットワークする大手小売チェーンなどに対する関係の維持・強化である。第2に、商品カテゴリーごとにメーカー1社との独占契約としている点である。第3に、特定の消費者の購買行動に対するアプローチである。そして、この基本方針を主軸にして、更

に「販売促進」「広告宣伝」「営業支援」「調査分析」という4つの価値を提供している。「販売促進」とは，レジ・クーポン®を通じたターゲット・マーケティングを指し，店頭での売値を下げずにロイヤルティ顧客や新規顧客など特定の消費者に限定して値引きなどの便益や特典を特定顧客に提供できる仕組みである。「広告宣伝」という側面においては，クーポンを媒体として特定の商品を適切な消費者に対して告知し，商品やその売り場の認知度を高める効果がある。「営業支援」では，営業担当者の労を煩わせることなく，全国の小売店で一斉にマーケティング活動を実施できるほか，クーポンと売り場が連動するクロスメディア展開を支援する。「調査分析」においては，マーケティングの効果測定はもちろん，カタリナが蓄積している知見から導かれる消費者インサイトや地域性の把握，価格戦略などへつなげることができる（販促会議, 2007a, p.81）。

10.2.3　レジ・クーポン®と他のメディアとの違い

　レジ・クーポン®とこれまでの他のメディアとは，大きく分けると3つの違いがある。第1に，ターゲットの抽出方法である。カタリナでは，ネットワーク関係にある大手小売チェーンから毎日送られる購買データにもとづいて，消費者の購買行動を分析・細分化し「アプローチしたい消費者」をターゲットする。第2に，メディアの伝達スピードである。「ターゲットした消費者」の購買時に，店頭メディアとして，一斉にレジ・クーポン®を発券し，次回以降の購買行動変化を促す。第3に，購買データにより，実施した施策の実際の効果について分析・検証が可能であることである。購買行動がどのように変化したのか，購買データをもって分析・検証が可能である。

　この結果，「消費者」「メーカー」「小売」の3者に対して，「win-win-win」の関係を構築できるのが，カタリナのレジ・クーポン®と他の類似サービス，代替サービスとの違いとなっている（図表10-5参照）。

　レジ・クーポン®では，消費者の購買行動やニーズに即した提案が可能である。従って，消費者にとっても，非常に有益な特典として還元することが

図表10-5　レジ・クーポン®による「win-win-win」の関係構築

```
                消費者
          自分自身・家族の購買行動,
          好みに合ったショッピング
          提案を享受できる。

              店頭メディア
            「レジ・クーポン®」

    メーカー                    小売業
マーケティング対象とする    自社の店舗への再来店,
購買者に対して,効率的・    客単価向上へのインセン
効果的にアプローチできる。  ティブを提供できる。
```

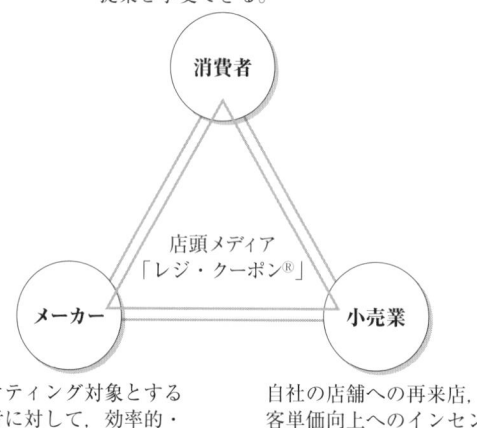

出所：カタリナ日本法人提供資料（販促会議, 2008, p.61）より筆者作成。

可能となる。また，小売店の立場から考えると，消費者が喜ぶクーポンによって，再来店までの期間の短縮が見込める。次回来店時の購入点数の引き上げという効果も期待できる。メーカー側にとっては，全国規模のチェーンに対して，統一したマーケティング展開が可能となる。企画，実践，検証という一連のマーケティング活動を即座に実行でき，自社ブランドのロイヤルティを高めることができる。

　折込チラシや雑誌といった媒体を介して提供するクーポンでは，それを手にした消費者がそもそも本当にクーポンを必要としているのかどうかわからない。ターゲットを絞ったダイレクトメールによるクーポンの配布も，購買行動に対する的確な提案を行っているかというと疑問が残る。カタリナのレジ・クーポン®の魅力は，本当にクーポンを必要としている消費者に対して，的確なタイミングでアプローチできるところにある。レジ・クーポン®を使

図表10-6 レジ・クーポン®の店頭メディアとしての特徴

```
[マーケティング        [購買者]           [購入]
 コミュニケーション]
```

購買行動分析にもとづき　　次回購入時，店頭で購買　　消費者が，レジ・クーポ
購入商品ごとにカスタマ　　行動を変化させる。　　　　ン®により商品を購入。
イズされたメッセージを，　①店頭購買時のインセン　　同時に，購買行動データ
店頭にてレジ担当者から　　　ティブを提供　　　　　　が分析システムに収集さ
手渡しする。　　　　　　②購買者の動線に無かっ　　れる。
　　　　　　　　　　　　　たカテゴリー・売場・
　　　　　　　　　　　　　棚への誘導

出所：カタリナ日本法人提供資料により筆者作成。

用することで，5週間ほどの事前告知により，全国規模のマーケティング展開を実行でき，消費者の購買行動を分析しながら最善の流通施策を実施することが可能となる。

　加えて，レジ・クーポン®は，店頭メディアとしての魅力にも優れている。レジ・クーポン®は，小売店のレジ担当者によって，「次回ご来店の際にご利用ください」と言って，購買者に直接手渡しされる。店頭で提供するため，消費者の生活文脈に沿った購買提案を実現することができる。すなわち，消費者が購買行動をしている，まさにその時点を狙って次回購買を促すことができるメディアとなる（図表10-6参照）。同社で実施した店頭での実地調査によると，購買者は平均して5〜15秒もの間クーポンに注目していることがわかっている。このことから，レジ前で手渡されるレジ・クーポン®は，「店頭における視認」という機能も備えている。またレジ・クーポン®に記載する情報によっては，消費者に新しい発見を促すことができる。これまで足を運んだことのない売り場へ消費者を誘導するきっかけとなり，店内での動線を変える可能性もある。

　ある食品メーカーでは，チルド商品を購入した消費者に対して，新たに開発した常温保存できる同カテゴリー商品のレジ・クーポン®を配布した。それが消費者への意識づけや動機づけにつながり，見事にチルド売り場から新

商品が置かれた別の売り場へ足を運ばせることに成功し，トライアルを促したという実績がある．消費者の8割〜9割は，事前の購買計画無しに来店していると言われている．しかし，あらかじめ以前の購買で渡されたクーポンを所持していることで，計画購買のサポートにもつながる．レジ・クーポン®は適切な消費者に対してしっかりとリーチし，再来店を促し，店頭での回遊性を高める．POPなど商品のすぐ近くにあるツールと競合するものではなく，消費者を商品の置かれた棚まで誘導する役割を担う，いわば相互補完的なソリューションとして機能する．

10.2.4 購買行動分析の特徴

カタリナのレジ・クーポン®の強みは，その背景にある購買行動分析によって支えられている．カタリナが保有している分析用のデータベースのデータ量は，1.3ペタバイトあり，商用ベースでは世界でもトップクラスのデータ規模を誇るインフラである．カタリナ日本法人の顧客から得られる莫大な量のPOSレジデータは，リアルタイムで米国フロリダ州のタンパにあるこのデータセンターに送信され，超並列コンピューティング技術によって処理され，データマイニングが行われる．これにより，正確な消費者の購買行動分析が可能となっている．

現在，レジ・クーポン®の日本国内の世帯カバー率は約5割に達しており，カタリナと契約しているメーカーは，この膨大な消費者パネルを保有するデータベースを活用することができる．従って，それだけのデータから得られる分析結果は，購買者層の実態を浮き彫りにした，非常に妥当性の高い情報となる．また，同社のデータは実際に来店した消費者が，日々の生活を送る上での実際の買い物情報であるため，質も高いと考えられる．

このように，カタリナのシステムでは，店頭でのリアルな購買行動を価格，商品，時間軸の3つの軸から把握することができる．つまり，施策後の効果測定においても，信頼性の高い分析が可能であるということを意味する．他のメディアについては，なかなか効果測定が難しいといわれている

が，同社のレジ・クーポン®ならば，マーケティング施策に対する投資効果を正確に算出することができる。また，施策を実施するための強力なバックアップとして，他の商品と自社商品との関係性を数値化することが可能である。例えば，自社商品と関係性の高い他社商品から効率的にスイッチを促したい場合，同社のシステムならば数値をもって商品間の比較検討を行うことができるため，競合相手やターゲットを正確に確定することができる。

10.3　カタリナ日本法人の顧客の事例

10.3.1　サントリー株式会社

以上，カタリナ マーケティングの事業内容について説明してきたが，ここでカタリナ日本法人のサービスの提供を受けている顧客の事例を紹介したい。取り上げるのは，洋酒，チューハイ，ビール，ソフトドリンクなどの製造・販売を行っているサントリーである[2]。

10.3.2　新商品告知のメディア効果と小売業への営業支援

サントリーのRTD（Ready To Drink：低アルコール飲料，例えばチューハイ，カクテル）など酒類部門が，カタリナ マーケティングのレジ・クーポン®を活用し始めたのは，2002年からである。最初は，特定商品の購買者に対して，レジ・クーポン®でリーチし，ブランドスイッチやリピート（まとめ買い）を促進するという使い方をしていた。サントリー　酒類カンパニー RTD事業部　庄司弥寿彦氏は「まず，販売促進としての使い方が第1ステージでした。そこから，店頭における広告宣伝として，また小売業に対する営業支援としての価値という2つの効果を盛り込んだ第2ステージへと

---

[2]　以下の事例については，カタリナ日本法人提供資料（『販促会議』（2007b）9月号特別シリーズ企画購買行動にもとづいた店頭メディア「レジ・クーポン®」活用術vol.3）を主として参考にしている。本文中の所属や肩書等は原文のものを使用している。

図表10-7 サントリーによるレジ・クーポン®活用の発展段階

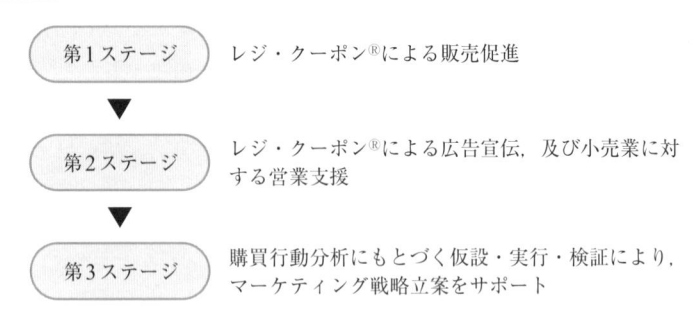

- 第1ステージ：レジ・クーポン®による販売促進
- 第2ステージ：レジ・クーポン®による広告宣伝，及び小売業に対する営業支援
- 第3ステージ：購買行動分析にもとづく仮説・実行・検証により，マーケティング戦略立案をサポート

出所：カタリナ日本法人提供（販促会議, 2007b, p.48）による資料から筆者作成。

移行していきました。」と述べている。

　もともと，店頭を起点としたマーケティングに注目していたサントリーでは，販売促進だけでなく，レジ・クーポン®の店頭メディア，広告宣伝としての効果に期待していた。そこで，実際に，新商品の発売前に，レジ・クーポン®をリーチすることで，新商品が出ることを店頭で訴求した。その結果，ティザー広告としても機能し，消費者の期待感を高め，消費者のトライアルを促進することができた。小売業側も，レジ・クーポン®でリーチすると対象商品の売り上げが伸びるため，実施時期に合わせたマーケティングの提案には積極的に協力してくれた。具体的には店頭におけるポスター，POPなどの販促物の設置や，棚の確保といった小売業支援としても大きな効果があった。

　レジ・クーポン®は，店頭で購買者に直接リーチを行うので，仮にレジ・クーポン®が利用されなかったとしても，店頭メディアとしての効果は非常に大きい。また，メーカーだけでなく，売り上げにつながる小売業，そしてインセンティブが得られる消費者と，三者にメリットがある仕組みです（カタリナ マーケティング マニュファクチャラー ビジネス デベロップメント部長　佐藤智施氏）。

10.3.3　1500店舗での実例を全ての店舗へ適用

　レジ・クーポン®は，店頭メディア，販売促進，広告宣伝，営業支援と多岐にわたった効果を着実にあげていたが，これらの効果は，あくまでもクーポンが導入されている店舗に制限されてしまう。

　チューハイやカクテルといった酒類は，全国数万店舗で販売されているマスプロダクトです。従って，効果があるとはいえ，1,500店舗では，影響が限定的になってしまいます。何とか，すべての店舗の支援につなげることができないかと考えていました（サントリー　酒類カンパニー RTD事業部　庄司弥寿彦氏）

　そこで，サントリーとカタリナ日本法人が協力し，カタリナの持つ購買行動データとコンサルティング力を活用し，購買行動分析にもとづく売場の活性化につなげていこうとした。これが第3ステージの取組みであり，2006年にスタートした。第3ステージの特徴は，購買行動の分析とその分析結果をマーケティング戦略に落とし込み，全ての小売業に提案し実行していくことにあった。

10.3.4　購買行動分析の成果

　カタリナ日本法人による購買行動分析を活用した成果として，第1に，サントリーのチューハイが，競合ブランドの価格戦略上の変更時期を上手く活かして店頭シェアを大幅に伸ばした事例があげられる（図表10-8参照）。

　競合ブランドが価格戦略を変更することになり，それが小売業のチューハイカテゴリー全体の売り上げを減少させる可能性があった。そこで，レジ・クーポン®導入1,500店舗における競合ブランドの購買行動を分析したところ，競合ブランドの購買者がサントリーのブランドも購買していることが多いことがわかった。そこで，競合ブランドからサントリーブランドへスイッチさせると共に，サントリーブランドの複数購入を促進することでカテゴ

図表10-8 購買行動分析による成果

競合ブランドの価格戦略変更によるカテゴリー全体の売上減少の懸念

購買行動分析により，自社ブランドで競合代替することが可能であると判明。スイッチを促すソリューション実施。

カテゴリーの売上を保ちながらも，自社ブランドのシェアを目標以上にアップさせる。

出所：カタリナ日本法人提供資料（販促会議，2007b, p.48）により筆者作成。図表中のチューハイの画像は，サントリーの最新の商品の画像（http://www.suntory.co.jp/rtd/196/lineup.html）のものを使用している。

リー全体の売り上げ減少を防止するというソリューションを企画・実行した。加えて，購買行動分析の結果を明確に示すことにより，レジ・クーポン®を導入していない小売業に対しても同様のマーケティング・プランを実行することができた。結果，サントリーとしては，目標以上のシェアを獲得することができ，小売業としても，サントリーチューハイの売り上げが伸びたことで，競合ブランドの減少分を補い，カテゴリーの売り上げを維持することができた。

　第2に成果としてあげられるのは，カタリナの購買行動分析による小売業への提案により販売形態を大きく変えた2007年7月3日に発売となった新商品「AWA'S（アワーズ）」の事例である。通常，チューハイやカクテルといった酒類は，1缶単位で店頭に並ぶことが多く，ビール類のように6缶パックが通年で販売されることはほとんど無かった。しかし，この「AWA'S（アワーズ）」は，チューハイの単独フレーバーとして，通年での6缶パック販売を実現させることとなった（図表10-9参照）。

　チューハイやカクテルは，ビールに比べて利益率が高く，小売業としても力を入れたい商品である。しかし，売上は，ビール類及びRTD全体の1割程度にも関わらず，レジの通過個数は全体の4割を占めるなど，商品補充や

第10章　事例研究：カタリナ日本法人　*301*

図表10-9　AWA's（アワーズ）の6缶パック

出所：カタリナ日本法人提供（販促会議, 2007b, p.49）による資料から筆者作成。

レジ業務の手間がかかる商品である。この課題を解決するために，カタリナ日本法人により，購買行動データを分析したところ，定番フレーバーであるレモンについては，販売数量の2割強が一度に6缶以上購入の購買者から得られていること，3缶～5缶購入者による販売数量も3割あったため，6缶パックがあれば，そちらを購入する可能性が高いということがわかった。そこで，この分析結果にもとづき，6缶パックを小売業に提案した。小売業にとっても6缶パックは補充やレジ業務の手間が省けるだけでなく，購買単価のアップにもつながる。購買行動データ分析の結果が大きな説得材料となり，スムーズに導入が決まった。

　カタリナのレジ・クーポン®や購買行動分析を活用した今後の展開について，サントリーでは，「消費者動向や他カテゴリーも含めた消費動向が共有されることで，酒類だけでなく，食品も含めた売場全体の活性化につながるような提案を行いたい」（RTD事業部　事業部長　水谷徹氏）と考えている。一方，カタリナ日本法人では，「購買行動データから得られるインサイトにもとづいてマーケティング・プランを構築できること，そして商品開発やクロスMDの提案ができることが当社の強み。両社で更に事例を積み重ねて，

知見を深めたい」(カタリナ マーケティング マニュファクチャラー ビジネス デベロップメント部長 佐藤智施氏) と考えている。両社の協働により, 店頭起点のマーケティングが進化していくことが予想される。

10.4 事例分析

10.4.1 グローバル戦略の分析

前章において考察したCTP日本法人の事例と同様に, カタリナ日本法人の提供しているサービスは, 親会社であるカタリナ(全米に10の拠点)やインターナショナル部門(英国, フランス, イタリア, ドイツ, スイス, オランダ, ベルギー, 中国)と基本的には共通したサービスを提供しており, カタリナ日本法人で提供しているサービスがそのままグローバルに提供しているサービスであると言っても過言ではない。従って, 以下の分析では, カタリナ日本法人を含め全世界で共通している要因を指す場合には, 「カタリナ」, 日本法人のみに当てはまる場合には, 「カタリナ日本法人」という名称を用いる。

それでは, カタリナ日本法人のグローバル戦略について分析を行っていきたい(図表10-10参照)。第1に, カタリナの問題解決能力のタイプは, 「定形型」に位置づけられると考えられる。カタリナの提供しているサービスは, いわゆる「ターゲット・マーケティング」である。一般的に, ターゲット・マーケティングとは, 市場を幾つかのセグメントに分け, そのうちの一つないし少数のセグメントにねらいを定め, セグメントごとに適切な製品を開発し, セグメントごとにマーケティング・プログラムを策定していこうとするアプローチである。

このアプローチ自体は, 珍しいものではなく, STPマーケティング(Segmentation; 市場細分化/Targeting; 標的市場の選択/Positioning; 商品・製品のポジショニング) という概念として, マーケティング・ミックスのために用いられる「4P」と並んで普及している基本的な概念である。

図表10-10　カタリナ日本法人のグローバル戦略の分析結果

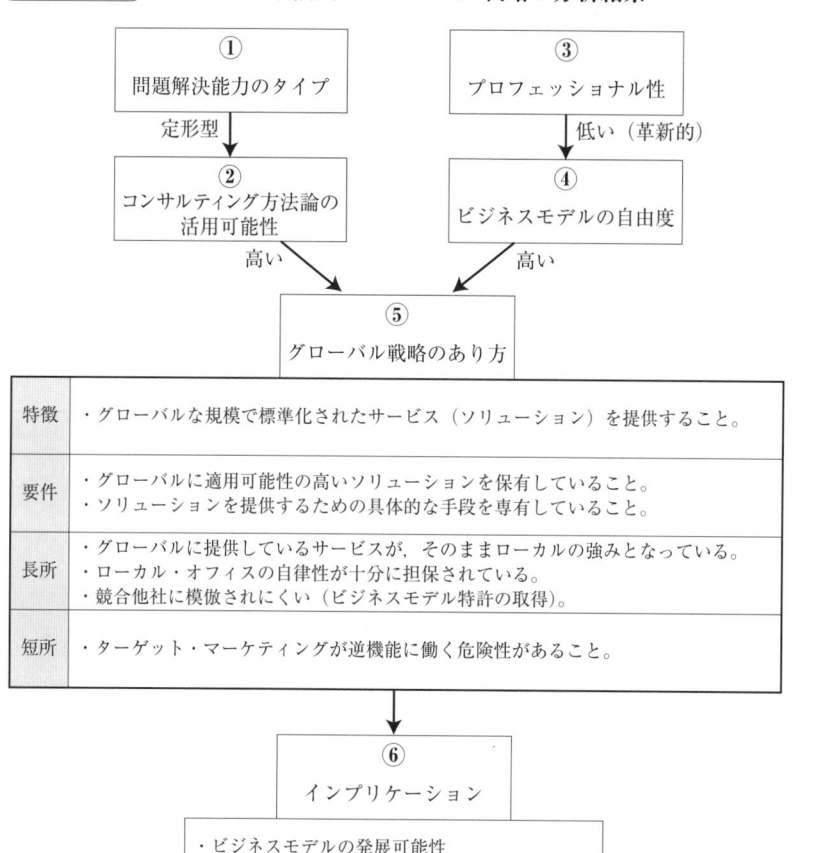

```
        ①                              ③
  問題解決能力のタイプ              プロフェッショナル性
        │                              │
       定形型                      低い（革新的）
        ▼                              ▼
        ②                              ④
  コンサルティング方法論の         ビジネスモデルの自由度
      活用可能性
       高い                           高い
          ＼                         ／
                   ⑤
            グローバル戦略のあり方
```

特徴	・グローバルな規模で標準化されたサービス（ソリューション）を提供すること。
要件	・グローバルに適用可能性の高いソリューションを保有していること。 ・ソリューションを提供するための具体的な手段を専有していること。
長所	・グローバルに提供しているサービスが，そのままローカルの強みとなっている。 ・ローカル・オフィスの自律性が十分に担保されている。 ・競合他社に模倣されにくい（ビジネスモデル特許の取得）。
短所	・ターゲット・マーケティングが逆機能に働く危険性があること。

```
              ⑥
        インプリケーション
   ・ビジネスモデルの発展可能性
   ・グローバル戦略の発展可能性
```

出所：筆者作成。

　通常，このS→T→Pのプロセスにおける分析能力が問われ，この点においてSTPマーケティングを提供している経営コンサルティング・ファームの独自性が重要となる。カタリナでは，このS→T→Pのプロセスにおける分析，そして実行に関して，全世界で共通したシステム化されたソリュー

ションとして提供することで，極めて効率的・効果的なターゲット・マーケティング・サービスの提供に成功している。

　第2に，これを可能にしているのが，カタリナ独自のコンサルティング方法論である「レジ・クーポン®」の存在である。この「レジ・クーポン®」は一見すると通常のクーポンと変わりがないが，店舗のPOSシステムと連動したクーポン・メディアかつ店頭メディアの役割を担っており，クーポン・メディアを印刷するためのクーポン・プリンターとがシステム化されている。なお「レジ・クーポン®」は，米国特許商標庁にて登録されており，「アールマーク（Registered Trademark）」が付与されている。

　第3に，プロフェッショナル性の低さ（革新的）である。カタリナ以外にもターゲット・マーケティング・サービスを提供している企業は数多くある。そういった企業は，通常は，マーケティング・サービスに特化した経営コンサルティング・ファームやリサーチ会社であることが多く，やはりプロフェッショナル・サービス・ファームに位置づけられる。しかし，カタリナの場合には，ターゲット・マーケティングを実行する手段として，上記のようなシステム化されたソリューションを実現したところから出発しており，それが同社の設立の起源ともなっている。従って，伝統的なプロフェッショナル・サービス・ファームというよりも，当初からターゲット・マーケティング・サービスの実行に強みを持ったソリューションを提供する企業であると考えられる。

　第4に，ビジネスモデルの自由度の高さである。カタリナのビジネスモデルは，競合他社とは非常に異なる独自性の高いビジネスモデルであると言える。上述したように，通常，マーケティング戦略の立案（上流活動）と実行（下流活動）は分業体制で実施されることが一般的である。一方，カタリナの場合には，レジ・クーポン®やクーポン・プリンターというソリューションを自社で専有していることから，上流活動と下流活動の両方の活動を行うことが可能となっている。これらの活動を支えているのは，カタリナが誇るデータセンターとその分析能力にある。詳しくは，後述するが，カタリナの

ビジネスモデルは，今注目されている「クラウド・コンピューティング」に通じるビジネスモデルの1つであると考えられ，その課金システムの特徴も知識集約型企業のグローバル戦略について考察する上で，多くのインプリケーションを与えてくれる。

　結果として，カタリナのグローバル戦略は，「グローバルな規模で標準化されたサービス（ソリューション）」を提供することにあると言える。このグローバル戦略の要件は，グローバルに適用可能性の高いソリューションを保有していることにあり，そのソリューションを提供するための具体的な手段を専有しているところにある。上述したように，ターゲット・マーケティングの概念自体は珍しいものではなく，POSシステムを介したデータマイニングも競合他社（あるいは顧客自身）によって行われてきた。ただし，通常は，データマイニングにもとづいた戦略立案（例：バスケット分析）は出来たとしても，その実行手段とは切り離されて考えられてきた。また，実行手段についても，通常は，棚割や店舗内における商品配置の変更（消費者の回遊行動の分析），ポップの作成（視覚効果）といった手段が主として採用されてきた。

　一方，カタリナのソリューションは，POSデータを介したデータマイニング，データマイニングにもとづいた戦略立案，実行手段としてのレジ・クーポン®の発券といった一連の流れが包括的に提供でき，かつカタリナによって専有（ビジネスモデル特許の取得）されているため，競合他社にとって模倣が困難なのである。

　このグローバル戦略の長所は，グローバルに提供されているサービスが，そのままローカル・オフィスの強みに貢献する点にある。より正確に言えば，単にグローバルに競争優位性のあるサービス（ソリューション）をローカル・オフィスに移転しているというよりも，ローカル・オフィスからのフィードバック・ループが機能することにより，ローカル・オフィスでの成功は，カタリナ・グループ全体の強みとして更なる競争優位性を構築することに貢献しているのである。

加えて，ローカル・オフィスの自律性も十分に担保されている。顧客の事例からもわかるように，カタリナ日本法人では，グローバルに標準化され共有されたソリューションを提供しながらも，日本企業のクライアントに対して，カタリナ日本法人独自の価値を提供することに成功している。カタリナ日本法人は，自律的な単位でありながら，カタリナ・グループ全体としての全体性も保たれているのである。更に，カタリナ日本法人が強調しているように，カタリナの提供しているサービスは，小売業者とメーカーの双方に対して便益を提供することが可能であり，結果として消費者を含んだ3者間において互恵的な関係を構築することができる。

　このように，カタリナ，カタリナ日本法人のグローバル戦略には多くの長所がある。カタリナ日本法人のサービスの発展性という点においても，非常に大きな可能性を有している。あえて短所を指摘するとすれば，カタリナのグローバル戦略にあるというよりも，むしろターゲット・マーケティングを含むマーケティング戦略そのものが逆機能に働く危険性にある。Urban (2005) は，インターネットの出現により，顧客は製品やその関連情報はもとより，製品やサービスに不満を持った人が語るクチコミ情報さえも入手できるようになり，カスタマー・パワー，すなわち顧客自身が持つ力がかつてないほどに増大していると指摘している（Urban, 2005, 邦訳, pp.36-40）。そのため，従来型のマーケティング戦略では十分な結果をもたらさないばかりか，その弊害について注意を促している。この従来型のマーケティング戦略に含まれるのが，「リレーションシップ戦略」である[3]。

---

3) Urban (2005) は，従来型のマーケティング戦略として，①プッシュ・プル戦略，②リレーションシップ戦略をとりあげており，これらの従来型のマーケティング戦略に代替する新しい戦略として③アドボカシー戦略（Advocacy Strategy）を提示している。「アドボカシー」とは「支援」「擁護」「代弁」などの意味を持ち，③アドボカシー戦略とは，顧客利益を忠実に代弁し，企業は顧客や見込み客に対してあらゆる情報を包み隠さず提供する戦略を意味する。顧客が最高の製品を見つけることができるように企業がアドバイスする。顧客に向かって「一方的に」意見を押しつけるのではなく，企業と顧客の双方で意見を交わし合う。アドボカシー戦略では，企業と顧客とはお互いの利益のためにパートナーシップを形成し，企業が顧客の利益のために働くのに対して，顧客は

「リレーションシップ戦略」とは，以前より強い力を持っている顧客にアピールするための戦略であり，顧客満足度の測定と明示，一貫性のある顧客インターフェースの構築，TQM（Total Quality Management：統合的品質管理）による質の高い製品の製造，個人向けサービスの更なる充実等があげられる。これらの取り組みを支えるのがCRM（Customer Relationship Management）に代表される手法である。CRMは，企業が個々の顧客を理解したり，顧客ごとに一貫したメッセージやサービスを提供したりする上で役に立つ。顧客の「習慣」を知ることによって，ターゲット顧客を明確に絞り込み，顧客の心を引きつける情報提供やプロモーションを以前よりも効果的に行うことができる。CRMの理想は，企業と顧客の間により緊密で前向きな関係を築くことにあると言われている。

　しかし，Urbanは，現実には，企業は顧客のプライバシーを侵害するようなマーケティング活動に陥りがちであると主張している。CRMのプログラムは，巨大なデータ・ウェアハウスの構築とデータマイニングを基調にしている場合が多い。それは，相手の承諾の有無に関係なく，特定のセグメントに向けてのプロモーションを強引に展開することを可能にする。Urbanは，現実的には，CRMは，プッシュ・プル型のマーケティングを以前より効率よく推進するだけに使用されていると主張している。その結果，強引なクロスセリングを展開する企業が現れると，顧客はその企業との接触を避けるべく，別の企業へと乗り換えてしまうとことになる。プッシュ・プル型のCRMはカスタマー・パワーが支配する現代社会では上手く機能しないのである。

　カタリナの提供しているターゲット・マーケティングも，現段階ではこの「リレーションシップ戦略」に位置づけられるだろう。そのため，このような意図せざる結果をもたらすことが無いように，顧客との長期的な関係を構

　企業の製品を購入し，製品の改善にも協力する，と主張している（Urban, 2005, 邦訳, pp.41-42）。

築し，更に企業と顧客の双方で意見を交わし合うことができるようなサービス体系へと発展させていく必要があるだろう。

10.4.2　インプリケーションについて

(1) ビジネスモデルの発展可能性

　カタリナ，カタリナ日本法人の事例から導かれるインプリケーションとして，第1に，ビジネスモデルの発展可能性があげられる。CTPの事例も，そのビジネスモデル（納期・価格保証）に特徴があり，それが今日のCTPの成功（と消滅）につながっているという見解を述べた。ただし，CTPのビジネスモデルは，基本的にはプロフェッショナル・サービス・ファームのビジネスモデルの枠内にあり，いわばその「亜種」として通常のプロフェッショナル・サービス・ファームと比較した場合の優位性や脆弱性というものが存在した。しかし，カタリナ，カタリナ日本法人が構築しているビジネスモデルは，伝統的なプロフェッショナル・サービス・ファームという枠組ではとらえられないものであり，むしろ全く生理的に異なるビジネスモデルであると言えるだろう。

　カタリナのビジネスモデル，とりわけ課金システムは，「コンサルティング・フィー」や「コミッション」制を採用していない。カタリナのビジネスモデルの特徴は，通常であれば，分離される上流活動（戦略立案）と下流活動（実行）を包括的に提供出来ている点にある。典型的には，上流活動には経営コンサルティング・ファーム，リサーチ会社，下流活動には広告代理店，プロモーション会社が担当する。従って，分業体制の下では，「戦略立案」に対する報酬としてのコンサルティング・フィー（例：時間単位あたりの報酬）とその「実行」（広告料）に対するコミッション（手数料）という形で報酬が支払われる。しかし，カタリナの場合は，ビジネスモデル全体としては，テレビ局に類似しており，課金システムという点では，タイム収入やスポンサー収入（テレビ局），グーグルが提供しているようなクリック収

入といった広告収入型のシステムが複合されたものとなっている。

　カタリナが行っていることは，まずは，テレビ局でいう「ネットワーク」の構築である。カタリナはローカル市場単位で，各リテーラー（大手小売業者）とパートナーシップ契約を結ぶ。パートナーシップ契約を結んだリテーラーには，レジ横にクーポン・プリンターを設置してもらい，レジ・クーポン®が印刷できるようにシステムに修正を加える。そして，POSレジの全てのデータをカタリナに提供してもらう。こういったパートナーを順次拡充させていくことにより，「ネットワーク」を構築していくのである。この「ネットワーク」は文字通り「ネットワーク外部性」が働くために，ネットワークへ参加するリテーラーが増えれば増えるほど，カタリナのサービスのもたらす影響力が強まり，より多くの消費者へリーチすることが可能となる。顧客となるメーカー，リテーラーにとってのカタリナのサービスの魅力も高まることになる。

　このネットワークを媒体にして，カタリナのサービスが提供される。その対象は，メーカーとパートナーシップ契約を結んでいるリテーラーである。まず，メーカーに対しては，約300余りに分けられている商品カテゴリーの枠を購入してもらう。例えば，顧客事例でとりあげたような「チューハイ」というようなカテゴリーの枠を購入してもらい，その枠内でさまざまなサービスの提供を受けるのである。このカテゴリーの枠は，1カテゴリーにつき1社契約であり，競合他社と相反することはない。また，この契約の期限は，最短で3ヶ月，最長で1年間となり，延長も可能である。次に，リテーラーに対しては，リテーラーの販売戦略やPOSデータによる購買分析にもとづいたサービスの提供を行う。例えば，対象とするリテーラーが，特定の商品を「6個購入してくれたら50円引き」というようなセールをしようとした場合，そういった条件に該当する消費者に対してだけ，クーポンが発券される。購買分析の例では，シチューの材料を購入した消費者には，ワインのクーポンが発券されるといった仕組みである。そして，顧客であるメーカー，リテーラーが支払う報酬は，実際に顧客にリーチした実績（クーポンの発券

枚数）によって決定される．あらかじめ，どれぐらいの予算で，どれぐらいのリーチを想定しているのかにもとづいて見積もりが立てられる．

このように，カタリナは，プロフェッショナル・サービスを提供していながらも，そのビジネスモデルは既存の経営コンサルティング・ファームや広告代理店とも非常に異なる独自性の高いビジネスモデルとなっている．このカタリナが実現しているビジネスモデルは，プロフェッショナル・サービス・ファームが持つビジネスモデルの弱みを克服しており，知識集約型企業のビジネスモデルのあり方の1つの可能性を示唆していると考えられる．プロフェッショナル・サービス・ファームが持つビジネスモデルの弱みとは，これまでに考察してきたように（加えて補章2を参照），ビジネスモデルの柔軟性に欠ける傾向があるという点にある．確かに，パートナーシップ制度に象徴されるコンサルタントという人材に重点を置いたガバナンスや組織デザイン，時間単位あたりの報酬制度を基盤とする課金システムは，コンサルティング・サービスというプロフェッショナル・サービス，知識集約型サービスを提供するには適したやり方であろう．その基本的なビジネスモデルは，経営コンサルティング産業や他のプロフェッショナル・サービス産業の生成・発展の歴史の中で育まれてきたものであり，ある部分は経営慣行として，ある部分は各国・地域における法制度として確立されてきたものである．そのため，CTPの事例でもみたように，ビジネスモデルの「安定性」という点では，現状においても優れていると考えられる．その反面，ITやアウトソーシングといった，かなりの規模の資本，人材を必要とするクライアントのニーズに応えることはどうしても難しくなる．そのために，世代で言えば，第3世代，第4世代のファームでは，多くのファームが株式公開を行い，事業部制を採用するといったように，通常の事業会社と同様の対応を行うことが一般化してきている．ただし，問題は，複数の異なるビジネスモデルを同一ファーム内で上手く統合できるかどうかということにある．

この点について，具体的な解決策としては，プロフェッショナル・サービス・ファームのビジネスモデルを基盤として，そこに異なるビジネスモデル

を連結するということが考えられる。この手法は第3世代の経営コンサルティング・ファームで見られる。この場合，典型的には，ビジネスモデルの違いごとに組織編成を行うことになる。しかし，マーサー日本法人，CTP日本法人の事例にもあるように，異なるビジネスモデルを連結するということ自体容易ではないだろうし，相乗効果を発揮させるということは一層難しいようである。特に，非定形型問題解決能力と定形型問題解決能力を同一ファーム内で保持し，複数の適切なビジネスモデルを構築し，同等の関係でマネジメントすることは非常に困難であると予想される。

　例えば，この手法の具体的な事例として，アクセンチュアやIBM（IBCS）が該当するが，両社ともに，従来は強調していたクライアントの戦略立案に始まる提供する「経営コンサルティング・サービスの包括性」というよりも，近年ではむしろ「より効率的なソリューションを提供出来る（よりモノに近づいている）」ということに重点がシフトして来ているようである。ソリューション・ビジネスを行うためのビジネスモデルの中に，プロフェッショナル・サービスが吸収された形である。このような問題を解決するためには，いったん，プロフェッショナル・サービス・ファームのビジネスモデルという枠組みから離れる方が賢明であると考えられる。プロフェッショナル・サービス・ファームのビジネスモデルを引きずったままでは，知識集約型企業に最適なビジネスモデルの構築がかえって妨げられてしまう。この好例が，カタリナの事例であると考えられる。カタリナは，プロフェッショナル・サービスを提供していながらも，そのビジネスモデルは伝統にとらわれない非常にユニークなものとなっている。マーケティング戦略の立案・実行という通常は分業体制で行われるサービスを包括的に提供することに成功している。カタリナの事例は，知識集約型企業のビジネスモデルとして成功モデルの1つとしてあげられる。

（2）グローバル戦略の発展可能性

　加えて，カタリナの事例は，知識集約型企業のグローバル戦略の事例とし

ても興味深い。カタリナのグローバル戦略については既に考察したが、その特徴は、グローバルに提供されているサービスが、そのままローカル・オフィスの強みに貢献すること、より正確に言えば、単にグローバルに競争優位性のあるサービス（ソリューション）をローカル・オフィスに移転しているというよりも、ローカル・オフィスからのフィードバック・ループが機能することにより、ローカル・オフィスでの成功は、カタリナ・グループ全体の強みとして更なる競争優位性を構築することに貢献している点にある。

こういった特徴をもたらしている最大の要因は、カタリナの誇るデータセンターの存在である。カタリナは、近年、非常に大きな注目を集めているクラウド・コンピューティングのベンダーとしてもとらえられるのである。

第4章や第6章にて考察したように、これまでも経営コンサルティング・ファーム内において、グローバルな規模での知識の共有や協働を支援するためのナレッジ・マネジメント・システムが採用されてきた。そのシステム内で、コンサルティング方法論、過去のアサインメントの成果、担当したコンサルタントは誰かといった経営コンサルティング・ファーム内において蓄積された知見がデータベース上で共有され、直接的、間接的に現在のアサインメントの遂行において活用されている。グループウェアやビデオ会議の機能を使用すれば、ロケーションに関係なく、コンサルタント同士がオンラインでコミュニケーションをとり、協働することも可能である。

このようなナレッジ・マネジメント・システムは、アンケート調査の結果（第6章参照）からも、既にほとんどのファームに導入されており、国際展開している経営コンサルティング・ファームにとっては欠かせないシステムとして定着していると考えられる（梅本，2012）。グローバル戦略を遂行する上でも非常に重要な構成要素であろう。しかし、ローカル・オフィスにとっては、あくまでも補完的な要素である。例えば、CTPのように、ナレッジ・マネジメント・システムを活用し、コンサルティング方法論をグローバルな規模で共有していたファームにおいても、CTP日本法人の成功は、CTP日本法人の自律性やコンサルティング方法論を使いこなすことができ

るコンサルタントにかかっていた。そして，CTP日本法人の成功が，そのまま他の国におけるCTP現地法人，及びグループ全体としてのCTPにまで直接的かつ即時的な波及効果を与えていたとは考えられない。

　一方，カタリナのデータセンターは，ナレッジ・マネジメント・システムのような補完的な要素というよりも，提供するサービスと一体化したものである。米国本社を含めた10の拠点，日本法人を含めた9カ国における拠点が，各ローカル市場において構築したネットワークによりもたらされる膨大なPOSデータが，カタリナのデータセンターに集約される。ローカル・オフィスにおいて提供されるサービスは，このデータセンターを介してデータマイニング（ビッグデータマイニング）が行われ，戦略立案に利用され実行に移される。この際，米国及び他国におけるPOSデータ，それを活用したデータマイニングの（過去を含めた）分析結果，各拠点において提供されたサービスの成果が最大限に活用できる。

　例えば，カタリナ日本法人であれば，クライアントのための戦略立案，仮説構築段階において，他国のデータや実績をもとに事前にシミュレーションが可能となる。メーカーが顧客の場合，同様の戦略を既に米国で実施しているかも知れない。その場合，その成果にもとづいた，より精度の高い仮説構築へとつなげることができる。こうしてできた仮説は，カタリナ日本法人のネットワークによって実際の消費者の行動変化によってすぐさま検証することができる。満足できる成果が上がらなかった場合には仮説を修正し再び検証を繰り返すこともできる。こうしたカタリナ日本法人の一連の取り組みや，その結果としての成果もデータセンターに集約されることになる。そして，また異なる拠点において同様のプロセスを経て活用されることになる。

　このように，カタリナでは，データセンターと提供するサービスとが一体化しているため，ローカル・オフィスからのフィードバック・ループが機能することにより，ローカル・オフィスでの成功は，カタリナ・グループ全体の強みとして更なる競争優位性を構築することに貢献するのである。そして，このデータセンターとサービスの関係こそ，近年注目されている「クラ

ウド・コンピューティング」に通じるものである。もっとも，カタリナの場合には，ウェブベースで一連のサービスを提供している訳ではないので，厳密に言えば「クラウド」とは呼べない。しかし，グローバル戦略の特徴は，クラウドを提供している他のサービス業，例えば，グーグル等と似通っている。グーグルも検索エンジンの精度をあげることにより，その利用者を引きつけている。利用者が増えれば増えるほど，グーグルの検索エンジンの精度も更に高まり，グーグルの収益の柱である広告収入（検索連動型広告）も増大することになる。いずれにしても「ローカルからグローバル」「グローバルからローカル」へというフィードバック・ループが機能し，顧客への提供価値が高まり，かつそれがビジネスモデルとして統合されているという点が，知識集約型企業のグローバル戦略の要件になるだろう。

　プロフェッショナル・サービス・ファーム，産業は，「知識」の「収益化」における先行事例であり，今なおビジネスモデルやグローバル戦略において雛型を提供している。しかし，知識集約型企業として進化を遂げていくためには，従来のビジネスモデルを再考し，グローバル戦略を組み込んだビジネスモデルを構築する必要がある。カタリナ，カタリナ日本法人の事例は，今日における知識集約型企業の成功事例であり，そのビジネスモデルやグローバル戦略は，成功モデルとして位置づけることができる。ただし，カタリナが到達点という訳では決して無いし，カタリナ自身も進化し続けていくことだろう。

　冒頭で述べたように，カタリナ，カタリナ日本法人の最新の動向は，同社のサービスが持続的に進化を遂げていることを示している。現在（2013年2月時点）において，カタリナのネットワークは，本章の考察時点と比較すると，グループ全体で，約55,000店舗の小売チェーンにおいて週間約3億6千万人の消費者へ，日本の小売チェーンにおいては，週間約6,500万人の消費者に対してリーチ可能なものへと大幅に拡張されている。カタリナのビジネスモデルを支えるデータベースの容量も3ペタバイトに増量された。

　カタリナ日本法人においては本章で主として考察の対象としたレジ・クー

ポン®を基盤に，2012年からは，オンライン クーポンサイトである「クーポン ネットワーク®」を運営している。そこで目指されているのは，レジ・クーポン®のアナログメディアとしての長所（訴求対象一人ひとりに直接手渡しできる）を活かしつつ，デジタル環境へ対応することで，消費者側の選択肢を広げ，かつ消費者により詳細な商品の情報（例：動画による商品説明を閲覧することでクーポンが入手できる）を提供することによって，消費者とのより強いつながりを生み出すことにある。このサービスにより，消費者は，サイト上で商品についての情報を入手した上で，好みのクーポンを印刷し，スーパーやドラッグストアにて利用が可能となった。もっと言えば，このサービス展開は，近年，消費者行動として注目されている「O2O（オンライン to オフライン）」，オンラインサイトで情報を精査し，実際の店舗（オフライン）へ出向いて購買するという行動パターンに対応したものとして位置づけられる。これにより，オフラインのタッチポイントからオンラインのタッチポイントへと「O2Oループ」を生み出すことが可能となっている。また，レジ・クーポン®自体の活用も強化されている。レジ・クーポン®のターゲティング広告媒体機能を強化し，従来のマスメディアやプロモーションメディアと連動させ，視認性の高い，ターゲティング可能な広告媒体として活用するサービスを提供し始めている。

　このように，カタリナ，カタリナ日本法人は，そのビジネスモデル，グローバル戦略の要であるビッグデータマイニングによる分析力を基盤に，環境変化に柔軟に対応した新しいサービスの提供を展開している。現時点では，まだ提供されていないが，早晩，スマートフォンへの完全対応，PCとスマートフォンとの連携，GPSと連動したクーポンの発券などエリアマーケティングにも対応したサービスが提供されることだろう。

小結

　以上，本章においては，単一事例の説明的事例研究として，カタリナ日本

法人を対象に，選択されたグローバル戦略の特徴，要件，長所，短所といった点について説明し，かつ知識集約型企業のグローバル戦略についての一般化可能性について探求してきた。考察の結果，カタリナのグローバル戦略とは「グローバルな規模で標準化されたサービス（ソリューション）」を提供することと言える。このグローバル戦略の要件は，グローバルに適用可能性の高いソリューションを保有していることにあり，加えて，そのソリューションを提供するための具体的な手段を専有しているところにあった。

この戦略の長所は，グローバルに提供されているサービスが，そのままローカル・オフィスの強みに貢献する点にある。また，ローカル・オフィスの自律性も十分に担保されており，またソリューションがビジネスモデルを特許していることにより専有されていることから，競合他社によって模倣されにくいという点も指摘できた。カタリナのグローバル戦略は，カタリナ日本法人の事例を見る限り，非常に多くの長所に恵まれている。あえて，短所をあげるとするならば，カタリナ，カタリナ日本法人の核となるサービスである「ターゲット・マーケティング」が逆機能に働く危険性が指摘できた。この点，カタリナ日本法人に関しては，まだまだそのネットワークを拡充していく余地があることや，顧客の事例でも紹介したように，標準的なソリューションの中にも，より戦略的なプロフェッショナル・サービスを提供していき，消費者にとっての新しい価値を創造することで，ある程度，逆機能の危険性を回避できるだろう。

最後に，本章における事例研究の最も大きい成果は，カタリナ日本法人の事例から得られるインプリケーションにあると考えられる。カタリナ，カタリナ日本法人の構築しているビジネスモデル，グローバル戦略は，共に，知識集約型企業のビジネスモデル，グローバル戦略についての理解を深め，理論化を図る上で，非常に大きな示唆を与えてくれるものである。終章では，この点について，本章におけるこれまでの考察結果と併せて，総合して論じることとしたい。

終章

1 考察結果の要約

　本研究の目的は，知識集約型企業のグローバル戦略について実証的に考察することにあった。具体的には，知識集約型企業の代表的存在の1つである経営コンサルティング・ファーム，特に外資系経営コンサルティング・ファームを研究対象とし，彼らがそのグローバルな活動から，いかにして競争優位を構築しているのかを明らかにすることにあった。とりわけ本研究においてはローカル市場としての日本市場における競争優位の構築という点に焦点を合わせた考察を行った。

　まず，第Ⅰ部（理論編）における第1章〜第4章では，主として経営コンサルティング・ファームのグローバル戦略に関する理論的な考察を展開した。

　第1章では，サービス企業のグローバル戦略に関する先行研究をレビューし，経営コンサルティング・ファームのグローバル戦略を考察していく上での研究課題を提示した。先行研究のレビューの結果と懐疑論者の議論を検討した結果，経営コンサルティング・ファームのグローバル戦略の理想型としての概念を提起した。それは，「ローカル支社の自律性を損なうことなく，その強みに貢献するような形での協働の利益，ネットワーキングの利益が獲得されている状態であり，ローカルの各組織がそれぞれ立地する地域においてプレゼンスを発揮して初めて，グローバルな知識集約型企業総体での強さが生まれている状態」である。本研究における課題とは，「この理想型の状態をどうすれば達成できるのかという問題」について考察することであり，各章はそれぞれ複眼的な視角からこの問題の解決に向けての考察を展開する位置づけにあった。

第2章では，経営コンサルティング産業の進化の系譜をたどり，経営コンサルティング産業の現状を理解すること，その過程において，どのような要因が産業の国際化，グローバル化を推進してきたのかという点について考察した。特に重要となるのが，経営コンサルティング・ファームの新たな世代（第4世代）の到来の背景とその存在に象徴される今日の経営コンサルティング・ファーム，産業の姿である。他業種からの経営コンサルティング産業への参入が加速化され，株式公開企業としての経営コンサルティング・ファームが多数誕生し，アウトソーシングに代表される実質的な支援を提供するファームが数多く登場するようになった。その結果，現在の経営コンサルティング・ファーム，産業は，懐疑論者の論拠にもなっている旧来の伝統的なプロフェッショナル・サービスという枠組みではもはやとらえきれなくなっており，多国籍コンサルティング・ファームの多くが国際化の段階を越え，グローバル企業へと深化を遂げつつあり，コンサルティング産業のグローバル化も急速に進行しつつあるという認識を示した。

　第3章では，第2章において考察してきた経営コンサルティング・ファームの国際化，グローバル化を推進してきた要因の1つとして，「経営知識」の存在に注目し，経営知識が社会的に生産される構造，更に国境を越えて国際化，グローバル化していくという構造について考察した。経営コンサルティング・ファームのグローバル化とは，経営知識のグローバル化という深層構造から相対的にとらえられる表層的現象として位置づけることができた。経営知識は，商品化され高度な適用可能性を持つ場合には，その創造の地であるオリジナルの文脈，社会システムの境界線を越え，グローバル化を果たすことができる。経営コンサルティング・ファームは，他のプロフェッショナル・サービスとは異なり，「経営知識」という商品を取り扱っているが故に，プロフェッショナル・サービス・ファームとしての特徴を保ちつつも，その枠組みに制限されない自由度を獲得していることを指摘した。

　第4章では，経営コンサルティング・ファームのグローバルな競争優位とは何かということについて考察し，以降の章，とりわけ事例研究の方法論及

び分析フレームワークとして用いることとなる経営コンサルティング・ファームのグローバル戦略の類型化を提示した。経営コンサルティング・ファームの競争優位は,「非定型問題解決能力」と「定型問題解決能力」という大きく2つの問題解決能力に依存していると考えられ,この問題解決能力のタイプの違いにより,ローカル・ファームにおける基本的なビジネスモデルの枠組み,方向性が規定される。グローバルな競争優位とは,このローカル・ファームでは獲得できないグローバル性にもとづいた「直接的な効果」を得ている状態である。この効果のあり方,すなわち発現されるグローバル戦略のあり方を決定すると考えられるのが,「問題解決能力のタイプ」と「コンサルティング方法論の活用可能性」,「プロフェッショナル性」と「ビジネスモデルの自由度」という二つの相関的対応関係によるものであることを提示した。

以上,第Ⅰ部による理論的な考察結果にもとづき,第Ⅱ部では,実証的な考察を展開していった。

第Ⅱ部の最初の章となる第5章では,実証的考察の方法論について説明した。量的調査として実施したアンケート調査の目的と概要,アンケート調査の方法と結果の概要について説明し,質的調査として実施したインタビュー調査,その結果にもとづいて実施された事例研究,事例研究の方法と対象の選定,事例研究の分析フレームワークについて提示した。本研究において採用した比較事例研究と説明的事例研究について,分析フレームワークとなる「ビジネスモデル分析」「類型化分析」について説明を行った。

第6章では,アンケート調査の主として記述統計量にもとづき,日本における外資系経営コンサルティング・ファームの経営実態を把握し,先行研究で指摘されていた幾つかの論点の検証を試みた。明らかとなったのは以下の諸点である。第1に,アンケート調査の回答企業は,日本というローカル市場において,堅調な経営を行っており,十分な成果をあげていると認識していること。第2に,彼らは「地域ごとの自律的経営」と「横断的な協働的活動」の同時実現を達成していると認識していること。第3に,調査対象企業

のいずれにおいても，コンサルティング・サービスの提供において，何らかの形でコンサルティング方法論が活用されていること。第4に，コンサルティング・ファームの問題解決能力のタイプとコンサルティング方法論の活用可能性との間に相関的対応関係がある傾向があること。第5に，回答企業においては，日本市場というローカル市場の攻略を最重要課題としつつも，同時にグローバル企業としてのオペレーションを念頭においたオペレーションを展開しようとしていること。

第7章では，第4章において提示したグローバルなプレゼンスがもたらす「直接的な効果」を成り立たせている要素（イネーブラー）として，経営コンサルティング・ファームのグローバルな協働を支えているメカニズムについて焦点を合わせ，その構造を明らかにするための統計量にもとづいた考察を行った。グローバルな協働メカニズムを構成する要因として，5つの因子（①制度化因子，②共有化因子，③プロセス標準化因子，④管理標準化因子，⑤ナレッジ・マネジメント・システム因子）が抽出され，先行研究及びパイロット調査で得られていた知見にもとづいて提示した次元にほぼ沿った内容となった。因子間の相対的な重要度の差異について考察するために行ったクラスター分析により，経営コンサルティング・ファームの価値創造のあり方と協働メカニズムとの間には適合的な関係があることを指摘した。すなわち，定形型問題解決能力を有する経営コンサルティング・ファームは，コンサルティング方法論をグローバルに共有することでグローバルな協働のメリットを享受しており，一方，非定形型問題結能力を有している経営コンサルティング・ファームは，プロセス標準化や管理標準化などから得られるメリットは多くなく，ゼロからのソリューション創造に役立つ経験・ノウハウを結び付けることでグローバルな協働のメリットを享受していると考えられた。

第8章～第10章においては，一連の事例研究を行った。第8章では，ヘイ日本法人とマーサー日本法人の比較事例研究を通して，経営コンサルティング・ファームのグローバル戦略のあり方を決める要因として「ビジネスモデ

ル」に注目し,「ビジネスモデル」と「グローバル戦略」との関係について考察した。考察の結果,知識集約型企業のビジネスモデルの理論化に向けて,「知識を売ることで利益を上げる」「サービスの形態が基本的なビジネスモデルの方向性を規定する」「戦略的意図による意識的な差異を創り出す」という3つの論点を抽出した。ローカル・ファームのビジネスモデルの構築は経時的でダイナミックなプロセスであり,コア・コンピタンス(内部ケイパビリティ)を構築するプロセスであった。ローカル・ファームがグローバル・ファームへと進化するためには,ローカル・ファームとしての競争優位だけでは不十分であり,コンサルティング方法論の活用など,グローバルな競争優位を獲得するための直接的な効果を得るための仕組みをビジネスモデルとして構築する必要があることがわかった。

　第9章,第10章では,単一事例の説明的事例研究として,CTP日本法人とカタリナ日本法人を対象に,選択されたグローバル戦略の特徴,要件,長所,短所といった点について説明し,かつ知識集約型企業のグローバル戦略についての一般化可能性について探求した。CTP,CTP日本法人のグローバル戦略とは,「適用性の高いコンサルティング方法論を最大限に活用すること」であった。同社の事例から得られるインプリケーションは,伝統的なプロフェッショナル・サービス・ファームのビジネスモデルから乖離することによる経営リスクの拡大,複数の異なるビジネスモデルを統合することの難しさという点にあった。ただし,同社の今後の展開次第では,日本発のグローバル・ファームとして発展できる可能性があることが指摘できた。一方,カタリナ,カタリナ日本法人のグローバル戦略とは,「グローバルな規模で標準化されたサービス(ソリューション)を提供すること」であった。同社の事例から得られるインプリケーションは,知識集約型企業のビジネスモデル,グローバル戦略としての1つのモデルを示している点にあった。すなわち,知識集約型企業の提供するサービスは,プロフェッショナル・サービスとして他のサービスとは差異化されていることが必要となるが,必ずしも伝統的なプロフェッショナル・サービス・ファームのビジネスモデルを採

用する必要はない。ビジネスモデルを巧みに構築することで，まさにグローバル・ファームとしての強さをローカルにおいても発揮することができるということが指摘できた。

2 考察結果の総括

　以上，本研究における考察結果を振り返ってきたが，総括すれば，次の2点に集約される。第1に，経営コンサルティング産業がマルチドメスティックな産業であるという多くの先行研究による指摘は，今回の研究成果により覆されたということである。アンケート調査にもとづいた考察（第6～7章），事例研究（第8～10章）にもとづいた考察結果から，今日の経営コンサルティング・ファームの多くは，国際化の段階を越えグローバル化の段階に到達しており，グローバルなプレゼンスにもとづいた「効果」によって，ローカル・ファームとは異なるグローバル・ファームとしての競争優位を構築していると言える。

　第2に，現代の経営コンサルティング・ファームは多様な形でのグローバル戦略を展開しているということである。「理想型」とまではいかないまでも，コンサルティング方法論を活用し独自のビジネスモデルを構築することにより，あるいはグローバルな協働メカニズムを活用することにより，各社各様にローカルの強みを発揮しつつもグローバル企業としての総体的な強みを発揮することができるのである。

　ただし，このような経営コンサルティング・ファームのグローバル戦略が知識集約型企業一般のグローバル戦略としてとらえることができるかという点，すなわち，外的妥当性，一般化可能性については，検討の余地が残されている。それが，「プロフェッショナル性」の問題である。われわれは，経営コンサルティング・ファームが，もはやプロフェッショナル・サービス・ファームの枠組みではとらえきれないことを例証してきたが，ビジネスモデルという点では，多くのファームが，未だに伝統的なプロフェッショナル・

サービス・ファームのビジネスモデルを踏襲していることがわかった。

　事例研究（第9章）でも考察したように，プロフェッショナル・サービス・ファームのビジネスモデルは安定性が高く，プロフェッショナル・サービス，知識集約型サービスを提供する組織にとって適したビジネスモデルであると言える。しかし，第3世代，第4世代のファームのように，伝統的なプロフェッショナル・サービス（助言サービス）から離れ，より実質的な「支援サービス」，独自性のあるサービスを提供しようとすると，プロフェッショナル・サービス・ファームのビジネスモデルでは対応が難しくなる。かといって，伝統的なプロフェッショナル・サービス・ファームのビジネスモデルと他のビジネスモデルとを統合するのは予想以上に困難であるようである。そのため，グローバル戦略は，上述した理想型のグローバル戦略よりも，より単純化されたサービス，すなわち，「グローバルに標準化されたサービスを提供」しそれに「クライアントごとのカスタマイズ」を組み合わせた形態に落ち着いてしまう。

　この問題を解決するためには，第10章におけるカタリナ，及びカタリナ日本法人の事例研究から得られたインプリケーションが参考になる。すなわち，知識集約型企業は，プロフェッショナル・サービスを提供しつつも，ビジネスモデルという点では，「知識」を「収益化」するという点に重点を置き，各ファームに適したビジネスモデルを構築すべきであるということである。そして，そのビジネスモデルは，グローバル戦略というものを組み込んだものを志向すべきであるということである。

　経営コンサルティング・ファームにおいては，今後ますます，純粋な助言サービスではなく，より実質的な支援サービスを提供して欲しいというクライアントのニーズが高まることは避けられないだろう。この流れについては，プロフェッショナリズムを構成している「利他心」や見せかけ上の成果報酬制度の問題点について指摘する意見もあるが，プロフェッショナル・サービスを提供しつつも，クライアントにとっても魅力ある課金システムを構築することが必須となるだろう。

3 インプリケーションについて

　この点が，本研究におけるインプリケーションにもつながる。本研究の狙いには，日本における知識集約型企業，知識集約型産業の発展について提言を行いたいという願いがあった。

　現在，日本国内における経営コンサルティング産業，市場という点を考えた場合，絶対的な規模においても，相対的な規模においても，過小な規模（一説では，米国の10分の1程度）に留まっていると指摘されている。結論から言えば，明らかに比較劣位の産業となっている。加えて，国際展開をしている日本の経営コンサルティング・ファームは，IT関連のコンサルティング・ファームを除けば，ほとんど存在していない。第2章において考察してきたように，米国を母国とする経営コンサルティング・ファームの多くは，本国内の多国籍企業であるクライアントの国際展開と同期して国際展開を行ってきた。従って，日本の経営コンサルティング・ファームも同様のプロセスを経て，相当数の経営コンサルティング・ファームが国際展開を遂げていてもおかしくないはずである。

　この理由の1つには，日本という社会システムにおける構造的な問題が指摘できる。第3章で考察したように，経営コンサルティング・サービスは，より抽象的にとらえれば，「経営知識」の1つの形態である。この「経営知識」は特定の社会システム内で生産され，循環し，消費されていく。その供給者が経営コンサルティング・ファームであり，需要者が実務家となる。そして，特徴的なのは，経営知識が必ずしも，「絶対的な効果」があるとは言えない点である。すなわち，ファッションとしての経営知識は，社会システム内で金銭的価値が認められることによって，成立しているという側面がある。具体的に言えば，米国においては，経営知識を供給する経営コンサルタントは，給与水準も社会的なステータスも高く，キャリアアップを考えた場合でも非常に人気のある職業となっている。これは，他のプロフェッショナ

ル・サービスと同様に，特定の社会，米国における一種の約束事であり，経営知識に対して金銭的な価値を付与するという仕組みが上手く機能しているためである。

　一方，日本においては，経営コンサルタントは，米国と比べれば，給与水準も，社会的なステータスもそれほど高くないと考えられる。日本においては，ファッションとしての経営知識に対して，それだけの金銭的価値を認めていないということになる。これは，MBAホルダーについても同様である。米国においては，MBAを取得することは，企業におけるキャリアアップを考えた場合に重要なプロセスとなる。しかし，日本においては，MBAホルダーは，いわばマイノリティとしての取り扱いを受けていることが指摘されている（e.g., 金, 2007）。この点は，日本国内における知識集約型企業，産業の発展を考えた場合に懸念すべき問題であると言える。「知識」に対して「収益化」を図るためには，「知識」に対して，「金銭的価値」を認める社会システムが醸成されていることが前提となる。この問題は，経営コンサルティング産業の発展に限定したとしても，大きな問題であり，解決するには大きな時間を必要とするだろう。特に，日本発のファッションとしての経営知識がグローバルに普及するということは現状ではなかなか実現が難しいと思われる[1]。

　ただし，この問題を，知識集約型企業，知識集約型産業の問題としてとらえれば，日本企業にも大きなチャンスがあると考えられる。まず，ファッションとしての経営知識の提供を目指すのではなく，「実践的な効果」に重点を置いたサービスの提供である。第9章において考察したように，CTP日本法人のように，非常に実効性の高い，プロセスとしてのコンサルティング

---

[1] 誤解の無いように言えば，アカデミックな世界において，個人単位の研究者レベルでは，その可能性を否定している訳ではない。序章において記述したNonaka and Takeuchi（1995）は，日本発のグローバルに普及した経営知識の最たる例である。ここで問題としているのは，第3章において考察したように，供給者としてのビジネススクール，需要者としての実務家といった社会システム全体としてのあり方である。

方法論を提供すれば，ファッションとしての経営知識の影響はあまり考慮に入れる必要がなくなる。より普遍的な実効性の高いサービスとして提供することが可能であり，それに応じた課金システムも採用することができるだろう。これは，第10章のカタリナ，カタリナ日本法人の事例も同様である。そして，この点については，われわれは，多くの日本の経営コンサルティング・ファームは，その潜在力を持っていると考えている。

　本研究においては，研究対象としては取り上げなかったが，われわれは複数の日本の経営コンサルティング・ファーム，経営コンサルタントへのインタビュー調査も実施している。その中で，一様に提供するコンサルティング・サービスの実行可能性やクライアントと一緒になって問題を解決していくという姿勢が強調されていた。これは，欧米流の経営コンサルティング・サービスという点からすれば，異種のサービスとなるが，日本流の経営コンサルティング・サービスもプロフェッショナル・サービスとして十分な競争力を備えていると考えられる。

　日本の経営コンサルティング・ファーム，産業の抱える問題は，一つは，コンサルティング方法論の活用が限定的であるという点である。われわれがインタビュー調査を行った複数のコンサルタントからは，欧米流のコンサルティング方法論に従って問題解決を行うやり方を軽視する意見が見られた。これは，確かに一部の外資系経営コンサルティング・ファームへの疑問として指摘されている問題点であるが (e.g., O'Shea and Madigan, 1997; Pinault, 2000; 北村, 2006)，コンサルティング方法論自体の価値や役割を過小に評価していると考えられる。CTP日本法人のように，実行可能性という点に重点をおきつつも，コンサルティング方法論として定式化することは可能であるし，そうすることで，個人のコンサルタント頼りの小規模なファームから，組織的な強みを持った経営コンサルティング・ファームへと成長することができる (Løwendahl, 2005)。われわれの知りうる限りでは，どうも日本の経営コンサルティング・ファームでは，コンサルティング方法論の活用可能性が高いにも関わらず，それを上手く使いこなせていないよう

に感じられる。

　ただ，この点も，上述したように，考えようによっては，知識集約型企業，産業の勃興にとっては，チャンスとなる。すなわち，欧米とは異なりプロフェッショナル・サービス・ファームとしての伝統が希薄なだけに，それに引きずられることなく，それだけ自由な発想で新しいビジネスモデル，グローバル戦略を構築することが可能であると考えられる。IT関連のアウトソーシング・サービスで，日本企業が存在感を強めていることは，その一例であろう。とりわけ，オフショア・アウトソーシングのサービスでは，ITを主軸にした日本の経営コンサルティング・ファームがグローバルな規模で活躍している例も見られるようになってきた。ただし，繰り返しになるが，プロフェッショナル・サービスの品質をいかに担保しつつ，どれだけ新しいビジネスモデル，グローバル戦略を構築できるのかという点が鍵を握る。

4　本研究の限界と今後の研究課題

　本研究の限界として，第1に，内的妥当性についての問題があげられる。本研究では，知識集約型企業のグローバル戦略の理論化を志向する研究として，独自の概念（例：プロフェッショナル性）を幾つか用いている。しかし，研究時点においては，必ずしも十分な概念規定を行うことができたとは言えない。そのため，実証的考察の精度という点で検討の余地が残されている。第2に，外的妥当性の問題があげられる。本研究では，知識集約型企業としての代表的存在，プロトタイプとして経営コンサルティング・ファームを位置づけ，更にグローバル戦略について考察するために，外資系経営コンサルティング・ファームに研究対象を絞り込んだ。そして，われわれの関心がローカル市場としての日本市場において，グローバル性にもとづく競争優位をいかにして構築するのかという点にあったため，考察の幅が非常に狭くなってしまった。そのため，われわれが得られた知見が，どれほどの一般性を持つのかという点については留意する必要がある。

これらの問題を解決することが今後の研究課題となる。第1に，概念規定の精緻化である。最新の知識集約型企業に関する研究成果を取り入れ，理論的定義のみならず操作的定義まで行い，より精度の高い実証的考察につなげていく必要がある。第2に，本研究及びインタビュー調査等を行った経営コンサルティング・ファームに対する追跡調査である。特に，本研究では十分に考察することができなかった日本以外の市場における経営の実態について，親会社，親会社－支社間，支社間同士の関係まで踏み込んだ考察が必要である。第3に，日本の経営コンサルティング・ファームとの比較である。上述したようなIT関連のコンサルティング・サービスでは，グローバルな事業展開を行っている日系の経営コンサルティング・ファームが登場している。加えて，数は少ないながらもIT関連以外のサービスを主軸とするファームでも国際展開に成功しているファームも存在する。これらのファームに対して，質的調査・量的調査を実施し，外資系経営コンサルティング・ファームとの比較分析を行う必要がある。第4に，研究対象の拡大である。おそらく知識集約型企業のグローバル戦略について考察する上で，経営コンサルティング・ファームは最も有益な研究対象の1つであることには変わりがないだろう。しかしながら，知識集約型企業のグローバル戦略に関して更なる理論化を進めるためには，経営コンサルティング業以外の業種にも注目しなければならない。

補章 1

主要概念の概念規定

はじめに

　本研究においては，一般的にも広く使用される日常的概念が数多く登場する。例えば，「コンサルタント」は，本研究において想定しているプロフェッショナル・サービスとしての職業概念から，必ずしも特定の職業を意味しない「アドバイザー」「カウンセラー」「コーディネーター」といったいわゆる「肩書き」的なものを意味する概念として，多様な用いられ方をしている。「知識」「グローバル」といった概念も同様であり，論者によってその意味するところに違いがみられる。本章の目的は，本書における議論を円滑に行うために，本書における考察の要諦をなす幾つかの主要概念について，その概念規定を行うことにある。

1.1 「知識」の概念について

1.1.1 認識論と知識観

　まず，「知識（knowledge）」についての概念規定を行いたい。言うまでも無く，「知識」は，日常的概念として幅広く用いられている。「あの人には知識がある」「知識を詰め込む」といった具合である。しかし，この両者の用い方についてもその意味するところには差異がみられる。前者の場合，通常は，単に「情報を持っている」という意味では用いられない。そこでは，何か「情報」という概念を超えるものを「知識」に対して想定していると考えられる。「情報」よりも，より積極的，肯定的な意味合いで「知識」という概念が用いられる。一方，後者の場合，「知識を詰め込む」という行為を揶揄する意味合いで用いられることが多い。そこでは，「知識」だけでは十分ではなく，「経験」「体験」といったものが必要であることが暗示されている。もっと言えば，「考える」「行動を起こす」といった行為とは切り

離されたものとして「知識」がとらえられている。

　そもそも,「知識」の概念に一般的な定義を与えることは非常に困難である。Nonaka and Takeuchi (1995) が述べているように, 古代ギリシャ以来の哲学の歴史は,「知識とは何か」という問いに対する探求の過程として考えることができる。そのため, 各論者が知識に対して何かしらの共通の認識に立って議論が展開されているというよりも, むしろ多様な知識観が展開されている。このような知識の概念の差異は, その認識論的な過程の差異から生じる (Venzin, von Krogh and Roos, 1998)。Venzin他によると, 知識の概念の土台には, 大きく分けて3つの異なった認識論的仮定が存在する。それは, ①コグニティビズム (cognitivist epistemology), ②コネクショニズム (connectionistic epistemology), ③オートポイエーシス (autopoieitic epistemology) である。Venzin他は, これらの3つの認識論を連続体 (continuum) としてとらえ, ほとんどの論者が用いている「知識」の概念が単独で1つの認識論に属すことはないと指摘している。加えて, それぞれの認識論的な立場により, 上手く説明できる現象が異なっているだけであり, 1つの認識論が他の認識論よりも優れているわけではないと説明している。また, 認識論自体も新しい現象を説明するために, 常に新しく生成される必要があると主張している。

1.1.2 本稿における「知識」の概念

　このような議論を踏まえ, 本書では, Davenport and Prusak (1998) の見解を支持したい。DavenportとPrusakは, 知識の概念については多様な定義があることを認めつつも, ことマネジメントに関する議論においては, そのような概念の差異に注目して知識を分類すること, 概念論的な議論を行うことは実用的ではないとし, 次のような知識の定義を行っている。

　　知識とは, 反省されて身についた経験, さまざまな価値, ある状況に関する情報, 専門的な洞察などが混ぜ合わさった流動的なものであり, 新しい経験や情報を評価し, 自分のものとするための枠組みを提供する。

　　それは, 人の心に発し, 人の心に働きかける。組織において知識は, 文書やファイル (repository) の中に存在するだけでなく, 組織的なルーチン, プロセス, 慣行 (practice), 規範に埋め込まれている (embedded) である。

　　　　　　　　　　　　　　　　　　　　　Davenport and Prusak (1998, 邦訳, pp.23-24)

図表補1-1 意思決定のプロセス

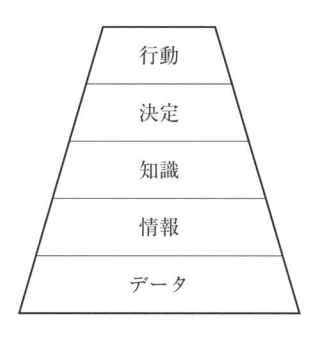

```
       行動
      決定
     知識
    情報
   データ
```

出所：Webb（1998, p.3）より筆者作成。

　この定義の前段部分は，知識が単なるデータや情報とは異なるものであることを示している。これは「行動」との関係性から，「知識」を位置づけると理解しやすい（Wilson, 1996; Webb, 1998）。図表補1-1は，意思決定のプロセスを，「データ」「情報」「知識」「決定」「行動」という5段階の階層構造で示したものである。「データ」を収集し，選択し，それを分析することで「情報」が生み出される。次に「情報」をもとに，（意思）「決定」に影響を与える「知識」が生み出される。そして，最終的に「行動」につながる。このように，「知識」は，「データ」や「情報」とは異なり，より行為に近いものであり，それだからこそ「知識」には価値があるとされる。従って，上述した「あの人には知識がある」という表現は，「その人がある分野についてよく知っていて信頼でき，教養があって聡明だ」（Davenport and Prusak, 1998），ということを暗示しているのである。

　次の後段部分は，個人的な知識の存在だけではなく，組織的な知識の存在について示している。これは，知識の二つの側面である「暗黙知」「形式知」と対応させてとらえることができる（Polanyi, 1958, 1966）。暗黙知とは主観的な知識であり，個人的な知識であると言える。経験によって身についた知識であり，同時的な知識と言える。また，アナログ的，実務的な知識である。一方，形式知とは，客観的な知識であり，組織的な知識であると言える。理性的な思考により獲得する知識であり，順序的な知識である。また，デジタル的な知識，理論的な知識であり，文字などの表現手段を用いて可視化して伝達することが可能な知識である。上述した「知識を詰め込む」という表現は，もっぱら形式知の側面を指しており，暗黙知（経験

図表補1-2 暗黙知と形式知の対比

暗黙知	形式知
主観的な知（個人知）	客観的な知（組織知）
経験知（身体）	理性知（精神）
同時的な知（今ここにある知）	順序的な知（過去の知）
アナログ的な知（実務）	デジタル的な知（理論）

出所：Nonaka and Takeuchi（1995, 邦訳, p.89）より筆者作成。

知）が十分でないことを指していることがわかる。

このように，本書における「知識」の概念は，「単なる情報やデータとは異なり，より行為に近い」ものであり「個人的な知識（暗黙知）と組織的な知識（形式知）」を包含するものとしてとらえることとする。このとらえ方は，後述するように，具体的な研究対象である経営コンサルティング・ファームによって提供される商品が単なるデータや情報ではないこととも関係している。すなわち，その商品は，クライアントの問題解決のための実際の行動を喚起するための「知識（形式知・暗黙知）」であり，場合によってはその問題解決行動の実質的な「支援」までを含むからである。クライアントに提出する報告書は，コンサルティング・ファームが提供する商品の一部分（形式知）でしかないのである。

1.2 「知識集約型企業」の概念について

1.2.1 既存産業の知識集約化

次に知識集約型企業の概念について考察したい。知識集約型企業は，労働集約型企業，資本集約型企業と対比される概念であり，「知識集約型企業（Knowledge-Intensive-Firms：KIFs）」(e.g., Starbuck, 1992; Alvesson, 1995, 2004)，あるいは「知識集約型ビジネス・サービス（Knowledge-Intensive Business Service：KIBS）」(e.g., Larsen, 2001; Bettencourt, Ostrom, Brown and Roundtree, 2002) という概念で取り扱われ，他のビジネス，組織，企業の概念との差異化が行われている。元来，これらの概念が注目された背景には，サービス業の特殊な分野，やや周辺的な分野としてのプロフェッショナル・サービスに対する関心があったと考えられる。例えば，初期の研究としてAlvesson（1995）があげられるが，具体的な分析対象は，プロフェッショナル・サービスとしての経営コンサルティング・ファー

ムである。初期の研究では，プロフェッショナル・サービスに対して，「知識集約性（knowledge-intensity）」という観点から，その独自性，異質性に対して概念化を図ろうとしていた。

　一方，1990年代後半以降においては，サービス業の特殊な分野というよりも，産業全般における「知識集約化」という現象に関心が移行してきたと考えられる。それは，プロフェッショナル・サービス産業の興隆だけではなく，製造業等の既存産業においても構造的な事業転換が進められるようになってきたことが大きい。その典型的な例がソリューション・ビジネス[1]である。現在，IBM[2]に代表されるように多くの製造業がモノ作りを超え，ソリューション化を進めている。このような意味においては，あらゆる企業が潜在的には知識集約型企業であり，あらゆるビジネスが知識集約型ビジネスであるといっても過言ではないだろう。

　このような産業全般の知識集約化の流れについては，知識資本主義におけるビジネス形態として，今後より一層進展して行くものと考えられる（e.g., Botkin, 1999）。しかし，われわれは，現時点においては，知識集約化という流れの過渡期に多くの企業，ビジネスがあると考える。すなわち，多くの企業が，知識集約型企業の特徴，本質というものについての理解が不十分なまま，形式的，表面的に知識集約型企業の体裁を取り繕おうとしている。ここに，知識集約型企業への誤解，端的に言えば，上手く事業展開ができない，上手く事業構築ができないという問題の原因があると考える。

---

[1] 社団法人 電子産業情報技術産業協会（JEITA：旧日本電子工業振興協会）によれば，「ソリューション・ビジネス」とは，「顧客の経営課題をITと付加サービスを通じて解決するビジネス技法」と定義される。「ソリューション化」とは，「顧客に対する提供価値が，製品それ自体から，顧客が抱える課題の解決（ソリューション）へと事業構造が転換すること」を意味する。詳しくは，JEITAのウェブサイト（http://www.jeita.or.jp/Japanese/）を参照されたし。

[2] IBMは，1990年代前半に，過去最悪とも言われる業績悪化に陥り，1993年には80億ドルという巨額の赤字を計上した。同年CEOに就任したルイス・V・ガースナー（Louis V. Gerstner, Jr）によって，ハードウェア（メインフレーム）を中心とする事業構造を，ソフト／サービス事業，いわゆるソリューション・ビジネスを中核とした事業構造への転換を図り，収益性の改善に乗り出した。1997年の時点では，ハードウェアの売上とレンタル収入を合計した額が，サービス，ソフトウェア，メンテナンスを合計した額を上回っていたが，98年には逆転している（817億ドルのうち53％）。詳しくは，毎日コミュニケーションズ（MYCOM）（http://pcweb.mycom.co.jp/news/2001/12/04/09.html），次世代電子商取引実証推進協議会（ECOM）（http://www.ecom.jp/qecom/seika/survey/hasegawa/hase992.html）のウェブサイトを参照されたし。

1.2.2 知識集約型企業としての経営コンサルティング・ファーム

そこで，本稿においては，知識集約型企業の概念について，やや狭義の解釈をし，知識集約型企業の原型をとらえたいと考える[3]。Alvesson（2004）によれば，知識集約型企業とは「高度に洗練された知識を用いること，あるいは知識ベースの製品を用いることによって市場に製品を提供している組織」として規定される。知識集約型企業の特徴は，業務の性質，業務がどのようにしてマネジメントされ，組織化されているのかという観点から，以下のような他の組織との相違点が指摘されている（Alvesson, 1995, 2004; Deetz, 1997; Løwendahl, 2000, 2005）。

①高度な能力を持つ個々人が，知的スキルとシンボリックなスキルを用いて，知識ベースの仕事に取り組んでいる。
②非常に高い自律性を持ち，組織のハイアラキーを軽視する。
③適応性のあるアドホックな組織形態を採用している。
④調整と問題解決のための広範なコミュニケーションを必要としている。
⑤独自性の高いクライアント・サービスを提供している。
⑥情報とパワーの非対称性（クライアントに対するプロフェッショナル上位）
⑦主観的で不確実な品質のアセスメント

Alvesson（2004）によれば，知識集約型企業は2つのカテゴリーに大別される（図表補1-3参照）。それは，①プロフェッショナル・サービス・ファームと②R&D企業である。①プロフェッショナル・サービス・ファームには，代表的な業種として，法律事務所，会計事務所，経営コンサルティング・ファーム，エンジニアリング・コンサルティング・ファーム，コンピュータ・コンサルティング・ファームが含まれる。②R&D企業には，製薬企業，バイオテクノロジー企業，ハイテク企業（エンジニアリングに関する知識をベースする）が含まれる[4]。この2

---

3) 知識集約型企業の概念に含まれる業種については意見が分かれている。Alvesson（1995）によれば，一方は包括的な定義で，洗練されたオペレーションに関連している業種は全て知識集約型企業としてとらえられている。他方は，より狭義な定義でプロフェッショナル・サービスの定義に近いものである（e.g., Gummesson, 1990; Hedburg, 1990; Starbuck, 1992）。本稿では本文中に述べているように，Alvesson（1995, 2004）の見解にしたがい，狭義の定義を採用するものである。
4) 元来，西洋社会での専門職業（プロフェッション）とは，神学，医学，法学等の古典的専門職業を意味していた。すなわち，聖職者，医者，弁護士などの職業が専門職業

図表補1-3 知識集約型企業のカテゴリー

	知識集約型企業	
代表的な業種	プロフェッショナル・サービス・ファーム	R&D企業
	法律事務所，会計事務所，経営コンサルティング・ファーム，エンジニアリング・コンサルティング・ファーム，コンピュータ・コンサルティング・ファーム	製薬企業，バイオテクノロジー企業，エンジニアリングに関する知識をベースとするハイテク企業
特徴	「目に見えない」(intangibles) 商品	「目に見える」(tangibles) 商品
	プロフェッショナルが市場（クライアント）と直接的な相互作用を行う。	従業員と顧客との間の接触は制限されている。
	サービス提供に関する各職能（例：マーケティング，生産，開発）の不可分性が高く，同一メンバーによって行われる傾向がある。	アサインメントの内容によって異なるが，一般的には，各職能（例：マーケティングと製造）が分離される傾向がある。

出所：Alvesson（2004, pp.18-20）より筆者作成。

つのカテゴリーを区分する重要な差異は，提供する商品の性質にある。①プロフェッショナル・サービス・ファームにおいては，「目に見えない（intangibles）商品」を主として取り扱う。それらの商品を提供するために，プロフェッショナルが市場（クライアント）と直接的な相互作用を行う。サービス提供に関する各職能については，不可分性が高く，アサインメントを担当した同一メンバーによって執り行われる傾向がある。一方，②R&D企業においては，「目に見える（tangibles）」商品」を主として取り扱う。それらの商品を提供するための，従業員と顧客との間の接触は制限的なものとなる。一般的には，商品提供にあたって，各職能は分離される傾向がある。このように，取り扱う商品の性質である可視性によって，便宜上は，2つのカテゴリーに大別することができる。

しかし，実際には，これら2つのカテゴリーに明確に類別化することは困難と

として認識されていた（山田，1998）。今日では，専門職業という職業による分類ではなく，その提供するサービスの特性による分類が行われ，専門職業の領域が拡張されている。コンサルティング業もその1つである。その他，会計監査業，保険仲介業，投資銀行業，広告代理業といった業種が専門職業，専門職業サービスとして認識されている（Løwendahl, 2000, 2005）。

なってきている。それは、プロフェッショナル・サービス・ファームの大規模化により、複数の専門性にもとづいたサービスを同時に1社が提供するケースが増えてきていること、それに伴い、助言だけでなく、支援サービス、すなわちサービスの実施にまで踏み込んだ業態が広がりつつあるからである。従って、これらの企業はもはや伝統的なプロフェッショナル・サービスとして位置づけることは困難となってきている。一方、R&D企業においても、技術的に非常に高度で洗練されたプロジェクトの場合、あるいは製品の青写真的なイメージを具現化することが求められるようなプロジェクトの場合には「目に見えない商品」を提供することとその本質は変わらない。結局のところ、これら2つのカテゴリーに共通しているのが、その商品を通じて顧客の問題解決を志向しているという点にあると言える。プロフェッショナル・サービス・ファームにおいては、問題解決、すなわちコンサルティング業務が顧客価値の創造の土台となっている。R&D企業においても、とりわけ現在注目を集めているオーダーメード医療などは、コンサルティング的な要素が欠かせない。そこで、本研究では、両カテゴリーに共通する要因であるコンサルティング業務に注目し、コンサルティング・ファームを知識集約型企業のプロトタイプとして位置づけたい。とりわけ、コンサルティング・ビジネスの中心的な担い手となっている経営コンサルティング・ファームを具体的な考察対象とするものである。

1.3 「経営コンサルティング・ファーム」の概念について

1.3.1 「経営コンサルティング」の定義

次に、経営コンサルティング・ファームの概念規定を行いたい。まず、「コンサルティング」とは何かという基本的な定義について確認したい。Kubr（1996, 2002）によれば、コンサルティングについては、数多くの定義があるが、2つの基本的な考え方に大別できる（西井, 2002）。第1の考え方は、コンサルティングを機能的に幅広くみる考え方である。つまり「助力者でさえありさえすれば、コンサルタントであり、そのような行為はコンサルティング・サービス」としてとらえるのである。この考え方に立てば、例えば、ある企業内における同僚、上司－部下の間の関係においても、一方が他方に対して、指示や命令に代えて、アドバイスや助力を提供する気にさえなったら、コンサルタントになり得るわけである。冒頭で述べた「肩書き的」にコンサルタントと称している場合もこの考え方に該当する。第2の考え方は、コンサルティングをプロフェッショナル・サービスとしてみる考え

方である。つまり「専門教育を受けた適格者が組織と契約して提供するアドバイザリー・サービス」としてとらえるものである。この考え方が，ビジネスとしての経営コンサルティング・サービスに該当する。これら2つの考え方は，相反しているというよりも，むしろ相互補完しているものとしてみなされる。経営コンサルティングとは，プロフェッショナル・サービス，あるいは実際的なアドバイスと助力を提供する方法のいずれか1つであるとみることができる。

　本書においては，第2の考え方に立って経営コンサルティングをとらえるものであるが，包括的には以下のように定義できる。すなわち，「経営コンサルティングとは，独立した専門的助言サービスで，経営管理上やビジネスの諸問題を解決し，新しい機会を発見して捕捉し，学習を向上し，変革を実施することによって，組織の目的・目標を達成する上で，経営者と組織を支援することである。」(Kubr, 2002, 邦訳, p.12) 従って，経営コンサルティング・ファームとは，上記のような専門的助言サービスとしての経営コンサルティングを「業」として提供する組織であるととらえることができる。また，本書においては，具体的な考察対象とする経営コンサルティング・ファームとは，主として米国を母国とする多国籍企業としての経営コンサルティング・ファームを想定した記述を展開している。その理由として，現時点でグローバルな規模で活動を展開しているコンサルティング・ファームの母国として趨勢を占めている国が米国であることによる。

1.3.2　経営コンサルティング・サービスの特徴

　次に，経営コンサルティング・サービスの特徴についても考察しておきたい。上述の定義には，経営コンサルティング・サービスの特徴として，非常に重要なポイントが示されている。それは，コンサルティング・サービスとは，本質的には，「助言サービス（advisory service）」であるという点である。これは，コンサルタントが経営者に代わって組織の運営や意思決定を行うようなことには原則的には利用されないということを意味している。変革の決定・実践を行う直接の権限はなく，その助言の質と完璧性については責任を負うが，助言を受け入れることから生ずる全責任はクライアント側にあるというものである（Kubr, 2002, 邦訳, p.8）。

　近年では，多くのコンサルタントは，従来のアドバイスというサービス内容を補完するために，クライアントに対するトレーニング，代理交渉やクライアント組織内において社員と共同で特定の業務を遂行するなど，実質的な「支援（assistance）」も行っている。しかし，「支援（assistance）」という概念は，本来のコンサルティ

ングには含まれない。「支援」には，コンサルティングとプロフェッショナル・サービス及びビジネス・サービスとの境界に位置する行為・仕事も含まれることになる。アウトソーシング・ビジネスがこのよい例である（Kubr, 2002 邦訳, p.9）。

1.3.3 経営コンサルティング・ビジネスの要点

この「助言（advice）」と「支援（assistance）」とは区別してとらえる必要がある。この点が，コンサルティング・ビジネスの要点となる。すなわち，コンサルティング・サービスは，あくまでも助言サービスであり，問題を実際に解決するのはクライアント自身であるということである。絶対的な意思決定権は，クライアントにある。コンサルタントが提示したアドバイス，解決策をクライアントが実施するか否かは，クライアント側のオプションである。この助言サービスとしてコンサルティング・サービスをとらえると，コンサルティング・ビジネスとは，「時間を売るビジネス」であると考えられる。この「時間」とは，コンサルタントがクライアントの問題解決のために，コンサルタントが有する専門知識，経験，ノウハウといったものを提供すること，ないしは創造するためにクライアントのために働いた時間（コンサルタントの稼働時間）を意味する。

この点において，見かけ上は同じようなコンサルティング・ビジネスに見えても，中身は全く違うビジネスを行っているということがあり得る。例えば，システムインテグレーションと呼ばれるサービスがあげられる。システムインテグレーション[5]とは，企業内情報システムの立案から導入・保守まで，単一の業者が一括してサービスを提供することであるが，これをコンサルティング・ビジネスとして遂行するのであれば，コンサルタントの活動こそが，顧客への提供価値であり，収益の源泉となる。その活動の結果の派生物としてシステムインテグレーションが達成されるのである。一方，システムインテグレーションをシステム開発，モノづく

---

5) このシステムインテグレーションの領域は，EDSのようなベンダーと呼ばれるシステム開発を提供してきた企業とアクセンチュアのように，コンサルティング・サービスを提供してきた企業とが競合する領域である。したがって，本文中に述べているように，形式的には同様のビジネスを展開しているように見えるが，異なった論理にもとづいて構築されたビジネスモデルが並存，競合していると考えられる。特に，近年，ベンダー企業には，経営コンサルティング・ファームを買収することで，自社の持つコンサルティング能力を高めようとする動きがみられ，ますますその境界が曖昧化しつつある。EDSも，1995年に経営コンサルティング・ファームのA.T. Kearneyを買収している。詳しくは，EDSジャパンのウェブサイト（http://www.eds.co.jp/）を参照されたし。

りビジネスとして遂行するのであれば，成果物としての統合されたシステムのモノとしての価値が，顧客への提供価値となり，収益の源泉となる。

このコンサルティング・ビジネスが時間を売るビジネスであるという点は，コンサルティング・ビジネスに特徴的な報酬制度に象徴される。それが，時間単位あたりの報酬（fee per unit of time）である（Kubr, 1996, 2002）。これは，

コンサルタントの単価（ビリング・レート）×稼働時間
　　　　　　　　　　　　　　　　　　　＝クライアントへの請求額

という式としてあらわすことができる（和田，1995）。この報酬制度の長所は，報酬の計算と請求が容易かつ明確な点にある。クライアントに対して，合意した期間後に，前月にコンサルティング・チームが実際に働いた時間について請求が行われる。請求の算定方法は，上述の式による。一方，短所としては，費用対効果，エージェーンシー問題が指摘されている。クライアントが請求されているのは，もたらされた知的インプットや達成された業績ではない[6]。あくまでもその代理変数としてのコンサルタントが使用した時間である。従って，コンサルタントによって，全く浪費された時間さえも請求対象になりかねない。クライアントは，コンサルタントのプロフェッショナルとしての誠実性と能力を信頼しなければならないことになる（Kubr, 1996, 2002）。

ただし，報酬制度の決定については，あくまでもコンサルティング・ファームとクライアント間の契約である（図表補1-4参照）。契約時点において，最重要となる達成すべき目的（目標，成果）が決定され，そして，契約の中で，報酬制度についても合意の上で決定される。もちろん，時間単位あたりの報酬制度以外にも複数の報酬制度がある。特に，近年では，支援サービスを提供するコンサルティング・

---

[6] Kubr（2002, 邦訳, p.392）によれば，コンサルティング業務における「公正な報酬」と「クライアントにとっての価値」は複雑かつ難解な概念であり，論じるのはまだしも，さまざまなクライアントやアサインメントに幅広く適用することはやさしくない。伝統的には，この件に対してコンサルタントその他の専門職業の者が行ってきたのは，時間ベースでの報酬を適用しつつ，より高度な知識内容やアサインメントにおける特別な貢献に対しては，それらを反映する，より高額な報酬単価やその他のさまざまな取り決めを利用することである，と説明している。われわれの行ったインタビュー調査においても，基本的には時間単位あたりの報酬制度を採用しつつ，アサインメントの性質によって各社各様の対応をしている例が多く見受けられた。

図表補1-4 コンサルティング・プロセスの諸段階

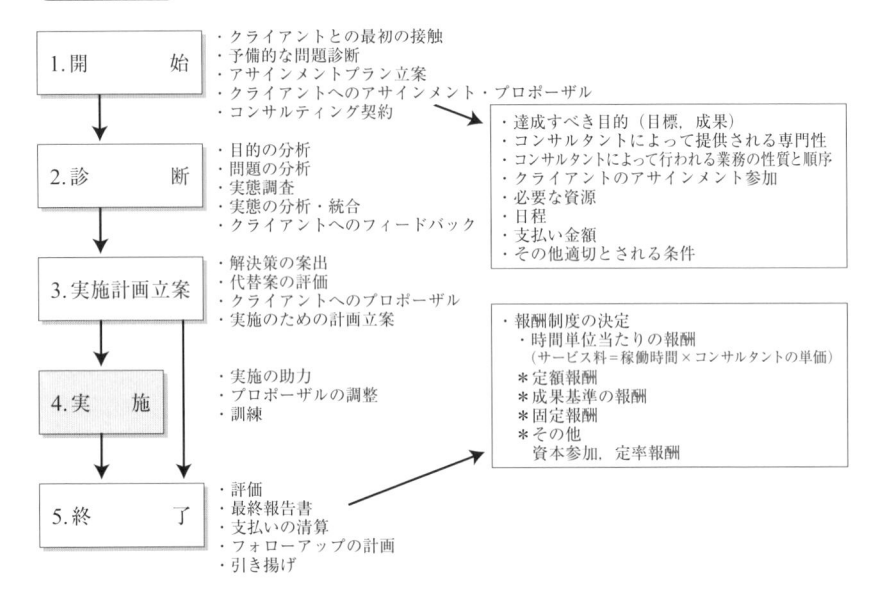

```
┌─────────────┐   ・クライアントとの最初の接触
│ 1. 開    始 │   ・予備的な問題診断
└─────────────┘   ・アサインメントプラン立案
       │          ・クライアントへのアサインメント・プロポーザル
       ▼          ・コンサルティング契約
┌─────────────┐                            ┌──────────────────────────────────────┐
│ 2. 診    断 │   ・目的の分析              │ ・達成すべき目的（目標，成果）        │
└─────────────┘   ・問題の分析              │ ・コンサルタントによって提供される専門性│
       │          ・実態調査                │ ・コンサルタントによって行われる業務の性質と順序│
       │          ・実態の分析・統合        │ ・クライアントのアサインメント参加    │
       ▼          ・クライアントへのフィードバック│ ・必要な資源                  │
┌─────────────┐                            │ ・日程                               │
│3. 実施計画立案│ ・解決策の案出            │ ・支払い金額                         │
└─────────────┘   ・代替案の評価            │ ・その他適切とされる条件             │
       │          ・クライアントへのプロポーザル└──────────────────────────────────────┘
       │          ・実施のための計画立案
       ▼                                    ┌──────────────────────────────────────┐
┌─────────────┐                            │ ・報酬制度の決定                     │
│ 4. 実    施 │   ・実施の助力              │   ・時間単位当たりの報酬             │
└─────────────┘   ・プロポーザルの調整      │     (サービス料=稼働時間×コンサルタントの単価)│
       │          ・訓練                    │   ＊定額報酬                         │
       │                                    │   ＊成果基準の報酬                   │
       ▼                                    │   ＊固定報酬                         │
┌─────────────┐                            │   ＊その他                           │
│ 5. 終    了 │   ・評価                    │     資本参加，定率報酬               │
└─────────────┘   ・最終報告書              └──────────────────────────────────────┘
                  ・支払いの清算
                  ・フォローアップの計画
                  ・引き揚げ
```

出所：Kubr（2002, p.27）から，筆者作成。

ファームが増えてきたこと，ベンチャー企業に対するコンサルティング・サービスの提供の拡大の影響により，成果基準の報酬，固定報酬，資本参加といった報酬制度を採用するコンサルティング・ファームも増えてきている。しかし，時間単位あたりの報酬制度は，コンサルティング・ビジネス＝時間を売るビジネスという点から考えるともっとも基本となる報酬制度[7]であり，伝統的なプロフェッショナル・サービス・ファームのビジネスを支えてきた報酬制度であると考えられる（Kubr,

---

[7] Sveibyによると，「瞬間的なひらめきから生み出されたアイデアの価値とはどのようなものか。それは，そのアイデアを生み出すために費やされた時間なのではない。費やされた時間に知識の価値をもとづかせることは，決して正しいことではあり得ないだろう。しかし，それにも関わらず，依然としてこの方法が最も一般的な方法である。他の方法で，知識の対価を請求する方法があるのだろうか。」と時間単位あたりの報酬制度が抱える根本的な問題点について言及しながらも，その正当性について認める見解を示している。詳しくはhttp://www.sveiby.com/articles/FourteenWays.htmlの論考を参照されたし。

2002)。

1.4 「グローバル」の概念について

1.4.1 「グローバル」概念の曖昧さ

　最後に，本研究の目的ともなっている「グローバル戦略」の概念について規定したい。「グローバル」という概念は，学術的な考察において用いられるようになって久しいばかりか，日常的概念としても広く普及している。しかし，そこに統一された見解，認識があるとは言えず，論者によって多様な用いられ方がされている。「経営」を論ずる上で，最も曖昧な概念の一つであると言えるだろう。

　例えば，Lovelock and Yip（1996）の研究である。彼らの研究は，サービス企業のグローバル戦略に関する先行研究において必ずといってよいほど取り上げられる主要な研究の一つである。彼らは，「グローバル」ないしは「グローバル戦略」を次の2点を満たすものとしてとらえている。第1に，単に国際展開を行っているというだけでは，「グローバル」ではないということである。すなわち，複数国にまたがってオペレーションを展開していても，それが各国ばらばらの対応であったり，単純なオペレーション（例：複数国を結び輸送サービス）であったりする場合には，「グローバル」ではないと指摘している。第2に，企業活動の広がりが，複数国にまたがっているというだけでは十分ではないということである。例えば，EUを中心にオペレーションを展開している企業は，多国籍企業であるかも知れない。しかし，「グローバル企業」であるためには，東半球，西半球，北半球，南半球といったまさに地球規模での活動の広がりが求められる。そういった地球規模での活動の広がりの中で，「言語，通貨，文化，法律，政治システム，政府の政策，規制等」の差異という多様性に対処することが求められる。このように，彼らの考える「グローバル」は，「国際」「マルチ・ナショナル」とは異なった概念として取り扱われている。後述する，われわれの用いる「グローバル」概念に近いだろう。

　一方，Rugmanはその一連の研究において「グローバル」という概念に対して疑問を呈している。例えば，Rugman and Verbeke（2008）では，サービス産業における多国籍企業の国際化の現状について考察している。その考察の中で，国内市場と海外市場における売上高比率のデータにもとづき，サービス産業における多国籍企業の国際化戦略の現状は，「グローバル戦略」ではなく「地域戦略（regional strategy）」であることを強調している。そこで，彼らが「グローバル」とするの

は，「地球規模での単一市場」及び「その対市場戦略」としての「グローバル戦略」である。彼らは，Lovelock and Yip (1996) の研究に対しても，事実を反映していないとして批判を加えている。

1.4.2 「グローバル」概念の規定

このように，「グローバル」という概念については，現在においても各論者で認識の不一致がみられる。その結果，同じ「グローバル」という概念を用いていても，異なった事象を意味している場合も多く，議論のすれ違いや曖昧さを生み出す原因となっている (e.g., Sarathy, 1994)。

この点について，田端 (2007) は，Perlmutter (1969) の「EPGスキーム」，Porter (1986) の「グローバル産業，グローバル戦略」，Bartlett and Ghoshal (1989) の「トランスナショナル戦略」，諸上・根本 (1996) の「拠点間調整における類型モデル」，安室 (1992) の「グローバル経営の規範的モデル」といった「グローバル」概念を取り扱っている主要な先行研究のレビューを行い，「グローバル」概念について整理している。以下，田端 (2007) を主として参考に議論を展開する。

まず，田端 (2007) は，先行研究においては，「論者はそれぞれの視点から，その研究の意図を的確に表現できる概念で，事象を表現しようとしていた。その結果，同じ事象に異なる名称が付与されることもあった。ただし，事象そのものの違いを表しているというよりも，事象のどの側面にフォーカスをおいたかの違いを反映しているように思われる」と指摘している。次に，先行研究に共通して言えることとして，「競争が行われる場」「意思決定者の視野」「市場機会のとらえ方・活用の仕方」「活動のフォーメーション（配置と調整）」「拠点間での資源（ヒト・情報など）のやり取り」「全体としての組織の動き方（ネットワーク 対 内部組織）」「統合を確保するためのメカニズム（調整メカニズム）」といった視点から，戦略や経営のグローバル性をとらえているとしている。「グローバル」概念を規定するにあたっては，これらの先行研究にみられる構成要素を包含する必要があることを指摘している。

ここで田端 (2007) は，「グローバル戦略」と「グローバル経営」の概念を区別している（図表補1-5参照）。「グローバル戦略」とは，グローバル産業での優位を確保するためにとられる戦略で，どのように市場を開拓していくか，どのようにオペレーションを組み立てていくかに関わる意思決定を中心としている。一方，「グ

図表補1-5　グローバル戦略とグローバル経営

	グローバル戦略	グローバル経営
定義	グローバル産業での競争優位を確保するためにとられる戦略で、どのように市場を開拓していくか、どのようにオペレーションを組み立てていくか、に関わる意思決定を中心とする。	「分散配置」された相互に「調整（連携）」し合う拠点からなる企業の営み、経営のあり方を指している。
視野	いずれも重要な意思決定に当たる人々の視野がグローバルでなければならない。	
現地適応	ローカル市場への適応と矛盾するものではない。	
	例：各国の市場への適応が行われる場合であっても、それぞれの市場に提供されるものに共通項や関係性があり、一国レベルでは達成できない範囲の経済性や連結の経済性を引き出せるような工夫がされている。	例：各国の拠点が適応行動を積極的にとっていても、拠点間の連携の中から、一国の拠点だけでは達成できない強みを引き出すことができている。
産業概念	グローバル産業：ある国における競争上のポジションが、他の国での競争上のポジションに影響するような産業のことであって、同質的なニーズを持つ市場（全く同じ製品を求める市場）を言っているのではない。	

出所：田端（2007, pp.17-18）より筆者作成。

ローバル経営」とは、分散配置された相互に連携しあう拠点からなる企業の営み、経営のあり方を指している。共通項は、いずれも重要な意思決定に当たる人々の視野がグローバルでなければならないということである。また、グローバル戦略も、グローバル経営もローカル市場への適応と矛盾するものではない。両概念に共通する産業概念である「グローバル産業」とは、ある国における競争上のポジションが、他の国での競争上のポジションに影響するような産業のことであって、同質的なニーズを持つ市場（全く同じ製品を求める市場）を意味しているのではない。

　従って、各国の市場への適応が行われる場合であっても、それぞれの市場に提供されるものに共通項や関係性があり、一国レベルでは達成できない範囲の経済性や連結の経済性を引き出せるような工夫がなされていればそれは「グローバル戦略」であり、いわゆる「マルチドメスティック（マルチ・ナショナル）戦略」ではない

と言える。同様に，各国の拠点が適応行動を積極的にとっていても，拠点間の連携の中から，一国の拠点だけでは達成できない強みを引き出せていたら，それは「グローバル経営」であると言える。これらの点を明確に規定することで，「グローバル」概念についての各論者の見解の不一致，議論のすれ違い，曖昧さを生み出している撹乱要因を排除することができる (cf., Porter, 1986; Bartlett and Ghoshal, 1989; Rugman and Verbeke, 2008)。

1.4.3 概念間の関係について

加えて，田端 (2007) は，「グローバル戦略」と「グローバル経営」の概念間の関係についても考察している。まず，「グローバル経営」であるが，必ず「グローバル戦略」を伴うと規定している。ただし，計画的，明示的，順序的に両概念が発生するという訳ではなく（もちろんそういった場合もあるだろうが），両概念間の相互作用的関係，両概念の創発性について想定している。すなわち，意図的な「グローバル戦略」に従って，「グローバル経営」が展開される場合もあるし，「グローバル経営」の営みの中から，「グローバル戦略」が形成されてくることもあり得る。一方，「グローバル戦略」であるが，「グローバル経営」を伴わない場合もあると規定している。海外に事業拠点を持っていなくても，「グローバル戦略」を展開することは可能だからである。例えば，本国に開発拠点，生産拠点を集約し，本国から世界の市場に製品を供給するケースがそうである[8]。また，企業によっては，最初から製造のようなオペレーションを持たずに，「グローバル戦略」を展開するものもある。この場合の「グローバル戦略」は，主として，対市場戦略として存在することになると指摘している。

以上を踏まえると，「国際」概念との関係は，次のように整理できる（図表補1-6参照）。まず，「国際」概念であるが，「国際産業（国際競争）」「国際経営」「国際戦略（国際化戦略）」の概念を含むものとする。「国際産業」は「国内産業」との対比概念であり，国をまたぐ競争である「国際競争」が起こっている産業として規定する。これらの「国際産業」「国際競争」を専ら対象とする経営を「国際経営」とする。「国際戦略（国際化戦略）」は，その下位概念である。「国際化」は，国内を専ら対象とする「産業」「経営」「戦略」概念を「国際」概念に適応化するプロセ

---

8) これは，Bartlett and Ghoshal (1989) における「グローバル戦略」，安室 (1992) における「グローバルサプライ戦略」に相当する。比較参照されたし。

図表補1-6 「国際」概念と「グローバル」概念の関係

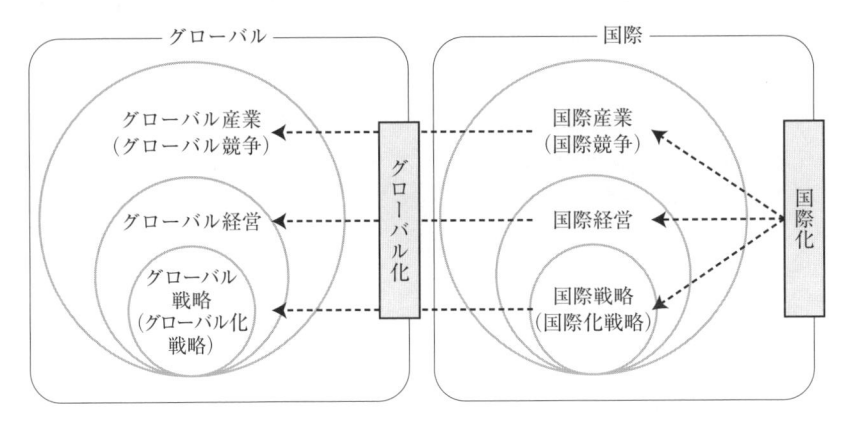

```
┌─────── グローバル ───────┐      ┌─────── 国際 ───────┐
│   ╱─────────────╲      │      │   ╱─────────────╲   │
│  ╱  グローバル産業  ╲     │      │  ╱   国際産業    ╲  │
│ │  （グローバル競争） │←---┤グ├---←│  （国際競争）    │←---┤国│
│ │ ╱─────────╲  │    │ロ│    │ │ ╱─────────╲ │   │際│
│ │╱ グローバル経営 ╲ │←---┤｜├---←│ │  国際経営     │←---┤化│
│ ││╱─────────╲││    │バ│    │ │╱─────────╲│   │  │
│ │││ グローバル  │││    │ル│    │ ││ 国際戦略   ││←---┤  │
│ │││ 戦略     │←---┤化│    │ ││（国際化戦略）││   │  │
│ │││（グローバル化│││    │  │    │ │╲─────────╱│   │  │
│ │││  戦略）  │││    │  │    │ ╲─────────────╱   │  │
│ ││╲─────────╱││    │  │    │                    │  │
│ │╲─────────╱ │    │  │    │                    │  │
│  ╲─────────────╱     │      │                     │  │
└──────────────────────┘      └────────────────────┘
```

出所：本文中の議論から筆者作成。

スとしてとらえる。一方,「グローバル」概念であるが「グローバル産業」「グローバル経営」「グローバル戦略（グローバル化戦略）」の概念を含むものとする。いずれの概念も「国際」概念との対比概念である。「グローバル化」とは,「国際」概念の「グローバル」概念に適応化するプロセスとしてとらえる。

小結

本章においては，本研究における考察の要諦をなす主要概念である「知識」「知識集約型企業」「経営コンサルティング・ファーム」「グローバル戦略」についての概念規定を行った。

「知識」とは単なる情報やデータとは異なり，直接的な「行為」を引き起こす原因となること，形式知だけでなく暗黙知をも含むものであること，個人的な知識だけでなく組織的な知識も含むもの，として規定した。「知識集約型企業」とは，インプット（原材料）・アウトプット（成果）の両方が「知識（無形性）」を持つこと，プロフェッショナル・サービス・ファームの概念を包含しながらも，伝統的なプロフェッショナル・サービスの範疇ではとらえきれないサービスを提供している企業として規定し，具体的には,「経営コンサルティング・ファーム」を研究対象

とすることについて述べた。「経営コンサルティング・ファーム」とはコンサルティング・サービスを「業」として提供している組織であると規定し，かつ多国籍企業として活動を展開している企業を想定することについて述べた。

　「グローバル経営」とは，「複数の国に事業拠点が分散配置されていること」かつ「分散配置されている事業拠点間での調整（連携）」が行われていること」を要件として規定した。加えて，関連概念として「グローバル戦略」「グローバル産業」についても規定した。本研究では，具体的な考察対象として日本にある外資系経営コンサルティング・ファームの子会社の活動に焦点を絞っているため，親会社の活動の実態や親会社 - 子会社間の調整に関しては考察が十分ではない。そのため「グローバル経営」ではなく，「グローバル戦略」という概念を用いる。本書における議論は，特に断りのない限り，本章における概念規定に従う。

補章 2

先行研究の分類と本研究の位置づけ

はじめに

　本研究の目的は，知識集約型企業のグローバル戦略，特に具体的な研究対象として経営コンサルティング・ファームのグローバル戦略について実証的に考察することにある。そのためには，先行研究のレビューを行い，論点を整理し，考察すべき研究課題について特定化することが有益である。しかし，第1章でも述べたように，知識集約型企業のグローバル戦略はもとより，経営コンサルティング・ファームのグローバル戦略に関する先行研究は，ほとんど皆無に等しい。

　その理由は，そもそも知識集約型企業，経営コンサルティング・ファームを含めたサービス企業全般を対象にした「グローバル戦略」に関する研究が，製造企業と比べて相対的にも，絶対的にも非常に数が少ないからである。そのため，先行研究のレビューを行う予備的段階として，サービス企業全般を対象に，より広義の概念である「国際化」「グローバル化」（補章1における概念規定を参照）という概念を含めて議論を俯瞰的にとらえる必要がある。

　本章の目的は，サービス企業の「国際化」「グローバル化」に関する先行研究において，問題意識や研究目的，どのようなトピックが取り扱われてきたのかという点について分類し，本研究が全体的にみた場合どのような位置づけにあるのかについて確認することにある。

2.1　先行研究の抽出方法について

　われわれは，先行研究のレビューにあたって，以下のような手順で対象とする文献を絞り込んだ。

　第1に，基本的には，「ジャーナル論文を対象とすること」である。われわれは，

これまでの研究の過程において，書籍及び論文集の形式で刊行されている文献もレビューの対象としてきた。そうした文献のレビューからは，本稿における考察の土台となる大きな洞察を得られている。しかし，本章の目的である，サービス企業の国際化，グローバル化に関する研究全体を俯瞰し，本研究の位置づけを明らかにするということから考えると，書籍及び論文集の形式の文献は，キーワードによる検索が難しく，先行研究の抽出にあたって恣意性や偶然性といった要素が入りやすい。この点について，ジャーナル論文の場合，論文データベースを利用し，キーワードを用いることで，より客観的に先行研究の絞込みが可能である。ただし，サービス企業の国際化について引用が多く見られる書籍や論文集については，レビューの対象とした。

　第2に，「キーワードを特定化すること」である。補章1において考察したように，「グローバル」の概念については，論者によって見解が分かれている。「国際」と「グローバル」を交換可能な概念として用いたり，同じ「グローバル」という用語を用いていても全く異なる意味であったりする場合が多い。そのため，複数のキーワードを設定し，出来る限り漏れがないように検索する必要がある。そこで，試行的に論文データベースを検索することにより，次のようなキーワードを特定化した。基本となるのが，「サービス（service）」というキーワードであり，これは必ず含めることとした。次に，「グローバル（global）」，類似の用法としての「グローバル化（globalization）」である。その交換可能な概念として「国際（international）」「国際化（internationalization）」を含めることとした。加えて独立したカテゴリーを形成している「サービス多国籍企業（service multinational）」「参入方式（entry mode）」を含めることとした。

　第3に，「論文データベースを利用した検索」である。論文のタイトルに特定化したキーワードが含まれていることを条件に検索を行った。一部のキーワードの組合せ（「国際」と「サービス」/「グローバル」と「サービス」）は，該当論分数が膨大な量となるため，アブストラクトに「戦略（strategy）」が含まれていることで，より絞込みをかけた[1]。

---

1)　検索に使用した使用した論文データベースは，「プロクエスト（ProQuest）」（兵庫県立大学神戸学園都市学術情報館内所有，神戸学園都市キャンパス内からアクセス），「インジェンタ（Ingenta）」(http://www.ingentaconnect.com/)，及び学術文献専用の検索エンジンとしてグーグル・スカラー（Google Scholar：http://scholar.google.co.jp/）を併用した。最終検索日は，2009年1月5日である。

図表補2-1 論文検索の結果

	タイトル		アブストラクト	該当数
キーワードの組合せ	国際 (international)	サービス (service)	戦略 (strategy)	54
	グローバル (global)	サービス	戦略	36
	国際化 (internationalization)	サービス		45
	グローバル化 (globalization)	サービス		44
	国際戦略 (international strategy)	サービス		3
	グローバル戦略 (global strategy)	サービス		4
	国際化戦略 (internationalization strategy)	サービス		2
	グローバル化戦略 (globalization strategy)	サービス		1
	サービス	多国籍企業 (multinational)		22
	参入モード (entry mode)	サービス		16
	該当論文合計（延べ）			227
	抽出した論文数			83

出所：筆者作成。

　以上の手順にもとづき，レビューの対象とする研究として，該当論文の延べ合計は227本となった。そこから，重複している論文を取り除き，アブストラクト，あるいは論文の内容から判断して83本の論文を抽出することができた（図表補2-1参照）。

2.2 「国際化」に関する先行研究の分類

2.2.1 研究カテゴリーの分類

　以上の抽出方法にもとづき抽出された先行研究に対して，最初にサービス企業の

図表補2-2 サービス企業の国際化に関する研究の分類

分類	著者	トピック
国際展開	Gaedeke（1973）	PSF/最初期の実証研究
	Weinstein（1977）	PSF/FDI
	Nicoulaud（1989）	サービス特性
	Dunning（1989）	折衷理論
	Buckley, Pass and Prescott（1992）	サービス特性
	Li（1994a）	国際経験
	Li（1994b）	アジア太平洋地域
	Reardon, Erramilli and D'Souza（1996）	現地国の規制
	O'Farrell, Wood and Zheng（1996）	PSF/地域間比較
	Ramcharran（1999）	PSF/現地国の規制
	Alon and McKee（1999）	PSF/資源ベース
	Silver（2000）	PSF/ローファーム
	Leo and Philippe（2001）	PSF
	Javalgi, Griffith and White（2003）	折衷理論
	Strom and Mattsson（2006）	PSF/日系企業
	Hitt, Bierman, Uhlenbruck and Shimizu（2006）	PSF/人的・関係資本
	Cort, Griffith and White（2007）	PSF/帰属理論
参入方式	Vandermerwe and Chadwick（1989）	サービス特性
	Erramilli and Rao（1990）	市場に関する知識
	Erramilli（1990）	サービスの種類
	Erramilli（1992）	外部・内部環境要因
	Erramilli and Rao（1993）	取引コスト論の修正適用
	Ekeledo and Sivakumar（1998）	製造業との比較
	Gronroos（1999）	類型化
	Domke-Damonte（2000）	技術要因
	Brouthers and Brouthers（2003）	取引コスト論
	Álvarez-Gil, Cardone-Riportella, Lado-Cousté and Samartin-Sáenz（2003）	新興市場
	Ekeledo and Sivakumar（2004a）	資源ベース視角
	Ekeledo and Sivakumar（2004b）	電子商取引
	Sanchez-Peinado and Pla-Barber（2006）	戦略変数/サービス特性
	Blomstermo, Sharma and Sallis（2006）	サービスの種類
	Sanchez-Peinado and Pla-Barber, Herbert（2007）	戦略変数

国際化プロセス	Edvardsson, Edvinsson and Nyström (1993)	段階発展モデル
	Cicic, Patterson and Shoham (1999)	製造業との比較
	Roberts (1999)	PSF/段階発展
	Cardone-Riportella, Álvarez-Gil, Lado-Cousté and Sasi (2003)	戦略（追随型・市場探索）
	Reihlen and Apel (2007)	PSF/構築主義（学習）
	Winch (2008)	PSF/建築業
産業	Katrishen and Scordis (1998)	保険/規模の経済への疑問
その他	Winsted and Patterson (1998)	PSF/サービス輸出
	Mattson (2000)	技術/競争優位

出所：先行研究を抽出して筆者作成。

国際化に関する先行研究を選別した。その結果，研究目的から判断して大きく5つのカテゴリーに分類することができた。それは，「国際展開」「参入方式」「国際化プロセス」「産業」「その他」である（図表補2-2参照）。

分類にあたって，基準としたのは「参入方式」に関する研究である。「参入方式」に関する研究は，その目的が明確であり，まとまった数の先行研究が存在しているからである。「国際展開」と「国際化プロセス」のカテゴリーの違いは，ダイナミックな視点があるか否かで分類した。すなわち，「国際化プロセス」に属する研究では，海外市場参入後の参入方式の変化や戦略の変化・変容について研究対象としている。「産業」のカテゴリーは，特定の産業を対象にした研究が該当する。「その他」にはこれらのカテゴリーに属さない研究を含めた。

図表中の「トピック」とは，各研究の主要なテーマや内容を示している。「PSF」とあるのは，「プロフェッショナル・サービス・ファーム」及び「プロフェッショナル・サービス」に関する研究であることを意味している。以下，幾つかの主要なカテゴリーについてみてみよう。

(1)「国際展開」に関する研究

「国際展開」に関する研究は，本稿における分類の方法上，数の上では最も多く，そのトピックの広がりは大きい。その中でも，主要なトピックの1つとしては，国際展開を行うに当たっての意思決定に影響を与える諸要因に関する研究があげられる（e.g., Dunning, 1989; Buckley et al., 1992; Li, 1994a, 1994b; Alon and McKee, 1999; Silver, 2000; Javalgi et al., 2003; Hitt et al., 2006; Cort et al., 2007）。

これらの研究は，大きく2つの立場に分かれる。第1に，サービス業と製造業との違いに注目する立場である。この立場では，サービス業をサービス業たらしめている特徴，例えばサービスの特性，によって製造業とは異なるという論理に立つ。例えば，Buckley et al. (1992) では，サービス企業の国際展開に影響を与える要因として，次の2つの要因について指摘している。第1に，サービスがどれだけモノに体化しているか（embodied）という点である。これは，サービスの輸送可能性に影響を与える。第2に，サービスの生産と消費が地理的に分離することが可能かどうかである。サービスの生産と消費が同時に行われれば，サービス企業は現地で活動を行わなければならない。第2に，製造業とサービス業との類似性，とりわけ製造業をベースに開発された理論がサービス業に対しても適用可能であるという立場である (e.g., Dunning, 1989; Javalgi et al, 2003)。Dunning (1989) は，折衷パラダイムがサービス産業においても適用可能であるという議論を展開している。その論拠として，多くのサービスが物理的な形態を伴う場合が多く，製造業企業と同様の競争優位が発生する場合があることを指摘している。この場合，所有の優位性については，製造業と同様に，規模の経済性や範囲の経済性が認められる。ただし，立地の優位性については，輸出可能なサービスと輸出不可能なサービスによる違いがある。輸出可能なサービスの場合，製造業と同様に，所有の優位性と立地の優位性が結びつきやすい。例えば，ソフトウェアの開発などがそうである。しかし，輸出不可能なサービスの場合には，顧客の近くに立地し，サービスを作り出す必要がある。

　この他，現地国の要因に注目している研究もある (e.g., Reardon et al, 1996; O'Farrell et al., 1996; Ramcharran, 1999) [2]。Reardon et al. (1996) では，サービス企業と製造企業の国際展開の違いをもたらす要因として，現地国政府の規制や，文化的差異による障壁について考察している。サービス企業では，現地国の規制が変わってしまったために，一夜にして市場を失ってしまうという危険性がある。

　その他，これは発見事実であるが，国際展開に関する研究では，思いの他，プロフェッショナル・サービスに関する研究が多かったことが指摘できる (Gaedeke, 1973; Weinstein, 1977; O'Farrell et al., 1996; Ramcharran, 1999; Alon and McKee, 1999; Silver, 2000; Leo and Philippe, 2001; Strom and Mattsson, 2006; Hitt et al.,

---

[2] 　ここにあげた研究以外でもサービス企業と製造企業との違いという点で，規制の問題を取り上げている研究は多い。

2006; Cort et al., 2007)。その理由は，論者の多くが，対象とすべきサービス企業として，早くからプロフェッショナル・サービスに注目していたことがあげられる。例えば，われわれがレビューした最初期の研究であるGaedeke（1973）は，1970年代当時，米国のサービス企業が国際展開を推し進めようとしている点について注目し，その動機や直面している問題点について考察を行っている。そして，Gaedekeが対象とした産業は，広告業，コンサルティング業，ローファームと全てプロフェッショナル・サービスとして位置づけられる産業である。興味深いのは，製造業や採取産業と並んで米国の広告業，コンサルティング業，ローファームといったプロフェッショナル・サービス産業がますます，グローバル市場へと参入していくであろうと将来を予見している点である。

しかし，後述するように，グローバル化に関する研究では，プロフェッショナル・サービス・ファームに関する研究はあまり見られなくなる。われわれがこれでレビューしてきた先行研究においても，基本的には，プロフェッショナル・サービス・ファームの国際化に関する研究であり，グローバル化という点では，懐疑的であることが共通点としてあげられる。

(2)「参入方式」に関する研究

「参入方式」に関する研究は，その目的が明確で，最もまとまった研究蓄積のあるカテゴリーであると言える。参入方式とは，企業が国際展開を行い，海外市場に参入する際に選択する方式（輸出/ライセンシング/フランチャイジング/合弁/完全所有子会社）を指し，参入後，最初の数年間（3年〜5年程度）保持される。参入方式が国際展開において重要となるのは，適切な参入方式を選択しなければ，その後の事業展開，企業のパフォーマンスや存続にとって非常に大きな影響を与えるためである。とりわけ，サービス企業の場合，製造業と比べると参入方式の選択には制限が加えられる。その制限の中で最善の選択を行うことが，サービス企業の国際展開にとって重要な課題となる。

この参入方式に関する研究においても，基本的にはサービス業と製造業との違いに焦点が当てられている。われわれがレビューした最も初期の研究であるVandermerwe and Chadwick（1989）では，サービスの種類（無形性と不可分性）によって，選択できる参入方式について詳細な考察を行っている。この他，サービスの特性やサービスの種類を含め，どのような要因がサービス企業の参入方式に影響を与えるのかという点について，研究が蓄積されている。例えば，Erramilliの一

連の研究では,「市場に関する知識によって選択方式にどのような影響があるのか」(Erramilli and Rao, 1990),「サービスの種類(ハードサービスとソフトサービス)」(Erramilli, 1990),「外部・内部環境要因」(Erramilli, 1992)といった具合である。

2000年代に入ると,「電子商取引」(Ekeledo and Sivakumar, 2004b)といったICTの影響や,「戦略変数」(Sanchez-Peinado and Pla-Barber, 2006; Sanchez-Peinado et al., 2007)といった要因についての考察がみられる。これらの研究では,それ以前の研究と比べると,サービス企業における参入方式の選択の自由度が増大していることについて取り上げている。

2.3 「グローバル化」に関する先行研究の分類

2.3.1 研究のカテゴリー

次に,サービス企業のグローバル化に関する先行研究について見てみよう。分類としては,国際化に関する研究よりも広がりが大きく,その研究目的から判断して大きく10のカテゴリーに分類できる(図表補2-3参照)。それは,「フレームワーク」「参入方式」「国際化プロセス」「概念」「ソーシング」「オフショアリング」「パースペクティブ」「国際展開」「産業」「その他」である。

「参入方式」「国際化プロセス」「国際展開」「産業」についての分類の方法は,国際化に関する研究と同様である。ただし,その目的やカバーしている考察の内容が「グローバル化」に関するものとなっている。

2.3.2 「フレームワーク」に関する研究

グローバル化に関する先行研究の中で,「産業」「その他」を除いて,最も大きなカテゴリーとなったのは「フレームワーク」に関する研究である。このカテゴリーには,「参入方式」「国際展開」「国際化プロセス」といったカテゴリーの研究の内容を含み,サービス企業のグローバル化に関する包括的な戦略,意思決定に関する研究が含まれている。これらの研究も,基本的には,サービス業と製造業の違いに注目し,サービス特性からサービス企業の類型化を行い,類型の違いによってグローバル化にどのような影響があるのか,どのような戦略類型を描くことができるのかという点について考察している。

中でも,Campbell and Verbeke(1994),Välikangas and Lehtinen(1994),Lovelock and Yip(1996),Davis(2004)の研究は,いずれもプロフェッショナ

図表補2-3 サービス企業のグローバル化に関する研究の分類

分類	著者	トピック
フレーム ワーク	Mathe and Perras (1994)	グローバル化プロセス
	Campbell and Verbeke (1994)	トランスナショナル
	Välikangas and Lehtinen (1994)	サービスの種類
	Lovelock and Yip (1996)	サービスの種類/価値連鎖
	Aharoni (1996)	PSF/組織デザイン
	Davis (2004)	サービス企業のタイプ
	Schulte and Jackson (2007)	PSF/I-Rフレーム
参入方式	Laird, Kirsch and Evans (2003)	PSF/現地国
	Ball, Lindsay and Rose (2008)	価値連鎖
	Kathuria, Joshi and Dellande (2008)	サービスの種類
国際化 プロセス	Femer, Edwards and Sisson (1995)	PSF/HRM/現地国
	Capar and Kotabe (2003)	国際化多様度
	Goerzen and Makino (2007)	環境変数の類型化
概念	Jones (2005)	経済地理学
	Chen (2006)	PSF/知識集約型産業
	Rugman and Verbeke (2008)	地域戦略の重要性
ソーシング	Kotabe, Murray and Javalgi (1998)	製造業のフレームワーク
	Kotabe and Murray (2004)	サービスの種類
	Levina and Su (2008)	マルチソーシング
オフショア リング	Dossani and Kenny (2007)	インド
	Jagersma and van Gorp (2007)	プロセス
	Bunyaratavej, Hahn and Doh (2008)	現地国の誘引
パース ペクティブ	Lindsay, Chadee, Mattsson, Johnston and Millett (2003)	知識移転/個人の役割
	Seggie and Griffith (2008)	国内市場のグローバル化
国際展開	Li and Guisinger (1992)	FDIの決定要因
	Sarathy (1994)	サービス特性
産業	Leveson (1987)	ファイナンシャルサービス
	Pavel and McElravey (1990)	ファイナンシャルサービス
	McCreary, Boulton and Sanker (1993)	グローバル通信産業
	Dowling, Boulton and Elliott (1994)	グローバル通信産業
	Grosse (1997)	ファイナンシャルサービス
	Roberts, Calhoun, Jones, Sun and Fottler (2000)	ヘルスケアサービス
	Orava (2002)	メディカルサービス
	McFarlan (2005)	グローバル通信産業

その他	Taube and Gargeya（2007）	クレジットカード
	Mathe and Dagi（1996a）	技術/価値連鎖
	Mathe and Dagi（1996b）	技術
	Good and Schultz（2002）	PSF/電子商取引
	Meijboom and Houtepen（2002）	製造業のサービス統合
	Tayer, Catalana and Walker（2004）	PSF/経済地理学
	Gable（2006）	PSF/ITとの関連
	Javalgi and Martin（2007）	研究フレームワーク

出所：先行研究を抽出（本章末尾参照）して筆者作成。

ル・サービス・ファーム，特に経営コンサルティング・ファームについて具体例として考察しており，本研究の目的である経営コンサルティング・ファームのグローバル戦略について考察する上で大きく参考になる。そのため，これらの研究については，第1章の先行研究のレビューで詳しく考察している。

2.4　先行研究における位置づけ

　以上，サービス企業の国際化，グローバル化に関する先行研究の分類を行ってきたが，主要な研究のカテゴリーやそのカバーする範囲を整理し，本研究の位置づけを示すと図表補2-4の通りに示すことができる。
　まず，「国際展開」に関する研究であるが，本国と現地国に関する研究に分けられる。本国に関する研究（図上部）とは，本国における企業レベルの資源（市場志向/企業家志向/サービス革新能力），マネジメントの特徴（グローバル・マインドセット/国際経験），企業の特徴（企業規模/サービスのタイプ/操業年数）といった要因に関する研究，そして，そこから導かれる「競争優位」「国際優位」に関する研究に分類される。一方，現地国に関する研究（図下部）とは，「文化」「政府の規制」「技術」「経済的発展」「市場構造」といった現地国の要因に関する研究が含まれる。
　「参入方式」に関する研究は，ちょうどその中間にあたる位置を占める。「国際化プロセス」については，一部，参入方式の選択を含み，そこから現地国における経時的な変化のプロセスを取り扱う研究が含まれる。そして，「フレームワーク」研究は，これらの研究カテゴリーを包括的に取り扱う研究として位置づけることができる。

図表補2-4 先行研究のマッピングと本研究の位置づけ

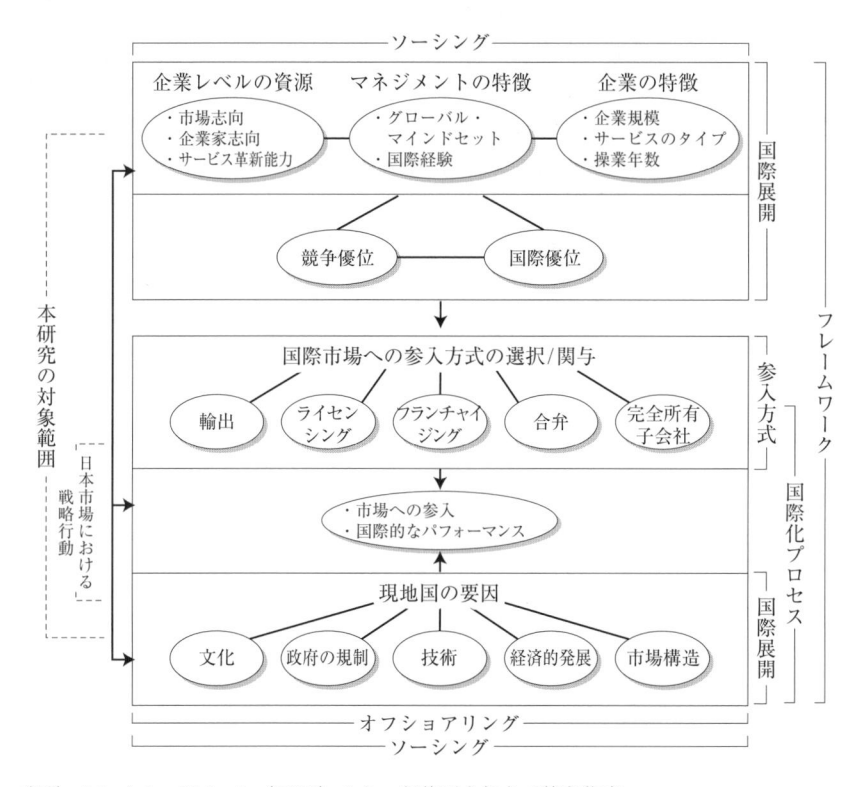

```
                    ソーシング
    ┌─────────────────────────────────────┐
    │ 企業レベルの資源  マネジメントの特徴  企業の特徴  │ ┐
    │ ・市場志向       ・グローバル・     ・企業規模    │ │
    │ ・企業家志向      マインドセット    ・サービスのタイプ│ │国際展開
    │ ・サービス革新能力 ・国際経験       ・操業年数    │ │
    │                                              │ │
    │         競争優位      国際優位                │ ┘
    └─────────────────────────────────────┘ ┐
                         ↓                              │
    ┌─────────────────────────────────────┐ │
    │     国際市場への参入方式の選択/関与           │ │参入方式
    │  輸出  ライセン  フランチャイ  合弁  完全所有   │ │
    │         シング    ジング             子会社    │ │フレームワーク
    └─────────────────────────────────────┘ ┘
    ┌─────────────────────────────────────┐ ┐
    │      ・市場への参入                          │ │国際化
    │      ・国際的なパフォーマンス                 │ │プロセス
    └─────────────────────────────────────┘ ┘
    ┌─────────────────────────────────────┐ ┐
    │            現地国の要因                      │ │
    │  文化  政府の規制  技術  経済的発展  市場構造  │ │国際展開
    └─────────────────────────────────────┘ ┘
                    オフショアリング
                    ソーシング
```

（本研究の対象範囲：図中左の点線部分／日本市場における戦略行動）

出所：Jalvalgi and Martin（2007）より一部修正を加えて筆者作成。

　こうして，先行研究をマッピングすると，本研究の位置づけは，図中左の点線部分の通りとなる。すなわち，研究の対象範囲としては，フレームワーク研究と近くなる。ただし，具体的な研究対象である経営コンサルティング・ファームについては，日本市場における戦略行動に焦点を絞り込んだ考察を行うものである。

小結

　以上，本章においては，サービス企業の「国際化」「グローバル化」に関する先

行研究を俯瞰的にとらえ，問題意識や研究目的，どのようなトピックが取り扱われてきたのかという点について分類を試みた。

　考察の結果,「国際化」に関する先行研究は，大きく5つのカテゴリーに分類することができた。それは,「国際展開」「参入方式」「国際化プロセス」「産業」「その他」である（図表補2-2参照）。同様に,「グローバル化」に関する先行研究は，大きく10のカテゴリーに分類することができた。それは,「フレームワーク」「参入方式」「国際化プロセス」「概念」「ソーシング」「オフショアリング」「パースペクティブ」「国際展開」「産業」「その他」である（図表補2-3参照）。

　このうち,「グローバル化」に関する先行研究の「フレームワーク」のカテゴリーに属する研究が，経営コンサルティング・ファームのグローバル戦略について考察する上で大きく参考になる研究であることが確認された。そして，分類の結果を踏まえ，本研究がサービス企業の国際化，グローバル化研究全体の中でどのような位置づけにあるのかを提示した（図表補2-4参照）。

コンサルティング・ファームのグローバル戦略についての実態調査

アンケート票

【ご回答にあたって】
・ご回答は，本アンケート票に直接ご記入下さい。
・ご回答を差し控えたいものにつきましては，無回答で結構です。

1. 貴社の概要について

(1) 貴社名（日本支社名）についてご記入下さい。　　　_____

(2) 貴社（日本支社）の設立年度についてお答え下さい。　西暦_____年___月

(3) 貴社（日本支社，グループ全体）の規模，従業員数等についてお答えください。②売上高，③純利益につきましては，お答えが困難であるという場合には，日本支社のグループ全体におけます売上高比率をお答え下さい。

```
◆日本支社                              ◆グループ全体
①資本金_____百万円
②売上高_____百万円                   売上高_____万ドル
③純利益_____百万円                   純利益_____万ドル
④従業員数　コンサルタント数　____人     従業員数　コンサルタント数　____人
          （うち外国人は　____人）
          スタッフ数　____人                       スタッフ数　____人
          （うち外国人は　____人）
⑤コンサルタントの平均年齢　____歳      コンサルタントの平均年齢　____歳
          平均勤続年数____年                       平均勤続年数____年
          離職率（年）____%                        離職率（年）____%
⑥日本支社のグループ全体における売上高比率は____%を占める。
```

(4) 貴社（日本支社）の経営形態はどのようになっていますか。最も該当するものに〇印を1つお付け下さい。該当するものがない場合には，その他に〇印を付け，傍線部にご記入下さい。

```
(　) 株式公開は行っている。通常の株式会社と同様の経営を行っている。
(　) 株式公開は行っている。実質的にはパートナーシップの形態を採用している。
(　) 株式公開は行っていない。通常の株式会社と同様の経営を行っている。
(　) 株式公開は行っていない。パートナーシップの形態を採用している。
(　) その他_____
```

(5) 貴社（日本支社）の最高経営責任者の国籍は_____人

(6) 全世界でみれば、何支社設立されており、何カ国に渡ってオペレーションをされていますか。

　① 全世界でみた支社数_____社　　② 何カ国_____カ国

(7) 貴社（日本支社）は、グループ全体のグローバル展開からみれば、どれぐらいの時期に設立されたのかお教え下さい。最も該当する時期について（　）に〇印を1つお付け下さい。

　日本支社は、グループ全体のグローバル展開からみれば、

　（　）非常に遅い、（　）やや遅い（　）、どちらとも言えない、（　）やや早い、
　（　）非常に早い、

　時期に設立された。

(8) 貴社（日本支社）におけるクライアントの中での日系企業の位置づけについてお伺いいたします。

　日系企業の占める割合は、クライアントの数では____%、売上高比率では____%である。

(9) 貴社（日本支社）のパフォーマンスについてお伺いいたします。
　①次の1から9で貴社（日本支社）の収益基調を適切にあらわしているものを選び、〇印をお付け下さい（〇はいくつでも）。

　1. まだ赤字が続いている。　　　　　6. 本社へ配当している。
　2. 黒字転換後に赤字に転落した。　　7. 投資は全額回収した。
　3. 赤字から単年度黒字に転換した。　8. ノルマは達成している。
　4. 初年度から黒字を継続している。　9. ノルマは達成できていない。
　5. 累損はすでに解消した。

　②**過去3年間**におきまして、貴社（日本支社）が想定している競合他社と比較した場合の以下の項目についての評価をお答え下さい。回答は、5段階の尺度で評定し、最も該当するもの（数字）に〇印を1つをお付け下さい。

競合他社との比較	平均をかなり下回る	平均をやや下回る	平均的である	平均をやや上回る	平均をかなり上回る
①収益性	1	2	3	4	5
②成長性	1	2	3	4	5
③鍵となるクライアントの獲得	1	2	3	4	5
④同種のサービスにおける品質	1	2	3	4	5
⑤高い能力を持った人材の獲得	1	2	3	4	5
⑥クライアントからのサービスについての評判	1	2	3	4	5
⑦クライアントのロイヤリティ	1	2	3	4	5

⑧アフター・フォロー契約の獲得	1	2	3	4	5
⑨企業特殊的な方法論の開発	1	2	3	4	5
⑩クライアント情報の活用能力	1	2	3	4	5
⑪コンサルタントの実質稼働率	1	2	3	4	5

③現在のところ，貴社（日本支社）の事業は，全般的にいってどの程度まで成功されているとお考えでしょうか。様々な不確定要因（日本市場の難しさ，競合他社の攻勢等）を勘案した上で，貴社（日本支社）が達成可能な「100％期待通りの成果をあげることができている」を基準にして，期待をどれほど上回っているのか，あるいは下回っているのかについてお答え下さい。該当する％に〇印を1つお付け下さい。

　　◄──── 期待を下回っている ──── 期待通りである ──── 期待を上回っている ────►
　　0%　10%　20%　30%　40%　50%　60%　70%　80%　90%　100%　110%　120%　130%　140%　150%　160%　170%　180%　190%　200%

2. 貴社のコンサルティング・サービスについて

(1) 貴社（日本支社）の提供されているコンサルティング・サービスの種類についてお伺いいたします。

①現在，機能別・業務別のサービスにおいて，**売上高において主力**となっているサービスについて上位3位までお答え下さい。概略でも結構です（例：事業戦略立案，事業再生支援，サプライチェーンマネジメント）。

　　1位＿＿＿＿＿＿　2位＿＿＿＿＿＿　3位＿＿＿＿＿＿

②現在，産業別のサービスにおいて，**売上高において主力**となっている産業分野について上位3位までお答え下さい。概略でも結構です（例：製造業，流通業，通信，ハイテク，官公庁，保険）。

　　1位＿＿＿＿＿＿　2位＿＿＿＿＿＿　3位＿＿＿＿＿＿

③最近になって，特に注力されているコンサルティング・サービスがあればお教え下さい。

　　機能別・業務別サービスでは＿＿＿＿＿＿　産業別サービスでは＿＿＿＿＿＿

④今後，需要が伸びるとお考えのサービスで，導入を検討されているサービスがあればお教え下さい。

　　機能別・業務別サービスでは＿＿＿＿＿＿　産業別サービスでは＿＿＿＿＿＿

⑤グローバルに提供しているサービスの中で，貴社（日本支社）では**提供されていない**サービスがあればお教えください。また，提供されていないサービスがある場合，何故，貴社では提供されていないのでしょうか。該当する理由に〇印をお付け下さい（〇はいくつでも）。また，その他の理由がありましたら，傍線部にご記入下さい。

機能別・業務別サービスでは＿＿＿＿＿＿,＿＿＿＿＿＿,＿＿＿＿＿＿
産業別サービスでは　　　　＿＿＿＿＿＿,＿＿＿＿＿＿,＿＿＿＿＿＿

を提供していない。

---
1. 日本では需要がない。
2. 提供するための経営資源が整っていない。
3. 基本的には，日本でのサービス・ラインとグローバルでのサービス・ラインとは共通性がない。
4. 日本以外ではグローバルに適用可能性の高いサービスだが，日本市場の特殊性のために適用が難しい。
5. 競合他社が市場を押さえているために，参入が難しい。
6. その他＿＿＿＿＿＿＿＿＿＿＿＿＿＿＿＿＿＿＿＿＿＿＿＿＿＿＿＿＿＿＿＿＿＿
---

(2) 貴社（日本支社）におけるコンサルティング・サービスの領域についてお伺いいたします。
① 貴社（日本支社）におけるコンサルティング・サービスは，どれぐらいの領域をカバーされていますか。**最も提供領域の広い総合コンサルティング**から，**中程度の専門コンサルティング**，**最も提供領域の狭い特化型**というカテゴリーの中で，最も該当すると思われるものに，下の（　）の中に〇印を1つお付け下さい。

(　) 総合コンサルティング：クライアント企業のあらゆるニーズに応え，戦略からプロセス，遂行にいたるまで総合的サービスを提供する。いわゆる「ワン・ストップ型」。
(　) 専門コンサルティング：「ワン・ストップ型」まで広範ではないが，戦略，効率化，システムのような基幹サービス領域を持ち，かつそのサービスの周辺領域も手がけている。
(　) 特化型コンサルティング：マーケティング，SIPS，ブランド戦略のように，企業の諸活動の中で極めて狭い分野に特化したサービスを提供している。いわゆる「ブティック型」。

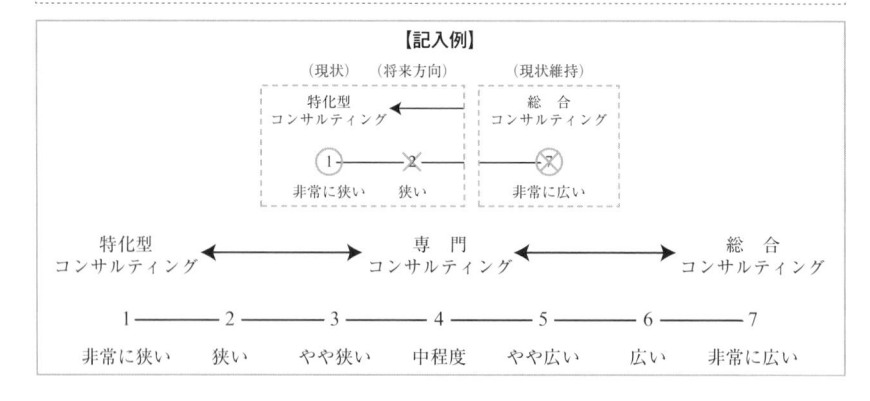

【記入例】

(現状)　(将来方向)　　　　(現状維持)

　特化型　　　　　　　　　総　合
コンサルティング　←　　　コンサルティング
　　①　　②　　　　　　　　　⊗
非常に狭い　狭い　　　　　非常に広い

　特化型　　　　　　専　門　　　　　　総　合
コンサルティング　コンサルティング　コンサルティング
　1―――2―――3―――4―――5―――6―――7
非常に狭い　狭い　やや狭い　中程度　やや広い　広い　非常に広い

②次に，現状でのカバーされている領域の程度，将来への方向性について7段階の尺度で評定し，現状の程度に○印を，将来への方向性の程度に×印を**1つずつ**お付け下さい。現状維持であれば，○印と×印を重ねてお付け下さい。

(3) 貴社（日本支社）の提供しているコンサルティング・サービスの特色についてお伺いいたします。
　①貴社（日本支社）が提供しているコンサルティング・サービスの強みは，「**基本的には**」次のどちらの領域に属されるとお考えでしょうか。7段階の尺度で評定し，最も該当するところ（数字）に○印を1つお付け下さい。
　・構造的（定型的）領域：目標が，かなり幅が狭く具体的に設定されており，その実現のための必要条件を明確化し，それを組織内で共有化し，そして方策を企画，実行するような領域。**手持ちのノウハウのパッケージング化等，いかに上手い「やり方」で実行するかが問われる領域**。
　・非構造的（非定型的）領域：目標自体が大きな変数であるとともに，目標達成のための必要条件，戦略，方策も各種存在し，それらが目標設定にも大きな影響を与えるような領域。**ゼロ・ベースでのソリューション創造等，「基本的なものの考え方」自体が問われる領域**。

構造的（定型的）				非構造的（非定型的）		
非常に構造的領域に強い	構造的領域に強い	構造的領域にやや強い	どちらとも言えない	非構造的領域にやや強い	非構造的領域に強い	非常に非構造的領域に強い
1	2	3	4	5	6	7

　②貴社（日本支社）が提供しているコンサルティング・サービスにおいては，「**基本的には**」経営に関する新たな考え方，新たなコンセプト，新たな手法というものを開発しようとする姿勢，能力をどの程度重視されていますか。7段階の尺度で評定し，最も該当するところ（数字）に○印を1つお付け下さい。

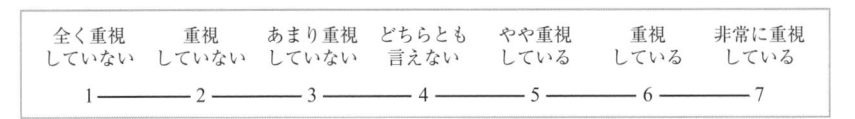

全く重視していない	重視していない	あまり重視していない	どちらとも言えない	やや重視している	重視している	非常に重視している
1	2	3	4	5	6	7

　③貴社（日本支社）が提供しているコンサルティング・サービスにおいては，「**基本的には**」コスト効率をどの程度重視されていますか。7段階の尺度で評定し，最も該当するところ（数字）に○印を1つお付け下さい。

全く重視していない	重視していない	あまり重視していない	どちらとも言えない	やや重視している	重視している	非常に重視している
1	2	3	4	5	6	7

(4) 貴社（日本支社）の提供しているコンサルティング・サービスにおけるコンサルティング方法論についてお伺いいたします。
　①貴社（日本支社）がコンサルティング・サービスを提供する上で，コンサルティング方法論はどのような位置づけにありますか。以下の記述で該当するもの（数字）に○印をお付け下さい（○はいくつでも）。その他のご回答がありましたら，傍線部にご記入下さい。
　※クライアントごとのカスタマイズは当然であるとします。

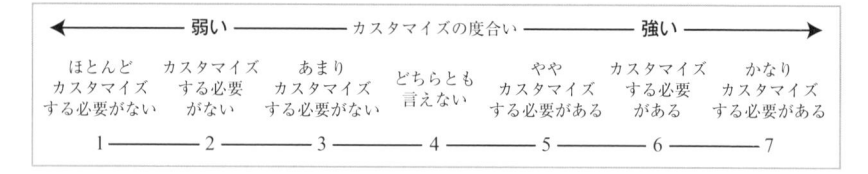

1. 日本支社におけるコンサルティング・サービスの提供とは，ある程度，グローバルに共有されているコンサルティング方法論のカスタマイズであると言える。
2. 日本支社においてはコンサルティング・サービスを提供する上で，グローバルに共有されているコンサルティング方法論はそれほど活用できない。
3. 日本支社においてはコンサルティング・サービスを提供する上で，日本支社独自のコンサルティング方法論を活用している。
4. 日本支社においてはコンサルティング・サービスを提供する上で，何らかのコンサルティング方法論を適用するというよりも，クライアントごとのカスタマイズの方が重要である。
5. グローバルに共有されているコンサルティング方法論はあるが，基本方針的なものに留まっている。
6. 日本支社におけるコンサルティング・サービス自体が，グローバルに共有されているコンサルティング方法論であるといっても過言ではない。
7. コンサルティング方法論は重要だが，それがコンサルティング・サービスの良し悪しに占める割合はわずかである。
8. コンサルティング方法論に則ってコンサルティング・サービスを提供することが義務付けられている。
9. その他＿＿＿＿＿＿＿＿＿＿＿＿＿＿＿＿＿＿＿＿＿＿＿＿＿＿＿

　②貴社（日本支社）がコンサルティング・サービスを提供する上で，グローバルに共有されているコンサルティング方法論，あるいは貴社（日本支社）独自のコンサルティング方法論をどの程度カスタマイズする必要がありますか。7段階の尺度で評定し，最も該当するところ（数字）に○印を1つお付け下さい。
　※クライアントごとのカスタマイズは当然であるとします。

◆グローバルに共有されているコンサルティング方法論のカスタマイズ度合い

←　　弱い　　――――　カスタマイズの度合い　――――　強い　　→
ほとんどカスタマイズする必要がない / カスタマイズする必要がない / あまりカスタマイズする必要がない / どちらとも言えない / ややカスタマイズする必要がある / カスタマイズする必要がある / かなりカスタマイズする必要がある
1 ―― 2 ―― 3 ―― 4 ―― 5 ―― 6 ―― 7

◆日本支社独自のコンサルティング方法論のカスタマイズ度合い

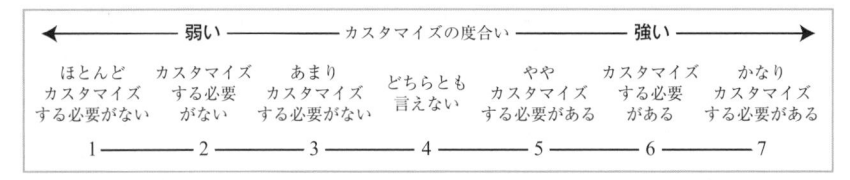

← 弱い ──── カスタマイズの度合い ──── 強い →
ほとんど　　カスタマイズ　　あまり　　　　どちらとも　　　　やや　　　　カスタマイズ　　かなり カスタマイズ　する必要　　カスタマイズ　　言えない　　　カスタマイズ　する必要　　カスタマイズ する必要がない　がない　　する必要がない　　　　　　　　する必要がある　がある　　する必要がある 1 ──── 2 ──── 3 ──── 4 ──── 5 ──── 6 ──── 7

3. 貴社のマネジメント全般について

(1) 貴社（日本支社）の基本的な行動規範についてお伺いいたします。以下の項目について、貴社（日本支社）において重要であると考えられている度合いについて、5段階の尺度で評定し、最も該当するところ（数字）に〇印を1つお付け下さい。該当しない場合には、該当なし＝｜に〇印をお付け下さい。またその項目が貴社独自なものではなく、グローバルに共有されていると考えられる場合には、「グローバル」に〇印を書き入れて下さい。

基本的な行動規範	全く重要でない	あまり重要でない	どちらとも言えない	やや重要である	極めて重要である	該当なし	グローバル
①個人（小グループ）の企業家的行動	1	2	3	4	5	｜	
②ファーム総体での協働	1	2	3	4	5	｜	
③多様性，柔軟性	1	2	3	4	5	｜	
④集中力	1	2	3	4	5	｜	
⑤競争的雰囲気	1	2	3	4	5	｜	
⑥協調的雰囲気	1	2	3	4	5	｜	
⑦短期業績	1	2	3	4	5	｜	
⑧価値とミッション	1	2	3	4	5	｜	
⑨プロフェッショナリズム	1	2	3	4	5	｜	
⑩「ストリートファイター」としての個人	1	2	3	4	5	｜	
⑪「チームプレーヤー」として個人	1	2	3	4	5	｜	
⑫非集中化（自治）による意思決定	1	2	3	4	5	｜	
⑬調整（相互依存）による意思決定	1	2	3	4	5	｜	

(2) 貴社（日本支社）のコントロールシステムについてお伺いいたします。以下の項目について、貴社（日本支社）における状況を的確に言い表していると考えられるものについて5段階の尺度で評定し、最も該当するところ（数字）に〇印を1つお付け下さい。該当しない場合には、該当なし＝｜に〇印をお付け下さい。またその項目が、貴社独自なものではなく、グローバルに共有されていると考えられる場合には、グローバルに〇印を書き入れて下さい。

コントロールシステム	全く当て はまらない	あまり当て はまらない	どちらとも 言えない	やや当ては まっている	全くその 通りである	該当 なし	グロー バル
①ほとんど結果だけが測定される。	1	2	3	4	5	|	
②主観的判断が重視される。	1	2	3	4	5	|	
③プランニングシステムは，利益中心である。	1	2	3	4	5	|	
④プランニングシステムは，戦略的である。	1	2	3	4	5	|	
⑤プロフィットセンターは，最大限に活用され，報酬に密接に関連している。	1	2	3	4	5	|	
⑥プロフィットセンターは，会計管理のためのみに利用されている。	1	2	3	4	5	|	
⑦報酬システムは，短期のパフォーマンスのみ評価される。	1	2	3	4	5	|	
⑧報酬システムは，会計年度をまたいだ移動平均を活用している。	1	2	3	4	5	|	
⑨報酬システムは，年度での変動が大きい。	1	2	3	4	5	|	
⑩報酬システムは，年功を重視している。	1	2	3	4	5	|	
⑪内部構造は緩やかであり，しばしば変化する。	1	2	3	4	5	|	
⑫内部構造は，組織化されている。	1	2	3	4	5	|	
⑬リスクテイクは，多くのグループで少量ずつ分担される。	1	2	3	4	5	|	
⑭リスクテイクは，ファーム総体ベースで大規模に行われる。	1	2	3	4	5	|	
⑮内部取引価格は，確立した「フルコスト」制を採用している。	1	2	3	4	5	|	
⑯内部取引価格は，あまり信用されていない。	1	2	3	4	5	|	
⑰R&Dへの投資レベルは高い。	1	2	3	4	5	|	

(3) 貴社（日本支社）の人事の特徴についてお伺いいたします。以下の項目について，貴社（日本支社）における状況を的確に言い表していると考えられるものについて5段階の尺度で評定し，最も該当するところ（数字）に〇印を1つお付け下さい。該当しない場合には，該当なし＝｜に〇印をお付け下さい。またその項目が，貴社独自なものではなく，グローバルに共有されていると考えられる場合には，グローバルに〇印を書き入れて下さい。

人事の特徴	全く当てはまらない	あまり当てはまらない	どちらとも言えない	やや当てはまっている	全くその通りである	該当なし	グローバル
①採用はあまり選択的ではなく，実務でテストされる。	1	2	3	4	5	|	
②採用は選択的で，パートナーが関与する。	1	2	3	4	5	|	
③主要な評価の特徴は，収入への貢献である。	1	2	3	4	5	|	
④主要な評価の特徴は，個人別の役割である。	1	2	3	4	5	|	
⑤研修はOJTを中心に行われる。	1	2	3	4	5	|	
⑥研修は体系的，集中的に行われる。	1	2	3	4	5	|	
⑦ジュニアのローテーションは定期的，体系的に行われている。	1	2	3	4	5	|	
⑧ジュニアのローテーションの頻度は高い。	1	2	3	4	5	|	
⑨出世の機会は高い。	1	2	3	4	5	|	
⑩中途採用を積極的に活用している。	1	2	3	4	5	|	
⑪新卒を採用し，入念に育て上げる。	1	2	3	4	5	|	

(4) 貴社（日本支社）のマーケットポジションについてお伺いいたします。

①以下の項目について，貴社（日本支社）における状況を的確に言い表していると考えられるものについて5段階の尺度で評定し，最も該当するところ（数字）に〇印を1つお付け下さい。該当しない場合には，該当なし＝｜に〇をお付け下さい。またその項目が，貴社独自なものではなく，グローバルに共有されていると考えられる場合には，グローバルに〇印を書き入れて下さい。

マーケットポジションⅠ	全く当てはまらない	あまり当てはまらない	どちらとも言えない	やや当てはまっている	全くその通りである	該当なし	グローバル
①最善のマーケティング機会は，新興の事業エリアである。	1	2	3	4	5	|	
②最善のマーケティング機会は，スケールのある事業エリアである。	1	2	3	4	5	|	
③「創造性」，「革新性」が重要である。	1	2	3	4	5	|	
④「信頼性」，「効率性」が重要である。	1	2	3	4	5	|	
⑤小規模，迅速な市場変化に強い。	1	2	3	4	5	|	
⑥構造的な市場変化の対応に強い。	1	2	3	4	5	|	

⑦市場へのアピールは,「商品/産業の専門家」にある。	1	2	3	4	5	|	
⑧市場へのアピールは,「ゼネラリスト」にある。	1	2	3	4	5	|	
⑨成長への考え方は便宜主義的である。成長とは,最重要なゴールである。	1	2	3	4	5	|	
⑩成長することが全てではない。成長とは副次的なゴールである。	1	2	3	4	5	|	
⑪拡大戦略は,同サービスで新市場を目指す	1	2	3	4	5	|	
⑫拡大戦略は,同市場で新サービスを目指す。	1	2	3	4	5	|	

②以下の項目について,貴社(日本支社)における度合いについて5段階の尺度で評定し,最も該当するところ(数字)に○印を1つお付け下さい。該当しない場合には,該当なし=|に○印をお付け下さい。またその項目が,貴社独自なものではなくグローバルに共有されていると考えられる場合には,グローバルに○印を書き入れて下さい。

マーケットポジションⅡ	非常に小さい	やや小さい	どちらとも言えない	やや大きい	非常に大きい	該当なし	グローバル
①クライアントの典型的なサイズ	1	2	3	4	5	|	
②対応するクライアント組織のレベルの範囲(例:トップ・マネジメントだけの場合は=1)	1	2	3	4	5	|	
③M&Aの活用度	1	2	3	4	5	|	

4. 貴社のオペレーションの現状について

(1) 貴社(日本支社)が負っている課題についてお伺いいたします。以下の11の項目から課題として重要であると考えられているものについて,**上位5位**までお答え下さい。その他の課題がございましたら,傍線部にご記入下さい。

1. 日本支社単独での利益責任,ノルマの達成
2. 日本市場でのマーケットシェアの獲得
3. 日本におけるプレゼンスの確保(日本に支社を設立すること自体に意味がある)
4. 日本市場におけるアサインメントから得られる情報,知識,経験の獲得
5. 全世界で一貫したサービスの提供
6. 日系企業のクライアントの獲得
7. 在日外資系企業のクライアントの獲得
8. 他支社からの委託業務の遂行
9. 本社からの委託業務の遂行
10. アジア地域の地域統括拠点
11. 世界3極体制(米,欧,日)の一翼を担当

1位	2位	3位	4位	5位

12. その他

(2) 貴社（日本支社）のオペレーションの地理的な範囲についてお伺いいたします。以下の記述で該当するもの（数字）に○印をお付け下さい（○はいくつでも）。その他のご回答がありましたら，傍線部にご記入下さい。

1. 基本的な姿勢としては，アサインメントの内容次第であり，地域，国は関係ない。
2. 現実的には，日本だけを対象にしている。
3. 主として日本を対象としているが，日本を含めたアジア全域を対象にしている。
4. 主として日本を対象としているが，韓国も対象にしている。
5. 主として日本を対象としているが，中国も対象にしている。
6. その他

(3) 貴社（日本支社）と本社，他支社との関係についてお伺いいたします。貴社と本社との関係について，以下の記述で該当するもの（数字）に○印をお付け下さい（○はいくつでも）。その他のご回答がありましたら，傍線部にご記入下さい。

1. 日本支社のオペレーションは，企業活動全般にわたって，本社からのコントロールを受けている。
2. 日本支社のオペレーションは，グローバルな協働（コラボレーション）体制の下で連携をとっている。
3. 日本支社のオペレーションは，基本的には独立している。
4. 日本支社のオペレーションは，ノルマを達成している限りにおいて，本社から別段コントロールはうけない。
5. 日本支社のオペレーションは，マーケティングにおいては，本社からのコントロールを受けている。
6. 日本支社のオペレーションは，人事においては，本社からのコントロールを受けている。
7. 日本支社のオペレーションは，財務においては，本社からのコントロールを受けている。
8. 本社は持ち株会社のような位置づけにあり，通常の親会社―子会社関係にはない。
9. グローバルな意思決定機関はあるが，いわゆる本社は存在していない。
10. グループ全体でブランドネームを共有しているだけで，日本支社は実質的には独立した一企業である。
11. 本社という名前があるだけで，グループ全体は地域的に独立した組織の集合体である。
12. 本社，日本支社（他支社を含め）は基本的には同等の位置づけにあり，各々グローバルな企業体の一員である。
13. その他

(4) 貴社（日本支社）はアサインメント遂行におけるノウハウ，情報などについて，どの程度貴社グループ間でやり取りしていますか。その度合いについて5段階で評定し，最も該当するところ（数字）に○印を1つお付け下さい。該当しない場合には，該当なし=｜に○印をお付け下さい。その他のご回答がありましたら，傍線部にご記入の上で，評定して下さい。

ノウハウ，情報などの やり取り	非常に少ない	やや少ない	どちらとも言えない	やや多い	非常に多い	該当なし
①貴社から本社	1	2	3	4	5	|
②貴社から他の海外支社	1	2	3	4	5	|
③本社から貴社	1	2	3	4	5	|
④他の海外支社から貴社	1	2	3	4	5	|
⑤その他_____	1	2	3	4	5	|

5. 貴社のグローバルな競争優位について

(1) 貴社（日本支社）の競争優位についてお伺いいたします。

①以下の項目について，貴社（日本支社）における競争優位の源泉であると考えられるものについて，その重要性の度合いを5段階の尺度で評定し，最も該当するところ（数字）に〇印を1つお付け下さい。該当しない場合には，該当なし＝|に〇印をお付け下さい。また，その他の競争優位の源泉がありましたら，傍線部にご記入の上で，評定して下さい。

②次に，その競争優位の源泉が貴社独自なものであるのか，あるいはグローバル性に起因するもの（本社・支社間においてグローバルに共有されていることからもたらされるもの）であるのかをお教え下さい。グローバル性に起因すると考えられるものについては「グローバル」という項目に〇印を書き入れて下さい。

記入例：貴社の競争優位の1つがブランド・イメージによってもたらされているとお考えの場合に，そのブランド・イメージがグローバルな規模で共有されており，グローバルな実績，経験からもたらされているとお考えの場合には，「グローバル」に〇印を書き入れて下さい。

競争優位の源泉	全く重要でない	あまり重要でない	どちらとも言えない	やや重要である	極めて重要である	該当なし	グローバル
①ブランド・イメージ	1	2	3	④	5	|	〇

競争優位の源泉	全く重要でない	あまり重要でない	どちらとも言えない	やや重要である	極めて重要である	該当なし	グローバル
①ブランド・イメージ	1	2	3	4	5	|	
②評判	1	2	3	4	5	|	
③実績・経験・ノウハウ	1	2	3	4	5	|	
④コンサルティング・サービスの独自性	1	2	3	4	5	|	
⑤コンサルティング・サービスの効率性	1	2	3	4	5	|	
⑥コンサルティング・サービス範囲の広さ	1	2	3	4	5	|	
⑦コンサルティング・サービス範囲の集中度	1	2	3	4	5	|	
⑧コンサルティング・サービスの普遍性，汎用性	1	2	3	4	5	|	
⑨コンサルティング・サービスの品質	1	2	3	4	5	|	

⑩コンサルティング方法論の独自性	1	2	3	4	5	｜
⑪コンサルティング方法論の効率性	1	2	3	4	5	｜
⑫コンサルティング方法論の普遍性，汎用性	1	2	3	4	5	｜
⑬コンセプト創造力	1	2	3	4	5	｜
⑭個々のコンサルタントの能力	1	2	3	4	5	｜
⑮その他＿＿＿＿＿	1	2	3	4	5	｜
⑯その他＿＿＿＿＿	1	2	3	4	5	｜
⑰その他＿＿＿＿＿	1	2	3	4	5	｜

(2) 貴社（グループ全体）におけるグローバルな競争優位を獲得するための施策についてお伺いいたします。貴社（グループ全体）では，上の（1）の②においてお答えいただいたような，グローバル性に起因する競争優位を獲得するために，どのような施策を重視されておりますか。以下の項目において，その重要性の度合いを5段階の尺度で評定し，最も該当するところ（数字）に〇印を1つお付け下さい。該当しない場合には，該当なし＝｜に〇印をお付け下さい。また，その他の施策がありましたら，傍線部にご記入の上，評定して下さい。

グローバルな競争優位獲得のための施策	全く重要でない	あまり重要でない	どちらとも言えない	やや重要である	極めて重要である	該当なし
①グローバルなブランド・イメージの確立	1	2	3	4	5	｜
②得意とするコンサルティング・サービス範囲への集中化	1	2	3	4	5	｜
③異なる分野の専門家がチームを組むことによる付加価値の追求（クロスセリング等）	1	2	3	4	5	｜
④徹底的なプロ集団としての差別化	1	2	3	4	5	｜
⑤コスト・リーダーシップの追求	1	2	3	4	5	｜
⑥グローバル顧客に対するマーケティング戦略	1	2	3	4	5	｜
⑦ローカル顧客に対するマーケティング戦略	1	2	3	4	5	｜
⑧パートナー（経営者）の報酬体系やプロフィット・シェアリングの仕組み	1	2	3	4	5	｜
⑨コンサルティング方法論の確立と徹底	1	2	3	4	5	｜
⑩コンサルティング・サービスの品質確保	1	2	3	4	5	｜

⑪コンサルタントの育成，評価に関する制度の構築	1	2	3	4	5	｜
⑫ノウハウ，経験のグローバルな規模での共有と学習の仕組み	1	2	3	4	5	｜
⑬コンサルティングプロジェクトへの考え方の確立と徹底	1	2	3	4	5	｜
⑭グローバルなリソース配賦のシステム	1	2	3	4	5	｜
⑮コンサルティング方法論開発のための専門機関の設置	1	2	3	4	5	｜
⑯その他_____	1	2	3	4	5	｜
⑰その他_____	1	2	3	4	5	｜
⑱その他_____	1	2	3	4	5	｜

(3) 貴社（日本支社）と本社，他支社間における協業（コラボレーション）についてお伺いいたします。以下の項目について，貴社と本社，他支社間における協業を支えるメカニズムとして，その重要性の度合いについて5段階で評定し，最も該当するところ（数字）に〇印を1つお付け下さい。項目は，大きく4つのカテゴリー（①規範，②制度，③情報技術，④標準化）に分かれております。該当しない場合には，該当なし＝｜に〇印をお付け下さい。また，その他のご回答がありましたら，傍線部にご記入の上で評定してください。

なお，この協業とは，実際のアサインメントの遂行における協働（例：国境横断的なチーム編成，他支社とのジョイント・プロジェクト）だけではなく，アサインメント遂行における情報のやり取り（例：クライアントについての情報の交換，同類のアサインメントにおけるソリューションの援用）も含みます。

コラボレーションを支える メカニズム Ⅰ （規範）	全く重要でない	あまり重要でない	どちらとも言えない	やや重要である	極めて重要である	該当なし
①「ワン・ファーム」といった理念の尊重	1	2	3	4	5	｜
②プロフェッショナリズムの尊重	1	2	3	4	5	｜
③クライアントへのコミットメント	1	2	3	4	5	｜
④ファームへのコミットメント	1	2	3	4	5	｜
⑤コンサルタント同士の尊重	1	2	3	4	5	｜
⑥コンサルタント同士の互恵的関係（ギブ・アンド・テイクの関係）	1	2	3	4	5	｜
⑦その他_____	1	2	3	4	5	｜
⑧その他_____	1	2	3	4	5	｜

コラボレーションを支える メカニズムⅡ（制度）	全く重要でない	あまり重要でない	どちらとも言えない	やや重要である	極めて重要である	該当なし
①スタッフの人材ローテーション	1	2	3	4	5	｜
②協業に対する意欲のあるもの同士での組織編制	1	2	3	4	5	｜
③国をまたいでクライアントを担当するパートナーの制度化	1	2	3	4	5	｜
④ナショナル・プラクティスリーダーの任命	1	2	3	4	5	｜
⑤給与体系上のコラボレーションに対する報酬	1	2	3	4	5	｜
⑥ジョイント・トレーニング	1	2	3	4	5	｜
⑦ジョイント・コミッティー	1	2	3	4	5	｜
⑧センターズ・オブ・エクセレンスの設置	1	2	3	4	5	｜
⑨実践共同体（コミュニティーズ・オブ・プラクティス）の設置	1	2	3	4	5	｜
⑩社内取引やプロジェクト会計等の会計制度	1	2	3	4	5	｜
⑪企業内大学等の専門教育機関での合同研修	1	2	3	4	5	｜
⑫フォーマルなコンサルタント同士のネットワーク形成	1	2	3	4	5	｜
⑬インフォーマルなコンサルタント同士のネットワーク形成	1	2	3	4	5	｜
⑭その他＿＿＿＿＿＿＿	1	2	3	4	5	｜
⑮その他＿＿＿＿＿＿＿	1	2	3	4	5	｜

コラボレーションを支える メカニズムⅢ（情報技術）	全く重要でない	あまり重要でない	どちらとも言えない	やや重要である	極めて重要である	該当なし
①電子メール	1	2	3	4	5	｜
②ボイスメール	1	2	3	4	5	｜
③ビデオ会議システム	1	2	3	4	5	｜
④ロータスノーツのような協業を円滑に行うためのツール	1	2	3	4	5	｜
⑤過去のアサインメントを検索したりするためのデータベース	1	2	3	4	5	｜
⑥専門知識，ノウハウ，経験を有する人材を探索するためのデータベース	1	2	3	4	5	｜

	全く重要でない	あまり重要でない	どちらとも言えない	やや重要である	極めて重要である	該当なし
⑦その他_____	1	2	3	4	5	|
⑧その他_____	1	2	3	4	5	|
コラボレーションを支えるメカニズムⅣ（標準化）	全く重要でない	あまり重要でない	どちらとも言えない	やや重要である	極めて重要である	該当なし
①発想法，思考法等，問題解決アプローチの標準化	1	2	3	4	5	|
②コンサルティング方法論の標準化	1	2	3	4	5	|
③プレゼンテーション・ツールの標準化（図，グラフ作成手順の標準化）	1	2	3	4	5	|
④共通の言語の使用	1	2	3	4	5	|
⑤コンサルタント育成トレーニングの標準化	1	2	3	4	5	|
⑥パートナー，マネジャーなどの職位の標準化	1	2	3	4	5	|
⑦プロジェクト管理方法の標準化	1	2	3	4	5	|
⑧経営管理指標（パフォーマンス測定指標）の標準化	1	2	3	4	5	|
⑨その他_____	1	2	3	4	5	|
⑩その他_____	1	2	3	4	5	|

6. 日本のコンサルティング市場について

(1) 貴社（日本支社）の市場・競争環境についてお伺いいたします。以下の項目について，貴社（日本支社）における状況を的確に言い表していると考えられるものについて5段階の尺度で評定し，最も該当するところ（数字）に〇印を1つお付け下さい。該当しない場合には，該当なし=|に〇をお付け下さい。また，その他のご回答がありましたら，傍線部にご記入の上で評定してください。

貴社の市場・競争環境	全く当てはまらない	あまり当てはまらない	どちらとも言えない	やや当てはまっている	全くその通りである	該当なし
①まだまだ未開拓で潜在的な市場がある。	1	2	3	4	5	|
②市場は成長率の高い段階にある。	1	2	3	4	5	|
③市場の成長性は今後も見込める。	1	2	3	4	5	|
④外資系企業にとって市場は閉鎖的である。	1	2	3	4	5	|
⑤競合他社と比べて，コンサルティング・サービスの内容・質に関しては，ほとんど差異が認められない。	1	2	3	4	5	|

⑥提供するサービスの質，種類は今後さらに変化していく。	1	2	3	4	5	
⑦想定している競合他社の行動はある程度の予測がつく。	1	2	3	4	5	
⑧クライアントのニーズはある程度の予測がつく。	1	2	3	4	5	
⑨想定している競合他社（外資）を攻略するのは手強い。	1	2	3	4	5	
⑩想定している競合他社（日系）を攻略するのは手強い。	1	2	3	4	5	
⑪コンサルティング・サービスに対するクライアントの考えが未成熟である。	1	2	3	4	5	
⑫日本では，グローバルなコンサルティング・ファームとしての競争優位性を活かしきれていない。	1	2	3	4	5	
⑬その他	1	2	3	4	5	
⑭その他＿＿＿＿＿＿＿＿	1	2	3	4	5	

(2) 貴社（日本支社）が想定しておられる競合他社についてお伺いいたします。
  ①貴社（日本支社）が想定しておられる競合他社（日系，外資系）の具体的な企業名を上位3社までお教え下さい。

  日系のコンサルティング・ファームでは，
  1位＿＿＿＿＿＿＿＿＿，2位＿＿＿＿＿＿＿＿＿，3位＿＿＿＿＿＿＿＿＿

  外資系のコンサルティング・ファームでは，
  1位＿＿＿＿＿＿＿＿＿，2位＿＿＿＿＿＿＿＿＿，3位＿＿＿＿＿＿＿＿＿

  ②次に，①でご回答いただいた競合他社のどのような点が，貴社（日本支社）にとって脅威であるとお考えでしょうか。具体的なお考えをお教え下さい。

  日系のコンサルティング・ファームについて
  ＿＿＿＿＿＿＿＿＿＿＿＿＿＿＿＿＿＿＿＿＿＿＿＿＿＿＿＿＿＿＿＿＿＿＿＿＿
  ＿＿＿＿＿＿＿＿＿＿＿＿＿＿＿＿＿＿＿＿＿＿＿＿＿＿＿＿＿＿＿＿＿＿＿＿＿

  外資系のコンサルティング・ファームについて
  ＿＿＿＿＿＿＿＿＿＿＿＿＿＿＿＿＿＿＿＿＿＿＿＿＿＿＿＿＿＿＿＿＿＿＿＿＿
  ＿＿＿＿＿＿＿＿＿＿＿＿＿＿＿＿＿＿＿＿＿＿＿＿＿＿＿＿＿＿＿＿＿＿＿＿＿

(3) 今後，日本におけるコンサルティング・ビジネスはどのように進展していくとお考えでしょうか。忌憚のないご意見，お考えについてお教え下さい。

_____
_____

7. 記載者について

ご回答者氏名，役職名，e-mailアドレスを御記入下さい。

(1) ご回答者氏名　　：　_____

(2) ご回答者役職名：　_____

(3) e-mailアドレス：　_____

　以上で質問項目は終わりです。複数項目に渡るアンケートへのご協力ありがとうございました。本アンケート票を同封の返信用封筒に入れ，10月10日（金曜日）までにご返送下さい。あるいは，ファックスにて（***-***-****：*****）お送り頂ければ結構です。
　ご回答を賜った企業につきましては，アンケートの集計結果の速報をお送りいたします。ご希望の場合は，ご送付先の住所と宛名を下記の傍線部にご記入下さい。ご記入がない場合には，ご必要なしと判断させて頂きます。

　　　宛先
　　　　　　会　　社　　名：_____

　　　　　　郵　便　番　号：_____

　　　　　　住　　　　　所：_____

　　　　　　ご送付先のセクション名：_____

　　　　　　ご担当者氏名：_____

《お忙しいところご協力いただき，誠にありがとうございました》

参考文献

<洋文献>

Abrahamson, Eric (1996) "Management Fashion," *Academy of Management Review*, Vol.21, No.1, pp.254-285.
Abrahamson, Eric and C. Fombrun (1994) "Macroculture: Determinants and Consequences," *Academy of Management Review*, Vol.19, No.4, pp.728-755.
Afuah, Allan (2003) *Business Models: A Strategic Management Approach*, New York: McGraw-Hill.
Aharoni, Yair (1993a) "Globalization of Professional Business Services," in Aharoni Yair (ed.) *Coalitions and Competition*, London: Routledge, pp.1-19.
Aharoni, Yair (1993b) "The Internationalization Process in Professional Business Service Firms: Some Tentative Conclusions," in Aharoni Yair (ed.) *Coalitions and Competition*, London: Routledge, pp.280-285.
Aharoni, Yair (1996) "The Organization of Global Service MNEs," *International Studies of Management and Organization*, Vol.26, No.2, pp.6-23.
Aharoni, Yair (2000a) "Introduction: Setting up the Scene," in Aharoni, Yier and Lilach Nachum (eds.) *Globalization of Services: Some Implications for Theory and Practice*, London: Routledge, pp.1-21.
Aharoni, Yair (2000b) "The Role of Reputation in Global Professional Business Services," in Aharoni, Yair and Lilach Nachum (eds.) *Globalization of Services: Some Implications for Theory and Practice*, London: Routledge, pp.125-141.
Alon, I. and D.L. Mckee (1999) "The Internationalization of Professional Business Service Franchises," *Journal of Consumer Marketing*, Vol.16, Iss.1, pp.74-85.
Álvarez Gil, M.J., Cardone Riportella, C., Lado-Cousté, N., and Samartín Sáenz, M. (2003) "Financial Service Firm's Entry-Mode Choice and Cultural Diversity: Spanish Companies in Latin America," *International Journal of Bank Marketing*, Vol.21, Iss.3, pp.109-121.
Alvesson, Mats (1995) *Management of Knowledge Intensive Companies*, New York: Walter de Gruyter.
Alvesson, Mats (2004) *Knowledge Work and Knowledge-Intensive Firms*, New York: Oxford University Press.
Amabile, Teresa M., Baker, George P. and Michael Beer (1995) "*Cambridge Technology Partners* (A)," HBS case 9-496-005 (Rev. April 11, 1996), Harvard Business School.
Argote, L. and Paul Ingram (2000) "Knowledge Transfer: A Basis for Competitive Advantage in Firms," *Organizational Behavior and Human Decision Processes*, Vol.82, No.1, pp.150-169.
Armbrüster, Thomas and Matthias Kipping (1999) "Organizational Change through the Transfer of Knowledge: Pitfalls in the Use of Management Consultants," Paper Presented at *the Annual Meeting of the Academy of Management*, Chicago, August.
Bäcklund, Jonas and Andreas Werr (2001) "The Construction of Global Management Consulting: A Study of Consultancies' Web Presentations", *SSE/EFI Working Paper Series in Business Administration*, No.3, pp.1-30

Ball, D.A., Lindsay, V.J. and E.L. Rose (2008) "Rethinking the Paradigm of Service Internationalization: Less Resource-Intensive Market Entry Modes for Information-Intensive Soft Services," *Management International Review*, Vol.48, Iss.4, pp.413-431.

Bartlett, Christopher A. (1996) *McKinsey and Company: Managing Knowledge and Learning*, HBS case 9-396-357 (Rev. June 28, 1999), Harvard Business School.

Bartlett, Christopher A. and Sumantra Ghoshal (1989) *Managing across Borders: The Transnational Solution*, Boston: Harvard Business School Press. (吉原英樹監訳『地球市場時代の企業戦略——トランスナショナルマネジメントの構築』日本経済新聞社, 1990年)

Bell, David. E., Salmon, Walter J. and Dinny Starr (1993) *Catalina Marketing Corporation*, HBS case 9-594-026 (Rev. September 28, 1994), Harvard Business School.

Bettencourt, Lance A., Ostrom, Amy L., Brown, Stephen W., and Robert I Roundtree (2002) "Client Co-Production in Knowledge-Intensive Business Services," *California Management Review*, Vol.44, No.4, pp.100-121.

Biswas, S. and D.L. Twichell (2002) *Management Consulting*, (Second edition), New York: John Wiley & Sons.

Blomstermo, A., Deo Sharma, D. and James Sallis (2006) "Choice of Foreign Market Entry Mode in Service Firms," *International Marketing Review*, Vol.23 Iss.2, pp.211-229.

Botkin, Jim (1999) *Smart Business: How Knowledge Communities can Revolutionize Your Company*, New York: Free Press. (米倉誠一郎監訳『ナレッジ・イノベーション』ダイヤモンド社, 2001年)

Boussebaa, Mehdi (2007) "The Myth of the Global Management Consulting Firm," *CMS5 Conference, Reconnecting Critical Management, The Fifth International Critical Management Studies Conference.*

Brooks, Frederick. P. (1975) *The Mythical Man-Month: Essays on Software Engineering*, Addison-Wesley. (山内正弥訳『ソフトウェア開発の神話』企画センター, 1982年)

Brooks, Frederick. P. (1995) *The Mythical Man-Month: Essays on Software Engineering*, (Anniversary edition), Addison-Wesley. (滝沢徹・富沢昇・牧野祐子訳『人月の神話——オオカミ人間を撃つ銀の弾はない(増訂版)』アジソンウェスレイパブリッシャーズジャパン, 1996年)

Brouthers, K.D. and L.E. Brouthers (2003) "Why Service and Manufacturing Entry Mode Choices Differ: The Influence of Transaction Cost Factors, Risk and Trust," *Journal of Management Studies,* Vol.40, Iss.5, pp.1179-1204.

Buckley, P.J., Pass, C.L. and K. Prescott (1992) "The Internationalization of Service Firms: A Comparison with the Manufacturing Sector," *Scandinavian International Business Review*, Vol.1, Iss.1, pp.39-56.

Bunyaratavej, K., Hahn, E.D. and J.P. Doh (2008) "Multinational Investment and Host Country Development: Location Efficiencies for Services Offshoring," *Journal of World Business*, Vol.43, Iss.2, pp.227-242.

Campbell, A.J. and Alan Verbeke (1994) "The Globalization of Service Multinationals," *Long Range Planning*, Vol.27, Iss.2, pp.95-102.

Caper, N. and M. Kotabe (2003) "The Relationship between International Diversification and Performance in Service Firms," *Journal of International Business Studies*, Vol.34, Iss.4, pp.345-355.

Cardone-Riportella, C., Álvarez -Gil, M.J., Lado- Cousté, N. and V. Sasi (2003) "The Relative

Effects of Client-Following and Market-Seeking Strategies in the Internationalization Process of Financial-Service Companies: A Comparison of Spanish and Finnish Entities," *International Journal of Management*, Vol.20, Iss.3, pp.384-394.

Carr, Nicholas (2004) *Does It Matter?: Information Technology and the Corrosion of Competitive Advantage*, Boston: Harvard Business School Press.（清川幸美訳『ITにお金を使うのは、もうおやめなさい』ランダムハウス講談社, 2005年）

Carr, Nicholas (2008) *The Big Switch: Rewiring the World, from Edison to Google*, New York: W.W. Norton & Co.（村上彩訳『クラウド化する世界』翔泳社, 2008年）

Chard, Ann Marie (1997), "Knowledge Management at Ernst & Young," Graduate School of Business Stanford University case M-291: Graduate School of Business Stanford University.

Chen, Yi-Min. (2006) "Incomplete Global Integration and Regional Knowledge-Intensive Service Industries," *The Service Industries Journal*, Vol.26, Iss.2, pp.223-248.

Cicic, Muris., Patterson, Paul G. and Aviv Shoham (1999)"A Conceptual Model of the Internationalization of Services Firms," *Journal of Global Marketing*, Vol.12, Iss.3, pp.81-106.

Cort, K.T., Griffith, D.A. and D.S. White (2007) "An Attribution Theory Approach for Understanding the Internationalization of Professional Service Firms," *International Marketing Review*, Vol.24, Iss.1, pp.9-25.

Czerniawska, Fiona (1999) *Management Consultancy in The 21st Century*, West Lafayette, IN: Purdue University Press.

Davenport, Thomas H. and Laurence Prusak (1998) *Working Knowledge*, Boston: Harvard Business School Press.（梅本勝博訳『ワーキング・ナレッジ』生産性出版, 2000年）

Davis, Tim R.V. (1999) "Different Service Firms, Different Core Competencies," *Business Horizons*, Vol.42, Iss.5, pp.23-33.

Davis, Tim R.V. (2004) "Different Service Firms, Different International Strategies," *Business Horizons*, Vol.47, Iss.6, pp.51-59.

Dean, Joel (1937) "The Place of Management Counsel in Business," *Harvard Business Review*, Vol.16, pp.451-464.

Deetz, S. (1997) "The Business Concept and Managerial Control in Knowledge-Intensive Work: A Case Study of Discursive Power," in Beverly Davenport Sypher (ed.), *Case Studies in Organizational Communication*, New York: Guilford, pp.173-202.

Dobson, Jack Thomas (1962) *The Possibilities and Limitations of Management Consulting as an Aid to Small Business*, Dissertation, Economics, commerce-business, The University of Florida.

Domke-Damonte, D. (2000) "Interactive Effects of International Strategy and Throughput Technology on Entry Mode for Service Firms," *Management International Review*, Vol.40, Iss.1, pp.41-59.

Dossani, R. and M. Kenney (2007) "The Next Wave of Globalization: Relocating Service Provision to India," *World Development*, Vol.35, Iss.5, pp.772-791.

Dowling, M.J., Boulton, W.R. and S.W. Elliott (1994) "Strategies for Change in the Service Sector: The Global Telecommunications Industry," *California Management Review*, Vol.36, Iss.3, pp.57-88.

Drucker, P.F. (1959) *The Landmarks of Tomorrow*, New York: Harper & Brothers.（現代経営研究会訳『変貌する産業社会』ダイヤモンド社, 1959年）

Dunning, J.H. (1989) "Multinational Enterprises and the Growth of Services: Some Conceptual and Theoretical Issues," *The Service Industries Journal*, Vol.9, Iss.1, pp.5-39.

Edersheim, Haas Elizabeth (2004) *McKinsey's Marvin Bower: Vision, Leadership, and the Creation of Management Consulting*, New York: John Wiley & Sons. (村井章子訳『マッキンゼーをつくった男マービンバウワー』ダイヤモンド社, 2007年)

Edgett, Scott and Stephan Parkinson (1993) "Marketing for Service Industries: A Review," *The Service Industries Journal*, Vol.13, No.3, pp.19-39.

Edvardsson, B., Edvinsson, L. and H. Nyström (1993) "Internationalization in Service Companies," *The Service Industries Journal*, Vol.13, No.1, pp.80-97.

Ekeledo, I. and K. Sivakumar (1998) "Foreign Market Entry Mode Choice of Service Firms: A Contingency Perspective," *Journal of the Academy of Marketing Science*, Vol.26, No.4, pp.274-292.

Ekeledo, I., and K. Sivakumar (2004a). "International Market Entry Mode Strategies of Manufacturing Firms and Service Firms: A Resource-Based Perspective," *International Marketing Review*, Vol.21, No.1, pp.68-101.

Ekeledo, I., and K. Sivakumar (2004b). "The Impact of E-commerce on Entry-Mode Strategies of Service Firms: A Conceptual Framework and Research Propositions," *Journal of International Marketing*, Vol.12, No.4, pp.46-70.

Erramilli, M.K. (1990) "Entry Mode Choice in Service Industries," *International Marketing Review*, Vol.7, No.5, pp.50-62.

Erramilli, M.K. (1992) "Influence of Some External and Internal Environmental Factors on Foreign Market Entry Mode Choice in Service Firms," *Journal of Business Research*, Vol.25, No.4, pp.263-276.

Erramilli M.K. and C.P. Rao (1990) "Choice of Foreign Market Entry Modes: Role of Market Knowledge," *Management International Review*, Vol.30, No.2, pp.135-150.

Erramilli M.K. and C.P. Rao (1993) "Service Firm's International Entry Mode Choice: A Modified Transaction Cost Analysis Approach," *Journal of Marketing*, Vol.57, No.3, pp.19-38.

Femer, A., Edwards, P. and K. Sisson (1995) "Coming Unstuck?: In Search of the "Corporate Glue" in an International Professional Service Firm," *Human Resource Management*, Vol.34, Iss.3, pp.343-361.

Fortune (1944) "Doctors of Management," *Fortune*, Vol.30, June, pp.142-146.

Gable, G. (2006) "The Internet, Globalization, and IT Professional Services," *Journal of Global Information Management*, Vol.14, Iss.2, pp.1-5.

Gaedeke, R. (1973). "Consumer Attitudes towards Products 'Made in' Developing Countries," *Journal of Retailing*, Vol.49, No.2, pp.13-24.

Ghemawat, Pankaj (2001) *Strategy and the Business Landscape: Core Concepts*, Upper Saddle River: Prentice Hall. (大柳正子訳『競争戦略論講義』東洋経済新報社, 2002年)

Goerzen, A. and S. Makino (2007) "Multinational Corporation Internationalization in the Service Sector: A Study of Japanese Trading Companies," *Journal of International Business Studies*, Vol.38, Iss.7, pp.1149-1169.

Gompers, Paul and Catherine Conneely (1997a) *Cambridge Technology Partners: 1991 Start Up*, HBS case 9-298-044 (Rev. November 23, 1998), Harvard Business School.

Gompers, Paul and Catherine Conneely (1997b) *Cambridge Technology Partners: Corporate Venturing* (August 1996), HBS case 9-297-033 (Rev. January 8, 1999), Harvard Business

School.
Good, D.J. and R.J. Schultz (2002) "E-commerce Strategies for Business-to-Business Service Firms in the Global Environment," *American Business Review*, Vol.20, Iss.2, pp.111-118.
Ghoshal, Sumantra and Christopher A. Bartlett (1997), *The Individualized Corporation: A Fundamentally New Approach to Management*, New York: Harper Collins.（グロービス・マネジメント・インスティテュート訳『個を活かす企業』ダイヤモンド社, 1999年）
Govindarajan, Vijay and Anil K. Gupta (2001) *The Quest for Global Dominance: Transforming Global Presence into Global Competitive Advantage*, San Francisco: Jossey-Bass.
Gronroos, C. (1999) "Internationalization Strategies for Services," *Journal of Services Marketing*, Vol.13, Iss.4/5, pp.290-297.
Grosse, R. (1997) "The Future of the Global Financial Services Industry," *The International Executive*, Vol.39, Iss.5, pp.599-617.
Grosse, R. (2000) "Knowledge Creation and Transfer in Global Service Firms," in Aharoni, Yair and Lilach Nachum (eds.) *Globalization of Services: Some Implications for Theory and Practice*, London: Routledge, pp.217-232.
Gummesson, E. (1990) "Service Design," *The Total Quality Magazine*, Vol.2, Iss.2, pp.97-101.
Hagedorn, Homer J. (1955) "The Management Consultant as Transmitter of Business Techniques," *Explorations in Entrepreneurial History*, Vol.7, Iss.3, pp.164-173.
Hansen, Morten T., Nohria, Nitin and Thomas Tierney (1999) "What's Your Strategy for Managing Knowledge?," *Harvard Business Review*, Vol.77, No.2, pp.106-116.（邦訳「コンサルティング・ファームに学ぶ『知』の活用戦略」ダイヤモンド・ハーバード・ビジネス, 1999年9月号）
Hargadon, Andrew B. (1998) "Firms as Knowledge Brokers: Lessons in Pursuing Continuous Innovation," *California Management Review*, Vol.40, No.3, pp.209-227.
Hedburg, Bo. (1990) Exit, Voice, and Loyalty in Knowledge-Intensive Firms, Paper presented at *the 10th Annual International Conference of the Strategic Management Society*, Stockholm, September.
Hedman, Jonas and Thomas Kalling (2003) "The Business Model Concept: Theoretical Underpinnings and Empirical Illustrations," *European Journal of Information Systems*, Vol.12, No.1, pp.49-59.
Hitt, M.A., Bierman, L., Uhlenbruck, K. and K. Shimizu (2006) "The Importance of Resources in the Internationalization of Professional Service Firms: The Good, the Bad and the Ugly," *Academy of Management Journal*, Vol.49, Iss.6, pp.1137-1157.
Indusry Week (1999) "Knowledge Base," *Industry Week*, Vol.248, No.2, pp.93-98.
Industry Week (2000) "Section 6: Knowledge Base," *Industry Week*, Vol.249, No.2, pp.83-88.
Jagersma, P.K. and D.M. van Gorp (2007) "Redefining the Paradigm of Global Competition: Offshoring of Service Firms," *Business Strategy Series*, Vol.8, Iss.1, pp.35-42.
Javalgi, R.G. and C.L. Martin (2007) "Internationalization of Services: Identifying the Building-Blocks for Future Research," *Journal of Services Marketing*, Vol.21, Iss.6, pp.391-397.
Javalgi, R.G., Griffith, D.A. and D.S. White (2003) "An Empirical Examination of Factors Influencing the Internationalization of Service Firms," *Journal of Service Marketing*, Vol.17, Iss.2/3, pp.185-201.
Johnson, Mark W. (2010) *Seizing the White Space*, Boston: Harvard Business Press.（池村千秋訳『ホワイトスペース戦略』阪急コミュニケーションズ, 2011年）

Jones, A. (2005) "Truly Global Corporations? Theorizing 'Organizational Globalization' in Advanced Business-Services," *Journal of Economic Geography*, Vol.5, Iss.2, pp.177-200.

Kathuria, R., Joshi, M.P. and S. Dellande (2008) "International Growth Strategies of Service and Manufacturing Firms: The Case of Banking and Chemical Industries," *International Journal of Operation & Production Management*, Vol.28, Iss.10, pp.968-990.

Katrishen, F.A. and N.A. Scordis (1998) "Economies of Scale in Services: A Study of Multinational Insurers," *Journal of International Business Studies*, Vol.29, Iss.2, pp.305-323.

Kim, W. Chan and Renèe Mauborgne (2005) *Blue Ocean Strategy: How to Create Uncontested Market Space and Make the Competition Irrelevant*, Boston: Harvard Business School Press. (有賀裕子訳『ブルー・オーシャン戦略』ランダムハウス講談社, 2005年)

Kipping, Matthias (1996) "The U.S. Influence on the Evolution of Management Consultancies in Britain, France, and Germany Since 1945," *Business and Economic History*, Vol.25, No.1, pp.112-123.

Kipping, Matthias (1997) "Consultancies, Institutions and the Diffusion of Taylorism in Britain, Germany and France, 1920s to 1950s," *Business History*, Vol.39, Iss.4, pp.67-83.

Kipping, Matthias (1999) "American Management Consulting Companies in Western Europe, 1920 to 1990: Products, Reputation, and Relationships," *Business History Review*, Vol.73, Iss.2, pp.190-220.

Kipping, Matthias (2001) "The Evolution of Management Consultancy: Its Origins and Global Development," in Barry Curnow and Jonathan Reuvid (eds.) *The International Guide to Management Consultancy: The Evolution, Practice and Structure of Management Consultancy Worldwide*, London: Kogan Page, pp.20-32.

Kipping, Matthias (2002) "Why Management Consulting Developed So Late in Japan and Does It Matter?," *Hitotsubashi Business Review*, Vol.50, No.2, pp.6-21. (邦訳「日本のコンサルティング市場はなぜ後れたのか」『一橋ビジネスレビュー』東洋経済新報社, 2002年)

Kipping, Matthias and Lars Engwall (eds.) (2002) *Management Consulting: Emergence and Dynamics of a Knowledge Industry*, New York: Oxford University Press.

Kotabe, M. and J.Y. Murray (2004) "Global Sourcing Strategy and Sustainable Competitive Advantage," *Industrial Marketing Management*, Vol.33, Iss.1, pp.7-14.

Kotabe, M., Murray, J.Y. and R.G. Javalgi (1998) "Global Sourcing of Services and Market Performance: An Empirical Investigation," *Journal of International Marketing*, Vol.6, Iss.4, pp.10-31.

Kotler, Philip, Hayes, Thomas and Paul N. Bloom (2002) *Marketing Professional Services*, (Second edition), Learning Network Direct. (白井義男・平林祥訳『コトラーのプロフェッショナル・サービス・マーケティング』ピアソン・エデュケーション, 2002年)

Kubr, Milan (ed.) (1996) *Management Consulting: A Guide to the Profession*, (Third edition), Geneva: International Labor Organization. (水谷榮二監訳・高橋和夫訳『経営コンサルティング』第3版, 生産社出版, 1999年)

Kubr, Milan (ed.) (2002) *Management Consulting: A Guide to the Profession*, (Fourth edition), Geneva: International Labor Organization. (水谷榮二監訳『経営コンサルティング』第4版, 生産社出版, 2004年)

Laird, K.R., Kirsh, R.J. and T.G. Evans (2003) "A Marketing Resource-Based Model of International Market Entry and Expansion for Professional Services Firms: The Case for Accounting Services," *Services Marketing Quarterly*, Vol.24, Iss.4, pp.1-15.

Larsen, Jacob Norvig (2001) "Knowledge, Human Resources and Social Practice: The Knowledge-Intensive Business Service Firm as a Distributed Knowledge System," *The Service Industries Journal*, Vol.21, No.1, pp.81-102.
Léo, P.Y. and J. Philippe (2001) "Internationalization of Service Activities in Haute-Garonne," *The Service Industries Journal*, Vol.21, No.1, pp.63-80.
Leonard-Barton, D. (1995) *Wellsprings of Knowledge: Building and Sustaining the Sources of Innovation,* Boston: Harvard Business School Press. (阿部孝太郎・田畑暁生訳『知識の源泉—イノベーションの構築と持続』ダイヤモンド社, 2001年)
Lerner, Marcy (2003) *Vault Guide to the Top 50 Consulting Firms: Management and Strategy*, (Sixth edition), New York: Vault.
Leveson, I. (1987) "Globalization of Financial Services," *Business Economics*, Vol.22, No.2, pp.40-45.
Levina, N. and N. Su (2008) "Global Multisourcing Strategy: The Emergence of a Supplier Portfolio in Services Offshoring," *Decision Sciences*, Vol.39, Iss.3, pp.541-570.
Li, J.T. (1994a) "Experience Effects and International Expansion: Strategies of Service MNCs in the Asia-Pacific Region," *Management International Review*, Vol.34, No.3, pp.217-34.
Li, J.T. (1994b) "International Strategies of Service MNCs in the Asia Pacific Region," *The International Executive*, Vol.36, Iss.3, pp.305-325.
Li, J.T. and S. Guisinger (1992) "The Globalization of Service Multinationals in the 'Triad' Regions: Japan, Western Europe, and North America," *Journal of International Business Studies*, Vol.23, No.4, pp.675-696.
Lindsay, Valerie, Chadee, Doren, Mattsson, Jan, Johnston, Robert and Bruce Millett (2003) "Relationships, the Role of Individuals and Knowledge Flows in the Internationalization of Service Firms," *International Journal of Service Industry Management*, Vol.14, Iss.1, pp.7-35.
Looy, Bart Van, Dierdonck, Roland Van and Paul Gemmel (2003) *Service Management: An Integrated Approach*, (Second edition), Pearson Education. (平林祥訳『サービス・マネジメント—統合的アプローチ』(上・中・下) ピアソン・エデュケーション, 2004年)
Lorsh, Jay W. and Thomas J. Tierney (2002) *Aligning the Stars*, Boston: Harvard Business School Press. (山本真司・大原聡訳『スター主義経営—プロフェッショナルサービス・ファームの戦略・組織・文化』東洋経済新報社, 2007年)
Lovelock, Christopher and George Yip (1996) "Developing Global Strategies for Service Business," *California Management Review*, Vol.38, Iss.2, pp.64-86.
Lovelock, Christopher and Jochen Wirtz (2007) *Services Marketing*, (Sixth edition), Upper Saddle River: Prentice Hall. (武田玲子訳『ラブロック&ウィルツのサービス・マーケティング』ピアソン・エデュケーション, 2008年)
Lovelock, Christopher and Lauren K. Wright (1999) *Principles of Service Marketing and Management*, Upper Saddle River: Prentice Hall. (小宮路雅博・藤井大拙・高畑泰訳『サービス・マーケティング原理』白桃書房, 2002年)
Løwendahl, Bente R. (2000) "The Globalization of Professional Business Service Firms-Fad or Genuine Source of Competitive Advantage?," in Aharoni, Yair and Lilach Nachum (eds.) *Globalization of Services: Some Implications for Theory and Practice*, London: Routledge, pp.142-162.
Løwendahl, Bente R. (2005) *Strategic Management of Professional Service Firms*, (Third edi-

tion), Copenhagen: Copenhagen Business School Press.
Maister, David H. (1993) *Managing the Professional Service Firm*, New York: Free Press. (博報堂マイスター研究会訳『プロフェッショナル・サービス・ファーム―知識創造企業のマネジメント』東洋経済新報社, 2002年)
Mathe, H. and C. Perras (1994) "Successful Global Strategies for Service Companies," *Long Range Planning*, Vol.27, No.1, pp.36 -49.
Mathe, H. and T.F. Dagi (1996a) "Managing Technology for the Globalization of Service Operations," *International Journal of Technology Management*, Vol.12, No.5/6, pp.577-607.
Mathe, H. and T.F. Dagi (1996b) "Harnessing Technology in Global Service Businesses," *Long Range Planning*, Vol.29, No.4, pp.449-461.
Mattsson, J. (2000) "Learning How to Manage Technology in Services Internationalization," *The Service Industries Journal*, Vol.20, Iss.1, pp.22-39.
McCreary, J.D., Boulton, W.R. and C.S. Sanker (1993) "Global Telecommunications Services: Strategies of Major Carriers," *Journal of Global Information Management*, Vol.1, Iss.2, pp.6-18.
McDermott, Christopher M. (1999) "Why Information Technology Inspired but cannot Deliver Knowledge Management," *California Management Review*, Vol.41, No.4, pp.103-117.
McFarlan, F.W. (2005) "Globalization of IT-Enabled Services: An Irreversible Trend," *Journal of Information Technology Case and Application Research*, Vol.7, Iss.3, pp.1-3.
Meijboom, B. and M. Houtepen (2002) "Structuring International Service Operations: A Theoretical Framework and a Case Study in the IT-Sector," *International Journal of Operations & Production Management*, Vol.22, Iss.7/8, pp.824-837.
Merton, Robert K. (1957) *Social Theory and Social Structure: Toward the Codification of Theory and Research*, (Revised and Enlarged edition), New York: Free Press. (森東吾・森好夫・金沢実・中島竜太郎訳『社会理論と社会構造』みすず書房, 1961年)
Mintzberg, Henry, Ahlstrand, Bruce and Joseph Lampel (1998) *Strategy Safari: A Guided Tour through the Wilds of Strategic Management*, New York: Free Press. (齋藤嘉則監訳『戦略サファリ』東洋経済新報社, 1999年)
Mitchell, Donald and Carol Coles (2003) "The Ultimate Competitive Advantage of Continuing Business Model Innovation," *Journal of Business Strategy*, Vol.24, No.5, pp.15-29.
Morgan, Glenn, Sturdy, Andrew and Sigrid Quack (2006) "The Globalization of Management Consultancy Firms: Constraints and Limitations," in Miozzo, Marcela and Damian Grimshaw (eds.) *Knowledge Intensive Business Services: Organizational Forms and National Institutions*, Cheltenham: Edward Elgar.
Morris, Michael, Schindehutte, Minet and Jeffrey Allen (2005) "The Entrepreneur's Business Model: Toward a Unified Perspective," *Journal of Business Research*, Vol.58, No.6, pp.726-735.
Nelson, Daniel (ed.) (1992) *A Mental Revolution: Scientific Management since Taylor*, Columbus: Ohio State University Press. (アメリカ労務管理史研究会訳『科学的管理の展開』税務経理協会, 1994年)
Newell, Sue, Robertson, Maxine and Jacky Swan (1998) "Professional Associations as 'Brokers', Facilitating Networking and the Diffusion of New Ideas: Advantages and Disadvantages," in José Luis Alvarez (ed.) *The Diffusion and Consumption of Business Knowledge*, London: Macmillan Press, pp.182-200.

Nicoulaud, B. (1989) "Problems and Strategies in the International Marketing of Services," *European Journal of Marketing*, Vol.23, Iss.6, pp.55-66.

Nohria, Nitin and Robert G. Eccles (1998) "Where does Management Knowledge Come From?," in José Luis Alvarez (ed.) *The Diffusion and Consumption of Business Knowledge*, London: Macmillan Press, pp.278-304.

Nonaka, Ikujiro and Hirotaka Takeuchi (1995) *The Knowledge-Creating Company*, New York: Oxford University Press.（梅本勝博訳『知識創造企業』東洋経済新報社, 1996年）

O'Farrell, P.N., Wood, P.A. and J. Zheng (1996) "Internationalization of Business Services: An Interregional Analysis," *Regional Studies*, Vol.30, Iss.2, pp.101-117.

O'shea, James and Charles Martin Madigan (1997) *Dangerous Company*, New York: Random House.（関根一彦訳『ザ・コンサルティングファーム』日経BP, 1999年）

Ohmae, Kenichi (1982) *The Mind of the Strategist: The Art of Japanese Business*, New York: McGraw-Hill.（田口統吾・湯沢章伍訳『ストラテジック・マインド』プレジデント社, 1984年）

Orava, M. (2002) "Globalizing Medical Services: Operational Modes in the Internationalization of Medical Service Firms," *International Journal of Medical Marketing*, Vol.2, Iss.3, pp.232-240.

Osterwalder, Alexander and Yves Pigneur (2010) *Business Model Generation: A Handbook for Visionaries, Game Changers, and Challengers*, Wiley.（小山龍介訳『ビジネスモデル・ジェネレーション　ビジネスモデル設計書』翔泳社, 2012年）

Pavel, C. and J.N. McElravey (1990) "Globalization in the Financial Services Industry," *Economic Perspectives*, Vol.14, Iss.3, pp.3-18.

Perlmutter, H.V. (1969) "The Tortuous Evolution of the Multinational Corporation," *Columbia Journal of World Business*, Vol.4, No.1, pp.9-18.

Pinault, Lewis (2000) *Consulting Demons: Inside the Unscrupulous World of Global Corporate Consulting*, New York: John Wiley & Sons.（森下賢一訳『コンサルティングの悪魔：日本企業を食い荒らす騙しの手口』徳間書店, 2000年）

Polanyi, M. (1958) *Personal Knowledge*, Chicago: The University of Chicago Press.（長尾史郎訳『個人的知識』ハーベスト社, 1985年）

Polanyi, M. (1966) *The Tacit Dimension*, London: Routledge & Kegan Paul.（佐藤敬三訳『暗黙知の次元』紀伊國屋書店, 1980年）

Porter, Michael E. (1980) *Competitive Strategy*, New York: Free Press.（土岐坤・中辻萬治・服部照夫訳『競争の戦略』ダイヤモンド社, 1982年）

Porter, Michael E. (1985) *Competitive Advantage*, New York: Free Press.（土岐坤・中辻萬治・小野寺武夫訳『競争優位の戦略』ダイヤモンド社, 1985年）

Porter, Michael E. (1996) "What is Strategy?," *Harvard Business Review*, Vol.74, No.6, pp.61-78.（「戦略の本質」『ダイヤモンド・ハーバード・ビジネス』1997年3月号）

Porter, Michael E. (2000) "Strategy and the Internet," *Harvard Business Review*, Vol.79, No.3, pp.62-78.

Porter, Michael E. (ed.) (1986) *Competition in Global Industries*, Boston: Harvard Business School Press.（土岐坤・中辻萬治・小野寺武夫訳『グローバル企業の競争戦略』ダイヤモンド社, 1989年）

Punch, Keith F. (1998) *Introduction to Social Research: Quantitative and Qualitative Approaches*, London: Sage.（河合隆男監訳『社会調査入門：量的調査と質的調査の活用』慶應義塾大

学出版会, 2005年)
Ramcharran, H. (1999) "Obstacles and Opportunities in International Trade in Accounting Services in An Era of Globalization," *American Business Review*, Vol.17, Iss.1, pp.94-103.
Rasiel, M. Ethan (1999) *The McKinsey Way: Using the Techniques of the World's Top Strategic Consultants to Help You and Your Business*, New York: McGraw-Hill. (嶋本恵美・田代素子共訳『マッキンゼー式 世界最強の仕事術』英治出版, 2001年)
Rasiel, M. Ethan and Paul N. Friga (2002) *The McKinsey Mind: Understanding and Implementing the Problem-Solving Tools and Management Techniques of the World's Top Strategic Consulting Firm*, New York: McGraw-Hill. (嶋本恵美・上浦倫人共訳『マッキンゼー式 世界最強の問題解決テクニック』英治出版, 2002年)
Reardon, J.R., Erramilli, M.K. and D.E. D'Souza (1996) "International Expansion of Services Firms: Problems and Strategies," *Journal of Professional Services Marketing*, Vol.15, No.1, pp.31-46.
Reihlen, M. and B.A. Apel (2007) "Internationalization of Professional Service Firms as Learning: A Constructivist Approach," *International Journal of Service Industry Management*, Vol.18, Iss.2, pp.140-151.
Rivette, Kevin G. and David Kline (1999) *Rembrandts in the Attic*, Boston: Harvard Business School Press. (荒川弘熙監修・NTTデータ技術開発本部訳『ビジネスモデル特許戦略』NTT出版, 2000年)
Roberts, Joanne (1999) "The Internationalization of Business Service Firms: A Stated Approach", *The Service Industries Journal*, Vol.19, No.4, pp.68-88.
Roberts, V., Calhoun, J., Jones, R., Sun, R. and M. Fottler (2000) "Globalization of U.S. Health Care Services: Assessment and Implementation," *Health Care Management Review*, Vol.25, Iss.3, pp.24-35.
Rugman, A.M. and A. Verbeke (2008) "A New Perspective on the Regional and Global Strategies of Multinational Service Firms," *Management International Review*, Vol.48, Iss.4, pp.397-411.
Rumelt, R.P. (1974) *Strategy, Structure and Economic Performance in Large American Industrial Corporations*, Cambridge: Harvard University Press. (鳥羽欽一郎訳『多角化戦略と経済成果』東洋経済新報社, 1977年)
Sanchez Peinado, E. and J. Pla-Barber (2006) "Mode of Entry in Service Firms: Strategic Variables and Characteristics of Services Influencing the Internationalization Process," *Advances in International Marketing*, Vol.17, pp.159-192.
Sanchez-Peinado, E., Pla-Barber, J. and L. Herbert (2007) "Strategic Variables that Influence Entry Mode Choice in Service Firms," *Journal of International Marketing*, Vol.15, No.1, pp.67–91.
Sarathy, R. (1994) "Global Strategy in Service Industries," *Long Range Planning*, Vol.27, No.6, pp.115-124.
Sarvary, Miklos (1999) "Knowledge Management and Competition in the Consulting Industry", *California Management Review*, Vol.41, No.2, pp.95-107.
Schulte, W.D. and G. Jackson (2007) "Project-Based International Business Strategies: The Case of the International Construction Services Industry," *Advances in Competitiveness Research*, Vol.15, Iss.1/2, pp.54-73.
Scott, Mark C. (2001) *The Professional Service Firm: The Managers Guide to Maximising Profit*

and Value, New York: John Wiley & Sons.

Seggie, S.H. and D.A. Griffith (2008) "The Resource Matching Foundations of Competitive Advantage: An Alternative Perspective on the Globalization of Service Firms," *International Marketing Review*, Vol.25, Iss.3, pp.262-275.

Shafer, Scott M., Jeff Smith, H. and Jane C. Linder (2005) "The Power of Business Models," *Business Horizons*, Vol.48, No.3, pp.199-207.

Sheehan, Norman T., and Charles B. Stabell (2007) "Discovering New Business Models for Knowledge Intensive Organizations," *Strategy & Leadership*, Vol.35, No.2, pp.22-29.

Silver, C. (2000) "Globalization and the U.S. Market in Legal Services-Shifting Identities," *Law and Policy in International Business*, Vol.31, Iss.4, pp.1093-1152.

Squires, Susan E., Smith, Cynthia J., McDougall, Lorna and William R. Yeack (2003) *Inside Arthur Andersen: Shifting Values, Unexpected Consequences*, Upper Saddle River: Financial Times Prentice Hall.（平野皓正訳『名門アーサーアンダーセン消滅の軌跡』シュプリンガーフェアラーク東京, 2003年）

Stabell, Charles B., and Øysten D. Fjeldstad (1998) "Configuring Value for Competitive Advantage: On Chains, Shops, and Networks," *Strategic Management Journal*, Vol.19, Iss.5, pp.413-437.

Starbuck, W. (1992) "Learning by Knowledge Intensive Firms," *Journal of Management Studies*, Vol.29, No.6, pp.713-740.

Stevens, Mark (1981) *The Big Eight: Inside America's Largest Accounting Firms*, New York: Simon and Schuster.（明日山俊秀・信　達郎共訳『ビッグ・エイト』日本経済新聞社, 1983年）

Stevens, Mark (1991) *The Big Six: The Selling Out of America's Top Accounting Firms,* New York: Simon and Schuster.（明日山俊秀・長沢彰彦共訳『ビッグ・シックス』日本経済新聞社, 1992年）

Strom, P. and J. Mattsson (2006) "Internationalization of Japanese Professional Business Service Firms," *The Service Industries Journal*, Vol.26, Iss.3, pp.249-265.

Subbakrishna, S. (2005) "India's Impact on the Global Consulting Industry," *Consulting to Management*, Vol.16, No.4, pp.7-9.

Suddaby, R. and Royston Greenwood (2001) "Colonizing Knowledge: Commodification as a Dynamic of Jurisdictional Expansion in Professional Service Firms," *Human Relations*, Vol.54, No.7, pp.933-953.

Sveiby, K.E. and T. Lloyd (1987) *Managing Knowhow: Add Value by Valuing Creativity*, London: Bloomsbury.

Taube, L. and V. Gargeya (2007) "A Global Perspective and an Integrative Case Study: The Corporate Card Services Group at American Express," *The Business Review*, Vol.7, Iss.1, pp.45-52.

Taylor, F.W. (1911) *The Principles of Scientific Management*, New York: Harper and Brothers.（上野陽一編訳『科学的管理法』産業能率短期大学出版部, 1969年）

Taylor, P.J., Catalana, G. and D. Walker (2004) "Multiple Globalizations: Regional, Hierarchical and Sectoral Articulations of Global Business Services through World Cities," *The Service Industries Journal*, Vol.24, Iss.3, pp.63-81.

Tordoir, Pieter P. (1995) *The Professional Knowledge Economy: The Management and Integration of Professional Services in Business Organizations*, Boston: Kluwer Academic Publishers.

United Nations (1993) *Management Consulting: A Survey of the Industry and its Largest Firm. United Nations Conference on Trade and Development*, Programme on Transnational Corporations, United Nations.

Urban, Glen (2005) *Don't Just Relate-Adovocate!: A Blueprint for Profit in the Era of Customer Power*, Wharton School Publishing.（山岡隆志訳『アドボカシー・マーケティング』英治出版, 2006年）

Välikangas, L. and U. Lehtinen (1994) "Strategic Types of Services and International Marketing," *International Journal of Service Industry Management*, Vol.5, Iss.2, pp.72-84.

Vandermerwe, S. and M. Chadwick (1989) "The Internationalization of Services," *The Service Industries Journal*, Vol.9, Iss.1, pp.79-93.

Venzin, Markus, von Krogh, Georg and Johan Roos (1998) "Future Research into Knowledge Management," in von Krogh, Georg, Roos, Johan and Dirk Kleine (eds.) *Knowing in Firms: Understanding, Managing and Measuring Knowledge*, London: Sage, pp.26-66.

Voelpel, Sven C., Leibold, Marius and Eden B. Tekie (2004) "The Wheel of Business Model Reinvention: How to Reshape Your Business Model to Leapfrog Competitors," *Journal of Change Management*, Vol.4, No.3, pp.259-276.

Webb, P. Sylvia (1998) *Knowledge Management: Linchpin of Change*, London: Routledge.

Weinstein, A.K. (1977) "Foreign Investments by Service Firms: The Case of Multinational Advertising Agencies," *Journal of International Business Studies*, Vol.8, Iss.1, pp.83-91.

Wilson, David A. (1996) *Managing Knowledge*, Oxford: Butterworth-Heinemann.

Winch, G.M. (2008) "Internationalization Strategies in Business-to-Business Services: The Case of Architectural Practice," *The Service Industries Journal*, Vol.28, Iss.1, pp.1-13.

Winsted, K.F. and P.G. Patterson (1998) "Internationalization of Services: The Service Exporting Decision," *Journal of Services Marketing*, Vol.12, Iss.4, pp.294-311.

Yin, Robert. K. (1994) *Case Study Research*, (Second edition), London: Sage.（近藤公彦訳『ケース・スタディの方法（第2版）』千倉書房, 2008年）

Zeithaml, V.A., Parasuraman, A. and Leonard L. Berry (1985) "Problems and Strategies in Services Marketing," *Journal of Marketing*, Vol.49, pp.33-46.

＜日本語文献＞

浅川和宏（2003）『グローバル経営入門』日本経済新聞社。
猪飼聖紀（1991）『合理の熱気球―反骨の経営コンサルタント 荒木東一郎の生涯』四海書房。
伊藤公哉（2002）『アメリカ連邦税法（第2版）』中央経済社。
植藤正志（1988）『経営職能管理の生成』税務経理協会。
梅田望夫（2006）『ウェブ進化論』筑摩書房。
梅野巨利（2004）「経営コンサルティング企業経営史における主要課題」『商大論集（神戸商科大学）』第55巻第6号, 633-664頁。
梅本勝博（2012）「ナレッジマネジメント：最近の理解と動向」『情報の科学と技術』第62巻第7号, 276-280頁。
太下義之（2009）「英国の「クリエイティブ産業」政策に関する研究―政策におけるクリエイティビティとデザイン」『季刊 政策・経営研究』Vol.3, 119-158頁。
大前研一（2000）『ドットコム・ショック―新旧交代の経済学』小学館。
笠原民子・西井進剛（2005）「グローバル企業の人事制度に関する概念フレームワークの構築

に向けて―オムロンのケーススタディを中心に」『研究資料No.195（兵庫県立大学経済経営研究所）』，1-28頁．
鴨志田晃（2003）『コンサルタントの時代』文春新書．
北村　慶（2006）『外資系コンサルの真実―マッキンゼーとボスコン』東洋経済新報社．
金　雅美（2007）『MBAのキャリア研究―日本・韓国・中国の比較分析』中央経済社．
國領二郎（2001）『アントレプレナー創造―最新ベンチャー経営入門』生産性出版．
小島琢矢（2007）『ブルー・オーシャン戦略実現シート』アスカビジネスカレッジ．
榊原清則（1980）「模倣の組織論」『組織科学』第14巻第2号，62-68頁．
田端昌平（2007）「グローバルとは」安室憲一（編著）『新グローバル経営論』白桃書房，3-22頁．
都村長生・高橋俊介（1999）『コンサルタントは付加価値で勝負する』東洋経済新報社．
中橋國藏（1997）「経営戦略」中橋國藏・柴田悟一（編著）『経営管理の理論と実際』東京経済情報出版，106-130頁．
西井進剛（2000）「経営コンサルティング・ファームの知識創造メカニズム―McKinsey and Companyにおける知のマネジメント」『星陵台論集（神戸商科大学大学院）』第33巻第2号，346-365頁．
西井進剛（2001a）「知識移転と経営コンサルティング・ファーム」『星陵台論集（神戸商科大学大学院）』第33巻第1号，389-406頁．
西井進剛（2001b）「グローバル知識創造の概念的フレームワーク構築に向けて―知識研究への制度論的視角の導入」『星陵台論集（神戸商科大学大学院）』第34巻第2号，193-217頁．
西井進剛（2002）「経営コンサルティング・ファームのグローバリゼーション―「評判」の役割と形成の観点から」『星陵台論集（神戸商科大学大学院）』第35巻第1号，91-119頁．
西井進剛（2004a）「外資系経営コンサルティング・ファームの経営実態―アンケート調査の集計結果を中心に」『星陵台論集（神戸商科大学大学院）』第36巻第3号，429-468頁．
西井進剛（2004b）「経営コンサルティング・ファームのグローバル戦略―ヘイ・グループ日本支社の探索的ケース・スタディを中心に」『国際ビジネス研究学会研究年報』第10号，301-314頁．
西井進剛（2005）「経営コンサルティング・ファームの競争優位についての一考察」『商大論集（兵庫県立大学）』第56巻第3号，335-359頁．
西井進剛（2006a）「知識集約型ビジネスのビジネスモデル―外資系経営コンサルティング・ファーム2社の事例研究を中心に」『商大論集（兵庫県立大学）』第57巻第3号，259-300頁．
西井進剛（2006b）「経営コンサルティング・ファームのグローバル協働メカニズムについての実証的考察」『商大論集（兵庫県立大学）』第57巻第4号，173-194頁．
西井進剛（2007）「コンサルティング産業のグローバル化」安室憲一（編著）『新グローバル経営論』白桃書房，269-288頁．
西井進剛（2010）「知識集約型企業のグルーバル戦略に関する実証的考察：経営コンサルティング・ファームを対象に」博士論文，神戸商科大学，1-424頁．
野中郁次郎（1990）『知識創造の経営―日本企業のエピステモロジー』日本経済新聞社．
野中郁次郎・紺野　登（1999）『知識経営のすすめ―ナレッジマネジメントとその時代』ちくま新書．
販促会議（2007a）「購買活動に基づいた店頭メディア『レジ・クーポン®』活用術 vol.1」『月刊販促会議』7月号，80-81頁．
販促会議（2007b）「購買活動に基づいた店頭メディア『レジ・クーポン®』活用術 vol.3」『月

刊販促会議』9月号，48-49頁。
販促会議（2008）「高まるターゲットマーケティングの重要性 レジ・クーポン®で狙いを定めた訴求を実現」『月刊販促会議』1月号，60-61頁。
諸上茂登・根本　孝（編著）（1996）『グローバル経営の調整メカニズム』文眞堂。
森田松太郎（1998）『アンダーセン発展の秘密』東洋経済新報社。
安室憲一（1992）『グローバル経営論―日本企業の新しいパラダイム』千倉書房。
安室憲一（2003）『中国企業の競争力―「世界の工場」のビジネスモデル』日本経済新聞社。
山田礼子（1998）『プロフェッショナル・スクール』玉川大学出版部。
湯川　抗（2004）「インターネットバブル崩壊後のネット企業―企業とクラスターの現状に関する分析」『Economic Review（富士通総研）』Vol.8，No.3，62-83頁。
和田勲生（1995）『経営コンサルティングファーム』ダイヤモンド社。

索　引

A～Z

CTP日本法人　9, 129, 153, 156, 251, 255, 321
IBM　63, 70, 71, 91, 275, 311, 333
M型組織　48, 49, 83
O2O（オンライン to オフライン）　315
PMBOK（Project Management Body of Knowledge）　264
PMO：Project Management Office　264
R&D企業　334, 335, 336
Web 2.0　78

あ行

アーサー・アンダーセン　53, 58, 62, 128, 202, 204
アウトソーシング　43, 55, 68, 75, 318, 327, 338
アクセンチュア　62, 69, 71, 91, 127, 128, 153, 202, 204, 272, 311
アクセンチュア（Accenture）　60
アンケート調査の対象　136
アンケート調査の目的　134, 135
アンダーセン・コンサルティング　55, 59, 62, 69, 128
暗黙知　84, 94, 331, 332
一般的な経営知識　85, 94
インテグレート・オファリング　234, 237, 243, 244, 246
インド系IT企業　70
エンロン事件　60, 62, 75
横断的な協働的活動　9, 34, 35, 189, 198, 319

か行

懐疑的な見解　6, 12, 13, 34, 159, 197
懐疑論者　36, 120, 190, 198, 317, 318
外資系経営コンサルティング・ファーム　3, 135, 136, 317
科学的な管理法　45, 46, 75, 83, 104
課金システム　102, 105, 107, 244, 305, 310, 323, 326
カスタマイズ　35, 37, 38, 40, 97, 103, 104, 175, 176, 177, 190, 191, 193, 194, 240, 243, 323
カタリナ日本法人　9, 129, 153, 156, 157, 284, 321, 323, 326
価値連鎖　16, 26, 33
監査部門とコンサルティング部門間の対立　57, 59
間接的な効果　120, 130, 196
期待と成果の関係　102, 107
共同生産（co-production）　64, 103
協働的ネットワーク　40, 196
協働メカニズム　196, 205, 207, 210, 212, 214, 215, 320, 322
クラウド・コンピューティング　43, 129, 157, 305, 312, 313
クラスター分析　211, 212, 214
グローバル　329, 341, 342, 344, 345, 348
グローバル化　99, 318, 345, 347, 353, 356, 357
グローバル経営　342, 343, 344, 345, 346
グローバル産業　342, 343

グローバル戦略　4, 9, 99, 156, 216, 317, 323, 327, 341, 342, 343, 344, 345, 346, 347
グローバル戦略の類型化　8, 123, 134, 151
グローバルな競争優位　8, 99, 115, 196, 249, 250, 318, 321
クロス・セリング　234, 243
経営コンサルティング　337
経営コンサルティング・サービス　337
経営コンサルティング・ファーム　3, 12, 36, 43, 75, 77, 83, 99, 317, 332, 334, 336, 337, 345, 346
経営コンサルティング・ファームのグローバル化　94, 96, 99, 197
経営コンサルティング・ファームのグローバル戦略　6, 12, 13, 23, 32, 38, 40, 42, 77, 97, 134, 135, 141, 153, 158, 217, 248, 320, 322, 347
経営知識　8, 75, 77, 81, 83, 88, 99, 318, 324
経営知識のグローバル化　94, 96, 99
形式知　84, 94, 331, 332
ケンブリッジ・カルチャー　260, 279
ケンブリッジRAD　253, 258, 262, 272, 274
コード化戦略（codification）　203, 216
国際　344, 348
国際化　99, 318, 344, 347, 351, 356, 357
国際展開　351
個人化戦略（personalization）　203, 216
コミッション　105, 308
コモディティ化　66, 67
コンサルタント　329, 336
コンサルティング　336
コンサルティング方法論　9, 40, 90, 91, 94, 97, 115, 117, 118, 121, 122, 156, 157, 174, 175, 190, 198, 215, 272, 304, 326

コンサルティング方法論の活用可能性　123, 130, 191, 194, 213, 214, 319, 320, 326
コンピテンシー制度　222, 224

さ行

サービス・コンプレックス　31, 32
サービス企業のグローバル事業戦略　24
サービス企業のグローバル戦略　6, 13, 14, 16, 33, 317
サービス企業の国際マーケティング戦略　21
サービス企業の類型化　17
サービス多国籍企業　348
サービスの特性　13, 352, 353
再創造　90, 93, 96
参入方式　353
支援サービス　64, 323, 339
時間単位あたりの報酬（fee per unit of time）　308, 339
時間単位あたりの報酬制度（fee per unit of time）　119, 244, 273, 310
持続的競争優位　247
質的アプローチ　4
質的調査　135, 136, 319
シナジー効果　278
社会システム　88, 94, 96, 97, 318, 324
社会的に生産される仕組み　79
収益化　323, 325
守秘義務　104, 139, 160
循環　88, 94, 324
商品化　88, 96, 97, 121
助言サービス　64, 323, 337, 338
事例研究の目的　134, 140
説明的事例研究　141, 158, 251, 284, 319, 321
戦略的アイデンティティ　114, 174, 194, 270

索引 *393*

相関的対応関係　319, 320
ソリューション　292, 304, 305, 312, 316, 321
ソリューション・ビジネス　236, 237, 244, 247, 277, 311, 333

た行

ターゲット・マーケティング　286, 302, 306, 316
第4世代　8, 43, 55, 57, 69, 72, 73, 75, 156, 318, 323
地域ごとの自律的経営　9, 34, 189, 198, 319
知識　323, 325, 329, 330, 331, 345
知識集約型企業　2, 4, 98, 129, 317, 325, 332, 333, 334, 335, 336, 345
知識集約型企業のグローバル戦略　3, 4, 5, 74, 251, 284, 305, 311, 317, 347
知識集約型企業のビジネスモデル　9, 156, 217, 248, 321
知識集約型産業　325
中立性　160, 260, 276
超並列コンピューティング　296
直接的な効果　120, 130, 196, 319, 420
追随戦略　51
定形型問題解決能力　117, 123, 130, 172, 191, 212, 213, 319
データ・ウェアハウジング　43, 290
データ・ウェアハウス　307
データセットに内在する問題　139
データセンター　290, 296, 304, 312, 313
データマイニング　296, 305, 307, 313
適合関係　112
適合状態　113
手続き的経営知識　85, 94
伝統的なプロフェッショナル・サービス・ファーム　4, 122, 124, 162, 214, 240, 244, 272, 308, 321, 322, 340

店頭メディア　295, 298, 299
同型化　80
同等の組織による連邦制　40
特殊・機能的経営知識　85, 94
独立性　64, 160, 276
トライアンギュレーション　5, 140
トランスナショナル　17, 20, 33

な行

ナレッジ・マネジメント　1, 2, 3, 37, 40, 186, 198, 205, 216
ネットワーク外部性　309
納期・価格保証　253, 259

は行

パートナーシップ制　118, 160, 230
比較事例研究　9, 129, 141, 155, 158, 216, 217, 248, 319, 320
ビジネスコンサルティング　66
ビジネスモデル　1, 2, 9, 43, 55, 73, 98, 116, 118, 122, 141, 142, 143, 144, 152, 156, 157, 162, 212, 216, 217, 320, 322, 323, 327
ビジネスモデルの自由度　123, 130, 162, 249, 272, 304, 319
ビジネスモデル分析　134, 141, 150, 158, 223, 319
ビッグ・エイト　53, 60, 63
ビッグデータマイニング　313, 315
非定形型問題解決能力　116, 123, 130, 172, 191, 194, 212, 213, 319
人月計算　273
評判効果　35, 36, 120, 130, 196
ビリング・レート　106, 119, 339
ファシリテーション型コンサルティング　258, 280, 282
フィー　105, 308

フィードバック・ループ　305, 312, 313, 314
プラクティス　110, 170, 187
ブルー・オーシャン戦略　93, 96
フレームワーク　354, 356, 357, 358
プロトタイプ　76, 98, 336
プロフェッショナル・サービス　2, 55, 65, 73, 75, 97, 105, 329, 332, 333, 337, 351, 353
プロフェッショナル・サービス・ファーム　32, 35, 98, 334, 335, 336, 351
プロフェッショナル・サービス・ファームの国際化　353
プロフェッショナル・サービス性の希薄化　74
プロフェッショナル・サービスの性質　102, 107
プロフェッショナル性　123, 130, 151, 152, 249, 272, 304, 319, 322
ヘイシステム　221, 222, 223, 226
ヘイ日本法人　9, 129, 152, 154, 155, 156, 217, 221, 223, 320

ま行

マーサー日本法人　9, 129, 153, 154, 155, 156, 217, 230, 232, 320

マッキンゼー　49, 50, 55, 126, 153
マルチドメスティック　33, 36, 38, 198, 322, 343
問題解決能力　8, 107, 112, 115, 116, 130
問題解決能力のタイプ　9, 112, 123, 130, 191, 194, 212, 216, 319, 320

ら行

ライフサイクル　83, 88, 94
利益相反問題　57, 58, 59, 62
リスク　275, 283
理想型　40, 42, 197, 317, 322
利他心　201, 323
流行性　79, 81, 88
流行の仕掛け人　84
量的アプローチ　4
量的調査　134, 135, 319
リレーションシップ戦略　306, 307
類型化分析　151, 158, 319
レジ・クーポン　289, 290, 293, 304
ローカライズ　97
ローカルな競争優位　115

わ行

ワン・ファーム　21, 126, 199, 201

【著者略歴】

西井 進剛（にしい しんごう）

兵庫県立大学経営学部准教授　博士（経営学）

1974年	大阪府に生まれる
2004年	神戸商科大学大学院経営学研究科博士後期課程　単位取得退学
2004年	兵庫県立大学経営学部専任講師
2007年	兵庫県立大学経営学部准教授（現在に至る）
2010年	博士（経営学）（神戸商科大学）取得

［主要著書・論文］

『ケースブック　戦略的マネジメント』（共著，白桃書房，2007年）
『ケースブック　ビジネスモデル・シンキング』（共著，文眞堂，2007年）
『新グローバル経営論』（共著，白桃書房，2007年）
『日本のインキュベーション』（共著，ナカニシヤ出版，2008年）
『知識資本の国際政治経済学―知財・情報・ビジネスモデルのグローバルダイナミズム』（共著，同友館，2010年）
『ネットワークの再編とイノベーション　新たなつながりが生むものづくりと地域の可能性』（共著，同友館，2012年）
Tamiko Kasahara and Shingo Nishii (2013) "What is Global Strategy and HRM for KIFs," *European Journal of Business Research*, Vol.13, No.1, pp.61-76.

2013年5月20日　第1刷発行

知識集約型企業のグローバル戦略とビジネスモデル
―経営コンサルティング・ファームの生成・発展・進化―

　　　　　　　　　　　　　　　Ⓒ著　者　西井　進剛
　　　　　　　　　　　　　　　　発行者　脇坂　康弘

発行所　株式会社　同友館　　〒113-0033 東京都文京区本郷 3-38-1
　　　　　　　　　　　　　　　　TEL.03(3813)3966
　　　　　　　　　　　　　　　　FAX.03(3818)2774
　　　　　　　　　　　　　　　　http://www.doyukan.co.jp/

落丁・乱丁本はお取り替えいたします。　西崎印刷／一誠堂／東京美術紙工
ISBN 978-4-496-04977-4　　　　　　　　Printed in Japan

本書の内容を無断で複写・複製（コピー），引用することは，特定の場合を除き，著作者・出版者の権利侵害となります。